異文化間の
グローバル人材戦略
―多様なグローバル人材の効果的マネジメント―

- フォンス・トロンペナールス／チャールズ・ハムデン・ターナー／古屋紀人 ―【著】
- 古屋紀人 ―【監訳】
- 木下瑞穂 ―【訳】
- 西山淑子 ―【翻訳協力】
- グローバル組織人材開発研究所 ―【協力】

Managing People
Across Cultures

東京　白桃書房　神田

MANAGING PEOPLE ACROSS CULTURES
by Fons Trompenaars and Charles Hampden-Turner

Copyright © 2004 by Fons Trompenaars and Charles Hampden-Turner
All Rights Reserved. Authorized Translation from English language
edition published by Capstone Publishing Ltd. (A Wiley Company).
Japanese translation published by arrangement with Capstone
Publishing Ltd., a Wiley company through The English Agency (Japan) Ltd.

日本語版にむけて

日本の読者の皆様へ

　今まで長い付き合いを通して古屋さんとの間で築いてきた関係は，非常に印象的であり深い内容のものです。そのような関係から，本書が日本語で出版される運びとなりましたことは喜ばしい限りです。私は「日本人は世界でも稀にみる調和理論に優れた人々である」と考えておりますので，本書は日本においても非常に上手く受け入れられると確信しております。また本書のために開発された多くのケースは，日本の人々にとっても適切なものでありますので，読者の方々には本書を楽しんで読んでいただけることと期待しております。

フォンス・トロンペナールス

To Japanese readers

　Furuya-san has truly impressed me during our cooperation with how the basic concepts in this book also apply in Japan. Perhaps they would work even better in Japan since I have noticed Japanese people are masters in reconciliation. The cases we developed for this book are highly relevant and I can recommend reading this adapted version with great pleasure.

Fons Trompenaars

トロンペナールス氏と監訳者

監訳者のメッセージ

　グローバル・ビジネスの展開が地球規模で加速度的に進む中で，今まで企業が体験してきた内容と異なる新たなグローバル・ビジネス局面が現れてきている。従来型のグローバル化は，いわゆる欧米と日本などの先進国が牽引的な役割を担いつつ，新興国市場の比較的安価な労働力とその他の可能な資源を活用して，労働の分業体制を世界規模で確立して展開してきた。しかしながら，ブラジル，ロシア，インド，中国などのBRICS諸国やインドネシア，フィリピン，タイ，ベトナム，マレーシアなどの東南アジア諸国におけるグローバル・ビジネスの進展により，現地のビジネスインフラなどが大幅に向上し，そのおかげで現地の生活レベルは大幅な改善をもたらす結果となってきた。これらの国々は，今では世界の主要な生産拠点として，また販売拠点として重要な役割を果たすようになり，欧米先進国や日本のグローバル企業は，従来型のマネジメント・スタイルで現地対応することが困難になってきている。

　これらの新興国は，今後ますますグローバル・ビジネスの基幹部門の役割を担うようになるため，先進諸国はこれらの国々に対応する方法を大幅に修正する必要に迫られてきている。新興国は，従来の先進国との補完的な関係から，対等なパートナー関係へと変化してきており，日本のグローバル企業も，そのことを十分に認識して，現地とのパートナーシップを強化していかなければならない状態となってきている。

　このようなグローバルなビジネス環境の変化により，関連する日本企業のグローバル組織人事面においても，また現地法人において求められる仕事の内容面においてもその対応が，ますます高度化，複雑化をもたらすことが想定される。企業は常にGoing Concernとして，「規模の経済性」，「範囲の経済性」，「密度の経済性」の３つの経済性を追求する立場からも，今後グローバル展開を加速させることを避けて通ることができない事情がある。そのような状況下で，日本企業のグローバル組織とグローバル人事制度のあり方や，人材登用や育成の方法論にも大きな転換を求められるのは必至である。日本企業のグローバル人事施策は，長らく日本人駐在員による支配の法則を前面に出して，グローバ

ル展開を推し進めてきたために，比較的長い海外展開の歴史を持つ企業でさえ，世界規模で真のグローバルな人材活用が達成できている企業は意外と少ないのである。

その一方，欧米企業のみならず，最近の韓国企業などにおいても，重要な基幹ポストに，本社社員にこだわらず，HCN（Host Country Nationals）やTCN（Third Country Nationals）などの社員を，積極的に配置して，能力がある場合には本社においても積極的に活用して処遇する傾向が目立ってきている。

基本的にはどの国の企業においても，自らの企業としてのアイデンティティを明確に構築して，その下にそれぞれの国籍の人々がグローバル経営の中核的な役割を果すことが求められてきている。

そのためには，本社と子会社の関係は，必ずしも今までの主従関係ではなくて，各海外事業所の優れたノウハウを子会社間で共有し，また本社へもフィードバックするネットワーク組織が主流になろうとしている。

このノウハウの優位性（COE = Center of Excellence）を持った企業がグローバル競争に打ち勝つことができるのである。その意味でも，本社社員以外のHCNもTCNも今まで以上の責任ある職務上の役割を求められるようになってきているのである。しかし，日本においても，国内産業の空洞化，内需の飽和状態，少子化，海外志向の学生の減少，理科系人材の減少等，国内の環境変化がすでに起こっており，比較的近い将来にグローバル・ビジネスを支えることのできる人材が不足するのは間違いない。一方，日本の大学をはじめとする一部の教育機関は，教育内容と学生のグローバル化に対して重い腰をやっと上げ始めているが，教員構成やカリキュラムなどにおいても，世界で通用するグローバル人材を本気で育成するような環境設定には必ずしもなっていない。その上，日本の大学生は，諸外国の学生と比較して，自らが費やす総学習時間が圧倒的に少なく，知的レベルの低下傾向が顕著であることを最近のデータが示している。

また，学生の受け皿としての日本企業もこのような大学生を大量に受け入れるのは大変なことであるが，企業として，入社してくる学生に対しても一通りの社員研修を実施してはいる。しかし，特にBRICSやその他の新興国市場で活躍できるようなタフなグローバル人材を本気で育成しようとする意識は必ずしも高くはないのが現状である。多くの企業は，本国の社員研修を実施すること

には力点を置いているが，本人たちが学習した内容を意識して職場で活用できるような機会を積極的に作っているかというと必ずしもそうではない。また，本国社員以外の人材を，グローバル・ビジネスのコア人材として本格的にグローバルベースで活用しようとする意識も，まだ必ずしも高くないのである。このような現状からしても，日本企業がネットワーク組織網を展開して，海外のCOEを本社組織に組み込むことが求められるのである。その上で現地の暗黙知的なCOEを有する人材を確保できるグローバルベースのタレントマネジメントの構築が急務である。

　本書は，このように，今後ますます複雑化するグローバル・ビジネス環境の中で，仕事に従事する人々が，自らと異なった規範や価値観を乗り越えることができるようグローバル人材育成の方法論や戦略的人事制度のあり方を取り上げている。さらに日本企業におけるグローバルな組織人事のケースも取り上げている。このように本書の内容は，特に新興国などにおいても，現地における適切な組織と人材のマネジメントに対応できるように留意されている。有能でグローバルなリーダーやマネージャーの候補者たちは，自らの思考のロジックを自らの手で内発的に組み立てることができ，自らの理念に基づいて一貫したポリシーを推進することのできるグローバルコンピテンシーの醸成にもっと強い関心を寄せることが肝要である。

　また，出版にあたり，白桃書房の大矢社長と専門スタッフの方々の過大なるご協力とご理解をいただいて，出版の運びとなったことを深く感謝したい。また，木下瑞穂さんには，お仕事と子育てと家庭生活の両立でご多忙の中にもかかわらず，共同翻訳者として誠心誠意のご協力を頂いたことに謝意を表したい。またJAL時代からのお付き合いの西山淑子さんには参考文献の整理なども含めて幅広くご支援いただき，またIGBネットワークの清澤久恵さんにも多大なる支援とお手伝いをいただいたことに対して心から謝意を申し上げたい。

　最後に，今回日本語版の「異文化間の人材戦略」を出版するに当たり，日本の読者の方々を想定して，監訳者が，「日本企業のグローバルビジネス分野で実際に発生したジレンマの内容」を編集して，ケースとして第11章に加筆している。また，全体にわたり日本社会とビジネスの特徴を引き出す多くの提案をさせていただいた。そのような経緯から，自らも日本語版の著者メンバーの一員に加えていただくことになった。原作者であるTHTのトロンペナールス博

士のご理解によるものとして心から謝意を表したい。

2013年9月1日
古屋紀人

目次

- 日本語版にむけて ……………………………………………………………… i
- 監訳者のメッセージ …………………………………………………………… ii

序章

人的資源管理（HRM）は，生まれ持った特性か，あるいは幅広い人間の素質の一部か …… 1

1. 人的資源管理（HRM）は，生まれ持った特性か，あるいは幅広い人間の素質の一部か …… 1
2. 最初の人的資源管理の対象者とはどのような人たちであったのか … 2
3. HRMはどのようにして生まれたのか …………………………………… 4
4. HRMが抱えるジレンマは何か ……………………………………………… 9
5. HRMは将来，何を目指すべきなのか …………………………………… 11

第1章

人的資源管理（HRM）と企業文化 …… 19

1. 対極のパターンとしての文化 ……………………………………………… 28
2. 好ましい企業文化における国際的なパターン ………………………… 38

第2章

募集,選考,そして評価 ……… 43

- **1** ● 優秀な人材獲得戦争 ……… 44
- **2** ● マイヤーズ·ブリッグズ·タイプ指標（MBTI） ……… 46
- **3** ● シェル社のHAIRLシステム ……… 66
- **4** ● 360度評価 ……… 70
- **5** ● 職務記述書に対する評価: ヘイ·システム ……… 74

第3章

戦略的目標を達成するためにマネージャーを訓練する ……… 83

- **1** ● 戦略はいつもパラドックスで終わるのか ……… 84
- **2** ● 計画的戦略 対 創発的戦略 ……… 86
- **3** ● バランスト·スコアカード ……… 90
- **4** ● グローバル集中化 対 現地化と多様化: 対立する7つの価値基準 ……… 96

第4章

人的資源管理はどのようにチームの問題解決力を促進できるか ……… 119

- **1** ● なぜチームがそれほど重要なのか ……… 119
- **2** ● チームはどのように生まれるのか ……… 122
- **3** ● チームはどのように情報を管理し,知識創造を支援するのか ……… 125

4 ● 成功を確実にするためにチーム内でどのような多様な役割が必要なのか ……………………………………………………………… 125

5 ● チームはどのように進化し,メンバーの成長を支援し,解散するのか
－最高のパフォーマンスを得るための秘訣－ ……………………… 139

6 ● 多様なメンバーで構成されたチームは本当に効果的か ………… 143

7 ● 大きな組織の縮図としてのグローバルなチームとは …………… 145

第5章

学習組織を構築する: 人事への挑戦 ……………………………… 149

1 ● 企業活動はすべて学習されるのか ………………………………… 150

2 ● 事実を集めるべきか,質問を提起すべきか ……………………… 151

3 ● 最初から正しくあるべく努力すべきか,あるいはミスをしても速やかに修正すれば良いのか ……………………………………………… 155

4 ● はっきり見える形で学ぶのか,あるいは暗に学ぶのか ………… 157

5 ● 変化と連続性はどのように関連しているのか …………………… 159

6 ● 企業は,特許登録の内容をオープンにすべきか,あるいは社外秘として保護すべきか ……………………………………………………… 161

7 ● 社会的学習は,技術的学習と異なるか,その両方を同時に達成することは可能か ………………………………………………………… 164

8 ● 標準化やベンチマークの役割は,それぞれ何であるか,我々はそれらに適合すべきか,それともそれよりも優れたものを見つけるべきか ……………………………………………………………… 166

9 ● それぞれの地域特性をいかに統合するか ………………………… 169

10 ● 多様な価値観が存在する世界において「メリット」とは何であるか … 172

11 ● どのようなイノベーションの文化を構築するのか ……………… 174

第6章

異文化間のリーダーシップ開発 ……………………………………… 181

1 • 権威型,参加型,あるいは変容型のリーダーシップ ……………… 182
2 • 抽象的,具体的,あるいは「イルカ型」リーダーシップ …………… 184
3 • 君主型,従属型,あるいはサーバント・リーダー ………………… 185
4 • 実地型,フォロワー型,あるいは即興型リーダーシップ ………… 187
5 • 権威として,人的資源として,あるいは指揮者としてのリーダー …… 189
6 • 指示するのか,まとめ役を演じるのか,あるいは新たな文化を発展させるか ……………………………………………………………… 192
7 • 激動期を内的志向,外的志向,あるいは操縦型で乗り越えるのか …… 196
8 • 世界の知識,自らについての知識,あるいはサイバネティックスの知恵 ……………………………………………………………… 199
9 • 命令型,制御型,あるいは委譲自立型 …………………………… 200
10 • 株主の手先,一流のマネージャー,あるいは富の創造者 ………… 202

第7章

個人的な診断からウェブベースのアセスメントまで ……………… 209

1 • 研究者と情報提供者のモデル ……………………………………… 211
2 • ジレンマを引き出す個人的な面接調査方法 ……………………… 213
3 • 原理原則支配主義: キラークエスチョン ………………………… 215
4 • 7つの文化の価値基準とそれらと同型の文化価値基準との類似性 … 219
5 • 過去にさかのぼって成功について説明する ……………………… 228
6 • クライアントのジレンマをクライアントにフィードバックする …… 230
7 • ウェブベースの評価 ………………………………………………… 231

第8章

ジレンマを解決するためのステップ ······· 239

1 ● オーストラリアと日本の砂糖をめぐる交渉 ······· 240
2 ● Quenchyインターナショナルのスタッフ評価 ······· 248

第9章

評価センターの設立 ······· 267

1 ● 評価センターの文化 ······· 268
2 ● 文化の4象限すべてにおいて候補者を評価する ······· 269
3 ● 国際的なリーダーシップの評価 ······· 273
4 ● キャリア開発と文化 ······· 277
5 ● 異なった国民文化におけるキャリア開発 ······· 280

第10章

異文化間のカルチャーショックの種類 ······· 293

1 ● カルチャーショック ······· 294
2 ● カルチャーショックのシミュレーション: ダーディア人に会う ······· 303

第11章

■ 多国籍な環境下における異文化マネジメントの
ケース・スタディー ··· 307

1● Quenchy International（クウェンチー・インターナショナル）
のケース ·· 307
2● シミュレーションの練習: 技術者がダーディア村を訪問 ········ 316
3● 測定シミュレーションとしてのダーディア人のケース ············ 318
4● 文化の違いを調和させる ··· 319
5● 日本企業のケース・スタディー ·· 325

●あとがき ·· 337
●Bibliography（参考文献） ·· 339

序章

人的資源管理(HRM)は,生まれ持った特性か,あるいは幅広い人間の素質の一部か

　本書の目的は,ナレッジ・マネジメントとイノベーションの最先端分野における人的資源管理（HRM：human resource management）の適切なあり方を検証することに焦点を当てることである。しかし,そのためには,まず,人的資源（HR）という言葉の起源と,多くの企業において昨今の人的資源が果たしている役割を理解しなければならない。そのプロセスを経ることにより初めて,人事部門を研究している我々のような人間が,企業を将来的に常に新しく存続しうるように導く立場に立つことができるのである。

　序章では,次の多くの疑問に対して適切な答えを可能な限り提供することを目的としている。

- 人的資源管理（HRM）は,生まれ持った特性か,あるいは幅広い人間の素質の一部か
- 最初の人的資源管理の対象者とはどのような人たちであったのか
- HRMはどのようにして生まれたのか
- HRMが抱えるジレンマは何か
- HRMは将来,何を目指すべきなのか

1 ● 人的資源管理(HRM)は,生まれ持った特性か,あるいは幅広い人間の素質の一部か

　人的資源管理（HRM）に関する問題は,有史以来ずっと存在しているが,ごく最近まで誰もそのことに,特には気づいていなかったのである。かつて地球

上に住んでいた狩猟民族には，HRMの必要性がなかったことや，狩猟民族にとって代わった牧夫も家畜や作物の世話に忙しく，そのことに気づくことはなかった。初期の産業資本家たちでさえ，生産性を数倍にした新しい機械に興奮するばかりだった。我々人間は，皆，関係しあい，行動を共にするものとして生まれてきた。ではいったい，何が新しいのか。人的資源管理は人が持って生まれた特性なのか，あるいは我々が自然に行い，備え持っているものなのか。

ほとんどの人が当たり前と思うことについて，ある専門家たちのグループが特別な専門性を主張する場合，ジレンマが発生する。あなたが関係している人に対して，あなたが人間関係の専門家であるからと，二人の関係においてもその専門性を誇示するのはまったく適切ではない。あなたがそのようなことを述べたら，確実に罵倒されるだろう。

これは，信頼性の問題である。なぜ，他の部門は人的資源管理（HRM）に耳を傾けるべきなのか。筆者グループは，単に「人事の常識」を広めようとしているのか，それは我々の専門知識の分野だと主張しようとするだけなのか。本書の筆者グループは，人的資源管理（HRM）は純粋な専門的職業分野であることを主張したい。なぜなら，それは企業全体に関連した問題であり，リーダー及びリーダーシップに関する本質的な規律のようなものであるからだ。しかし，我々はその前に別の疑問にも答えなければならない。

2 ● 最初の人的資源管理の対象者とはどのような人たちであったのか

初期の資本主義の最初の人的資源，すなわち機械化以前の人的資源管理の対象者は起業家だった。起業家（entrepreneur）という言葉は，フランス語が起源であり，「～の間の立場を示す」という意味がある。起業家は，生産，土地，労働力及び資本といった要素の間に立ち，これらを再構築して，新たな富や価値を生み出してきた。シュンペーター（Schumpeter）[1)]は，これを「創造的破壊の嵐」と表現した。この言葉に示されたジレンマや矛盾に注意しなければならない。そこには，非人的資源である土地，資本，そして人的資源である労働力と起業家が含まれるのだ。人的資源管理を真剣に考えるのであれば，「人間」という言葉に対する我々の定義の中に起業家精神やイノベーションを含まなけ

ればならない。まず第一に、企業を創り出すこのような起業家の活力に注目する必要がある。

　偉大なる19世紀の起業家が生きている間は、活力に満ちた人的資源が大企業の実権を握り続けていた。当時は、人的資源について言及する人はいなかったが、個々の才能、イノベーション、創造性、そして過去最大の資源をいかに活用するかについては言及されていた。我々が思い起こさなければならないのは、このような人間の進取の気性である。

　しかし、19世紀が終わりを告げると、偉大なる欧米の起業家たちは次々と亡くなり、1930年代にはごくわずかな起業家を残すだけになった。これによって、今後新たな起業家が生まれてこないという危機が生じてきた。起業家の取り巻きたちには、大企業を統治する何の権利や正当性があるというのだろうか。もし、権利が与えられたとしても、彼らにその能力があったのか。創業者に価値があることは誰もが認めたが、そのアシスタントにも同様な価値があるのか。アンドリュー・カーネギー（Andrew Carnegie）[2]は、ホームステッド製鉄工場の責任者であるヘンリー・クレイ・フリック（Henry C. Frick）を工場の責任者に任命した。フリックはストライキ破りのために武装したピンカートン探偵社の警備員（Pinkerton agent）を使って、大勢の労働組合員とその家族の命を犠牲にすることになった。その後、カーネギーはスコットランドで仕事を退職したが、聴衆の激しい怒りのため劇場で観劇することさえできなかった。カーネギーに対するこのような罵りを止め、劇を開始させるためには、彼は席を立たなければならなかったのである。

　創業者の死後に残されたマネージャーたちは、すぐに専門家になる必要性を感じた。しかし、何の専門家になればいいのかはわからなかった。そのために、1926年、大学院生のためのプロフェッショナル・スクールとしてハーバード・ビジネス・スクールが設立された。そこでは、財務、製造、管理などの細かい分野、そして後に組織行動及び人的資源管理などと無理やり名づけられた「管理業務（Administrative Practices）」等の専門分野が開校された。ハーバード大学と創業者の後継者たちは、経営管理の「高度な専門的技能」を教えた。一般化することができる一連の原理原則があると仮定して、人的資源管理は、後には起業家的天才レベルから仲間の従業員レベルまでその対象を広げていった。つまり、企業の先頭に立って導くことから、企業の構成員をうまく組み合わせようとす

ることへと変化したのである。

すべての成長する企業において，創業者が把握できる能力を超える人数まで従業員数が増加すると「管理の限界」の問題に直面する。この時点で，規則，手順及び手続きが開発される必要が生じ，人的資源管理の仕事が形成されるのである。しかし，いったいどんな人的資源管理の仕事が，創業者の実際の存在に取って代わることができるのだろうか。このことにより創業者が元来持っている天才的な能力がどの程度失われることになるのだろうか。

3 ● HRMはどのようにして生まれたのか

今日，我々が認知しているHRMがどのような紆余曲折の後，生まれてきたのかを見てみよう。1つのパターンは実に明らかである。人的資源管理部門は，テクノロジーの発展と官僚制の急激な進展によって引き起こされた問題に対して粘り強く対処してきた。このような最初の対応がHRMの誕生に貢献してきたのだ。

ハーバード・ビジネス・スクールが設立される数年前から，経営における高度な専門性に対する必要性が叫ばれていた。その主唱者は，フレデリック・ウィンズロー・テーラー（Frederick Winslow Taylor）であった。彼はカーボン先端ツールの発明技術者だったが，まさしく，マネジメントは科学としてみなされるべきであることを提案したのである。周知の通り，彼は，工場を組織化するために必要なエンジニアリングの原理原則を応用した科学的管理手法を開発した。分業及び業務の組織化の「1つの最良の方法」は，前もって計算することが可能で，実際に実施することにより実証された。すべての職場におけるコンフリクトは，科学が示した方法により解決されると考えられた。

これらの手順は，ヘンリー・フォード（Henry Ford）の名を取った"フォーディズム"[3]としてもよく知られている。T型フォード[4]の大量生産において実施されたのだ。この方法は，人件費が非常に高いことが明らかとなったことから，業務の極端な単純化を推進し，結果として労働力の熟練度の長期的な低下をもたらすことになった。英語が堪能ではなくても，仕事に就くことを渇望する数万人の移民を，新しい労働者として1時間程度の訓練を行って活用することで，賃金を非常に安く抑えられることが判明した。また，彼らがささいなトラブル

を起こした場合には、彼らを容易にクビにすることさえできたのである。単純作業は、たえず稼動している組み立てラインの作業についていくことができる肉体的なエネルギーを持ち合わせていれば十分であり、知性はほとんど必要とされていなかった。

　ヘンリー・フォードは、自分たちが生産している自動車を買うことができるように従業員の賃金を二倍にし、それに対する株主たちの激しい不満を放置したことで有名だが、彼が歳を重ねるにつれて、あちこちで反フォードの陰謀が見られるようになった。経営側は従業員の中に彼らのスパイをばら撒いていたので、従業員が経営側に対して反感を抱いても、公言することはできなかった。ついには、フォードは自動車労働者組合（UAW）の激しい敵対者となり、ヒトラーやナチス・ドイツの熱烈な支持者となり、ストライキは弾圧された。

　そして工業技術の範疇を超えたHRMという視点が衝撃的に登場したのは、1927年、ウェスタン・エレクトリック社のホーソン工場だった。ここでの一連の実験から、今日のHRMの構成概念や実務が生まれたのだった。これらの考え方の根底にあるものは、潜在的であり、結実のために長い年月を要するものもあったが、この一連の研究がその後に引き継がれて、多くの示唆を与えるものになったことは明らかである。

　エルトン・メイヨー（Elton Mayo）は、フォーディズムとテーラーイズムとに激しく敵対する哲学者であり、ハーバード大学のようなビジネス・スクールがもてはやされるのであれば、彼らからは独立し、批判的な立場を取るべきだと信じていた。メイヨーの学生であるフリッツ・レスリスバーガー（Frits Roethlisberger）は会社の代表であるウィリアム・ディクソン（William Dickson）と共に、1939年『経営と労働者（*Management and the Worker*）』を著し、産業社会への不満に関するメイヨーの人的資源に関する理論は、HRMの分野でしっかりと礎を築くことになるのであった。

　この著書は、科学的管理の欠陥に直接の焦点を当てていた。多くの工場で、このフォーマルシステム（Formal System）が構成され、そこでは、労働者たちは決められた基準を超える生産をした場合には出来高払いのインセンティブを受けており、基準に達しない場合には解雇されることもあった。このフォーマルシステムと反対の立場を取るものが、労働者のインフォーマルシステム（Informal System）であり、それらはエマージェントシステム（Emergent

System）と呼ばれた。インフォーマルシステムは，意図的に生産を制限するものであった。労働者たちの暗黙の合意によって，日々の生産が抑えられていた。「一生懸命すぎる」働き者は罵られるべき裏切者として，同僚から社会的に，時には肉体的に制裁されることさえあった[6]。生産高を上げることは彼らに求められる生産高の最低基準を上げることにつながり，同じ低賃金のままでもっと働かなければならなくなることを労働者たちは知っていた。それどころか，彼らはそのシステムを壊すために団結していたのだった。彼らは，もっと効率的に働く方法を発見したとしても，現場監督に対してはその方法を隠し，勝ち取った時間は自分たちがくつろぐために使っていたのであろう。

　ホーソン工場で行われた実験のうち，最も研究者たちを有名にしたのは，電話の継電器試験室での実験であった。アイルランド系とポーランド系の6人の移民女性を工場のフロアーから連れて来て，電話の継電器を組み立てる小グループに参加させた。これは，工場の生産性を向上させる「要因」となると期待される「独立変数」を使った伝統的な心理学の実験だった。これらの変数には，照明の明るさ，座席の配置，作業台の高さ，食事の善し悪し，休憩時間の間隔，薬，労働時間の長短等が含まれた。しかし，どの変数が追加されても，差し引かれても，生産性がたえず向上することが明らかとなった。女性たちは，自分たちの関係を改善し，互いに「人的資源」としての能力を引き出す方法を見出していたのだ。彼女たちは，研究者たちとも上手くかみ合って作業していた。

　この1つの実験から，今日のHRMを特徴付ける考え方のほとんどが生まれたのである。例えば，これによってカウンセリング・プログラムや個別のコーチングが生まれ，今日，ますます行われるようになっている。しかも，労働者ではなく，マネージャーに対して。また，仕事の質を高めるための研究も生み出された。すなわち，彼女たちは，前もって挑戦できることがあったから，より一生懸命働いたのではないか，という疑問に対する研究である。このことにより，より高い目標を掲げることになった。彼女たちにとっては，単純な電話機のリレーの組み立てをしているのではなく，もっと重要な実験に参加しているのだという気持ちがより良い結果を引き出したのである。

　このことから，ダグラス・マクレガー（Douglas McGregor）は，労働者たちの潜在能力を確実に管理するためには，彼らの自己達成感が重要であるとい

う結論を導き出した。彼は，これを「Y理論」と名づけた。実験結果を偏ったものにしないように，と研究者たちが彼女らに関わらないようにしたことが，かえって彼女たちの仕事を促進し，直接的な指示を行わないリーダーシップにつながったのではないか，と指摘する研究者もいた。カール・ロジャーズ（Carl Rogers）はこれをクライアント中心のカウンセリングと呼んだ。生産量が向上したことによって，女性たちは研究者たちが出していた指示以上に実験に積極的に参加し，生産性がさらに向上した。

　他のHRM専門家たちは，この現象を小グループあるいはチームの集団特性として重要視した。これは，感受性グループ（Sensitivity Group），Tグループ運動，ロバート・ブレーク（Robert Blake）やモートン（Jane S. Mouton）のマネジリアル・グリッドのセミナー等につながった。そこでは，タスクに対するテーラー（Taylor）の関心と人間に関するメイヨー（Mayo）の関心が調和されたのである。これらのグループは，小集団活動，QWLグループ，スキャンロン・プラン[7]における創造性グループに発展し，問題解決のための小集団として現在でも広く利用されている。デミング（W. Edwards Deming）は，終わりなき改善を維持するために小集団を利用し，1960年代から80年代における日本に生産性の革命的な向上をもたらした。

　1950年代初頭，ドラッカー（Peter Drucker）は，ホーソン実験を，個人目標と組織目標を体系的に折り合い付けて，一致させる方法として解釈した。彼はこれを目標管理（Management by Objectives）と呼んだ。実験室において，生産性は日々監視され，同時に彼女たちが好む，または好まない実験の特徴について彼女たちに議論させた。そして，そこには暗黙のやりとりが生じていた。すなわち，「我々のためにこれをしてください。そうすれば，もっと生産性が向上します」というやりとりである。

　エブラハム・マズロー（Abraham Maslow）は，このホーソン実験を通して，まず生存，安全，及び帰属のような「低次元のレベルの欲求」に対する満足度が高まることが重要であることを指摘した。低次元の欲求が満たされると，ハーバード大学の研究者たちの重要な新しい知見を生み出すプロジェクトに貢献することや，自ら新しい知見を生み出すような状態を作り出すといった，より高度な欲求の実現につながることを発見したのである。

　社会学者のゴールダー（Alvin Goulder）は，このことを相互互恵の基準と表

現した。部下が求める何かをマネージャーがしてくれた場合，部下はマネージャーに報いる義務を感じ，マネージャーが何かをすれば，すぐに部下たちも応えようとする傾向が生まれる。ほとんどの仮説に関する簡単な実験においてさえ，生産量が伸びるという結果が見られ，直接的には労働者のためになり，間接的にはマネジメント側のためにもなる試みであることを実証しているのである。ホーソン工場の実験では，労働者たちは上司の親切に応えようとしていたのだった。

　さらに他のHRMの専門家たちは，生産性の向上は，（たとえ偶然であったとしても）日々のフィードバックにより養われたシステム力学の結果であると議論した。実験室のチームそのものが，実証実験を通じて自然発生的に発展した自己最適化システムであり，そこには，組織の機械的モデルに対峙する有機的なモデルがあった。出来高制の報酬を受け取るという外的なモチベーションが，内的なモチベーションに置き換えられることにより，適切な状態を生み出すことが認知されたのである。つまり，他の人々と共に問題解決への挑戦を実施し，共に喜びを分かち合い，自己発見への道を進むという内的なモチベーションの重要度が認知されたのである。

　一方，イギリスでは，タビストック研究所（Tavistock Institute）のエメリー（Emery）とトリスト（Trist）により，社会技術システム（Socio-Technical System）を創り出すためには，技術システムは社会システムと調和されなければならないということが議論されていた。ホーソン実験の研究者が行ったことは，技術システムの周囲にある社会システムを再編成することであった。

　後に企業文化に興味を持った研究者たちは，ホーソン実験において，あらかじめ役割や手順が決められている疎外された工場現場から，お互いが向き合っている親密な小グループへの急激な企業文化の変化を発見したのである。ホーソン実験では，すべての人にとって何らかの得るものがあった。我々は，第1章ではこの実験について，非常に真剣に文化的なアプローチを試みるつもりだ。

　アダム・スミス（Adam Smith）からテーラー（F. W. Taylor）に至るまで，労働の分業が常に強調されてきたが，ここに労働の調和の手掛かりがあったのである。ローレンス（Paul Lawrence）とローシュ（Jay Lorsch）が述べたように，創造的な組織はこれらの対立する価値観を調和しているのである。

　これらすべての発見とさらに多くのことが，ホーソン実験の結果の中に明確

にあるいは暗黙の形で存在していた。ホーソン実験は，その後の人的資源管理分野の形成のために，最も多くをもたらした研究であった。

4 ● HRMが抱えるジレンマは何か

　これまでのところ，我々のアプローチは，一連の矛盾あるいは「ジレンマ」―「2つの主張」を意味するギリシャ語の「di-lemma」から生じた言葉―　と表現することができる。我々は，人的資源管理を誰もが行っているという理由で，組織の本質的で特別な機能となりうるのかどうかを問うてきた。イノベーション，起業家精神及び創設者の才能は，今日のHRM機能のスタイルとはまったく異なった人的資源の表現であることも我々は議論した。起業家は，生産を通してそれぞれの要素，人的資源と非人的資源，破壊と創造性の間に立って，ジレンマを現実的に解決する。我々筆者グループは，1つには，HRMを非人間的なテクノロジーや官僚制に対する抵抗の哲学として特徴付けてきた。ジレンマや矛盾は，しばしば論拠の不一致とみなされる。我々は，価値観や文化の論理はもともと矛盾をはらんでいると考えているが，一方でそういったジレンマと「折り合いを付ける」ことができることも信じている。我々が前述したホーソン実験が，偶然かもしれないが，まさにこのことを見事に証明している。

　ホーソン実験に関する筆者の考え方を簡単にまとめてみよう。

- フォーマルシステムは，労働者の**インフォーマルシステム**から教訓を得た。
- 個々の「**独立**」変数は**組織変数**となり，共に発展した。
- **単純化された**仕事は，より広い意味を持つ研究によってより**深い**意味を持つようになった。
- 個別の出来高制のインセンティブは，部下の共有化された**組織目標**に取って代わった。
- 女性工員たちが情報提供者となるにつれて，**直接的なリーダーシップ**はより**間接的な**ものとなった。
- 生産量の向上に苦悶していた組織的**権威**は，組織構成員の**ファシリテーター**として機能しはじめた。
- **トップダウンの**目標は，ボトムアップの**参加型**に変化した。
- 個人がチームに参加することにより生産的になった。

- **タスク**志向から**人間**志向へと人間の見識を重視する結果になった。
- **リーダーの行動**が，組織構成員へのフィードバックに基づいて，確認されることにより，チーム学習が可能になった。
- **可視的**な目的が，**暗黙化**されて研究者間で議論された。
- マネジメント層の善かれと思ってなされる**行動**に対して，労働者たちはすぐに**報いる**ようになった。
- **実験室**は，**自己組織化システム**となった。
- 報酬と懲罰のルールが**機械的なモデル**から**有機的なモデル**に変化した。
- **外的な個人**への動機付けは，**内的な**グループの満足によってより効果的になることが認識された。
- **技術システム**は，**社会システム**に支えられ，再組織化された。
- **分業** はよりよく**統合**され，類型化された。

　この議論は，続けようと思えばいつまでも続けることができるが，一貫性のあるパターンを認識するには，ここに挙げたもので十分である。それぞれの文章の左側にある価値観は間違ってはいないが，企業を運営する唯一の価値観ではない。人的資源管理の価値観は文章の右側にあり，通常，支配的で技術中心の価値観を弱めることが求められている。革新の原動力となる左側の価値観を抹殺することではなく，それらを右側にある価値観とうまく調和させることが目的である。大切なことは，この対立するロジックをいかに調和させるか，である。すなわち，ある時はより分化させることを試み，ある時はより競合させようとすることである。また，より明確な方向性を見つけ出すために，あまり指示傾向にならず，結束の強いグループは個々のメンバーを支援するものであるから，より個人的な対応をすることである。さらに，人々が仕事を通して成長するためには，仕事中心の傾向を強めなければならない。

　このように，対立するパラドックスの状態から両方のメリットを思考することで，シナジー効果のある解決方法を見つけ出すことが可能になるのである。

　ホーソン実験には，本書の主題に深く関連することが多数含まれている。その時代において，この実験は多様性の研究における画期的な出来事だった。わざわざ女性の移民労働者に話しかけ，彼女たちに意見を求めるということは，1927年当時，非常に珍しいことだった。彼女たちは半熟練工であり，長い間，職場で働いていたわけではない。つまり，当時の従業員募集では，「アイルラ

ンド系移民の応募はお断り」と通知されていたのだった。そして，この実験におけるもう1つの鍵となるジレンマは，多様性と新しい統一性の対立をどう処理するかということにあった。

「貧しく，身を寄せ合い，自由を切望する人々」つまり，見込みのない人的資源と見なされた人々の中から，非常に大きな発見があった。それらの発見は，今日HRMの中に取り入れられている統一性のある多くの制度を創り出すことになった。人事上の長年の懸案に対する解答が我々にもたらされるのは，我々が新しい展望を探す時である。自らが他の文化や規律を理解しようとする時こそ，自分自身の文化や規律を理解し始めることができるのである。

しかし，HRMが今日直面している問題を示していることに，ホーソン実験の最後の特徴がある。テクノロジー優先主義への反論は今も昔も存在するが，新しいテクノロジーの導入が人々に不安感を与えてから慌てて，その支援サービスに目を向けるのか，それとも自発的に自分たちの変革プロセスを醸成するのか，どちらに重点を置くのかを，決めなければならないという問題である。

5 ● HRMは将来，何を目指すべきなのか

我々は今，HRMに対する我々のミッション，及び21世紀において人的資源管理（HRM）ができること，また，しなければならないことのビジョンを説明しようとしている。HRMは，天賦の才能によって主要産業を最初に創り出した起業家精神の原点の価値観に戻らなければならない。なぜなら，大きさ，規模，そして莫大な物資や資本といった物理的な資源だけではもはや十分ではないからだ。我々は終わりのない人的イノベーションの時代に突入した。そこでは，競争そのものが機敏で，創意工夫に富むようになり，巨大な物的資源と資本だけを持った人々はこれまでにないほど弱い立場になる。どんな大企業でも組織自身がたえず新しく，変化する必要があり，価値観も変化し，従業員同士というよりは顧客に語りかける人々に重きを置くだろう。将来のHRMは，創造性と破壊との間のジレンマ，人的資源と物的資源との間のジレンマ，変化と継続のジレンマ，その他それに類するジレンマに立ち向かうものに他ならない。

各々の職務と機能が自らの立場を主張して，決められた枠の中で仕事をしようとする場合は，折り合いを付ける必要がある。かつては，単に営業が顧客に

販売しようとするものだけを職場で製造していた。しかし，現代の企業ではそんなことはあり得ない。我々は職場を，必要に応じてますます変化させてきた。それは顧客が求めるものに合わせるだけでなく，成長し，学習する，今まで以上に複雑な，従業員たちが学び，発見し，表現しようとすることに合わせてきた。職務間の境界は統合された機能に溶け込み，全体の組織力を発揮するようになってきている。

　本書は，いくつかの重要な観点から企業価値の創造を再定義する。我々は「価値を追加」するわけではない。なぜなら，1つの価値を他の価値の上に単純に積み上げることは最も単純なケースにすぎないからである。価値観の多くは，対照的なものとして提示され，良い関係を築きにくいことが多い。例えば，高性能の自動車は，高度な安全性というジレンマに直面することになる。まずは運転者に主導権を持たせなければならない。その結果，運転者は自分の思いのままに車を運転することができるが，事故に巻き込まれた時には高性能な車なので，自動制御されることが求められる。つまり，ブレーキはロックされてはならない，タイヤは横滑りしてはいけない，そして運転者の身体が衝撃を受ける前にエアーバッグが開かなければならない。さらに車のドアのロックは容易に救出されるように解除されなければならないのだ。

　こういった解決策は，エンジニアリングの見事な点である。一方，価値観は類型化され，統合され，互いに相乗効果が得られなければならない。そして，相互作用により複雑な高いレベルに変質しなければならない。本書では，どのようにしてそれが可能になるのかを示そうとしている。

　しかし，リーダーシップが発揮されない場合に何が起こるかは疑うまでもない。科学技術上の変化は，一時的なドット・コム景気を予期せぬ形で左右したように，もう一度舵を取り直すことであろう。テーラーイズムは，一時的にただ影をひそめることがあっても，リエンジニアリングやよく似た新しい機械の大量導入という形でまた姿を現すであろう。

　HRMが機能すべき場所は，アイデアが最初に生まれ，行動が起こされる場所，すなわち組織行動の源なのである。人々の関心が最初からそこに組み込まれていないならば，人々を押し倒して壊していくようなジャガナート（強大な破壊力）[8]の絶対的な力の動きを遅くする，長く恐ろしい戦いとなるかもしれない。「良い判断」や「直感」などがどういうものなのかは長年の間，説明不能だったの

だが，我々はこれを説明できるようにしたのである。我々はこれらを詳細に位置付け，体系化することができる。その結果，業績を積み上げていくことができる。それは魔法のようなものではなく，異なる価値観との折り合いの付け方を示すものであり，きちんと記述することにより，バランスのとれた形でより良い結果を生み出すことができるのである。

ここで，第1章から第11章までの筆者の議論の順序と構成の概要を説明しよう。各章には，読者のために国際的なHRMが直面する問題に関するケース・スタディを盛り込んでいる。

第1章「人的資源管理と企業文化」では，組織文化は目的，方針及び自己保存の特性を持った生きるシステムであり，その結果，文化はしばしばそれらを変えようとする試みを失敗に終わらせることを示したい。ここでは，認識できる4つの企業文化について記載するが，各々は異なった組織の目的にそれぞれ相応しい組織文化であり，各々説得力のある内容を備えている。組織文化が企業の実際の仕事に大きな役割を果たすため，組織文化の役割を把握することは極めて重要なことである。リーダーは彼らの組織文化をリードし，変化の推進者は組織文化を変化させなければならない。なぜならば，うまくいってもいかなくても，組織のメンバーを動機付け，鼓舞し，見返りを与え，情報を与えるのは組織文化だからである。

第2章の「募集，選考，そして評価」では，有能な人材を確保するための戦い方について考える。ますます複雑になっている世界においては，減少傾向をたどる有能な人材を採用，選考，評価，開発していくことが不可欠である。これを実現するために人的資源管理部門は，極めて多くの人材選考ツールを使う。これらのツールの多くは長年使われてきており，ここではそのいくつかについて評価，記述するが，ツールのほとんどすべてには何らかの欠陥が存在する。それらは，ジレンマの一面だけを測定し，多くの場合，統合されうる－統合すべき－いくつかの価値観のいずれか1つを選択するように迫る傾向がある。筆者は，現存する測定尺度がより広い統合を生み出すために適切なものになっているか，補完的な測定を通じて説明するのである。

第3章「戦略的目標を達成するためにマネージャーを訓練する」では，戦略の策定に参加するための人的資源管理について議論する。これは，企業の戦略的な推進力の中心に企業の核となるコンピテンスを置くことが不可欠であると

いうことである。これが行われなければ，HRMの機能は縮小し，コスト削減や余剰人員の解雇通知など，従業員には好まれない存在になりかねない。

　人的資源管理の明確な役割は，企業戦略を実現するために必要な強みを生かす能力開発をすることである。しかし，思わぬ障害もある。経済サイクルにおける景気の上昇と下降の間を生き残ることができる戦略はほとんどない。加えて，ほとんどの戦略は矛盾する結果に終わってしまう。それぞれの戦略のカリスマによるアドバイスは，他の戦略にとっては少なくとも役に立たない。また，戦略間にコンセンサスは存在しない。これに対して，我々は何ができるのだろうか。

　我々はこれらのジレンマの均衡を保つ必要がある。バランスト・スコアカードの活用は，まずスタートとしては適切であるが，その内容が良いと思われるのは最初だけである。なぜなら，相反する価値観を等しく重視するように企業を説得することは，あまりにも難しいからだ。多くの銀行に対して，今後習得していかなければならないことは，過去の財務的な結果と等しく重要であることを説明してみたところでうまくはいかないだろう。我々に必要なのは，統合的なスコアカードである。なぜなら，今後習得すべきことはそれらが財務的な結果に貢献するようになるまで，真剣には検討されないからである。

　第4章「人的資源管理はどのようにチームの問題解決力を促進できるか」では，HRMにとってチームワークが重要であることを示す。我々が定義する4つの企業文化の1つ，誘導ミサイル型文化は，ほとんどすべてがマトリックス組織の根幹として機能するチーム活動で構成されている。すべてのチームメンバーは二元的に忠誠心を持っている。彼らは自らの職務に対して忠実であり，チームのプロジェクトに対しても忠実でなければならない。これらの合成された目的は，大企業の統合力にとって欠かせないものである。組織における変化の多くは，チームが変化を試み，支持し，モデルとならなければ実現しないだろう。

　他のチームを凌ぐためにチームには多様性が必要であることを我々は議論する。またしても，調査結果は矛盾しているように見える。多様性のあるチームは失敗することもあるし，成功することもあるのだ。しかし，革新的で最高の解決策は多様性を求めている。多様性なくしてそれらの解決策はあり得ないのである。

第5章「学習組織を構築する：人事への挑戦」では，組織が取り組むほとんどすべてのことは，組織環境と関連付けながら，構成されるべきことを提示している。組織環境についての課題への対応策が発見されるたびに，新しい知識が創造されてきた。すなわちトップ・マネージャーは，彼らよりもずっと顧客に近い社員たちと活き活きとした対話を交わすことが知識創造のために求められてきた。このように，企業組織はたえず探求的システムを活かして，学習し続けなければならない。

しかし，これらはいったいどんな種類の学習なのだろうか。また，このような学習プロセスの部分でも，多くのジレンマに直面するのである。その学習は，暗黙的なのか形式的であるのか。間違いを犯したら，それを正せば良いのか，あるいは間違いのない完璧を目指すべきなのか。同じ産業をベンチマークしてその基準に追いついていけば良いのか，あるいは新しい基準を創り出していくのか。こういったジレンマと折り合いを付けることができた時に，本当の学習と競争優位性の状態をつくりだすことができるのである。

第6章「異文化間のリーダーシップ開発」では，筆者は「良い」リーダーの特性のリストを完全に実施することは不可能であることを結論付けている。世界経済の永続的な激しい変化と共に，絶えざる新しい挑戦も，いずれは放棄される。このために，HRMにとって求められる能力を特定することは非常に難しいのである。

しかし，ある一般化は確かに必要である。リーダーはますます広がり続ける多様性の範囲を前提に折り合いを付けなければならない。経済サイクルの異なった段階，異なった国民文化，異なった企業文化，異なったチームの役割，機能，状態のレベル，学習スタイル，規範，そして個性のすべての距離感を，リーダーはなんとかして乗り越えなければならない。我々は，相対する価値観と折り合いを付けるための能力を開発するために質問表を設計した。この質問表に対する「21世紀の21人のリーダー」に著したトップリーダーの得点は，回答サンプルのシニア・マネージャーより20パーセント以上も高かった。

第7章「個人的な診断からウェブベースのアセスメントまで」では，ジレンマの存在を否定する人たちに対してさえ，我々が，どのようにジレンマの存在を突き止めてきたかを示している。THTグループでは，インタビュー，企業にまつわる話題，神話，シンボルや事例の調査によってジレンマを突き止めて

いる。情報提供者が企業の良い部分を示してくれる時には，我々は，影の部分，すなわち犠牲にされる可能性の高い対立する価値観を探すのである。我々は，情報提供者が示した企業の良い部分を修正するかもしれないが，彼らが信じていることを決して否定することはしない。情報提供者たちは，我々がさらに先に進む前に，我々が発見したジレンマのすべてを認める傾向がある。ウェブを活用したツールは，企業内で進行している話題を取り上げることには優れているが，潜在的な考えが表に出てくるまでには至っていない。

　第8章「ジレンマを解決するためのステップ」では，人々の習慣的な考え方に対して「概念的な破壊（ブロックバスティング）」を行う。ひらめきがついてくるかどうかは保証できないが，今の考え方という（邪魔をしている）壁を壊すことはできる。

　第9章「評価センターの設立」では，「評価センター」がどのような種類の文化を前提としているかを調査する。異なる企業文化からの候補者たちは異なる行動を取り，それらを4つの異なる企業環境によって評価する必要性を説く。「キャリア」のビジョンさえ，マネージャーが4つの文化のいずれに属しているかにより異なってくる。キャリア・パターンも，日本，ドイツ，フランス，北米では際立って異なっている。

　第10章「異文化間のカルチャーショックの種類」では，文化を超えて，見知らぬ人と出会う際の直感的で感情的な損害について考えている。我々は，「感情の筋肉」の訓練というシミュレーションを紹介する。IQはEQ，すなわちストレスをコントロールできる感情能力によって補完される必要があるのだ。

　第11章は，人的資源管理に関連する各種のマネジメントのジレンマを，日本企業で実際に発生しているケースも取り入れながらまとめている。このケースを実際のビジネスの現場においてどのように解決するかは，それぞれの価値観に根差すところが大きいが，現存する相反する価値観を乗り越えて両者がいかに効果的な調和をするかが問題のカギとなるのである。

［注］
1）訳者注：シュンペーター（Joseph Alois Schumpeter）は，経済活動における新陳代謝を「創造的破壊」という言葉で表し，資本主義経済の発展は起業家の不断の技術革新（イノベーション）によって行われるとした。

2) 訳者注：アンドリュー・カーネギー（Andrew Carnegie, 1835年11月25日―1919年8月11日）は，スコットランド生まれの，アメリカの実業家。カーネギー鉄鋼会社を創業し，成功を収め「鋼鉄王」と称された。
3) 訳者注：ヘンリー・フォードが，大衆車の大量生産と販売を行うために確立した経営の理念。
4) 訳者注：日本では「T型フォード」（Model T）の通称で知られている，近代化された大量生産手法を全面的に適用して製造された史上初の自動車。
5) 訳者注：科学的経営管理の理論と実践．Frederic Winslow Taylorにちなむ。
6) 訳者注：rate-buster 他の労働者より作業効率や生産高が上回る人。
7) 訳者注：アメリカのジョセフ・スキャンロン（Joseph Scanlon）が提唱した生産性向上成果の配分の一方法。売上高に対する人件費の割合を一定として基準賃金総額を算出し，実際の支払い賃金との差額を賞与賃金として，各従業員の実働時間基本給に準じて分配する方法。
8) 訳者注：ヒンズー教で，ヴィシュヌ（Vishnu）神の第8化身であるクリシュナ（Krishna）神の像。この像を乗せた車に轢き殺されると極楽往生ができると信じられた。

第1章
人的資源管理(HRM)と企業文化

　人的資源管理（HRM）が取り扱わなければならない最初の現実は，企業文化である。文化はしばしば強力で，我々が文化を変えようとしても変えることができず存続してしまう。心に留めておくべき鍵となるポイントは，企業文化は生きているということである。超人的な生き物のように，企業文化はエネルギー，目的，方針，価値観，そして情報処理の方法を持っている。文化というものは，粘土細工のように人間が形作るものだと思っている人には意外であろうが，もし，秩序感覚を乱すような方法で文化の邪魔をしたら，文化に激しく仕返しされるだろう。どんなに邪魔されても，ちょうど良いバランスのとれた位置に戻る空気で膨らんだ子どものおもちゃへの一撃のようなものだ。それどころか，文化にしっぺ返しを食らうこともあるのだ。

　MITのシャイン教授（Ed Shein）は，彼の著書『組織文化とリーダーシップ』において，企業文化に関する最善のすばらしい定義を示してくれた。

　　「企業文化とは，ある特定のグループが外的な適応と内的な統合の問題に対処する際に有効であると判断された，ある特定のグループ自身によって創られ，発見され，開発された基本的過程のパターンのことである。それは，問題を，知覚し，行動し，感じる正しい方法として，新たな構成員にも伝授される。」

　シャイン教授も外的な適応と内的な統合の間にあるジレンマに気付いていたことは，注目すべきことである。これらは果たして折り合いを付けることができるのだろうか。

　しかし，我々にとって重要な見識を与えてくれたのは，『文化のパターン』

におけるルース・ベネディクト（Ruth Benedict）だった。彼女は，アメリカ原住民の3つの種族が文化的に崩壊—アルコール，絶望，無感動，犯罪の多発等—しそうになっていて，2つの種族が，比較的うまく順応しており，温和である理由を尋ねられた。残念なことに，2つのグループ間には一貫して区別できる何の変数もなかったことが判明した。彼女の学術的な人生は無駄だったのだろうか。その後，彼女は間違った場所で答えを探そうとしていたことに気づいた。差異を生じさせているのは，鍵となる価値観の存在や欠落ではなかったのだ。それはすべての種族が，利己的な振る舞いを強く非難した点にも表れている。異なっていたのは身勝手さと寛大さの結びつき方のパターンだった。温和な種族においては，寛大な振る舞いはすぐに評価されて皆がそれを繰り返した。その結果，それは自己の利益にもプラスとなった。言い換えれば，身勝手さと寛大さは，全く異なるものであるが，いかに調和できるか考えられたのである。対照的に，悲惨な状態の種族では，両者は調和できず寛大さは利己的な行為によってひどく悪用されてしまい，一方でその行為で傷ついた者たちは，きっぱりと身勝手な行為を非難することになった。

　ベネディクトは，この両極の対立する価値観の超越関数を「シナジー（synergy）」と呼んだ。その言葉は，「syn-ergos」すなわち「共に，あるいは一丸となって機能する」という言葉から発生している。彼女はこの言葉を使った最初の社会科学者だった。そして，この「シナジー」という言葉をマズロー（Abraham Maslow）は，文化とは大なり小なり価値観が連動し，相乗効果を生み出すものであるという意味を込めて多用した。

　序章で，ちょうど人的資源が物的資源と共に機能するように，成功する起業家精神においては，破壊を伴う創造性が機能することを示した。ホーソン実験では，フォーマルシステムがインフォーマルシステムと共に機能すること，すなわち，タスクと人が統合したことを示した。社会システムは，技術システムを覆す代わりに技術システムを支えた。このように，我々が挙げた二項対立の例の中には，すべてシナジーの存在があった。これこそが，創造的で生産性の高い文化と，停滞し，非効率な文化とを区別するものだ。ベネディクトは，価値観そのものではなく，価値観の間にあるものに目を向けたから，文化の繊細さと力強さを理解することができたのだ。

　さて，これから我々の考える文化の定義を示そう。

「文化は，規則と例外，技術と人間，対立とコンセンサス等のような価値観の相違を，あるグループが普段どのように調和させているかというパターンである。文化は，こういった価値観をかつてないほど高い到達レベルで折り合いを付けるために学習することができる。そして，その結果，非常にたくさんの例外の研究から，より良い規則が創り出される。このような折り合いから，健康，富，そして英知が得られる。しかし，一極の価値観がもう一極の価値観に対して支配的な傾向が見られたり，不利に作用したりする時には，文化はストレスを感じるものとなり，活気を失ってしまうだろう。」

この定義を前提とするなら，図表1.1に示される4つの企業文化は我々自身の規則を壊すかもしれない。なぜなら，それらはひどく異なっているだけでなく，対立しているからだ。無論，この調和 対 対立の構図もそれ自身，シナジー効果を持たなければならない。人々と文化の間に初めに相違あるいは多様性

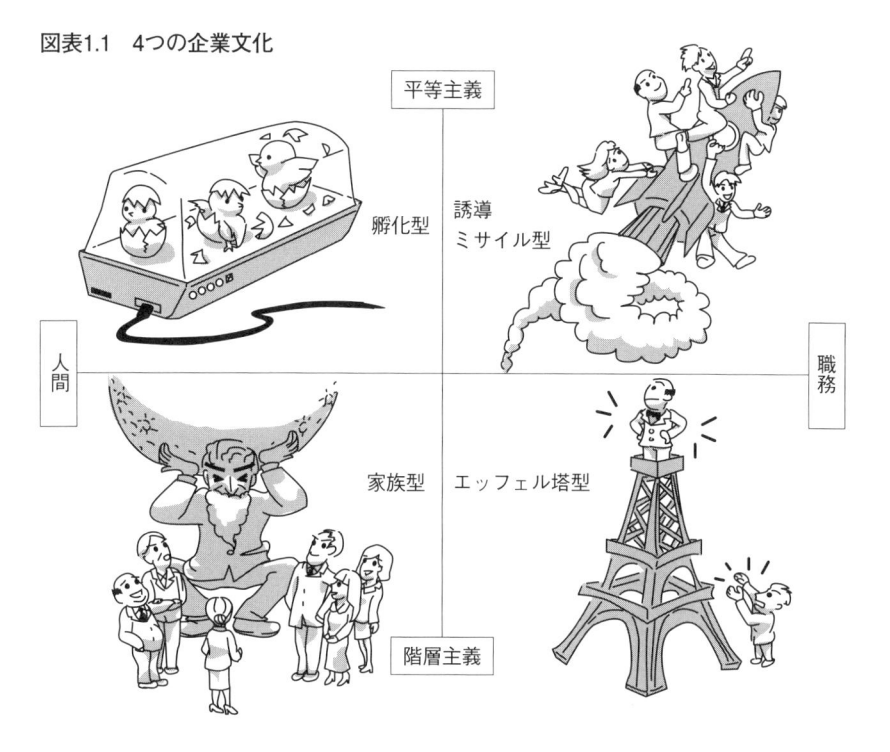

図表1.1　4つの企業文化

がなければ，折り合いを付ける必要もない。両極性は情報を処理するために不可欠な部分である。我々はそれらを見分け，また統合する必要がある。そして，しばらくの間，これらの両極性を受け入れるように努力しよう。

　これらの文化は，2つの価値基準に沿って変化する。文化は，幾分，平等主義的か階層主義的のどちらかであり，幾分，人間中心か職務中心のどちらかを志向している。しかし，このことは，エリートの階層制度が平等主義に重きを置いていないことを意味するのではない。すべての参加者に平等なチャンスが与えられるテストがあるかもしれない。同様に職務志向の文化では職務を果たす人々に対してチャンスが無いわけではない。実際の意味からすると，これらの4象限は，何とかこの4タイプに色分けできるだろうという程度のラベルを与えられたステレオタイプあるいは原型を表すものである。しかし我々はこれらのラベル化を避けることができない。それらはすべての文化に神話的で象徴的なものとして織り込まれ，組織の構成員の心の中に大きく聳え立つ。文化は，企業のものであろうと国家のものであろうと，自分たちを枠にはめる傾向がある。例えば，エッフェル塔，シドニーのオペラハウス，エンパイア・ステート・ビル，これらの画像が画面にぱっと浮かべば，その画像を見た人たちはそれがどこなのかは，容易に想像できる。アメリカ映画で，主役のカウボーイが仲間に決断を却下されているのを見たことがあるだろうか。我々はやはり主役のカウボーイが出てきたら，彼の決断がどんな時でも正しいと思いこんでいるのだ。

　我々は皆，まず，抱いた第一印象から，ステレオタイプに分類し，そうすることで上手く機能を働かせることができる。重要なのは，ステレオタイプを避けることではない。ステレオタイプはどこにでもあるからだ。重要なのは，表面的な印象を超えて，より深いところにある半水面下のものを見つけることだ。このことが，我々が図表1.1の4象限で表現したいことである。

　しかし，まずは図表に書かれている4象限のそれぞれについて説明してみよう。左上の孵化型文化は，シリコンバレーがその典型だが，人間志向で平等主義的な文化である。この文化は非常に創造的であり，新しいアイデアを孵化していく。ここで我々はビジネスのインキュベーターを本質的な意味で引用しているわけではなく，創造的なアイデアを生み出す比喩として，インキュベーション（孵化）という言葉を使っている。このような組織は，誰もが，どんな瞬間でも，地位にも関係なく，アイデアを思いつくかもしれないという理由で平

等主義的である。そして，この文化は，製造，流通の方法もまだ定まっておらず，これから作る必要があるという点で，人間志向である。

　誘導ミサイル型文化は，プロジェクト・グループがチームとして職務遂行の方向に向かっているという点で，平等主義的で職務志向の文化である。典型的に多くの専門分野にわたっている文化であり，組織内のさまざまな部門から，設定された職務遂行のために不可欠な人々だけを選び出す。それは，共有された問題に関する専門性に対する評価が定まっていないという理由で平等主義的である。NASAはおそらくこのカテゴリーの組織文化を持った最も有名な組織である。月に着陸するために科学とエンジニアリングの分野で，100以上の訓練を実施した。同じ立場の研究者たちが討論を重ねることで，どちらの分野もそれぞれ寄与貢献していたのだ。それぞれの相対的な寄与率は，同等な立場の者たちの間で話し合わなければならなかった。上司と呼べるのは，職務あるいはミッションだけである。

　エッフェル塔型文化は，マックス・ウェーバー（Max Weber）の著書『プロテスタンティズムの倫理と資本主義の精神』の考え方にしたがって定義付けられ，テーラー（Frederick Winslow Taylor）やヘンリー・フォード（Henry Ford）によって採用された。エッフェル塔型文化は，物理的な資機材を扱う工場においては高度に組織化された仕事を，巨大な官僚組織においては，緻密で，細かい職務を，規則正しく遂行させるものである。組み立てライン上で自動車の列にミラーを固定するだけというような単純作業も含めて緻密な職務記述書があり，トップから厳しい指示が下りてくる。その文化は安定的で，予測可能で，安全で，前もって定められた仕事をこなすものであり，信頼性が高いものである。

　家族型文化は，おそらく最も古いものであり，したがって株式上場した企業の中にも，ファミリー企業をその起源としているものが非常に多い。世界的に見ても，他の種類よりも家族所有の企業は数多く存在している。しかし，我々はここでは家族型文化を取り上げているのであり，ファミリー企業の法的な所有権について取り上げているわけではない。エッフェル塔型文化の要素を持つファミリー企業もあれば，株式公開している企業でも家族経営的な要素を持っている企業もあるだろう。

　家族型文化は階層主義が強い。なぜなら，オーナーとしての「親」と，従業員としての「子ども」の間のギャップが非常に大きいからだ。年長者世代は，尊敬

され，畏れられることもある。彼は－「彼」であることが多い－従業員を自分の家族の一員と考え，彼らの負担を背負おうとする。日本企業は，上場している企業でさえ，「先輩－後輩」のつながりの強さを誇ることもある。コーチングやメンタリングは，家族型の考えから取り入れられた。METI（経済産業省）は，恐るべき日本政府の官僚機構だが，「心配性の叔母さん役」とさえ呼ばれている。

家族型文化は，職務志向というよりは個人志向である。というのも，人が何をするかではなく，人が誰であるかということの方が重要だからである。家族のメンバーは必ずしも十分に専門的であるわけではない。職務において評価されるほとんどの人々は，良好な人間関係を持っていると支持され，許容される。内部の人間は内部にいるということだけで，外部のものよりは有利なのだ。こういった文化はしばしば温かく，親しく，友達のようだが，組織内統合がわずかばかりの外部への適応を犠牲にしても成しとげられ，その結果，抱き合ったり，キスしたり，互いに甘え合いながら破綻に向かう場合もある。創造的で非凡な才能は，世襲する次の世代に伝えられることはほとんどなく，その結果，創設者のビジョンが次の世代で一新されるような可能性は低い。

人的資源管理（HRM）の歴史的な起源として序章で触れたホーソン実験に再び戻ろう。我々が定義する4象限は，現実のビジネスケースを理解する時に有効だろうか。エッフェル塔のイメージにおいて，科学的管理が着想されたことは明らかだろう。すべての労働者は正確に規定された職務を与えられ，それらは時間と動作研究によって調整，管理された。事前のプログラミングが階級制度全般に浸透しており，労働者に対していつ，どこで何をするのかを指示していた。労働者たちは，優位に立つ知識層，すなわちテーラー（Taylor）やテーラー主義者(Taylorist)たちからの厳しい命令に従う「一対の手」（それゆえに「肉体労働者」）と考えられていた。実際に，労働者たちは，彼らよりはるかに高価で大きな機械の一部と考えられた。

我々の図表の一象限に限定される文化が，時間の経過と共に，ビジョンの可能性によってどのように狂っていくのかに注意しなければならない。テーラー自身，コントロールのしすぎで神経症だった。夜，彼の額の上では，冷たく濡れたタオルを機械が押さえていた。彼は斜めに傾いたベッドに，彼を悩ませる悪夢に苦しんで寝返りを打たないようにベルトで縛られて眠った。ホテルには，彼のいわゆる「科学的な」眠りのために必要な道具があらかじめ準備されてい

なければならなかった。我々の図表の一象限に狭く閉じこもることは，場合によっては悲惨な結果につながることに気づかなければならない。

図表1.2には，テーラー主義（Taylorism）とフォード主義（Fordism）の現実を表現した。それは，グレーの四角に代表されるエッフェル塔型文化によって主に形作られている。

このエッフェル塔型文化という極端な形でさえ，必ずしもすべての人々を取り込むわけではなく，他の３つの文化からの影響も受けていることに注意しなければならない。このシステムの設計者たちは，もしかすると誘導ミサイル型文化のグループで働いていたかもしれないし，家族型文化のグループで働いていたかもしれない。彼らは，ほとんど確実に，自分たちが新しい科学を生み出していると信じていた。大量生産は，その人件費にもかかわらず彼らの努力の賜物であったことを我々も知っている。一般論として，労働負荷は，マネージャーではなく，労働者に重く課されたのだった。

他の象限を示している矢印は，意図されていなかったものも含め，ホーソン実験が成しとげたことを示している。おそらく最も顕著な変化は，偶然引き起こされたのだろう。女性労働者たちが工場のラインから連れてこられ，生産性が向上していく共通の任務を有する小グループに投入された時点で，エッフェ

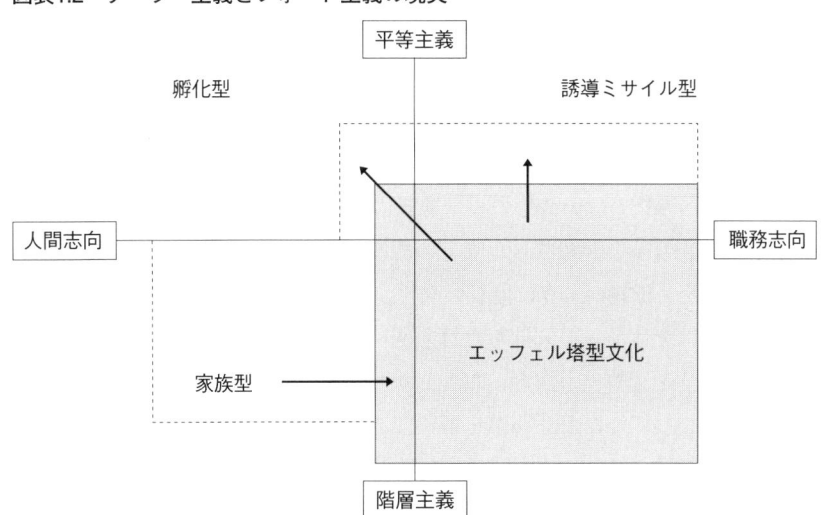

図表1.2　テーラー主義とフォード主義の現実

ル塔型文化は誘導ミサイル型文化になった。彼女たちの生産性に対する評価は毎日発表され，継続的な向上を可能にするように，いわゆる現代でいうチームの進捗状況を示す標示板のようなものが彼女たちの作業の進捗状況を監視していた。

　試される一連の仮説は，目標に向けてミサイルの照準を正確に定めようと，時間をかけて進んでいくようなものだった。女性たちがお互いをよく知り，友人になっていくにつれてグループは成長していった。チームの運命を握る鍵は個人の発達からではなく，むしろチームの社会的な知恵が全体的に上昇したことにあった。生産性が上がれば上がるほど見学者が増えていった。女性たちの共同の努力は，見学者たちの好奇心，尊敬そして上からの承認を獲得したのだ。最近の問題解決型チームのように彼女たちは調査を始めた人々を啓発することになった。

　エッフェル塔型文化は組織内の家族型文化にも，より強く影響を受けていった。女性たちの中には固い友情が芽生え始め，互いにケーキを焼いてきたり，互いの生活に深い興味を持ったりするようになっていった。事実，実績の改善に最も影響を与えたと研究者たちが判断したのは，その家庭的な雰囲気だった。その実験を無駄にしないため，寛大な親が子どもたちに「何をすべきか」と命令調ではなく振る舞うように，研究者たちが振る舞い始めると，女性たちは研究者たちの優しい眼差しの下で自発的に行動した。研究者たちは，自分たちが女性たちをごく普通に扱っていると思っていた。しかし，ハーバード大学の共同研究者たちの間でごく普通だと思われていたことは，現場監督や工場労働者の間では普通のことではなかった。最初の２週間が過ぎた頃，彼女たちの現場監督は彼女たちに会うことが許されなくなった。研究者たちによると，現場監督は「女性労働者たちを動揺させている」というのだ。したがって，研究者たちの彼女たちへの扱いはいつもの現場監督よりはるかに優しいものであった。

　ホーソン実験の後も継続された唯一の組織的な変化は，カウンセリング・プログラムだった。母親のように優しい女性が雇われ，労働者たちが希望すれば，彼らはその女性を信用して気持ちを打ち明けることができた。これは，コーチングやモニタリングの一手法だった。しかし，それは労働者たちの不平不満を聞くようにはなっていたが，問題を解決できるようにはなっていなかった。そして，60年代初頭には，この方法は自然消滅していった。

　エッフェル塔型文化が向かう最後の方向は，上段左の孵化型文化だった。序

章で議論したように，孵化されたものは，まさに最近流行の価値観と人事管理の考えであった。研究者たちが「発見した」ことのほとんどが実験の6つの主題を通して彼女たちに伝えられていたことは，しばしば忘れられているが，この大発見に対する賞賛は，研究者たちに対してと同じ程度に協力した女性たちにも与えられるべきである。彼女たちは，もはや電話の継電器を組み立てているだけではなかった。彼女たちは多くの人々の目を開かせた実験の一部だ。これらの実験や探求は，まさに孵化型文化を実行することである。孵化型文化は，仮説を組み立て，解を探す。ホーソン実験における仮説のほとんどは誤っており，結果的には棄却されたという事実も，研究者たちの探究心には影響を与えなかった。生産性が向上する一方で仮説が棄却された理由は，研究者たちが6人の女性に相談し，彼女たちが好まない実験の特性を拒否する権利を与えたことによるものだった。研究者たちは，自分たちの仮説に実りがないことが明らかになると，他の説明に対して非常にオープンになった。6人の女性たちはもはや研究者だった。彼女たちはすでに，退屈で仕方ない電話の継電器を組み立てているわけではなかった。つまり，彼女たちは継電器がよりうまく組み立てられる方法を探求していたのだ。彼女たちは人類のために，共に働き，共に学ぶ方法を生み出していたのだった。

　エッフェル塔型文化が図表から消えていないことを把握しておくことは重要だ。エッフェル塔型文化は，傾向として巨大な官僚制や大量生産と同じくらいに死に瀕している。実施しなければならない退屈な繰り返しの仕事が多く存在すると同時に，コストのプレッシャーと製品のコモディティ化は，様々なグループの専門家を活用して運用を行ったり，家族的な雰囲気を作り出すために希少な資源を活用したりすることで，非常にコストがかかるようになっている。問題を引き起こしている理由は，たった1つの象限に集中しすぎているからだ。

　我々は，エッフェル塔型文化においては，上司と部下との距離感を好ましくないこととして取り扱ってきた。しかし，もし，他の象限から影響を受けないとしたら，いずれの象限も悪影響を生み出すだろう。このことについて，図表1.3で考えてみよう。

　ほとんどの人は，エッフェル塔型文化の堅苦しさ，官僚主義的なところ，機械的なところ，硬直したところを好まないが，家族型文化のインフォーマルなところ，温情主義的なところ，有機的な関係性やいい加減な手順の方がいいと

図表1.3　人間志向‐職務志向の２方向に対応した価値観の両極性

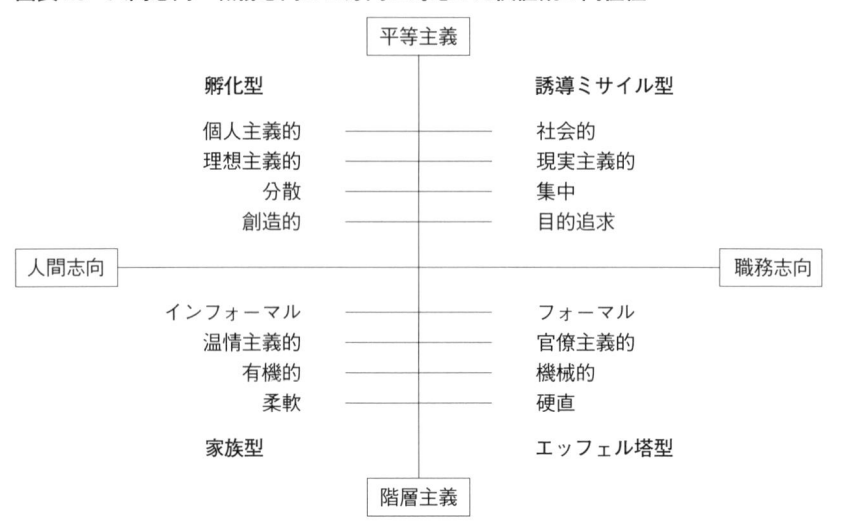

```
                        ┌─────────┐
                        │ 平等主義 │
                        └────┬────┘
         孵化型                          誘導ミサイル型

       個人主義的    ─────────────    社会的
       理想主義的    ─────────────    現実主義的
           分散      ─────────────    集中
         創造的      ─────────────    目的追求
┌────────┐                │                          ┌────────┐
│ 人間志向│────────────────┼──────────────────────────│ 職務志向│
└────────┘                │                          └────────┘
       インフォーマル ─────────────    フォーマル
       温情主義的    ─────────────    官僚主義的
         有機的      ─────────────    機械的
           柔軟      ─────────────    硬直

         家族型                          エッフェル塔型
                        ┌─────────┐
                        │ 階層主義 │
                        └─────────┘
```

思うだろうか。これらの文化のとても温かいところ，愛情あふれるところは，安心感を与えて我々を惹き付けるが，愛情があふれていることだけが，我々を惹き付けているわけではない。人間関係の感情面があるからこそ，個人的な権力と独断的な決定が可能になるのである。実際のところ家族は，何代にもわたり封建的な関係を保っているが必ずしも関係が深いわけではない。

　同様に，我々の多くは，孵化型文化の企業（上段左）の個人主義的なところ，理想主義なところ，想像力や新しさに対する様々な考え方に惹き付けられる。しかし，彼らの失敗する確率は非常に高く，収益性は不安定だ。新しく立ち上げた事業の大半は失敗する。では，対極の象限の方がいいのだろうか。過度の社会主義化や集団思考も危険ではないだろうか。現実的な目標に執拗に集中するのであれば（上段右），我々は枠の中で自由を妨げられ，問題を再構成したり，見直したりして，仕事をすることは可能だろうか。

1 ● 対極のパターンとしての文化

　図表1.3の８つの価値観は，モデルの２つの軸同様，すべて対極にある。このことは，我々が読者に注目してもらいたい重要なポイントであり，必要であ

れば，本章を読み直してもらいたい。ここでは，「個人主義的なもの」とは，「社会的なもの」と対比したものとして規定されているということである。両方の価値観の意味は，価値観そのものではなくて，対極との差異に意味がある。この差異がなければ意味はない。フォーマルとインフォーマル，柔軟と硬直，理想主義と現実主義等の対比も同様である。

　この考え方の意味することは，すべて非常に重要である。4象限すべてが実に異なっている。この対極にある一方に重きをおいて，他方を避けようとすれば，テーラーのように極端な結果になってしまうだろう。実行可能な企業文化を創り出すコツは，すなわち，インフォーマルなものに利があれば，それをフォーマル化し，広く新しい情報を求めて活動し，新しい解決策に集中し，ある時は柔軟に，またある時は厳格になることである。

　なぜなら，価値観が実に異なっているからである。どれほど異なっているかについては，平等主義と階層主義の軸の位置関係を見ることで，新しい一連の対比を得ることができる（図表1.4）。

　4つの象限は，人事に熟知している人なら誰でも様々な視点から認識することができる。具体的に考えてみよう。

1．マネジメント・スタイル

図表1.4　平等主義 - 階層主義の2方向に対応した価値観の両極性

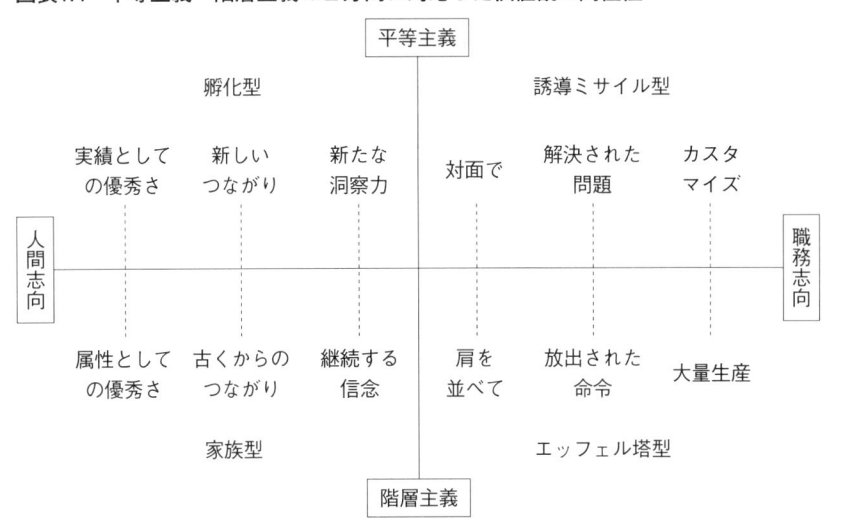

	平等主義	
孵化型		誘導ミサイル型
実績としての優秀さ　新しいつながり　新たな洞察力	対面で	解決された問題　カスタマイズ
人間志向		職務志向
属性としての優秀さ　古くからのつながり　継続する信念	肩を並べて	放出された命令　大量生産
家族型		エッフェル塔型
	階層主義	

2．権力の位置付け
3．組織結束力の源
4．管理の原則
5．行動指針になる理想あるいは標語
6．優秀さの定義

　最も良いマネジメント・スタイル（1）はどんなものだろうか。それは，属している文化によって決まる。エッフェル塔型の文化の場合には，事前に決められた職務内容を全うすること（図表1.5-1下段右）。家族型文化の場合，同僚に対する自らの義務を果たすための相互関係の深さ（図表1.5-1下段左）。孵化型文化では，仲間の革新者たちとの新しいものを創り出す刺激の共有であり（図表1.5-1上段左），誘導ミサイル型文化では，チームの目的やグループのゴールを目指すことである（図表1.5-1上段右）。

　この4つの文化における権力の位置付け（2）は，どのようになっているのだろうか。エッフェル塔型文化（図表1.5-2下段右）では，権力は組織におけるフォーマルな地位の属性である。家族型文化（図表1.5-2下段左）では，構成員の議論において自らの主張を通すことができる強力な個性，創業者としての歴史的な役割，あるいは創業者との関係に権力は存在する。孵化型文化（図表1.5-2上段左）では，時代に適したアイデアを扱うことにあり，誘導ミサイル型文化（図表1.5-2上段右）では，チームや企業を導くべく知識を定義することにある。「知識は力なり」という考え方である。

　異なった文化における組織の結束力の源（3）は何だろうか。団結の結束力は何か。エッフェル塔型文化では，上司や専門家に対する一般の従属関係で結束している（図表1.5-3下段右）。議論の際には，正式に定められた権威者が決定し，それに従う。家族型文化では，信頼，長期的な親密な関係や共感によって結束している（図表1.5-3下段左）。孵化型文化では，構成員たちが重大な飛躍的進歩を共有することで結束している（図表1.5-3上段左）。つまり，発見がある時，そこにいる！ということが大切である。誘導ミサイル型文化では，チームは達成につながる使命を共有することで結束している（図表1.5-3上段右）。

　権力や管理を受け入れる原則（4）は何であろうか。エッフェル塔型文化では，厳しい規則や手続きが存在し，正当な権威者がそれらを実行する（図表1.5-4下段右）。行動は，「規則に反している」か「規則に従っている」かのどちら

図表1.5 4つの文化が示唆するタイプ

1. マネジメント・スタイル

共有された刺激によるマネジメント	グループの目標によるマネジメント
相互関係によるマネジメント	職務記述書によるマネジメント

2. 権力の位置づけ

アイデアによる権力	知識による権力
個性による権力	地位による権力

3. 組織結束力の源

共有された飛躍的な進歩	共有された使命（ミッション）
親近感／信頼	一般の従属関係

4. 管理の原則

科学の権威	問題解決の権威
社会的圧力	厳格な規則や手続き

5. 行動指針になる理想あるいは標語

革新性	実効性
協調性	効率性

6. 優秀さの定義

創造力のある才能	専門力 実用的な結果
社会的影響力	新しい秩序のシステム

かである。家族型文化では，深く尊敬された人々の持つ社会的圧力によってコントロールされる（図表1.5-4下段左）。この組織文化では，人はしばしば，個人的に説得されることがある。孵化型文化では，権威者が変革に利用している科学や専門分野に権威の源が存在する（図表1.5-4上段左）。自然の摂理にしたがっていれば，権威を与えられるのだ。誘導ミサイル型文化では，自らの目標をきちんとこなすことで認められる（図表1.5-4上段右）。問題が解決された場合，解決そのものが管理の原則となる。ある人の正しい計算のおかげで宇宙船が土星に到達したとすると，このように問題を解決した人（すなわち正しい計算をした人）に権威が備わるが，後から来たものの価値は半分くらいのものとなってしまう。解決したことそのものが，権威を創り出すことになる。

いずれの文化でも，それぞれに行動指針になる理想あるいは標語（5）が存在する。エッフェル塔型文化での最高の美徳は，効率とそれに伴うコスト削減である（図表1.5-5下段右）。家族型文化では，互いのニーズに対する深い洞察と協調性に非常に重きが置かれている（図表1.5-5下段左）。孵化型文化では，技術革新が企業の永遠の目的であり（図表1.5-5上段左），誘導ミサイル型文化では，実効性が最も重要と見なされる（図表1.5-5上段右）。革新性などのその他の特性も重要視されるはずである。

4つの文化では，優秀さの定義（6）もさまざまである。エッフェル塔型文化における優秀さは，文化が構築されている新しい秩序のシステムそのものである（図表1.5-6下段右）。家族型文化では，企業とその従業員が実施していることが社会的に影響を与えるレベルが高いかどうかが優秀さを表している（図表1.5-6下段左）。孵化型文化では，個人の創造性と才能に優秀さが見出され（図表1.5-6上段左），誘導ミサイル型文化における優秀さでは，専門的であることと目標に対して必要な結果を生み出すことが特に重要であると考えられる（図表1.5-6上段右）。

さらに，それぞれの象限で次のような項目に対して，人事が果たす役割についても考えることができる。

1．才能ある人材を魅了，維持，動機付け
2．従業員への報酬
3．改善への評価
4．従業員とリーダーの育成

図表1.6　人事によって果たされる役割のタイプ

1. 才能ある人の魅了，維持，動機付け

個人の創造性と自己実現に対する機会	生きた課題に対してチームの解決策を立案する機会
忠誠心，社交性，外向性，信頼の育成	記述された職務を正しくこなせる能力を持つ人の雇用

2. 従業員への報酬

創造の喜び，発見への称賛	仲間内での高い評価
個人的な認識，特別な配慮	基準を上回ったことに対する外的インセンティブ

3. 改善への評価

人々は自分の仕事をより挑戦的，より創造的にする	チームはより野心的な目標を設定し，それらを実現し続ける
影響力のある人々の信頼が得られ，調和が達成される	人々は基準に到達するか，下回る

4. 従業員とリーダーの育成

創造的なアイデアを本物の技術革新に変える能力	チームを牽引，支援し，あるいはチームのフィードバックを受ける能力
雰囲気を読み，信任関係を形成する能力	職務記述書に適合する資質を確認する能力

5. 効果的な変化

創造的なプロセスの養成，技術革新の擁護	企業の主要課題の周辺でチームが自己組織化することを認める
鍵となる陰の実力者からの忠誠の獲得	要因を変えるための職場のリエンジニアリング

6. 資金の活用

技術革新のある場所へ資源を移動させる	グループと個人の成果の象徴，グループ・ボーナス
相互尊敬の証，思いやりの示し方	面倒な仕事への代償

5．効果的な変化
6．資金の活用

　才能ある人の魅了，維持，動機付け（1）を望む場合，異文化に応じて異なった誘因が必要だろう。エッフェル塔型文化では，職務記述書やきちんと詳細に定義された職務内容を持つことが鍵である（1.6-1下段右）。家族型文化では，忠誠心，社交性，外向性，そして信頼のおける「内部関係者」であることが重要である（1.6-1下段左）。孵化型文化では，個人の創造性と自己実現を求めている人を必要としている（1.6-1上段左）。彼らは，新しい技術を取り入れ，この目的に打ち込もうとする。誘導ミサイル型文化は，チームの解決策を構築することを望み，こういったグループの実効性を高めるために社会的に厳しい試練を受け入れる（1.6-1上段右）。

　従業員への報酬（2）は，4つの象限の組織文化それぞれにおいて実に異なっている。エッフェル塔型文化においては，安定的な環境の担保に加えて，最低の基準を上回れば，外的インセンティブ（ボーナス）が得られるということが，典型的なケースである（1.6-2下段右）。家族型文化においては，主人と徒弟の関係のように，称賛する人々から深く尊敬され，人格を認められ，非常に特別な配慮が与えられる（1.6-2下段左）。孵化型文化においては，創造の喜びと新しい現象の発見に対する称賛が最も重要なことである（1.6-2上段左）。誘導ミサイル型文化では，アイデアや貢献に対してチームメンバーに伝染病のような熱狂的な感心を引き起こし，それらは広範囲にわたる貢献をもたらす（1.6-2上段右）。近しい同僚に愛され，称賛されることはこの世で最も力強い報酬となろう。

　人事のポリシーは，48の象限すべての価値観に対応する必要がある。例えば，あなたが人材を組織内に惹き付け，継続させ，動機付けたいと思ったならば，才能ある人を雇い，彼らの信頼と忠誠心を得て，チームを組織化しなければならない。そして，創造性を活かして，彼らを満足させる必要がある。文化によっては，1つあるいはそれ以上の象限が他の象限より重要となるが，すべては全体的な人事戦略に含まれているのだ。

　あるいは，最も適切なマネジメント・スタイルについて考えてみよう。まず，マネージャーが実施させたいと思う仕事について述べてることから始めるが，仕事の実施者の主観的な選考の基準と資格要件を確認する。それから，目標を

設定する．その目標とは，実際には組織が望むことと働く者が職業的に達成すべきことを総体的に考慮しなければならない．こういった実績がより革新的になればなるほど，組織と働く者との間で共有される感情と刺激によるマネジメントが可能になる．

多くの企業が段階を経て，4つの象限の組織文化それぞれから，どの形態を取るかは予測できない．例えば，下段左の家族型文化からスタートした場合，世界中のほとんどの企業が体験したように，複合的な貯蓄が資本として活用される．家族型文化の人々が，4つの象限の上段左の孵化型文化に移ればすばらしい創造的なアイデアを出す可能性がある．しかし，アイデアを生み出すだけでは，利益はほとんどない．アイデアは，市場が求めているモノに合わせたカスタマイズされた製品に生まれ変わらなければならない．これには，チーム間で競合させ，顧客により印象付ける方法で，顧客満足につながるように「誘導する」製品やサービスを誘発できる誘導ミサイル型文化が適している．情報やサービスという深い意味合いを持った製品を市場に出すためにチーム全体が機能する．

しかし，市場は必ず成熟していく．そして多くの供給者が市場に引き込まれると，利幅は縮小し，利益は下落し，製品のコモディティ化につながる．企業はコスト削減，処理能力の向上を余儀なくされる．そうなると，エッフェル塔型文化に戻る方が良いという考えが頭をよぎるようになりがちである．誘導ミサイル型文化はコモディティ化したタイプの製品生産には，あまりに高価すぎるのだ．

改善への評価（3）の最善の方法は，企業文化によって異なる．エッフェル塔型文化（1.6-3下段右）では，水準点に達しているか，標準か，達していないかによって評価される．家族型文化（1.6-3下段左）において重要なのは，誰を知っているかであり，どのくらいの信頼関係を構築し，また，どの程度まで親しい関係を作り上げるかが評価の対象となる．孵化型文化（1.6-3上段左）では，仕事をどの程度実行するかということで評価されるのではなく，いかに奇抜なアイデアを創造できるかによる．誘導ミサイル型文化（1.6-3上段右）においては，チーム全体がどれほど挑戦的であったか，チーム全体が高い目標に対してどれほど到達することができたかが問われる．

従業員とリーダーの育成（4）は，我々が定義する4つの組織文化では異なった意味を持っている．エッフェル塔型文化では，人々は職務記述書に従い，

適切な能力資格を持つことで「向上」すると考えられる（1.6-4下段右）。家族型文化においては，地位の高い人々が発する雰囲気を読み，彼らとの信頼関係を構築することが重要である（1.6-4下段左）。孵化型文化では，理想が現実になるように，創造的なアイデアにより，革新的な製品を生み出さなければならない（1.6-4上段右）。誘導ミサイル型文化において最も必要とされることは，チームのリーダーシップとその支援である（1.6-4上段右）。

効果的な変化（5）は，それぞれの組織文化において実に異なった方法で発生する。エッフェル塔型文化では，しばしば痛みを伴い，劇的なプロセスで革新が起きる（1.6-5下段右）。全体組織は，再構築される。家族型文化においては，鍵となる陰の実力者を自分の味方に付け，忠誠を勝ち取らなければならない（1.6-5下段左）。孵化型文化においては，それ自身のイノベーションや優位な立場に立てる論理を通じて変化が生じる（1.6-5上段左）。誘導ミサイル型文化では，進歩を阻害するような問題が発生すると，その周辺には自然発生的に自己組織化したチームが生まれてくることが多い（1.6-5上段右）。

資金の活用（6）には，組織文化に応じてそれぞれの意味がある。エッフェル塔型文化では，文字通り，命ぜられてやらざるを得ない仕事の成果に対する報酬である（1.6-6下段右）。家族型文化においては，ある部分，尊敬の証であ

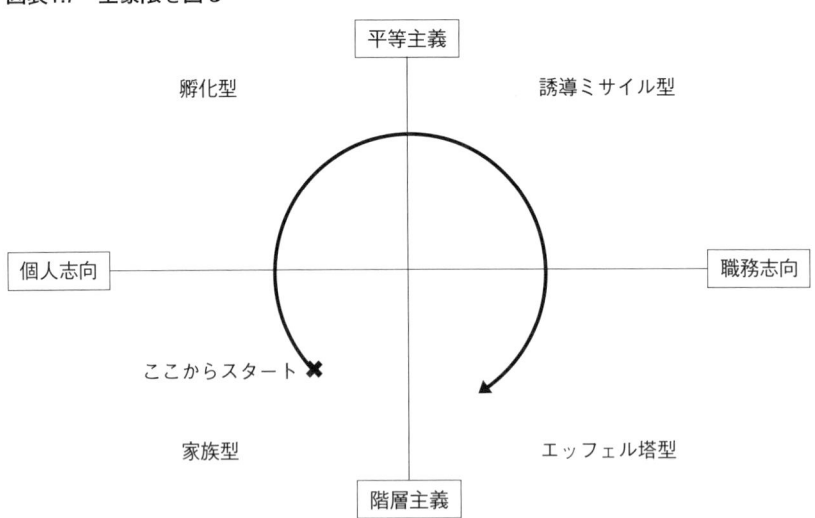

図表1.7　全象限を回る

ったり，思いやりの示し方の象徴である（1.6-6下段左）。孵化型文化では，革新的な活動を促進するために活用される（1.6-6上段左）。イノベーションの成果としてのお金の持つ力は，まさに資本主義の本質の1つである。資金は，飛躍的な躍進がある場所に動かす。最後に，誘導ミサイル型文化においては，金銭はチームの成功，チームメンバーの成果の象徴である。資金は利益をさらに追求するために，より多くの資源をチームに与える（1.6-6上段右）。

　企業が各象限をぐるりと回って元の位置に戻ったとしても，エッフェル塔型文化は他の企業文化によってサポートされるべきである。品質管理のサークルは，誘導ミサイル型の考えを反映した断続的でルーティン的な製造作業の1つの手段である。そこで，労働者たちが新しいアイデアを持ち寄って職場の再編を行っているとするならば，ルーティン的な仕事も新しい重要な意味を持ちうる。品質管理のサークルにおいて新しいアイデアを孵化し，翌日以降に事務所や工場でそれらの新しいアイデアを試してみることでその正当性を見出すことさえ可能である。エドワード・デミング（W. Edwards Deming）と彼の継続的な改善のサイクルが示すように，エッフェル塔型文化の組織では，労働者が考え，発見し，学び続けるのである。彼は，計画－実施－確認－行動（PICA）を連続して実施することを規定した。そして，それこそが，我々の4つの象

図表1.8　4つの象限に適応されるデミングのサイクル

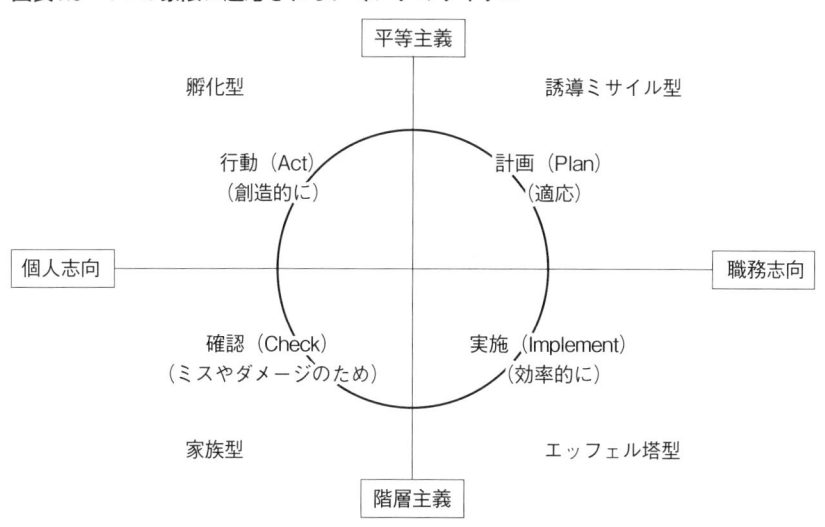

限の考え方に実にぴったり当てはまる総合的品質管理（TQM: Total Quality Management）の標準部分である。

1つの組織文化が他の3つの組織文化に対して大きな影響力があるとしても，4つの全象限を利用することで組織は学ぶことができる。もし，新しいアイデアを孵化することが効率的な生産，完成品のマーケティングやサービスに連動しないとしたら，その創造性を維持する利点はどこから来るのか。各象限にとって，それ自身を継続維持するためにも他の象限が必要なのだ。卑金属から金を創り出す錬金術師の夢やテーラー（Taylor）の傾いたベッドの教えに騙されてはいけない。

2● 好ましい企業文化における国際的なパターン

国際的な企業において，国内の本社で選好された文化が全世界で機能し，人事制度や様々な人事ツールが，深刻な問題もなくグローバルに対応できるとい

図表1.9　世界の企業文化の多様性

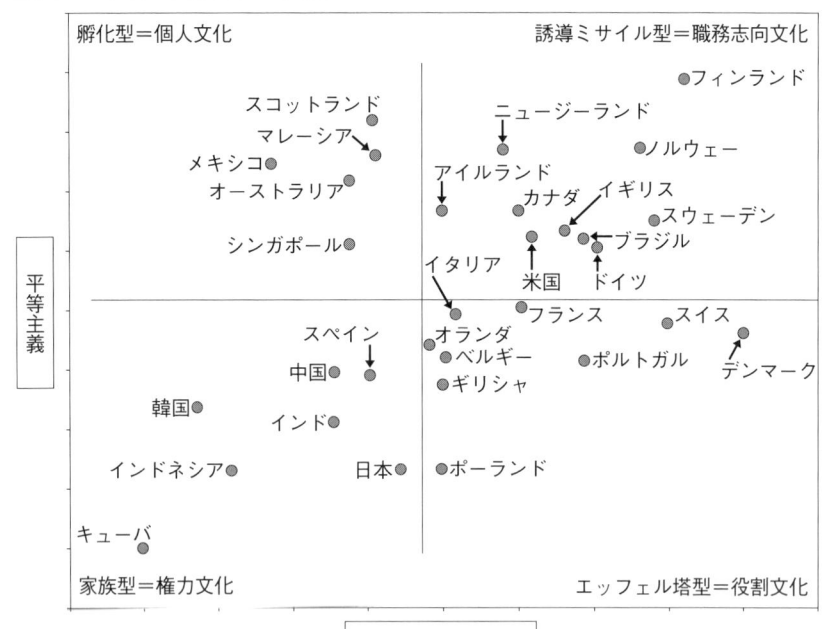

```
孵化型＝個人文化                    誘導ミサイル型＝職務志向文化
                                            ●フィンランド
         スコットランド    ニュージーランド
         マレーシア↘         ↓        ●ノルウェー
  メキシコ●         アイルランド  カナダ  イギリス
  オーストラリア●        ↓    ●↘●スウェーデン
                            ●  ●ブラジル
      シンガポール●  イタリア 米国 ドイツ
平 ─────────────────────────────────────
等                        ●
主        スペイン      オランダ  フランス    ●スイス
義         ↓          ●ベルギー       ●ポルトガル
          中国●                ギリシャ         デンマーク
  韓国●    インド●
  インドネシア●   日本●   ●ポーランド
 キューバ●
家族型＝権力文化                       エッフェル塔型＝役割文化

                        非形式主義
```

38

う思い込みは，1つの大きな誤解である。図表1.9が示すように，様々な国家の国民の4つの文化に対する好みには違いが存在する。

孵化型文化が非常に僅かにしか選好されない1つの理由は，あらゆる文化において創造的な人々は実に少数であり，そのため国民的な総数としては，少数派になってしまうからだ。『創造的階級の台頭（*The Rise of the Creative Class*）』において，リチャード・フロリダ（Richard Florida）は20世紀最後の10年間の米国の驚くべき創造性の嵐は，労働人口の15％以下から発生し，その発生は米国中の10数箇所の都市部に限定されていたことを示している。この15％が成功した技術革新の85％を生み出し，米国の富を形成し，米国を産業におけるリーダーとして復興させた。

業績給（pay for performance）に対する悲しい歴史

業績給は，機能「すべき」給与制度の1つである。なぜなら，業績給は論理的で公平であると思われているからだが，実際のところ，企業文化をゆがめる結果となっている。そこで，業績給がごくまれに成功する環境と，多くの失敗する環境について考えてみよう。

当然のことながら，業績給の考えはエッフェル塔型文化の概念である。トップ・マネジメントは，仕事がどれほど大変であるか，それゆえにそれぞれのタスクがうまくいった時にどれほどの価値があり，従業員に対して何を報いればいいのかを知っている。仕事を担当している者が優れている場合，トップ・マネジメントがこの卓越さを予め計算できる形式に変更しようとすると想定しよう。この場合，変更されるべき仕事の質ではなく，達成される仕事の量を増やすことに重きが置かれる。その結果の1つとして，生産システムは報酬と連動しているために，報酬制度を変更することなしに生産システムを変えることはできないことになる。さらにその結果として，従業員からの変更に対する強い抵抗を発生させることになり，各種の技術が変更されるたびに，業績給の賃金表を再計算しなければならない必要性が出てくるのである。

業績給は，エッフェル塔型文化の秩序と予測可能な特質を蝕んでいく。業績給は，その職務が実行されるまで従業員への支払いの一部が未払いとなる。仮に職務が満足いかない結果と見なされた場合，その期間の支払いは減ってしまうことになる。成果を判断するマネジメント側に力が強く移行し，現実の成果の実態からはかけ離れてしまう。

モチベーションや報酬は付帯的なものではなく，本来備わっているものである

と考える家族型文化においては，業績給はすぐに困難な問題に直面する。そこでは，良い親であるという理由では報酬は得られない。すなわち，家族グループがあなたを育て上げたことに対して，個別に報酬は与えられないのである。子どもたちが車に乗った時にシートベルトをしめると金銭的なインセンティブが与えられ，しめないとインセンティブが止められるとしよう。家族の観点から見れば，子どもたちの生命は貴重なものであり，インセンティブはこのことを矮小化してしまっている。車が衝突して瀕死の10代のドライバーの手を握り，彼の両親にそのつらい知らせを告げる看護師には何が与えられるべきなのか。つらい仕事に対するインセンティブとして彼女は50ドルもらうべきなのか，あるいはハートの絵が描かれているTシャツをもらうべきなのか。多くの仕事はそれ自体が報酬なのではないのか。我々は皆，チップを欲して待っている従業員なのか。

孵化型文化においては，業績給はまったく機能しない。まさにその影響は非創造的である。インセンティブを与えられて仕事が行われる場合，従業員は最も容易な仕事を選び，難しい仕事を避けるという結果をある調査は示している。孵化型文化は，イノベーションを最も必要とする大変な仕事である。イノベーションが起きる時，報酬が与えられないこともある。場合によっては，罰せられることさえある。なぜなら，トップ・マネジメントは創造的な方法によって行われた仕事がどんなに価値があるのかを知らないからだ。そんな場合，創造性が持つ深く重要な意味がごく僅かな報奨金で侮辱されることはよくあることだ。数百万ドルの価値のあるイノベーションに対して，あなたは100ドル払いますか。半端な金額を支払われたイノベーションを実現した従業員は，何も与えられないより，不当な扱いを受けたと感じることだろう。

最後の誘導ミサイル型文化では，業績給はたえず紛糾の種だった。なぜなら，個人を選び出し，チームを無視することになるからだ。他の人を手助けした人が報いられないのはなぜか。なぜ，チーム全体に報酬が与えられないのか。グループが高業績をあげた個人に嫉妬するようになった時，彼らはその人を自分たちのレベルまで引きずり下ろそうとするだろう。「たくさん売り過ぎる」小売店員は，同僚に受取帳を盗まれたり，別のやり方で嫌がらせを受けたりするだろう。従業員のサポートがあってこそ稼げたお金を，高業績者ばかりが手に入れるなら，彼は同僚に嫌われるかもしれないし，そうして嫌われた者がリーダーになったところで，何の意味があるだろうか。

このケースは，アルフィー・コーン（Alfie Kohn）の著書，『報奨主義を超えて』[1]から要約されたものである。

1つの考え方が4つの企業文化のうちの3つの企業文化で軽視されている事

例として，業績給が異なった概念の国民文化でいかにひどいものとして取り扱われるかを想像してみよう。「今月の優秀社員」に選ばれたイタリア人従業員は，仕事を手伝ってくれたスタッフに顔を見せることなく，電話一本で会社を休むことだろう。技術革新を好む人たちにとってタイムカードを記録することに何の意味があるのだろうか。たぶん「いくつか試してみたけど，機能しなかった！」というところだろう。

　その道筋には油断ならない落とし穴が散らばっているが，人事制度は従業員を雇い，評価し，選択し，報酬を支払わなければならない。そして，他社よりも多く払わなければ，人材を失ってしまう。次章のテーマである「人材獲得戦争」に勝たなければならないのである。

　結論として，企業文化は，その真の論理を知っている人々以外には，変化に対して抵抗する生きたシステムとなってしまう。我々は企業文化を４つに分け，それらが相互に関連し，時には一体となったり，また真っ向から対峙したりするということを学んできた。伝統的なビジネス文化はエッフェル塔型文化だが，仕事がますます複雑になり，学習し，革新を起こす必要性が高まるにつれて，家族型文化，孵化型文化や誘導ミサイル型文化がより重要になってくる。それぞれの文化のいずれもが効果的であるためには，他の文化の手助けを必要としている。

　マネジメント・スタイル，結束力の強さ，卓越さの定義等は，４つの企業文化のうちのどの文化が最も影響力を持っているかにより，それらすべてが多様に変化していく。人事部門が従業員に報い，リーダーを育成するために人材を惹き付け，維持し，動機付けたいと願うならば，時間をかけて４つの企業文化の関連性を十分に考慮しながら，理解することが必要である。

　同一の多国籍企業の中ででも，所在する国の文化に応じて，好まれる企業文化的要素とそうでないものがそれぞれ異なってくる。業績給のような，しばしば中立であると信じられているツールでも，ある文化においては悲惨な結果を引き起こす。一方，有能な人材を配置し，育成する必要性は切迫した状況のままであり続ける。

　しかし，アメリカのような職務志向文化において利用されている従業員への報酬制度は，人間志向の文化においては，惨めに失敗することもある。自分の成功が，自分の家族，特に自分を温かく励ましてくれる教師や上司のサポート

によって達成されている場合，どうして自分の業績に対して自分だけが報酬を受けられようか。すべてを自分自身で行ったように振る舞うことは，自分のすばらしい同僚たちを侮辱していることにはならないのか。チームの同僚たちが「病気で休む」と電話したい自分を元気付け，手助けしてくれたからがんばることができたのに，そんな自分が1人だけ「今月の優秀社員」に選ばれることは，なんと恥ずべきことだろうか。

人事ツールの有効性や他の効果は，国家や地域ごとの企業文化に左右されることが多い。文化間でまったく同じ意味を持ち続けることができる普遍的な尺度はないのだ。

筆者グループがインタビューした従業員のほとんどが同じ文化を求めている。世界中でほとんど存在しない左上象限，孵化型文化を見つめている。人々にとっての現実，すなわち彼らの現在の企業文化は多様であるが，彼らが理想とする企業文化に大きな違いはない。我々が接してきたシニア・マネージャーたちの多くは，より創造的かつ革新的であることを求めており，企業そのものを改めたいと願っている。

この理想的なゴールに到達するための機会を創造できる人事部門は，特に新世代の落ち着きなく渡り鳥のように転職を繰り返す者たちを対象とした，人材獲得競争，すなわち，採用し，評価し，転職させず，最良の従業員を確保するための競争に勝利することができる。この内容が，今，我々が立ち戻るべき課題である。

[注]

1) Alfie Kohnの著書，*Punished by Rewards: The Trouble with Gold Stars, Incentive Plans, A's, Praise, and Other Bribes*。

第2章

募集, 選考, そして評価

　企業はまず労働市場の現場に出向いていき，有能な人材を募集しなければならない。いったん有能な人材のプールができると，その中から自社にとって最も価値のある人々を選ばなければならない。最終的に彼らの様々な能力は，評価される必要がある。非常に高い評価を受けた人材は，よく「高い潜在能力がある」というようなラベルが貼られる。そして，それは通常，「有望」と言われる人材の潜在能力が開花していくかどうかが注視されることを意味する。

　本章では，人事部門が非常に才能ある人材を自社に惹き付けるための戦いにたえず直面していることを記そうと思っている。最も有望な質の高い人材を選び，評価する適切な方法を知ることは，人材獲得の争いにおいては重要である。しかし，将来のリーダーシップ能力や業績の高さを予測する上で，選考や評価に使われるツールの多くが有効かどうかは疑わしい場合もある。

　ここで，最も有名なツールのいくつかを調べてみよう。

- MBTI（マイヤーズ・ブリッグズ・タイプ指標）
- シェル社のHAIRLシステム
- 360度評価
- ヘイの職務評価[1)]

　それぞれのツールは，価値のある洞察と見識に基づいて構成されているが，これらを活用することで，最良の応募者を選考し，人事評価するための喫緊の課題が実証的に解決できるわけではない。しかし，これらのツールにほんのちょっとした修正を加えることで，見違えるようなツールになる提案をしてみたい。

心の中に，求める才能がこういうものであるという何らかのイメージを明確に描いていない限り，才能を見極めることは難しい。エリクソン社は，これらの才能を「革新者」，「人間関係構築者」，「ビジネスマネージャー」，及び「コンピテンシー開発者」として想定している。シェル社は，「現実主義」，「イマジネーション」，「分析力」，「ヘリコプター的資質」，「リーダーシップ」に分類している。シェル社のアムステルダム研究所では，「適用する人」，「統合する人」，「創造する人」の３つに区別している。こういったラベルをたくさん持つほど，才能の多様性はより広がりを持つが，それぞれ異なったタイプに優先順位を付けるという一層難しい問題も出てくる。

　特に経済が成長傾向にある時は，優秀な人材は見つかりにくく，働きやすい魅力的な職場としての評判が重要になる。アメリカでは，「働きやすいベスト企業」についての本が，出版ラッシュ状態になることが多かった。その内容は，次第にある特定のグループに焦点を当てるようになり，その結果，女性，ゲイやアフリカ系アメリカ人，ヒスパニックのようなマイノリティのための「ベスト企業」を扱った書籍も発行されていた。この傾向は，形を変えてますます広がりそうである。特に経済が再び上向きになる時に起こるであろうことは，ドラッカー（Peter Ferdinand Drucker, 1909-2005）の言葉にある「有能な人材の獲得競争」である。一般的には差別をされているかもしれないマイノリティに焦点が当てられることはとても意味深いことである。なぜなら，偏見にもかかわらず，彼らは業績を上げてきているからだ。モトローラ社が，優秀な日本人女性を選好してきたのはその好例である。

1●優秀な人材獲得戦争

　若者，特に才能にあふれ，十分な教育を受けた若者たちは，あらゆるところで，自らの仕事を通じて自己を表現し，革新的なプロジェクトを創造し，新しい考えを生み出し，少なくともそのプロジェクトに携わることができる興奮を共有できるチャンスを期待している。かつて，１つの会社の中で長期的雇用が保障されていたが，1990年代に景気後退や合理化が起きたことが，仕事を探す若者たちの雇用のための能力向上をもたらすという結果につながったのである。このことは，若者たちが短期間で学べ，主要プロジェクトとみなされる仕事に就

き，最善のチャンスを獲得して注目を浴びたいと願っていることを意味している。その後，彼らは，さらに挑戦できる別の仕事を求めて，その過程で自らの給与を吊り上げていくのである。

　人事部門は，こういったプロセスにおいて非常に重要な役割を果たしている。彼らは，能力を特定し，雇用し，評価し，昇格されるなど，どのように将来のリーダーや高業績者に報いることができるだろうか。さらには，非常に多様な候補者の中から，他の雇用主が見落とした重要な特質を持つ人材を見極めることができるのかが課題である。

　2つの異なった形態の評価方法があり，その2つはそれぞれ区別される必要がある。まず，個人の自己評価ツールがある。これは新人が，自分自身を知る場合に役立つ。新人たちのスコアを保管し続けるマネジメント層は多くない。個人の自己評価は，雇用される個人が活用するものであり，役割が終わればかかわらなくなる外部コンサルタントによって管理される。ふさわしい候補者の選考と昇進には，別の種類の評価方法が利用される。それは組織がどういった能力を持つ人を必要としているかを判断する。これらの2つの異なる方法は互いに関連が強く，人事部門はじっくり検討し，人事の意見を個人に細かく伝えることにより，個々の評価結果を相手に対して上手にフィードバックできるのである。その方法では利用されるツールの価値も，個人の価値も評価される。しかし，この2つの評価方法のいずれも完璧ではない。

　本章の最後で，我々は，既存のツールに不足している重要なコンピテンシーに焦点を当てて新しい視点を提供できると思うが，これらの既存のツールを破棄したり，置き換えるべきだというアドバイスをするつもりはない。なぜなら，これらのツールに対しては，相当の努力がすでに払われてきており，我々がそれを今，破棄することはできないからだ。これらのツールについては，あまりにも多くの人々がその内容の特徴を知っており，重要視しているので，その蓄積された知識を無駄にはできない。代わりに，既存の測定方法論は維持しつつ，一方でそれらの中から新しい意味を抽出し，新しい方法でそれらを検証することを提案するのである。それ自体が「間違っている」評価ツールは少なく，その多くは内容が不完全なだけなのだ。

　競合するコンサルタント会社が提供するあまりにも多くのアセスメントツールがあるので，このような幅広い調査は，すぐに読者たちを疲れさせてしまう

ことがある。前述のように，我々はここでは非常に有名な，他のツールより長く存在してきた4つのツールを調査する。すなわち，マイヤーズ・ブリッグズ・タイプ指標（MBTI），シェル社のHAIRL指標（ヘリコプターの資質，分析力，想像力，現実の感覚，効果的なリーダーシップ），360度評価指標，ヘイの職務評価指標の4つである。これらの4つのツールは，評価ツールとしては，おしなべて，ある部分はすばらしく，ある部分は批評されるべきである。4つのツールとも，いくつかの問題に対する解答はあるが，全体の中で最も重要な部分を見落としている場合がある。ほんの少しだけ質問を追加することで，人事の専門家たちは既存のツールをそのまま使い続けられるだろうし，一方で従業員の能力の新しいパターンを見出すことができるであろう。

2 ● マイヤーズ・ブリッグズ・タイプ指標（MBTI）

　この評価法は，スイス人の精神科医ユング（Carl Gustav Jung, 1875-1961）の心理学と彼が強調した4つの機能を基に，1930年代後半に2人の女性が共同して作成したものである。
- 内向的―外向的
- 感受的―直観的
- 思考的―感情的
- 判断的―知覚的

　真珠湾攻撃後，米国軍隊が数百万人のボランティアと召集兵を評価するために利用し，真価が認められ，その結果として膨大な数のアメリカ人がこの指標プロフィールで分類されるようになった。また，第二次世界大戦後にビジネス界とアメリカ政府が広く利用し，その結果，アメリカ人の経営のプロの約半数が，この指標による自分のプロフィールを知り，自己認識を深めるために利用している。しかし，未だ組織が，どの心理タイプを最も必要としているかについては合意には至っていない。

　ユングの4つの機能についてあまりなじみのない読者のために，ここでその概要を説明しよう。

　最初の機能（図表2.1）の，対立する2つのタイプでは，人々がどこから行動のエネルギーを得ているのかを問題としている。内向的な人は，自分自身の中

図表2.1　内向的 - 外向的

内向的　←――――――→　外向的

図表2.2　感受的 - 直観的

感受的　←――――――→　直観的

図表2.3　思考的 - 感情的

我思う故に我あり

E.T.　家に電話する

思考的　←――――――→　感情的

第2章　募集，選考，そして評価　47

で考えや確信がひらめく。外向的な人は，彼らが社会環境下でかかわる人々からエネルギーを得る。

2つ目の機能（図表2.2）は，読者に混乱を与えるかもしれない。感受的とは，表面上，目で見て確認できるような客観的事実を調べることを意味する。経験主義や実証主義に近いといえる。一方，直観的は，より大きな現実を知るために物事の外側の様相を見つめる。洞察の深さを追求している。それゆえ，『オズの魔法使い』のドロシーとその友人は，魔法使いが現実の外側を覆ってしまっていること，つまり，小柄な禿げ男がレバーを引いてドロシーたちを脅かそうとしていたことを見透かすことができたのだ。

3番目の機能は，図表2.3のホームシックになったE.T.[2]とデカルト（René Descartes）の二元性に見られる思考と感情の対照である。しかしながら，感情は内的な論理がなければ湧き上がってこない。このことは，「心情は理性の知らない心情自身の理由を持っている」[3]とブレーズ・パスカル（Blaise Pascal）が主張したことからもいえることだ。

最後の4番目の機能は，判断と知覚の間にある。最もすばらしい判断は目に見えないとさえ言われている。すなわち，個人を見つめているのではなく，規則を見つめているのである。対照的に，知覚はすべてを理解し，すべてを許す。証拠が現れるまで，ずっとずっと待ち続ける。「神のご加護がなければ，私も（同じように）ひどい目に遭っていた」。

最も一般的なアメリカの経営者のプロフィールは，ESTJ，すなわち，外向的，感受的，思考的，判断的の傾向を持つ。最も一般的なイギリスの経営者のプロフ

図表2.4　判断的 - 知覚的

君は不幸な人生だったんだね。

判断的　⟷　知覚的

ィールは，アメリカ人では外向的のところが内向的に代わる，ISTJである。ラテン文化は，IFNPプロフィール，内向的，直観的，感情的，知覚的な傾向があり，アメリカ人を鏡に映したようなまったくの反対である。

2•1 マイヤーズ・ブリッグズ・タイプ指標の長所と課題

　マイヤーズ・ブリッグズ・タイプ指標の大きな利点は，その傾向が非常に認識しやすいことにある。筆者グループは皆，懇親会で外向的な人や非常に内向的な人に出会った経験がある。相手の意思が強すぎて説得が無駄に終わってしまったり，困っている人を横目に自分の利益を勘定している人を目の当たりにしたような経験は誰にでもあるだろう。マイヤーズ・ブリッグズ・タイプ指標は性格型の計算早見表である。しかしながら，表面的であり，うまく適用するには，深刻な問題が存在する。

　表面的であるかないかの問題は，表現している分類が二者択一であることに起因している。判断的か知覚的か，思考的か感情的かを明示することはできず，判断は最初の知覚に基づいてなされ，不真面目な議論には感情的になるのではないだろうか。ユング自身は，道教の道において，祖先から受け継いできた，相反する考え方の原型で考えようとして，その違いを統合することによる効果について記載した。ユングは，ESTJは現実的な世界においては，比較的若く，厚かましい人々に圧倒的に多いプロフィールであると我々に警告した。彼はこれらを支配的な西欧産業の価値観とみなした。彼が主張したことは，我々がこのパターンから抜け出して，特に我々が後年になるまで時間をかけて成長することである。彼は，内向的にも，外向的にもなりうるし，直観的な能力は感覚的な能力を導き，我々の感情は，思考がより深いところにあることを語りうること，良い判断は，十分な知覚に基づいてなされていることを信じていた。つまり，彼は4つの機能を対立させるのではなく，折り合いを付ける方法を見つけようとしていたのだった。彼は人間が持っている好ましくない側面が，人間のペルソナ（表面的な性格の鎧兜）の下に常に横たわっていると見ていた。個性が，その支配的な傾向を強調する場合には，その価値観の傍にある暗い影の側面がつきまとうのである。すなわち，価値観を抑制し，無意識下に押し込めてみても，これらの価値観は，常にそこに存在していて，否定されればされるほど一層支配的になっていくのである。

ユングは,「固定観念」を,相反するタイプの間で,両方向で考えることに対する障害であると定義付けた。固定観念を持つ人々は,ユングのところに精神療法にやってきて,固定観念を取り除かれた。
　適応能力の問題はさらに厄介である。企業の従業員の圧倒的多数がESTJだとしたら,ESTJの性質を持つ候補者は好ましいか,あるいは好ましくないか。明らかに彼,あるいは彼女は「調和している」であろうが,これは必ず企業にとって望ましいことなのか。企業をより多様化するための機会を見過ごしていないだろうか。結局,製品がどんな形であっても,どんな大きさであっても,どんな機能であっても,顧客は現れる。顧客ベース優先を従業員ベースに合わせたり,変化を求めて異なったタイプの人の話を聞くことが賢明ではないのか。
　妥当性の問題ははるかに厄介である。バランスを取ると決めたと仮定しよう。これは,バランスの合計,すなわち,全従業員,部門間のバランス,または同僚グループ間のバランスであるべきなのか。そして,バランスは自分自身の中,あるいは個性と個性の間でとられるべきなのか。ユングは個性の中で,より良いバランスと統合を望んでいたが,マイヤーズ・ブリッグズ・タイプ指標はこの点ではほとんど使えないのである。なぜなら,望ましくないタイプを示さないからだ。グループの中でならバランスを取る可能性が残されているが,あなたが雇う最初のINFP(内向的,直観的,感情的,知覚的)タイプの人が,ESTJ(外向的,感受的,思考的,判断的)タイプの人から拒絶されていると感じたら,どうすれば良いのか。
　自分のタイプが固定されて,その固定されたタイプのまま受け入れることに何らかの弊害がないのだろうか。世界中のドラマの悲劇の英雄のように,わざとらしく勝ち続けたり,習慣的にしてきたことを変えずにそのまま続けたりしてはいけないのではないか。我々の経験では,マイヤーズ・ブリッグズ・タイプ指標を管理する人は,あまり好ましくないタイプも表に出てくるように懸命に努力して,被験者をより全体的なものととらえようとする。しかし,これらの努力は人の習慣的な表面上の振る舞いに重きを置いて無理やり選択していて,本来のあり方を十分に網羅しているとはいえないのではないか。我々は,網羅していないと考える。
　また,マイヤーズ・ブリッグズ・タイプ指標が測定していないものが何かを考えることにも意味がある。指標は,対極のプロフィールにある別の人と心を

通わせる能力について測定していない。そして，被験者の中で，影の部分がどれほど厳しく抑制されるかを測定していない。ユングによれば，自分が持っている嫌いな特質を，厳しく抑圧した状態でいると，他人とのコミュニケーションがとても難しくなるということである。

2•2 それではマイヤーズ・ブリッグズ・タイプ指標を修正できるか

我々は，マイヤーズ・ブリッグズ・タイプ指標が，4つの非常に重要な側面について見事に測定できることを見てきた。しかし，それぞれの極が互いに相反するが，下層では関連し合っている場合，この指標では，どの程度，これらの対極にあるタイプが互いに統合されてきたのかを評価することはできない。一方で，内向的な考えが外向的になることができるのか，感受的な印象が直観的になれるのか，感情によるだけでなく熟慮されたものなのか，判断がどの程度強い知覚面に基づいて行われるのかを知ろうとするような場合に，マイヤーズ・ブリッグズ・タイプ指標の最も良い面を維持することができるだろうか。

いずれにせよ，マイヤーズ・ブリッグズ・タイプ指標のプロフィールを実施してきた何百万もの人々がいることを考えれば，このすべての測定結果，コーチングやメンタリング，そしてそれらに対する見識を無駄にしないことが重要である。我々はそれを壊したり，置き換えたりするのではなく，この著名なツールの上に我々の考えを構築していきたい。これが，我々が統合タイプ指標（Integrated Type Indicator）として，THT社で開発してきたことである。

統合タイプ指標

まず最初に，現状のMBTIを見てみよう。アメリカ人に多いESTJは，すなわち，内向的ではなく外向的，直観的ではなく感受的，感情的ではなく思考的，知覚的ではなく判断的である。

この意味合いは，2番目に記されている特性が，まったく欠けているということである。実際にはどんな人も，内向的・直観的・感情的・知覚的な特性も持っているはずだ。ESTJや他のプロフィールを調べる方法は，二者択一式である。

MBTIでは，例えば，次のような質問を用いて，思考的か感情的か，どちらが相対的に強いかを調べている。

質問：意思決定をする時，私は次のことが最も重要だと思う。
　a. 他の人たちの意見を調べて確認すること
　b. 自分で決定的な結論に到達すること
　思考的な被験者は「b」を選び，感情的な人は「a」を選ぶ。
　しかし，さらに2つの選択肢を追加したとしてみよう。
　c. 決定する前に他の人の意見を確認すること
　d. 決定的であると同時に他の人の意見を引き出そうとすること

　これら4つの選択肢は，最初の2つだけの選択肢よりも多くのことを示している。これらの選択肢は，被験者が，次のいずれかの状況にあることも認めている。
　a. 思考より感情を好む
　b. 感情より思考を好む
　c. 思考する前に意見を探る
　d. 思考すると同時に感情が表現されるようにする
　我々の主張は,「c」や「d」はより統合的な特性を選択するということにある。回答「c」は，まず感情があり，それから思考があることを示している。回答「d」は，まず思考があり，しかし，ある程度，感情も引き出すことを示している。
　「c」や「d」を選ぶ従業員は，よりうまく折り合いを付けられるだけでなく，反対の考えを持つ人々とよりうまくやっていくことができると我々は信じている。
　4つの選択肢は,図表2.5のように表にすることができる。回答「a」と「b」は，対極にあるものを排除するが，回答「c」はある程度，思考も感じられ，回答「d」はある程度，感情も考えている。いずれの道も思慮深い感受性という頂に至ることに変わりはない。ここで見た，包括的あるいは統合的な選択肢は，リーダーシップの潜在力を引き出し，より効果的な業績を予測させるものであると我々は信じている。
　マイヤーズ・ブリッグズ・タイプ指標が判断的か知覚的かをテストする場合を，2つ目の事例を通じて取り上げよう。

質問：問題に取り組む場合，次のいずれかで働きたい。
　a. 構造化され，組織化された方法で

図表2.5　統合タイプ指標(ITI)　思考 対 感情

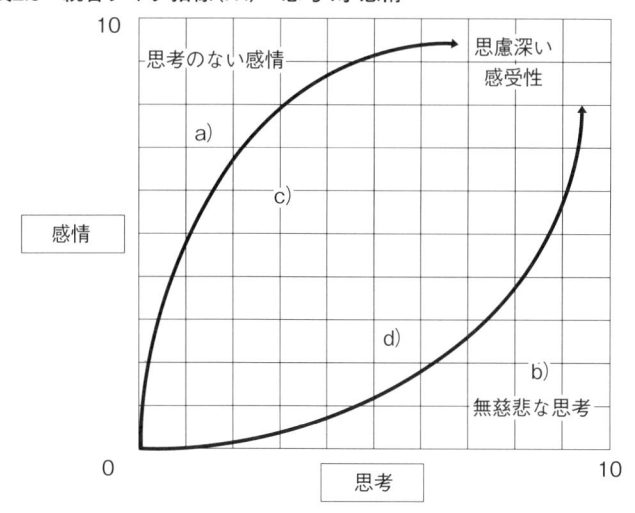

```
10
     思考のない感情        思慮深い
                         感受性
         a)
            c)
  感情

                  d)
                            b)
                         無慈悲な思考
  0                                  10
              思考
```

b. 必要な改善や適応をした柔軟な方法で

「a」を選択する人は判断的な人であり,「b」を選択する人は知覚的な人である。再び,さらに2つの選択肢を加えてみよう。

c. 定期的な見直しを伴った構造化された方法で
d. 新しい構造を見つけることができるまで柔軟な方法で

　4つの選択肢は,図表2.6のように表にすることができる。ここでも,「a」と「b」は互いに排除し合っているが,「c」と「d」は注意深く検討された結果の判断として結論に達している。ややどちらかに偏ったタイプの傾向はあり,2つのタイプのうちの1つが優先されてはいるが,統合された順位にしたがって処理されている。優先されている方がもう一方より良いということはできない。これは,彼らの文化とパーソナリティによるものである。統合された対応は,より良いマネージャー,より良い業績を上げる人,そして特により良いリーダーとして,非常に見込みがあることを示していると主張したい。

　二者択一タイプの質問では,パーソナリティや文化が優れているかを示すことはできないという認識は重要である。たとえ判断できたとしても,調和されて統合された対応は,より効果的に考えると同時により深く感じることができる人,判断の基準を鋭い知覚に委ねるにしても,より正確に判断ができる人を

図表2.6　統合タイプ指標（ITI）　判断　対　知覚

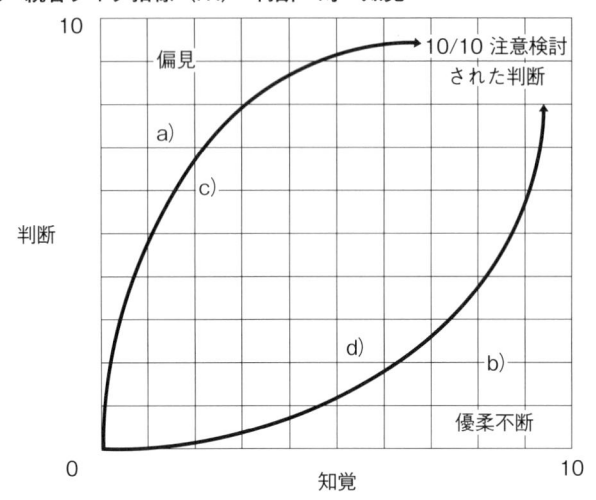

（グラフ：縦軸「判断」0〜10、横軸「知覚」0〜10。左上に「偏見」、右下に「優柔不断」、右上に「10/10 注意検討された判断」。領域内に a), b), c), d) の記号）

生み出せることを示すことができるのである。我々は，将来のリーダー候補生たちのタイプがわかれば，彼らがどのような思考プロセスを取り，どう行動するかがわかるようになるのである。

　一連の質問の答えをまとめることによって，図表2.7に示されるように，グループや人のプロフィールを得ることが可能である。4つのブロックの相対的な形や大きさは，4つの機能の対極の端でどの程度折り合いを付けられるかを示している。知覚することから判断することへ，内向的な方法で思考を生み出すことから，外向的でオープンな方法で他の人に対して考えを広く示すように，リーダーの候補者を変えることができるだろうか。4つの機能のつながりを連続してあちらこちらに移動する能力は，一方あるいはもう一方の端で立ち往生しているより，はるかに組織にとって価値あることである。固定された場所から役に立つ情報を処理することはできない。

　それぞれの変数に1から10まで尺度を付け，グループ全体，部門あるいは企業の統合された点数を得ることもできる。すなわち，
　（内向的＋外向的）＋（感受的＋直観的）＋（思考的＋感情的）＋（判断的＋知覚的）／4＝リーダーシップの潜在力の開発。

図表2.7　個人／グループのプロファイル

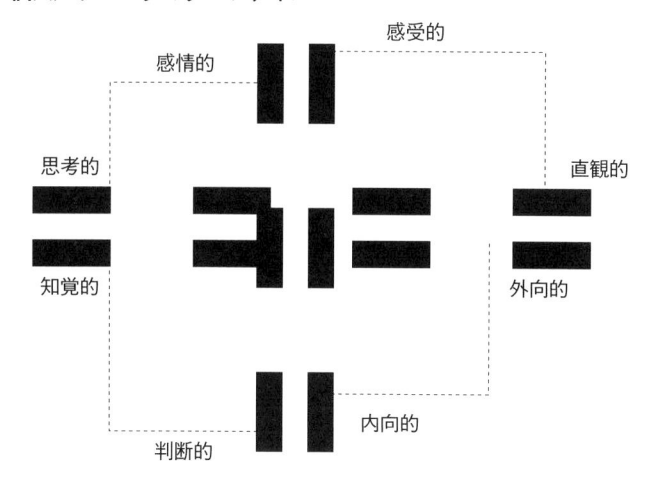

感情的／感受的
思考的／直観的
知覚的／外向的
判断的／内向的

2•3　折り合いを付けること：リーダーシップのための新しいパラダイム

　実際の仕事現場で自分自身と対照的なタイプの人に会った時，自分自身のやり方に固執し，自分と反対の意見を軽んずることは，あまり有効なやり方ではない。対照的なタイプに賛同して，自分の立場をあきらめることも賢明なことではない。もし，そうした場合，自らの過去の経験を利用することができず，自らの内面の一貫性を失ってしまう。

　我々がTHTで使用している統合アプローチが重要なのは，従業員が実際に起こるジレンマや対立する価値感と折り合いを付けることを体験することにより，従業員自らの問題解決能力を育成できるところにある。我々は，この能力のことを，「異文化間を超越した対応能力」と呼んでいる。ここでの「文化」は，異なった国民性，異なった部門，異なった規律，異なった性別，及び異なったパーソナリティのタイプを含む広義の定義である。我々は，これが一般化することが可能で，一緒に働いている様々な人々を正しい方向へ導くことができる強固なモデルであると信じている。

　このために，我々は折り合いを付けることができる能力を測定する「異文化間リーダーシップ評価」（Intercultural Leadership Assessment）のプロフィールを作成し，すでに4,000人の国際的なマネージャーやリーダーに対して，テ

第2章　募集，選考，そして評価　55

ストを実施した。その中で21人の「傑出した」リーダー（筆者の著書『21世紀の21人のリーダー』に取り上げたリーダー）は，平均的なリーダーに比べて，折り合いを付ける能力において，非常に高い得点を上げていることに気づいた。

さて，マイヤーズ・ブリッグズ・タイプ指標における4つの機能のうちの折り合いを付ける能力に戻ろう。我々が直面している問題として，継続性と変化とに折り合いを付けるという問題がある。ユングの才能と多くの先人たちが残した多大な業績を維持するためにも，我々は，マイヤーズ・ブリッグズ・タイプ指標をできるだけ継続していきたいと思っているが，一方で，個人を超え，文化を超える能力を推し量るために，大きく変えたいとも願っている。順番にそれぞれの4つの機能を取り上げて行こう。どんな質問をすれば，どのタイプが優先されるのかをテストするだけでなく，被験者が自ら最初に優先することや，対照的なタイプと折り合いが付けられるかをテストできるかを考えてみたい。実際のところ，対立する両極の折り合いを付けることにより得られる価値観からどのようなリーダーやヒーローが現れるのであろうか。

外向的―内向的

内的な影響と外的な影響のうち，どちらがエネルギー源かという点でこの2つのタイプは対照的である。我々は次の様な質問を用意した。

どの選択肢が，あなたが自分をマネジメントする方法として最も相応しい説明だろうか。
a. 私の個人的なエネルギーの多くは，私が出会ったり，挨拶を交わす人々から得られる。しかし，より静かな瞬間に，彼らを通じて私が経験したことにより，私の中からアイデアが生まれ始めるのである。
b. 私の個人的なエネルギーの多くは，私の中にある閃いて広がるアイデアや感情やデータから得ている。しかし，私が思いついたことを皆に話す時にこそ自分の確認作業の意味がある。
c. 私の個人的なエネルギーの多くは，私が出会ったり，挨拶する人々から得られる。まるで我々の間の電流が，私という電池を充電するような感じなのだ。
d. 私の個人的なエネルギーの多くは，私の中にあるアイデアや感情やデータから得ている。私には，アイデアを自分で整理するために1人きりになり，

邪魔が入らないことが必要である。

　統合された回答は,「a」と「b」である。両極にある答えは「c」と「d」である。両極の回答が一方の極から動かない中で,統合された回答がどのようにして両極を超えてつながるのかを記してみよう。
　外向的モードとそれに関連する内向的モードを上手く統合できるリーダーやヒーローは誰か。ドナルド・ショーン（Donald Alan Schon, 1930-1997）は,彼の著書のタイとるの中でこれらの人々を反省的実践家（Reflective Practitioner）と呼んだ。彼らはまず,現実世界において実践し,その後,その実践を内省する。おそらく,世界で最初の反省的実践家はアテネで活動した内科医,ヒポクラテスだろう。彼の経験は,「ヒポクラテスの誓い」[5]となり,2000年を超えて今日に至るまで,医師たちによって引き継がれている。
　ヒポクラテスの葛藤は図表2.8に表現されている。らせんは,患者の家を訪れ,必死になって患者の命を救おうとするという外向的な行動から始まる。その後,遡及的に,この経験から学び,体系化する。これが,外向的行動かららせんが始まり,時計回りでらせん状に内向性に向かう理由である。

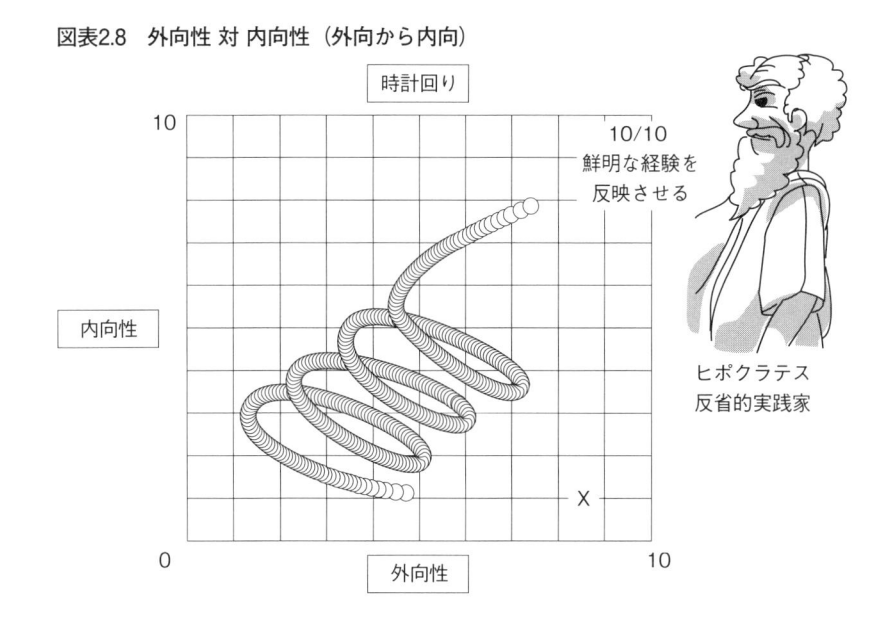

図表2.8　外向性 対 内向性（外向から内向）

第2章　募集, 選考, そして評価

内向的なスタイル，すなわち内向的なやり方で始まり，外向的には，勇敢で断固とした様子で振る舞うスタイルを象徴するリーダーは誰か。西洋史の最も想い描きやすい事例は，おそらくマルティン・ルター（Martin Luther, 1483-1546）だろう。彼が当初，内向的であったことは，疑う余地はない。

　彼は，修道士であり，非常に多くの祈り，内省，苦悶に満ちた告解を繰り返していた。彼は，1505年に修道院に入り，1517年に初めて，彼の「95カ条の論題」をヴィッテンベルク（Wittenberg）の教会の聖堂の扉に提示した。我々は，ヒポクラテスもルターも，これらのタイプ間を動かなかったとは聞いていない。

　ヒポクラテスの場合は，外向的実践から内向的に集中して文書化，すなわち「ヒポクラテスの誓い」をまとめたのであった。マルティン・ルターの場合は，世俗から離れた内向性から，外向的な挑戦として有名な行動を起こしたのである。ルターは，肝心な時にタイプとタイプの間を超えて人々を導いたのである。これは図表2.9に示す通りで，このらせんは，図表2.8のらせんとは反対の方向に巻き上がる。そして，内向的な内なる葛藤から始まり，ついには宗教改革に至ったことを意味する。

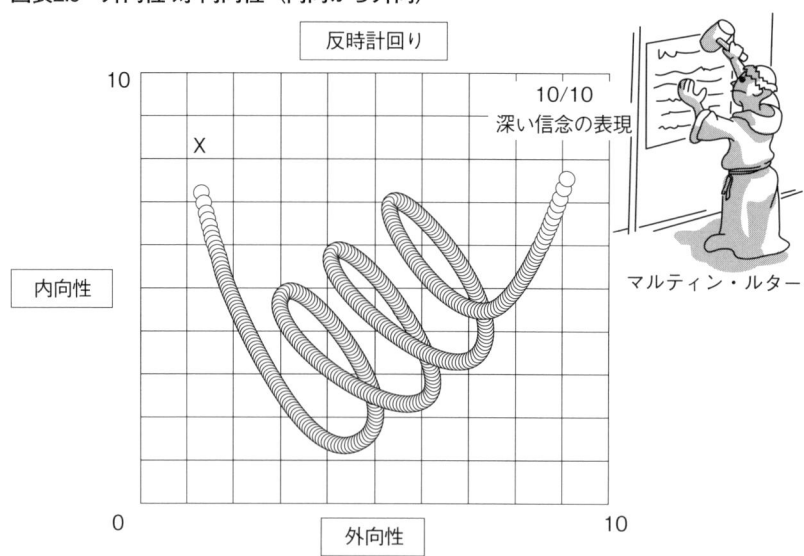

図表2.9　外向性 対 内向性（内向から外向）

感受的—直観的

　これらの2つのタイプは，情報処理の方法において対照的である。感受的は，個別的で，経験主義的な事実を見つめ，観察したことを記録する。直観的は，その意味や全体の重要性を解釈し，全体の現象を調査する。ここでは，次のような質問をしてみよう。

質問：どの選択肢が，あなたが自分をマネジメントする方法として最も相応しい説明であるか。
　a. 問題を解決する時，状況を分析して，事実に一生懸命目を向ける。状況や事実が意味するところは明らかであり，外見を取り繕う必要はない。
　b. 問題を解決する時，問題の意味に対する深い見識を得たい。いったん，これを得れば，すべての利用可能な事実を当てはめ，私の推論を考察してみる。
　c. 問題を解決する時，問題の意味に対する深い見識を得たい。事実は文脈の中に表現されている。いったん，文脈を把握すれば，事実は相応しい場所に落ち着く。
　d. 問題を解決する時，状況を分析し，事実に一生懸命目を向ける。問題の意味が明確になるまで，推論を引き出して考察する。

　統合された回答は「b」と「d」である。両極にある回答は「a」と「c」である。「d」では，人は感じた事実に端を発し，直観を発達させる。「b」では，人は深い直観に端を発し，利用可能な事実に対してそれらを検証してみる。
　感受性タイプの著名な科学的リーダーは，アイザック・ニュートン卿（Sir Isaac Newton, 1642-1727）である。彼は，最初に事実を見て，それから注意深く推論を導くように，17世紀から3世紀もの間，科学で主導的な役割を果たした。現実世界は，我々がそうあってほしいと思うものではなかったし，我々の望みからはいかなる形でも影響を受けることはなかった。我々の信念や自負が妨げとなってはいけない。すべての事実を確かめた後にはじめて，我々は，推論を展開し始めるべきである。物理の世界へのこのアプローチは図表2.10に反時計回りのらせんで示されている。
　しかし，科学はどんどんと先に進んでいく。そして，不可解な変則性を解き

図表2.10　感受的 対 直観的

反時計回り

10

X

10/10
客観的な調査

感受的

0　　　　　　直観的　　　　　　10

アイザック・
ニュートン

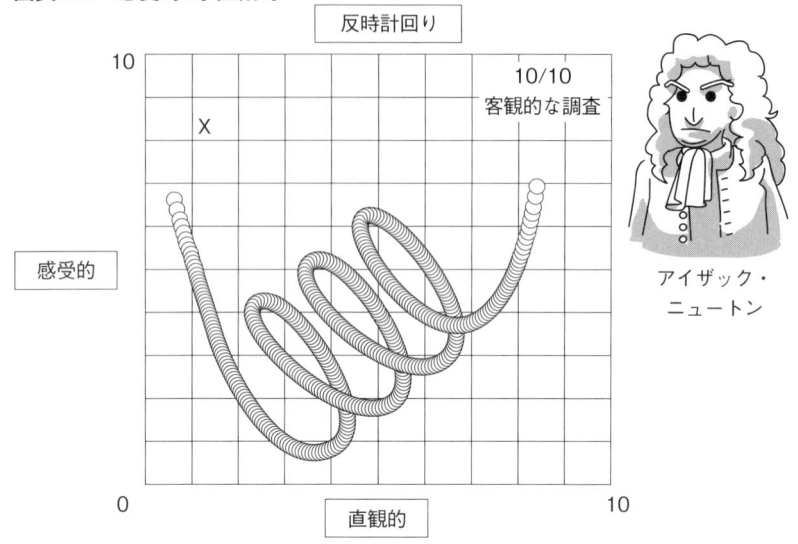

図表2.11　感受的 対 直観的

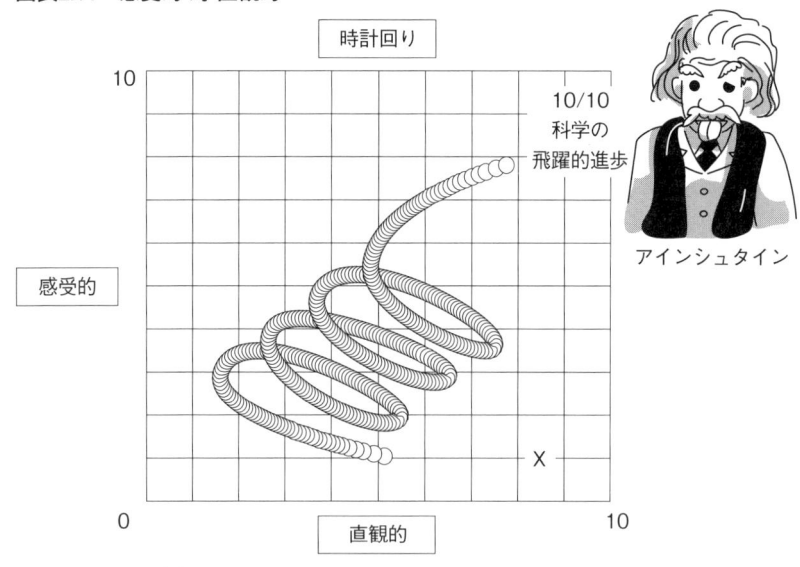

時計回り

10

10/10
科学の
飛躍的進歩

感受的

X

0　　　　　　直観的　　　　　　10

アインシュタイン

ほぐすために直観的な視野を必要とする理論物理学は，まったく異なった挑戦分野である。アルベルト・アインシュタイン（Albert Einstein, 1879-1955）は，その直観力で有名であり，ひげを剃っている時にワクワクするような直観がひらめいて，切り傷を作ってしまうような人であった。しかし，これは，彼が利

60

用できる事実を無視したといっているわけではない。直観がひらめいたら，彼はそれらを調査した。1つのタイプが，別のタイプの推測を評価する時にどう役立つかという一例である。時計回りで直観から感受まで曲がりくねるらせんは図表2.11に示されている。

思考的 対 感情的
　あなたは幸福といったものについての考え方をどのように自分の中に育むだろうか。あなたは，最も幸福な状況について深く考えたり，体験したりすることができる。結局，幸福はまず悲惨さとは対照的な位置に存在する感情なので，幸福の感情を実際に感じる前に，悲惨さと幸福の両方を深く経験することが大変役に立つかもしれない。それでは，以下の質問を問いかけてみよう。

質問：どの選択肢が，あなたの考えとして最も相応しい説明か。
　a. 私は，合理的な考え方と論理的な分析で問題に対応したい。したがって，何かが真実であってほしいと望んだところで実際にはその通りにはいかないし，色々なことを感じることは「間違って」はいないが，見当違いなことである。
　b. 私は，いつも問題をどう感じるかを自問している。なぜなら，退屈したり，いらだったり，興奮したりすることは，私が知的に問題にかかわり，解決策を見つけることができるかどうかを早めに察知する鍵になるからである。
　c. 私は，いつも問題をどう感じるかを自問している。なぜなら，「心には理性ではわからない理屈がある」からである。私は今後，自分の感情面の強さをさらに開発したい。
　d. 私は，合理的な考え方と論理的な分析で問題に対応したい。しかし，知的行為あるいは愚直な行為に感情的に反応して，そうした感情が知性に影響を与えて，行動が先行してしまうかもしれない。

　ここで，調和している，あるいは折り合いのついた回答は，「b」と「d」である。一方，両極にある回答は，「a」と「c」である。「b」では，被験者は，どう思うかについての鍵を得ている。「d」では，被験者は考えようとするが，感情を

図表2.12　思考 対 感情

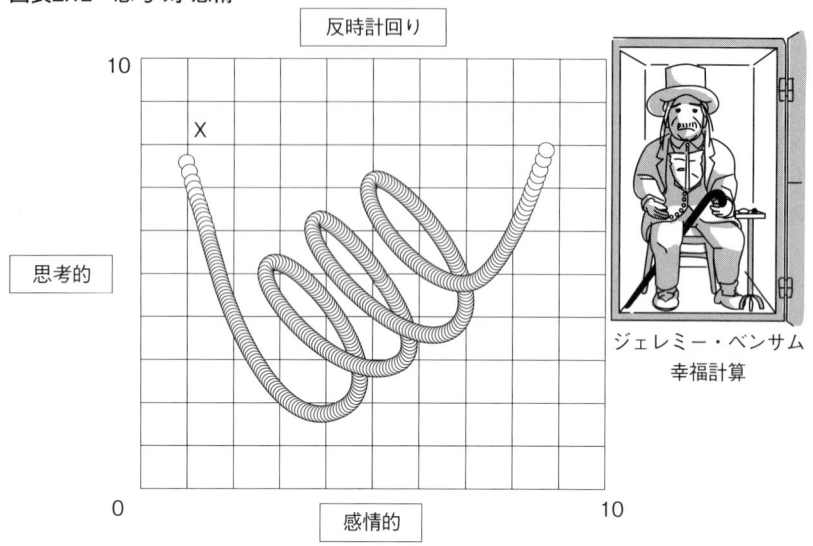

その指針として使おうとしている。「a」と「c」は，感情と思考，思考と感情を分離して扱っている。

　思考型の最高のリーダーのひとりは，イギリス人の哲学者でもあり，「最大多数の最大幸福」を保証すべきと仮定した「幸福を価値の基準とする計算」，または「幸福の方程式」の創始者でもあるジェレミー・ベンサム（Jeremy Bentham, 1748-1832）である。彼は，明らかに人類に役立ちたいと願っていたが，それを感情で表現するより，これについて思考することに興味を持っていた。図表2.12には，彼の思考をベースにした考え方が最優先するものとして，反時計回りのらせんによって表現されている。

　同じ機能について，反対の極からスタートした人は，マーチン・ルーサー・キング（Martin Luther King, 1929-1968）である。彼は人種差別で虐げられた黒人の心の苦しみを取り上げることから始めた。「苦しみは贖罪である」と，彼は教えた。以前，あきらめ虐げられた黒人の「魂」，つまり苦悩を「魂の力」に変換させて，世界のメディアの前でこれらの不公平に対する公のデモが行われた。そして連日，非暴力デモの参加者たちが保安官の配下の者に打ちのめされるという恐ろしい光景がテレビで放送されたのだ。

　しかし，これらのデモの背後には明確に考え抜かれた戦略があった。デモの

図表2.13 感情 対 思考

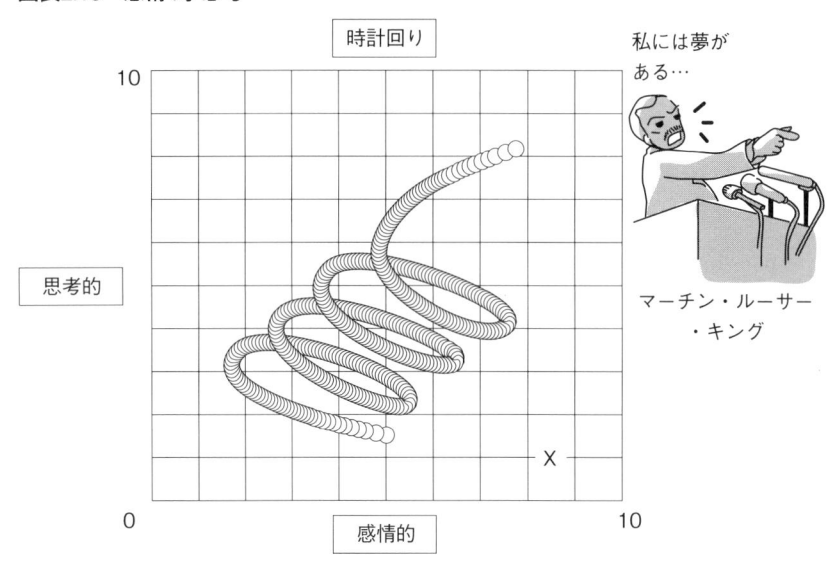

時計回り

10

思考的

私には夢が
ある…

マーチン・ルーサー
・キング

X

0   感情的   10

参加者たちは，彼らのアメリカ市民としての権利を静かに，礼儀正しく求めて，世界中の人々が見ている中で，強く訴えたのである。数か月と待たず，恐怖感に襲われた議会は公民権法[6]を可決し，礼儀正しく振る舞うことができた人とできなかった人にはっきりと白黒がつけられた。その後，数年の間に，アフリカ系アメリカ人は，大きな権利を獲得することができたのである。一方で，この動きに対処した南部の偏屈な保安官の配下の者たちの野蛮な顔が，国民の意識の中に，忘れることなく刻まれたのである。

マーチン・ルーサー・キングによって巧みに仕掛けられたこの調和の方法と，彼の有名な弁説「私には夢がある」は，図表2.13に表現されている。

判断 対 知覚

この節では，ある事象にどう対応するかについて，その事象を認識し知覚するのか，それとも判断を下すのか，どちらを重視するかという点を取り上げてみる。いったん判断をしてしまったら，知覚は排除される傾向にある。なぜなら，人はその判断に基づいて行動するからである。非常に短時間で判断する人もいる。いつも詳しい情報を求め，情報の発見に明け暮れる人たちもいる。我々は再び問いかける。

質問：次のどの選択肢が，あなたの考えとして最も相応しい説明か。
  a. 私は，行きあたる問題の多くが待ってはくれないので，すぐに決めたい。人々は迅速な評価を求める。私が決めて，行動して初めて，物事が始まるのである。
  b. 私は，行きあたる問題の多くが待ってはくれないので，すぐに決めたいが，新しい情報が入ってきた時，私は，いつでもすぐに自らの考えや方向性を変える用意がある。
  c. 私は，深く徹底的に理解してから，異なった視点から状況を検討したい。そして，そのようなプロセスからしか，私が自信を持てる確固たる決定に至る方法はない。
  d. 私は，深く徹底的に理解してから，異なった視点から状況を検討したい。私がより理解すれば理解するほど，自らの判断で評価したいとは思わず，また心を開いて学ぶようになる。

　ここで，統合された回答は，「b」と「c」である。そして，「a」と「d」は両極にある。そこでは，判断は知覚を押しつぶし，知覚は判断を無期限に遅くさせる。
　このすばらしいリーダーシップの事例は，米国最高裁判所長を務めたアール・ウォーレン（Earl Warren, 1891-1974）裁判官，ドレフュス大尉への軍の策略を暴露した挑戦的なフランス人の小説家，エミール・ゾラ（Émile Zola, 1840-1902）である。
　アール・ウォーレンは，ブラウン対教育委員会判決（Brown versus Board of Education）の議長として，学校制度における人種差別は違憲であるとの判決を下した。人種差別撤廃のための改善措置は，「すべてじっくりと考え」て行われることになっていた。ここでは，知覚する前に判断がなされている。なぜなら，全体の決定は，最高裁判所の決まりに則り，法的な文脈でなされるからである。ウォーレンは，明確に，人種分離教育が不平等であると考え，対策の必要性を知覚していたのだった。彼はこの知覚を持って歴史的な判決に臨んだのであった。　このことが，図表2.14において，らせんが判断から知覚に向かって反時計回りになっている理由である。
　フランスの知性的な小説家であるエミール・ゾラは，ユダヤ人軍人，ドレフュス大尉が有罪判決になったことは，軍のカトリック教徒と君主制主義者

図表2.14 判断 対 知覚

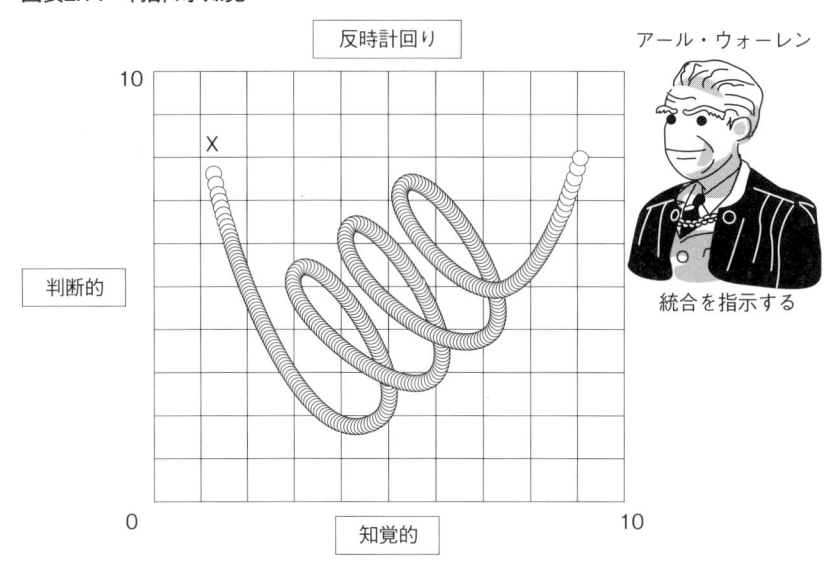

反時計回り

アール・ウォーレン
統合を指示する

判断的

知覚的

とによる反ユダヤ主義の策略であったと強く感じていた。彼は、「我弾効す」(J'Accuse) で始まる猛烈な怒りの記事を書き、名誉毀損で告発された。

何年にもわたる罪状認否の後に、ゾラの無罪が証明され、ドレフュスも釈放され、すべての罪状が取り下げられた。図表2.15では、時計回りのらせんが、知覚から、後に判断へと向かっている。

マイヤーズ・ブリッグズ・タイプ指標についての結論をまとめてみよう。これは多くの社会科学のように、行動や感情が向かうあり方を測定するものである。アリストテレス以来、2つの相矛盾する物は、同時に、同じ空間に存在することができず、そのことは論理的であるといまだに考えられている。すなわち外向的、感覚的で、思考的で判断的であることは、対極にある内向的、直観的、感情的で知覚的であることとは相容れないと考えられている。

実際には、すべての人間の心は、両方のタイプを持っており、また人間は「もの」とはまったく異なるのである。ただ、両極のどちらに偏っているかの違いであり、被験者は、両極の間をたえず行ったり来たりしているのである。欠けているものは、外向性を引き起こす内向性、真に感覚的な印象を導く直観、思考と緊密な関係を持つ感情、より良い判断をもたらす正確な知覚などを測定する尺度である。タイプ間のそういったつながりは測定可能であり、世界史上に

第2章 募集, 選考, そして評価 65

図表2.15　判断 対 知覚

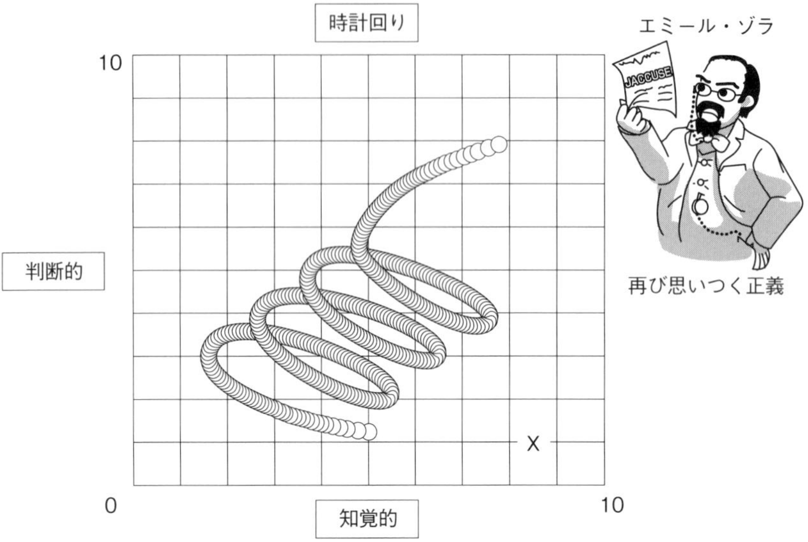
時計回り
エミール・ゾラ
10
JACCUSE
判断的
再び思いつく正義
X
0
10
知覚的

おける一流のリーダーの特徴を表していることを我々は示してきた。

3● シェル社のHAIRLシステム

企業の評価制度としてよく知られているシステムとして，HAIRLがある。HAIRLの各文字は以下のことを表している。

- 「H」ヘリコプターの資質（細部と全体を同時に網羅する資質）
- 「A」分析力（問題を細かく分析する能力）
- 「I」想像力（感性豊かな想像力を活用する能力）
- 「R」現実の感覚（両足で地面にきちんと立つ力）
- 「L」効果的なリーダーシップ（グループの人々を効果的に引っ張る力）

これらの評価基準は，明確に定義付けられ，シェル社内では，最低でも年に1回は将来性のある大学卒業者（大卒者－多少の年次の差があるが）を対象に運用され，50歳頃に将来の職能が頂点に達するとした場合に，その職務レベルに対して現在予測できる潜在能力（Currently Estimated Potential（CEP）指標）を評価していた。

シェルの人事部門は30年間以上このシステムを利用している。また，現在の

組織のトップの多くは，このツールでその成功が予想されていた。80年代前半に，オランダ人である筆者は，研究を行っていたアムステルダム研究所でこのツールを研究し，使用する機会があった。そこで，統計分析により，5つのカテゴリーのうちの3つしか，CEP指標と有意な相関関係を持たないことに気づいた。ヘリコプターと分析力がCEPと正の相関関係を持つことは驚くことではなかった。なぜなら，大卒者はみな，研究開発部門で働いていたからである。しかし，想像力が大卒者の潜在能力と負の相関関係にあることは，驚きだった。

　古い理論では，分析能力が高ければ高いほど，個人の潜在能力はより高いと考えられていた。我々は，この意見に異議を唱えるつもりはない。つまり，このことは，十分条件ではなく，必要条件である。大きな全体を細分化して分析する力に対して何ら反対するつもりはない。多くの複雑な状況においては，そうすることはとても効率的だが，いったん現象を細かなパーツに分解してしまうと，今度は，質の異なったより大きな全体に再構成される必要が生じる。分析だけで，より小さく詳細に入り込みすぎると，大きな全体の文脈を見失うリスクがある。それでは，ヘリコプターは地表面に墜落することになる。

　他方，想像力は雲の中まで急上昇することができるし，地球と離れることもできる。より大きな全体にしろ，最も詳しい細部にしろ，それだけではどちらも十分ではない。

　ヘリコプター型の資質で，広く知られている概念は，「関連する詳細に対して，同時に注意を払いつつ，より高い全体像の有利な場所から問題を見ること」と定義される。実際，それがこの相反するジレンマにうまく折り合いを付けるということである。ヘリコプターは，上昇して全体を見ることができる一方，もう一度，詳しく詳細を調べるために下降することもできる。このタイプのリーダーは，重大な詳細を見逃さず，洞察力も持たなければならない。これが，既存のHAIRLシステムで対応ができるヘリコプター型のタイプだった。事実，そこには，分析能力の基準もきちんと含まれていた。

　ヘリコプター型の3つの資質について，筆者（トロンペナールス）は，もし別々に取り上げるとしたら，ヘリコプター型の測定のように，人間が後になって成功する可能性を明確にきちんと予測することなどできないであろうと仮定していた。そして，その通りであることが明らかとなった。ただしヘリコプター1として知られる資質では，大きな全体像を把握できて，なおかつ細かい分

析能力を一緒に備えているばかりではなく，想像力と現実主義的見方の両方や，直観力と感知力の両方を同時に備えていることもあり得るのである。対立する2つの軸の両方で高得点を得た人々がもっと注目されるのであれば，将来的な成功の可能性は大幅に上昇する。

　言い換えると詳細を見ることができる能力と全体像を見ることができる能力，想像力と現実性，感情面と本能面の両面の備わった人々は，それらがバラバラの人たちよりも成功する確率がはるかに高くなるのである。将来のビジョンを持ち合わせた現実主義は，それぞれがバラバラなものよりもはるかにその時代の潮流になる可能性がある。筆者（トロンペナールス）はまた，シェルの役員のかなり多くが，想像力の得点が低いにもかかわらず，その処遇を得ているのを見てきている。実際のところ，想像力の測定はビジネスの現場ではあまり活用されてきていない測定尺度であった。

　次に，筆者は，すべての人事の測定尺度の中で，図表2.17, 2.18, 2.19に示された3つのヘリコプターの測定尺度が，リーダーの成功を最も予測できる尺度であると仮説を立てており，実際にそのことが実証されたのである。

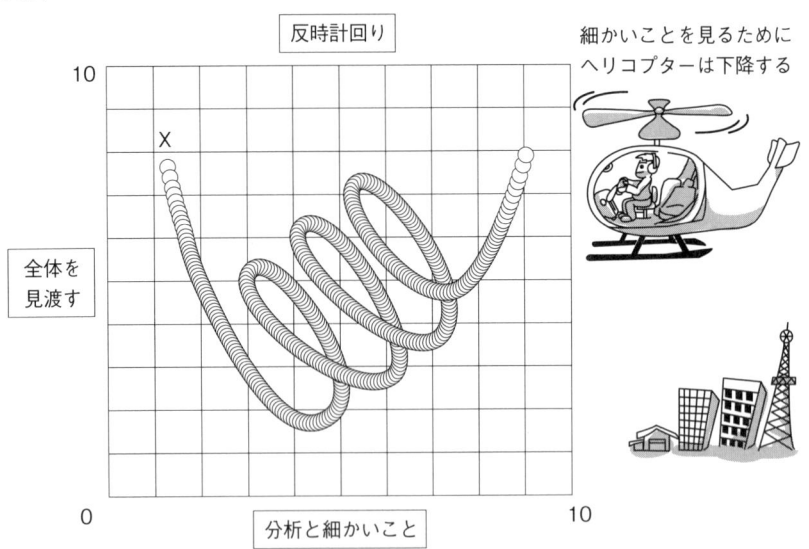

図表2.16　ヘリコプターの資質

図表2.17　ヘリコプター1

時計回り

10

全体を
見渡す

0　　　　　　　　　　　　　　10
分析と細かいこと

ヘリコプター1
全体を見渡す

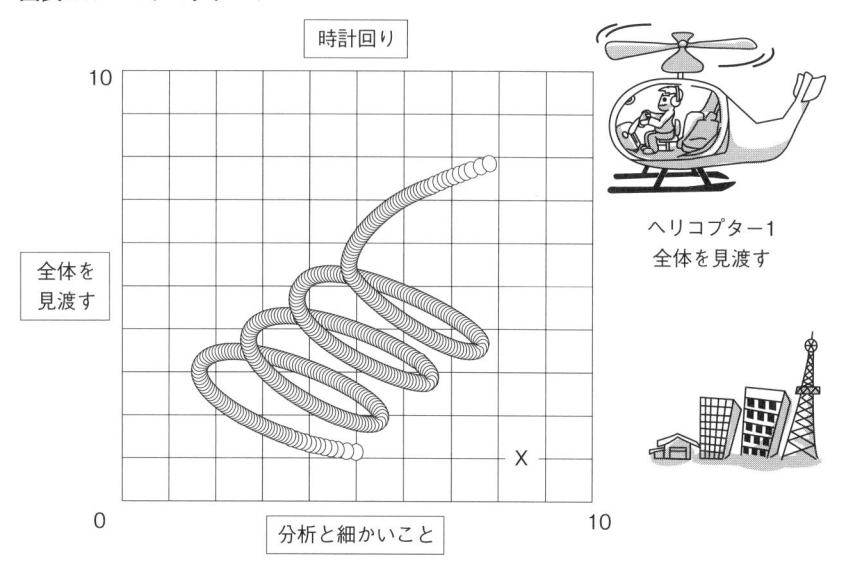

図表2.18　ヘリコプター2

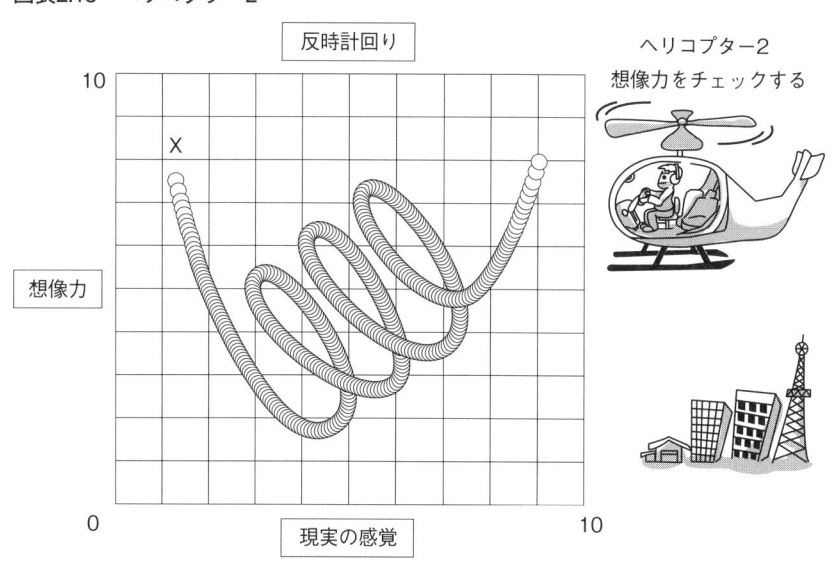

反時計回り

10

想像力

0　　　　　　　　　　　　　　10
現実の感覚

ヘリコプター2
想像力をチェックする

第2章　募集, 選考, そして評価　69

図表2.19　ヘリコプター3

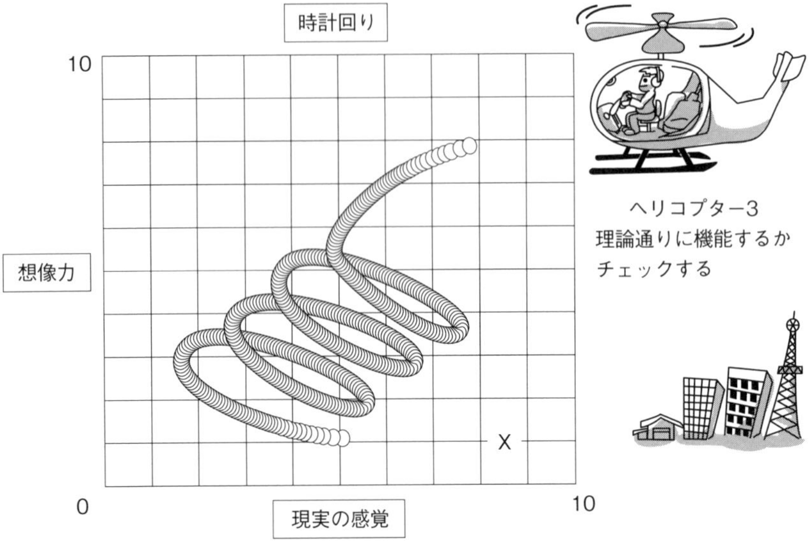
時計回り
10
想像力
X
0
現実の感覚
10
ヘリコプター3
理論通りに機能するか
チェックする

4 ● 360度評価

この測定方法は，自己評価に使用されるのが一般的である。今までの考察から，それを国際的に適用する場合や，選考に使用する場合に適切に活用できるかには疑問が残る。この方法は，あなたと協働することに関して，あなたの上司，部下，同僚からのフィードバックをベースに構成されている。匿名が原則ではあるが，匿名でなければならないというわけではない。ジレンマの視点から見れば，上司と部下の評価を対比することは非常に役に立つ。上司の機嫌をとって，部下を押さえつけているか。部下たちの上位職の人たちへの造反に加担しているか。職位のレベルと人望に食い違いがあるとすれば，ある種の組織内政治力の差によるものであろう。

360度評価が測定するものは，人間関係の成功要素の指標である。人間関係性は，企業が社員に対して構築し，強化することを奨励しているものである。評価する部分がどちらかの当事者の「弱点」であると推論してしまうのはやや危険である。平均以上の数字は残しているが，人間関係は弱いという指摘なら

比較的やりやすい。一例を挙げると，男性のマネージャーが女性の部下とウマが合わないということなどである。彼の女性蔑視を証明する必要はない。あなたは，彼が良好な人間関係を構築するように気を遣っているとしても，実際にはうまくいっていないことを指摘するだけで良いのである。

どんな人間関係においても，より権力ある地位にいる人は，人間関係に対してより多くの責任がある。したがって，秘書の給料の3倍を稼いでいる上司は，その関係性の質の75パーセントに責任がある。権力と給与が増えるにつれて，責任も増していく。関係性のうちで，機能していないものもあり，その場合には，部署を変えることもできる。しかし，時間が経つにつれて，人間関係をうまく構築できない人々は360度評価を精査した結果から抽出できるし，個人間，そして，異文化間の関係性の能力が不足していることも容易に予測できる。特に，上司から「いいね」と言われるが，部下からは「良くない」と言われる人間関係は憂慮すべきである。

しかし，次の枠内の相反するケースで示されているとおり，360度評価は，国際化が進展する中で，深刻な問題に直面している。

仲間のメンバーを惜しげもなく進んで褒めようとすることや，見知らぬ人に対して自らの批評を知らしめること，言葉で伝えるのではなく，言葉に書き留めること，アンケートに求められるまま率直に記載すること，柔らかくぼかすのではなくありのままに記すことなど，文化の違いによって実に多様な答え方が可能になる。ある地域は紙に批判を書くことをタブーとしているかもしれない。また，東アジアの多くの国では，例えば，批判は特別な，膝を突き合わせた面談方式で行われている。

しかし，360度評価は，評価する人とされる人の間に健全な刺激となる対話をもたらす，すばらしいツールであることには変わりはない。このような対話手段を通してこそ，あなたはその人について最も語ることができ，意見の相違についてどのように考えているかを示してくれるのである。

国際的に360度評価を活用することのジレンマ

　国際的に有名なアメリカの投資銀行は，様々な文化的背景を持ったマネージャーたちに対して360度評価を実施していた。彼らは，達成された得点を将来のリーダーの選考に使用するべきかどうか，筆者のグループのTHTに意見を求めた。明らかになった問題の1つは，アメリカ人マネージャーは，アメリカ人同士や，彼らが長い期間にわたってよく知っている外国人マネージャーを評価する時に，他の文化的背景のあるマネージャーのグループを評価するより，より良い評価をする傾向があることであった。問題は，アメリカ人に好意的なアメリカ人による偏見ではなく，一般的に気前よく賞賛するアメリカ人の傾向であった。このため，ほとんどのアメリカ人が，他のどの文化のマネージャーのつける評価よりはるかに高く評価をつけるという影響があった。アメリカ人同士は熱意を共有していた。最大の得点差は，アメリカ人とフランス人の間の18点であり，ドイツ人との得点差は僅かだった。イギリス人，北欧人及びオランダ人は，この両極端な国々の間に位置していた。なぜ，このようなことが起きたのか，そして，制度をより公正にするために，何か対応策がないかといった質問が提起され，何が起こったかを説明するために，我々は組織文化の4象限を引用した。

　アメリカ人マネージャーのほとんどは，比較的，知らないもの同士の一時的なチームで構成される誘導ミサイル型文化の象限に属していた。そういった状況下では，チームメンバーに高い評価を行うことで，自分も高く評価されるだろうという期待感を持つことはよくあることだ。チームメンバーを有能であると扱うなら，彼らは結果としておそらく同じようにしてくれるだろう。彼らが本当にどれくらいすばらしいのかを自信を持って言える程，彼らのことを長い間，知っているわけではない。そこで，励ましと情熱で彼らを動機付けることを選ぶのだ。そのチームメンバーは，互いにすぐに緊張をほぐす必要があり，万人向けの朗らかさが，人々を共に惹き付け，仕事に全力を注がせるための早道でもあり，促進剤のようなものなのだ。

　対照的に，フランス人マネージャーは，彼らの同僚をかなり低く評価する傾向があった。アメリカ人による評価と比較すると20点以上も低かった。これは，ほとんどのフランス人マネージャーが家族型文化の象限に属していたからである。この文化のタイプは，エリートの経歴を持ち，親密で近しく，長い間，関係を持つ人々から構成されている。これらの条件がある場合は，相手が最も成長できそうな内容に対するマイナスのフィードバックをする傾向が出る。仕事仲間として，非常に近い関係にあり，誰もが，皆，すばらしい学歴であり，能力になんの疑問もないことがすでにわかっている。そのような場合は，評価がさらに厳し

くなりうる。このような人々は励ます必要がないのだ。彼らは実際にさらに向上しようとさえしているのだから。

　フランス人の専門家の間で，高い賞賛を示す表現として"pas mal"（「パ・マル」悪くないね）と静かに言われる言葉がある。互いに大げさに褒め合うことはない。なぜなら，互いに相手も良いと思っているからである。つまり，熱意は，驚きとある素朴さを示しているのである。一時的なチームの関係性は必ずしもそれほど強くはないのに比べ，家族的な関係性は，それに耐えられるほど十分に強いので，否定的になることを恐れることはない。

　ドイツ人マネージャーのつける得点は，フランス人の回答者のつけるものほど低くはなかったが，お互いと外国人の両方を比較的低い得点で評価していた。これは，多くのドイツ人マネージャーが，エッフェル塔型文化に属し，そこでは，個人的感情によらないこと，客観的であることに力点が置かれているからだと筆者グループは思っている。能力の測定は容易ではないと思っているから，気前よく褒めそやすわけにはいかない。業績は自明の理であり，それを騒ぎ立てることは，余計なことである。専門家は専門家を熟知しており，彼らは何者かということで賞賛される必要もない。つまり，賞賛は，まだ成長していない状態の子どものためのものである。また，目立とうとする行動もそのために他人を励ますこともすべきではない。誇大広告に訴えるものは，不安定とごまかしを意味する。よく見えるのではなく，本当によくあることが必要なのだ。

　異文化がどう評価され，内部でどうフィードバックされるのかを説明しようと試みたので，続いて360度評価を国際的な指標としてより公正に評価するための問題に取りかかった。各回答者がアメリカ人，フランス人，ドイツ人の仲間によってつけられた得点の平均値より高く，あるいは低く得点をつけられているのであれば，得点そのものにそれぞれの比較価値があることを示している。つまり，アメリカ人の平均点が66点，フランス人の平均点が48点の場合，69点のアメリカ人はrate 3，54点のフランス人はrate 6となる。これにより，マイナス思考やプラス思考になる文化の傾向は，調整することができるだろう。また，多くの東南アジアの地域では，この方法を使用すべきではないことも警告した。東南アジアでは，議論もなく書類上で評価を行うことは，失礼な行為と考えられることが多いからだ。

5 ● 職務記述書に対する評価: ヘイ・システム

　最後に，職務記述書を出発点として最初に取り上げる評価ツールについて見てみよう。アメリカ軍のヘイ大佐がこのアプローチを有名にした。多くがその優れた公正さを指摘している。人々は，記述された職務に対して，応募し，受け入れられてきている。つまり，人々にポストが与えられているのであれば，そのポストで行うことが求められる職務内容にしたがって，人々を評価することが最も公正ではないだろうか。今，その職位にいる人は，組織が定めたように働いたのか。

　しかし，その他の多くの一次元の測定基準と同様に，鍵となるジレンマは測定されていない。仕事は時間が経つにつれて進化するが，最初の職務記述が最新のものに更新されることはほとんどない。さらに，現職で発生する仕事の変化は，リーダーシップに関係することが多い。あなたが進むべき方法の1つは，自身の仕事の定義とその方向性とを一致させることにある。リーダーシップは，他に何が必要であるかを見て取り，それを始める能力を含んでいる。3, 4年前の職務記述書に基づいて業績評価することは，停滞のための処方箋となってしまう。あなたは今，従事している職務内容できちんと評価されるべきである。

　今日，ヘイの職務評価の方法論を使用する約8,000の組織が世界中にある。標準ツールは，「ヘイ・システム」（Hay Guide Chart Profile Method）であり，顧客に応じてカスタマイズしたツールもあるが，標準タイプが最も一般的である。

5•1　ヘイ・システムはどのように機能するか

　E. N. ヘイと共同経営者は，1980年代初頭に，ヘイの職務評価指標を開発した。それは，「Point Factor（ポイント要素）」アプローチ，すなわち職務評価への共通のアプローチに基づくスキームである。基本的な進め方は次のようなものである。通常，マネジメントサイドによって職務の記述がなされる。そこには，求められる経験，責任，専門性，行われるべき職務，業務上の財政的なインパクト，決定と行動の自由，管理すべき部下の人数，上位の職位，組織内での職位の影響力等が含まれている。

　通常，職務記述書に記載された職務は，いくつかのカテゴリーに分けられる。ヘイのアプローチでは，組織の目標と目的を設定し，達成する際にそれらが果

たすべきアカウンタビリティのレベルで，仕事を格付けする。それらを，次のことを含む幾つかの関係要因に当てはめ，その業務内容を調べる。

- ノウハウ：求められる説明責任を果たすため，そして合意された方法で職務を遂行するために職務上求められる総合的な知識，スキル，そしてコンピテンシー。それは知識や経験の深さ，すなわち，マネジメント範囲の広さ，対人関係能力のスキルなどで形成されている。
- 問題解決：仕事を完了させるための複雑さのレベルとイニシアチブの両方に関して，仕事が求める思考プロセスのレベル。
- 説明責任：仕事の最終結果についての測定可能な成果を表す。

最後の2つの得点の結果は，プロフィールの中に記載されている。つまり，求められる説明責任と問題解決の間のステップ数（一定レベルの点数の幅）である。（＋4は，問題解決の視点から見た最大限の説明責任のスコアを意味している。おそらく，オペレーション部門のマネージャーに最適である。－4は，問題解決に対しては，最小限の説明責任しかない基礎研究の研究者の職務などが該当する。）

他の同様のシステムにも，異なった一連の評価基準があるだろう。例えば，OCRシステムは以下のカテゴリーを使用している。

- 知識，技能，及び経験
- 論理と意志決定
- コミュニケーションと影響
- 説明責任と応答責任

各職務記述は，職階制度のカテゴリーの項目の内容で決まるのである。

5・2　そのようなシステムはどのような組織文化を想定するのか

どのような種類の組織文化のために，そのシステムは設計されているのか。それらは何を当然のことと考えるのか。我々の4つの象限の組織文化に立ち戻れば，職務評価はタスク指向と階層指向であることがすぐに見てわかる。

ヘイが想定しているのは，ほとんどのタスクが事前に定義されている，軍の従来型の階層に類似したものである。仕事を引き受ける前に，ラインのマネー

ジャーは，担当する業務がどの程度難しいのか，どの程度の責任の重さなのか，そして，関連するタスクを完了するためにどれほどのイニシアチブが求められるのかを知ろうとすることが想定される。こういったイニシアチブは，新しい複雑さや責任を取り入れること，また，タスクを変えることを想定してはいない。つまり，職務を評価する人は，何が必要なのかを知っていて，それを実施することができる人たちである。

タスクは，人が決まる前にすでに決められていることに気を付けてもらいたい。「良い業績を上げる人」は最初の職務記述書を正当化し，それにしたがって仕事をする人である。このように，職務記述書がまったく同じであれば，従業員同士を比較することができる。職務記述書以外の仕事をする人は，評価のプロセスにおいて問題を生じさせるし，組織文化も彼らのそのような行為を認めない。予測していなかった貢献は認められない可能性がある。

ヘイの方法論は，非常に公正であろうとしている。ある特定の業務が先に決められていて，ある個人が職務記述書に基づいて，その職務に応募し，その人が記述書にしたがって仕事に従事したり，しなかったりすることで，その報酬，罰則及び昇進が正当に実施されるなら，容易に納得できる。従業員は自分の立ち位置を知っているし，なぜ組織が従業員を支えるかの理由も知っているからだ。

シェルによって使用されるヘイ・システムの改善点は，業務評価のベンチマークを作ったことである。図表2.20の右上の象限を見てもらいたい。これらは時間と共に変化する。そして，こういった業務においては，業績を伴った職務記述書は，産業が全体として成しとげていることと比較される。競争相手が，業績を改善し，職務記述書を再定義すると，その企業は，初めて目覚めるのである。この象限において，チームはメンバーの責任を再定義するための影響力を持つようになる。1つ以上の方法で，組織のメンバーに任された形で，自由にチームに貢献できるようにチームの責任としてその義務が求められるようになっているのである。このように人を判断するために2つの相反する査定基準が存在するのである。すなわちまず第1は，彼らが，「自らの機能または特性を十分に発揮してきたか」という査定基準であり，そして，もう1つは，「顧客満足の目標に向けて，組織の目標管理制度に則った形で，チームの成功に貢

図表2.20 文化的なタイプによる職務評価

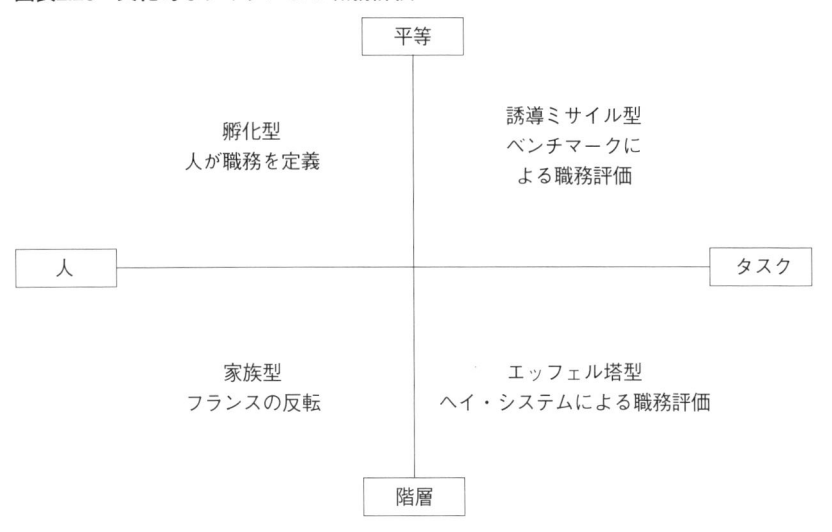

```
                        平等
                         │
          孵化型          │    誘導ミサイル型
        人が職務を定義     │   ベンチマークに
                         │    よる職務評価
                         │
   人 ─────────────────── ┼ ─────────────────── タスク
                         │
          家族型          │    エッフェル塔型
        フランスの反転    │   ヘイ・システムによる職務評価
                         │
                         │
                        階層
```

献してきたか」などの査定基準である。1つ以上の評価の基本原則が使用されないのであれば，職務評価はその精度の多くを失うことになってしまう。

　前述のベンチマーク評価の責任者であるマーク・デ・グラーフは，シェルのフランス子会社に対して，そこでは職務評価の方法論にまったく反対の現象が見られたという彼の結論を提示したところ，マークは，むしろ，「変化のない静的な」状態から脱皮したことを喜ばれた。次に，人事部門長は，彼らがどう自分たちの仕事を評価したかにマークは興味を持ったかどうか尋ねた。人事部門長は，彼の部門では，誰が4半期ごとに昇進する候補になっているかをマネジメントチームが話し合っていることをマークに伝えた。そして激しい議論の末，誰を昇進させるかが決まるのだと説明した。「それから，我々は，昇進する人をその人のボスに知らせ，それをその人に知らせるように依頼する。この選ばれた人は，我々の決定が正しいことを証明するために，彼が今までの仕事の業績を記述して提出する。この記載結果が，人事部門の拠点があるオランダのハーグに送られ，みんなが評価されて幸福になるのだ。」

　図表2.20の左下の象限に記述されるように，この完全に反転した状況が組織文化をタスク中心文化から家族型の人間中心文化に変形させているが，階層的な基盤は強く維持されたままであることに注目してもらいたい。現在，昇進す

る人は，典型的な家族型文化の特徴として，社内の政治的な支援と影響力によって選ばれているが，それは，オランダの本部によって提供された職務記述書によって，事後に正当化された決定である。このアプローチは，合理的思考の前に直観を重視して，判断する前に知覚を重視する内容になっているのである。

　左上の最後の象限は，職務評価全般とまったく相容れない組織文化である。高度に創造的な組織では，個人や自分が従事している仕事を再定義することにより，さらに新しい発明をすることさえあるのである。仕事が人を作るというよりは，むしろ人が仕事を作っているである。問題を解決する人は，解決すべき課題を選択して，自分で定義する。新製品の創造が新しい課題や新しい機会をも創り出していくのだ。

　これらの組織文化の異なった象限間を調和する方法があるのだろうか。時間をかけて多様な形で進化するこれらの方法において，人々を評価することができるのだろうか。我々は，これは可能であり，ピーター・ドラッカー (Peter Drucker) のMBO (Management by Objectives：目標管理) がその道筋を示していると信じている。我々としては，MBA (Management by Bold Aspiration：大胆な野望によるマネジメント) と呼ぶ方が好ましいが。最初の1歩は，2つの基準，すなわち熱意の程度と達成の程度ですべての業績を評価することである。

　スーパーバイザーとその部下は，前年の目標と達成実績を比較する前に，互いに話し合って次年度の目標を設定する。(X軸，Y軸) が (1, 10) スケールにおいて，その目標が大胆であればある程，結果としての達成の可能性はより高くなる。しかし，10のうちの6程度の謙虚な目標の人々は60点の点数しか達成できないのである。達成実績については被評価者が上司と事前に合意している内容を測定し，目標については互いに決められた職務記述書に相当する内容で実施されるものである。ここでのジレンマを図表2.21に示そう。

　この方法の1つの大きな利点は，組織と評価し・評価される人の三者が学ぶことにある。評価される人は，目標とする適切な大胆さのレベルを学ぶ。また，評価する側は，やる気を起こさせるために，どの程度挑戦的であるべきかを学ぶのである。組織は，従業員の魂のなかに，どんな夢がしまいこまれていて，それらをどのように実現させるのかを学ぶのである。また，図表2.22に示されているように，同様のアプローチが，文化面の指標となっている右の業務志向

図表2.21 目標 - 達成

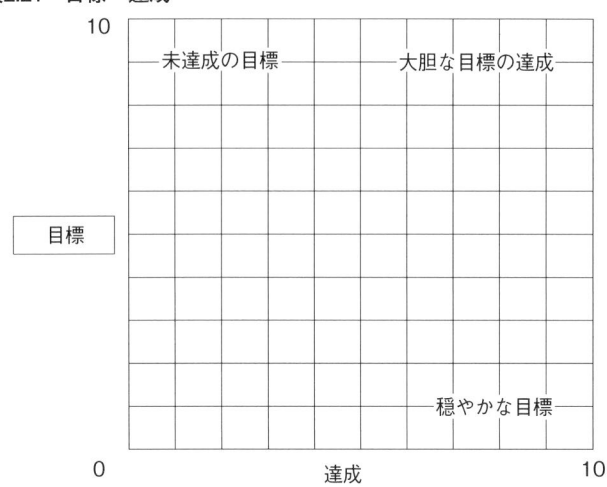

```
10
    |未達成の目標     |大胆な目標の達成
目標|
    |
    |                |穏やかな目標
 0              達成              10
```

図表2.22 職務と個人の折り合いをつける

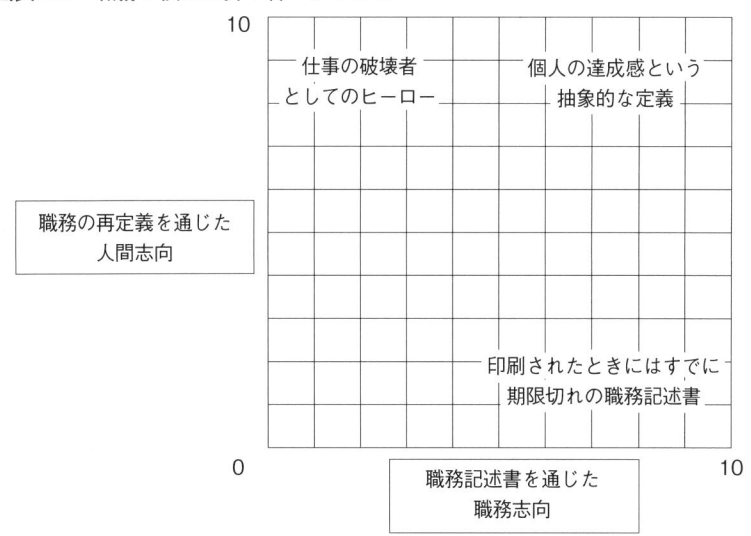

```
10
    |仕事の破壊者       |個人の達成感という
    |としてのヒーロー   |抽象的な定義
職務の再定義を通じた
人間志向
    |                   |印刷されたときにはすでに
    |                   |期限切れの職務記述書
 0       職務記述書を通じた      10
              職務志向
```

と左の人間志向の折り合いを付けるために求められるのである。

　シェル社のケースでは，筆者は，職務を遂行しうる，様々な組織的方法と，実際の仕事の裁量と自主性の経験を通して，仕事を非常に抽象的に記述できる

ことを発見したのである。研究者が実際にシェル社のアムステルダム研究所で調査したことを通じて，3つのタイプ，すなわち創り出す人（Creator），統合する人（Integrator），そして運用する人（Applicator）に分けて成長させることが可能になった。創り出す人は，孵化型文化，統合する人は誘導ミサイル型文化，運用する人はエッフェル塔型文化が，それぞれの最適な組織文化であった。しかし，最も重要な発見は，彼らはそれぞれの仕事の抽象的な記述の中で，それぞれが充実感を見出しているということであった。仕事は抽象的なレベルで記述されてはいるが，個人のレベルでは，きちんと仕事の内容が理解されていたのである。職務における記述は，個人に書く内容が任されていた。

　本章においては，様々な評価ツールを調べ，それらが誤っているというよりむしろ，完全無欠ではないことが明らかとなった。それらのツールは，精神的に機能する重要な側面を取り上げ，これらを擬似的な対象としてとらえさせる仕組みになっているのである。そして，これらのツールの特徴として，2つの異なった相容れない「物」が同時には存在し得ないとみなし，その場において好ましくないと思われる価値観の重要性を否定する傾向があり，そのため対照的な価値観を仲介して両者の良い点を取り入れる可能性をほとんどすべてにわたり見逃してしまっている。その可能性を筆者グループは，異文化間を調和する能力と呼ぶ。それは，それぞれの人が自分自身の文化とは異なる多様な価値観と折り合いを付ける能力を意味するのだ。

　THTグループでは，折り合いを付ける能力を測定することができる国際的なリーダーシップ評価のツールを創り出し，傑出したリーダーとはどのような人々であるかを特定することを可能にしてきた。こういった傑出したリーダーたちは，彼らを取り囲む多様な価値観の違いの間を絶え間なく行き来しているのである。このことは，企業文化の全4象限を全部取り込んでつなぎ合わせていることを意味している。職務記述書，これらの職務を実施する人々，目標や実績，抽象的な記述と具体的な実績などは，すべてこれらの解決をもたらす内容の1つである。

　しかし，人事部門が現在使っている彼らの評価ツールを我々のツールに置き換える必要はないと思っている。ちょっとした追加や修正で，既存のツールを変化させて折り合いを付ける能力を測定できるし，それによって，過去の結果の蓄積を継続的に活用できるのである。

[注]

1) 訳者注：アメリカの軍隊において職務評価するためにヘイ大佐によって開発されたツール。
2) 訳者注：『E.T.』（*E.T. The Extra Terrestrial*）。1982年公開のアメリカのSF映画。及び，同作品に登場する架空の地球外生命体の名称。
3) 訳者注：The heart has its reasons of which reason knows nothing.「心情は理性の知らない心情自身の理由を持っている」（松浪信三郎訳）。パスカル『パンセ』（*Pensées*, 1670）の一文。
4) 訳者注：*The Reflective Practitioner: How Professionals Think In Action*『専門家の知恵—反省的実践家は行為しながら考える』（Donald A. Schon, 1983）
5) 訳者注：Hippocratic Oath: 医師の倫理・任務などについての，ギリシア神への宣誓文。
6) 訳者注：*The Civil Rights Act* 米国の公民権法。1964年の公民権法は，教育，公共の場及び雇用において，人種による差別を禁じた。

第3章
戦略的目標を達成するためにマネージャーを訓練する

　前章では，筆者は従業員を選抜して評価する方法として，従業員の潜在的リーダーシップレベルと業績に注目する視点で見てきた。その評価軸の多くは，天賦の資質を除き，一次元の価値観で判断されるものであり，多様な価値観を統合する能力など，ほとんど考慮されることはなかった。そして人事部門がいったい何を評価すべきかに関する尺度もなかった。

　それでは，人事の測定基準を企業の戦略的な目標と連動させてはどうだろうか。企業の戦略的な達成目標を決めるのはトップ・マネジメントの責任である。その後，人事部門はその目標達成のために求められる従業員の行動を明確にし，その成果を見極めた上で報酬を決める責任がある。もちろん，このような人事の役割を遂行するためには，企業の戦略が何であるかを明確にしておく必要がある。しかし，それは，筆者が見る限り，いつも後回しにされている。通常，次のような問題が戦略の評価軸となるのである。

- 戦略はいつもパラドックスで終わるのか
- 計画的戦略 対 創発的戦略
- バランスト・スコアカード
- グローバル集中化 対 現地化と多様性化 – 対立する7つの価値基準

　今までの筆者グループは対立するパラドックス的な考え方をベースにして戦略を議論してきたことは事実である。その理由は最前線の現場で作られた戦略であっても，新しい戦略が草の根レベルでたえず進化しては現れるという現実に直面し，戦略はパラドックス的な形態も含めて形を変えていくという考え方をベースにしている。最後に各地域における価値観が，グローバル企業の本社組織

の価値観と異なる場合には，どのようなことが生じるのかを考慮しなければならない。

1 ● 戦略はいつもパラドックスで終わるのか

　企業の戦略が何であるかを理解した上で，人事部がその目標がどの程度達成されたかを測定するのは難しいことではないはずである。そして従業員が企業の戦略的な目標を達成した場合には，報酬を出すべきである。しかし現実には，恐ろしいほど多くの障害がその過程に立ちはだかっている。最大の障害は，組織の戦略が何であるか，あるいは何であるべきかを定義付けることにある。これは多くの人々が考えるほど単純なことではない。

　オランダのロッテルダムにあるエラスムス大学の2人の学者，ボブ・デ・ウィットとロン・メイヤーは，現在のほとんどの戦略はパラドックスで終わり，行き詰まりを感じさせると主張している。それは戦略思想家にある戦略を実行するように言われ，すぐに別の戦略思想家からまったく異なる戦略を実行するように求められるようなものである。つまり，以下の左欄の戦略達成のための測定基準をつくっても，それは右欄に記載された戦略の測定基準と真っ向からぶつかり合うのだ。

戦略的な目標を達成するためのマネージャートレーニング

1.戦略は，合理的思考である（ケニス・アンドリューズ）	1.戦略とは発生するものである（大前健一）
2.戦略は事前に計画され，熟慮されている（バラジー・チャクラバーティーとピーター・ロランジ）	2.戦略は創発的なものであり，拡大する（ヘンリー・ミンツバーグとジェームズ・クイン）
3.戦略的に再設計するためには，古いものを消さなければならない（マイケル・ハマー）	3.戦略は内容がたえず洗練され，長らく存在するものである（今井正明）
4.戦略はマーケット志向でなければならない（マイケル・ポーター）	4.戦略は実際に実行可能なものでなければならない（ジョージ・ストーク，フィリップ・エヴァンズ，ローレンス・シャルマン）

5.戦略的なビジネス・ユニットは，ポートフォリオの構成要素である （バリー・ヘドリー）	5.戦略的なビジネス・ユニットは，企業のコア・コンピタンスの構成要素である （C・K・プラハラードとギャリー・ハメル）
6.戦略とは，異なる企業体間の競争である （ギャリー・ハメル，イブ・ドズとC・K・プラハラード）	6.戦略は，ネットワーク化され相互依存している組織間で，広く活用される （ジャンニ・ロレンツォーニとチャールズ・バーデン-フラー）
7.戦略は，会社が自然淘汰を通して存続するために進化するものである （マイケル・ポーター）	7.戦略は，ビジネス・ゲームの新しく，革新的なルールを有する新しい産業の創造に貢献する （チャールズ・バーデン-フラーとジョン・ストップフォード）
8.戦略は，戦略に従う組織をリーダーシップでコントロールすることによる勝利の成果である （ローランド・クリスチャンセン，ケニス・アンドリューズ，ジョセフ・バウアー）	8.戦略は新しい秩序の後に生み出される混沌（カオス）の成果である （ラルフ・ステーシー）
9.戦略は市場のグローバル収束化に方向付けられるべきである （セオドア・レビット）	9.戦略はマーケットの現地化と多様性により推進されるべきものである （スーザン・ダグラス，ヨラム・ウインド）
10.戦略は利益率と結びつかなければならず，とりわけ株主に貢献しなければならない （アルフレッド・ラパポート）	10. 戦略は全ステークホルダーに貢献し，それぞれのステークホルダーの異なる利害を最大限実現すべきである （エドワード・フリーマンとデイビッド・リード）

　戦略は文化の影響を受ける傾向がある。すなわち，規則で縛り付ける合理的思考としての戦略は「エッフェル塔型」の企業文化に属する。一方で，新しく発生をもたらす戦略は，「孵化型」の企業文化に属する。事前計画による戦略もまた「エッフェル塔型」の企業文化にあたり，創発的戦略はチームプロセスと「孵化型」企業文化の合体したものである。リーダーシップが支配する戦略は「エッフェル塔型」企業文化に属する一方で，「孵化型」と創造性ある企業文化のみが，混沌から秩序を生みだすことができる。利益最大化の戦略は「エッフェル塔型」企業文化の考え方であり，ステークホルダーの利益シェア戦略においては，チーム全体に明確な目標管理を課す「誘導ミサイル型」企業文化が求められる。

　この10の戦略的パラドックスのリストの根底には，戦略的目標を達成した従業員にどのように報いるかという難問が潜んでいる。利益率に応じてポートフ

ォリオの各ビジネス・ユニットのリーダーに報酬を与えるべきか,それとも,各ビジネス・ユニットからコア・コンピタンスを作り出した努力,及びそのコア・コンピタンスが顧客やその他出資者に与えた影響を評価すべきであろうか。さらには,合理性か革新性か,急速な変革か確固たる継続性か,競争か協力か,一方的なコントロールの行使か隠れた秩序を理解し,混乱を好転させるのかなどの,様々な二者選択を迫られるのである。

このように考えると,これらの各価値基準の一方のスコアが高ければ,その対照的な他方の価値基準のスコアが低くなるのは当然である。我々は本当にそれを望んでいるのだろうか。

これらの難問をより詳しく調べるために,デ・ウィットとマイヤーが言及しているパラドックスの1つ,事前に計画された戦略と突如現れて増殖していく戦略について検討してみたい。ヘンリー・ミンツバーグは『戦略的計画の盛衰』の中でこれを取り上げ,説得力のある考えを示唆している。

2 ● 計画的戦略 対 創発的戦略

企業の戦略目標の達成に関する評価の難しさは,事前に計画されて組織の中に組み込まれている戦略目標というものが少ないことにある。戦略目標の多くは,顧客にサービスを提供しているプロセスの中で創発的に生まれる。理論的には,トップ・マネジメントが戦略を策定して,配下の部隊が行動指針を受けるのが一般的であるが,現実はその通りにはいかない。また,戦略はあまり明記されないものであり,たとえ明記されたとしても,それが顧客の要求に見合うとは限らない。

企業が自らの策定した戦略目標が最優先事項であると主張する場合,顧客にサービスを提供する際に,戦略が計画された時には予測できなかったような革新的な対応は,特別な罰則が与えられないまでも,ほとんど生まれることはない。このことは,企業が致命的に柔軟性を欠き,企業がサービスを提供しようとしている顧客の本当に求めるものではなく,自らが求めるカテゴリーにしか注意が向けられないという結果をもたらす。

これらの日々移ろいゆく顧客の要求への対応の多くは,一定の利益をもたらすものではあるが,企業の戦略的ビジョンの外に置かれることが多い。このこ

とは，これらの効果的かつ反応的で率先的な戦略が，企業戦略の一部として事前に計画されないのかという問題を提起するものである。

『戦略計画の盛衰』の中で，ヘンリー・ミンツバーグは計画的戦略と創発的戦略を明確に区分している。計画的戦略は前もって作られたものであるのに対し，創発的戦略の行動や戦術は，他のビジネス・ユニットによって模倣され，将来的に戦略となりうるものである。

多くの企業は，「戦略」とはとても呼べないような新しい手法で物事に対処しようとしている。顧客の要望に単純に従い，そこから新しいパターンが生まれている。オランダの国際金融機関ABNアムロ銀行[1]はこの典型である。アムロ社の計画的戦略は経済が不況に突入し，顧客のニーズが変化した際に，従来のものに取って代わった（事例「調査する天才」参照）。

もし計画的戦略と創発的戦略を対立するジレンマとするならば，この２つの異なる現象の統合の達成はどのように報われるべきであろうか。結局，人々に革新的になれということは，従来の戦略に見られなかった新しいサービスを作り出すことを求めることだ。戦略的な達成業績だけに報いようとすると，革新的な考え方を喪失しかねない。すなわち我々を驚かすようなことをすべて罰することになってしまう。

ABNアムロ銀行に対してTHTが行った提案は，成功から戦略を導き出すという逆の発想であった。筆者グループはすばらしい成果を上げているビジネス・ユニットに，12の優れた結果を対象に，どのような顧客ジレンマを調和させてそういった結果を得たのか聞き取り，すべてのケースに共通する戦略パターンを調査した。

この見解からは，トップ・マネジメントは，何が顧客に喜ばれ，何が喜ばれなかったのかをたえず研究することにより，成功する戦術から共通の戦略を見出していることがわかった。この手法により，ビジネス・ユニットに戦略を売り，そこに戦略的思考を植え付け，各ビジネス・ユニットに対して提示した「聡明な」計画を適切に実施しなかったことを非難するという通常発生する問題は消える傾向にある。それはすでにビジネス・ユニットで機能することが実証されている戦略であり，その戦略が「貴方」のものではなく「彼ら」のものであり，貴方の会社の戦略ではなく，顧客の戦略であることを示しているという単純な理由によるものである。

調査する天才

　ABNアムロ銀行は，アムステルダムに本社を持つ多国籍企業の銀行で，2001年に急速な拡大を目指す大胆な戦略をスタートさせた。大企業と投資銀行業務に特化するホールセール銀行として，アメリカの投資銀行の覇権に挑戦し，また，この業界で高い実績を残した者が手にできる高額の給与を率先して支払ってきた。一方，リテール部門は従属的な役割にとどまっていた。

　2年後，世界経済が不況に突入すると，この戦略はまったく逆効果となってしまった。資本を有効に活用できるリテール部門が大きなアドバンテージを獲得したが，ホールセール部門のビジネス機会は干上がってしまった。そこでリテール部門を伸ばそうという声が上がり，また，大胆なリストラを行った幹部にボーナスが支払われるようになった。「強気」が評価される環境から，「弱気」が評価される環境へと舵が切られた。

　リーダーシップ研修の一環として，ジレンマにどのように対処するのかという思考方法が紹介され，全般的には評価が高かったのだが，このような逼迫した経済情勢になり，このような「ファンシー」タイプの思考性が適切なのかどうか，一部の人たちから疑問が投じられた。また社員はすでに頭がいっぱいで，新しい思考方法を最優先させることができなくなっていた。さらに2001年に採択された戦略が完全に改訂された今，どの形のモデルも信用されにくくなってしまっていた。

　THTのチャールス・ハムデンターナーは，後に予想以上に効果的だとアムロ銀行を驚かせた新しい，独創的な戦略を提案した。彼はジレンマ理論が正しく，また実践的であるならば，サクセス・ストーリーから調和されたジレンマを見つけ出すことができるはずだと考えた。もしこれらのジレンマを，ジレンマ・フォーマットに描けば，功績者は正当に評価され，アムロ銀行の12ほどの業績をそのフレームワークの中で説明することができる。

　これらの業績を上げた人たちは，おそらく自分たちなりの成功の要因を挙げるだろう。また，天賦の才，あるいは適切な判断として描かれていた功績も，評価され，さらに活用されることも可能だろう。多分，成功したすべての戦略が，市場の変化について何らかの示唆に富んだものであったことが想定されるのである。過去に顧客を満足させてきた独創的な考えから成功につながるような戦略が生み出されれば，成功する可能性が高まるのではないだろうか。

　本書執筆時点において，アムロ銀行の驚異的成功は，リーダーシップ研修に使用される一連の調和理論の成功例として小冊子にまとめられている。このジレンマは，同行のウェブサイトに重要な特集記事として掲載されている。

このいずれもが，戦略を計画的に設計することを軽んじているわけではない。また，トップマネージャーが，その技術と経験で理論武装し，行動するあらゆる権利を有するのは当然である。しかし，成功が実証されたビジネス・ユニットのイニシアチブや戦術から戦略を設計すべきである。単独で捉えてみても，その構成要素と戦術がすでに機能しているならば，戦略がうまくいく可能性は，はるかに高くなる。ミンツバーグ（1994）は，戦略とは自然発生的に起こるもの，すなわち，破産状態から這い上がったという個人の成功物語が数多くあるように，相対的に失敗の積み重ねにより生まれるものであると主張している。トップ・マネジメントは機械的な不死鳥を作ろうとするのではなくて，何が機能し，何が機能しないのか，すなわち，どのような新しい成功のパターンが顧客の新しい需要から生まれるのかを進んで学習するようにすべきである。

　図表3.1はこのジレンマを表している。留意すべきことは，トップ・マネジメントが「バード・ウォッチング」し，最善の結果を引き出す方法や，なぜそのような結果をもたらすのか，どのような戦略パターンを模倣し，他のビジネス・ユニットに広く適用するべきかなどを，すべてのビジネス・ユニットに認知させることに異論がないことである。すでに何をすべきかを知っていることを前提にして「評価」するより，率先して実行した事例から発生する新しいパ

図表3.1　計画的な戦略 対 創発的な戦略

ターンを学習することの方が重要である。トップ・マネジメントは，草の根レベルで成功の進化を求め続けなければならないし，新しい成果の意義にまず気付かなければならない。ミンツバーグは，企業のリーダーたちに半ば神がかり的な権力を求めることから，彼自身，「創造説論者」と「聖書学者」に囲まれて，反する「ダーウィンの進化論者」であると自らを位置付けている。

トップ・マネジメントが革新的な成功事例を研究・賞賛し，資源をそこに多く分配するという環境下では従業員に動機付けを与え，成功を収めた従業員を早く昇格させることは自然のことであろう。企業戦略の設計では，アレキサンダー大王のように圧倒的な軍隊でも持っているならともかく，戦争プランを前もって描けるなんてことは幻想に過ぎない。それよりむしろ顧客需要から学ぶという学習のプロセスが適している。

3● バランスト・スコアカード

ここまで人の業績を相反する戦略的な目的で評価することがいかに難しいかを強調してきたものの，それは決して実施不可能なことではない。1つのアプローチは両極の基準の存在を素直に受け入れて，その両極を測定することである。

人事とマネジメントの専門家がその価値の統合を可能にした最も画期的なアプローチの1つに，ロバート・キャプランとデービッド・ノートンが開発した「バランスト・スコアカード」がある。既存の業績測定法の弱点と不透明な部分を受けて，1980年代後半から1990年代前半に主流だった財務的な見解を均衡化させるために，何を測定すべきかを明確にしたのがバランスト・スコアカードである。カプラントノートンはバランスト・スコアカードの理論的解釈を次のように説明している。

> バランスト・スコアカードは伝統的な財務的指標をも含んでいる。財務指標は，過去の報告，すなわち長期的潜在性と顧客関係が成功に不可欠ではなかった工業化時代の企業には適したものであるが，顧客，サプライヤー，従業員，プロセス，テクノロジーやイノベーションに投資することで将来的価値を創造していく，情報化時代の企業がたどらなければならないプロセスを導き，評価する機能としては不十分である。

多くの専門家によると，本当に重要なのは企業の損益分岐点だけである。企業のミッションは利益を生み出すことであるが，現在の収益性は，産業によっては30年から40年にわたる長い歴史的な期間に発生した事象の累積によるものである。したがって収益性は必ずしも組織が現在，効果的に操業していることを意味しているとは限らない。すなわち，現在のミスが，数年後に跳ね返ってくる可能性があるということになる。また，現在の収益性によって会社の方向性を決めることは，数マイル後方に残された船跡を頼りに，大型モーターボートを操縦するようなものである。それがどんなに精度が高く，正確であっても，実際のフィードバックには遅れが生じる。CEOが現在の収益性に対して責任があるとみなすこともできるが，それはCEOに直接的な責任があることを意味することにはならない。短期的な応急処置として多数の従業員が解雇されるような場合の根拠にせよ，現職の役員たちも過去の間違いに対しても責任があるのだから，何らかの償いをしなければならないし，あるいはすでに退職した人々にも罪の償いをさせなければならないという強い考えから来るものである。

　財政的な見解が重要であるということを否定するつもりはない。もちろん重要である。しかし，それだけでは十分ではない。過去をきちんと記録するものと，将来に対応する指標とを併用し，そのバランスを取る必要がある。ここで再び，ジレンマにぶつかる。過去と未来を同時に見ることは可能だろうか。実際にはそれが可能であり，実行すべきことなのだ。キャプランとノートンは，財務的視点，及びイノベーションと学習の視点，すなわち，過去と未来を対比している。さらには図表3.2に示しているように，外的志向である顧客の視点とベンチマークや標準化など内的志向である社内（改善）プロセスの視点とを対比している。

　この図式の中には，多くのコントラスト，我々の視点から見ると多くのジレンマが存在している。

- 株主の視点—学習の視点
- 顧客の視点—社内プロセスの視点
- 株主の視点—顧客の視点
- 社内プロセスの視点—学習の視点

図表3.2 バランスト・スコアカードと業績評価の関係

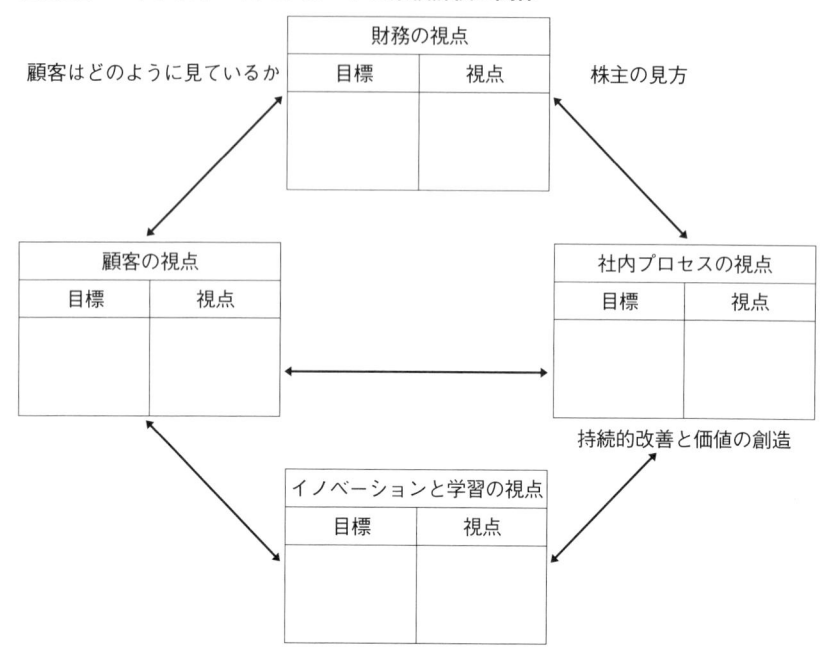

財務の視点	
目標	視点

顧客はどのように見ているか　　　　　　　　　　　　　　　　株主の見方

顧客の視点	
目標	視点

社内プロセスの視点	
目標	視点

持続的改善と価値の創造

イノベーションと学習の視点	
目標	視点

　これらの全視点を理解し，その構成内容を強化すべきである。どんな失敗でも全体に影響を及ぼしてしまう可能性がある。例えば，顧客の不満はすぐには株主に影響しないだろうが，企業がバランスト・スコアカードの顧客の視点に注意を向けなければ，やがて株主にも影響を与えることになるだろう。また，企業が学習の機会を減らすことによって株主への利益を拡大すると，最初は成果を上げることができるが，企業がその知識リーダー的な立場を失うことで，結局は代償を払うことになってしまう。

　キャプランとノートンが推奨する手順は，まず現実的な目標を決めること。次に目標達成を促す尺度を明確に示すことである。理想は，そのバランスを取ることである。

　例えば，企業はベンチマークや各種産業基準など，様々な社内プロセスの視点を持っている。その中でも常に「ベストプラクティス」が実現するように焦点を当てなければならない。同業他社に遅れを取ることは，大問題である。しかし，ベンチマークの手法は財務的指標と同様，過去に遡る傾向がある。その

ため，顧客の視点も取り入れるためには，「顧客は今なお，ベンチマークの結果を求めているのか」，「今，新しいベンチマークが求められているのか」と自問し続けなければならない。

　同様に，企業はイノベーションと学習目標を可能な限り重視することも大切である。ノーベル賞を獲得したMRスキャナーなどのイノベーションで有名なEMI社やロングターム・キャピタル・マネジメント社などはその例だ。しかし，EMI社の場合で数億ドル，LTCM社の場合は数十億ドルの損失を記録している。残念ながら，イノベーションによる優位性が収益をもたらすという保証はないのである。新しく魅力的なテクノロジーは，ドットコムブームに見られるように，株主に巨額の損失を与えている。バランスト・スコアカードのあらゆる視点に焦点を当てないと破局をもたらしかねない。

　バランスト・スコアカードは，組織が自らのビジョンや戦略を明確にし，アクションに変換できるマネジメントシステムであり，単なる測定尺度ではない。それは戦略的な業績と結果を向上させるために社内のビジネスプロセスと対外的な成果，双方のフィードバックを提供しているのである。十分に活用されれば，バランスト・スコアカードは，戦略的計画を単なるアカデミックなものから企業の中枢へと変えることもできるだろう。

　筆者グループはこのバランスト・スコアカードをさらに進化させて，確実に今までの業績評価システムよりは優れたものとしたが，それでも不安定な部分が内在している。もし財務の視点が高まれば，学習とイノベーションの視点は，必然的に同じだけ低下することになる。しかしこれは避けることができないのだろうか。なぜ，より速くて革新的な学習が財務内容を引き上げないのか。なぜ利益の一部がさらなる学習のために投資されないのか。シーソーバランスは十分な例とはいえない。しかし，4つのスコアカードはそれぞれ改善のための好循環をもたらす潜在性を持っているのである。

3・1　統合型スコアカードの提案

　カスタマイズされた職場における新しいパラダイムの下で，マネジメントシステムをより効果的にするために，「統合型スコアカード」の進化が求められる。そのためには，オリジナルのバランスト・スコアカードに根付く2種類の文化的ジレンマを調和させる必要がある。すなわち，過去（財務の視点）と将来（学

習と成長の視点），及び内的視点（ビジネスプロセス）と外的視点（顧客の視点）という2つのジレンマである。

　論点は，過去の財務業績と将来の学習目標とを「バランス」させるのではなく，財務業績を活用して学ぶこと，すなわち将来の成長と過去の財務業績をどのように調和させるかということである。フィンランドのパルテック社では，財務利益の大部分は翌年度の教育予算に計上され，その結果，学習が財務業績の改善に寄与していた。

　次に，我々は顧客の参加を促して社内のプロセスを改善する必要がある。メーカーが戦略的にクライアントと提携する共同開発プログラムはその代表的な事例である。

　アプライド・マテリアルズ社は，マイクロチップの主な供給元の1社として，非常に効果的にこのアプローチを活用してきた。彼らは，まさにAMD社とインテル社との共同開発システムのおかげで，生き残ることができた。このことはバランスとはかけ離れている。4つの視点ではそれぞれで高いスコアを示しているが，それらを足し合わせることで価値が付加されるわけではないと思われる。いや，むしろ過去と将来，内部と外部の価値を統合することにより，両者にとってメリットのある「シナジー効果のあるwin・winの解決策」が求められている。

　「統合型スコアカード」は，バランスト・スコアカードを主唱する人々が直面する大きな問題を回避することができる。企業文化は，これら相反する対立軸を等しく評価することを拒みがちである。強制はできないが，学習指標のゴールを立てることにより，結果としてある特定量の財務指標が改善することを示すことはできる。

　「不均衡」の危険と「均衡」の利点は図表3.3と図表3.4に記載されている。

　企業は自らの状態を分析して，図表3.3と3.4の左上に示されているようにコストを徹底的に削ることにより，機能しなくなる可能性がある。両図の右下のように，企業は社員に報奨金を支払ってセミナーに参加させたり，社内の基準を無視して，顧客の言いなりになったりもするのである。あるいはこれらのバランスを取ることにより，結果として成長することもありうる。そのような成長をもたらすには，ただバランスを取るだけでは不十分であり，相反する価値観を融合させて，調和させることが求められるのである。

図表3.3　財務視点 対 学習の視点

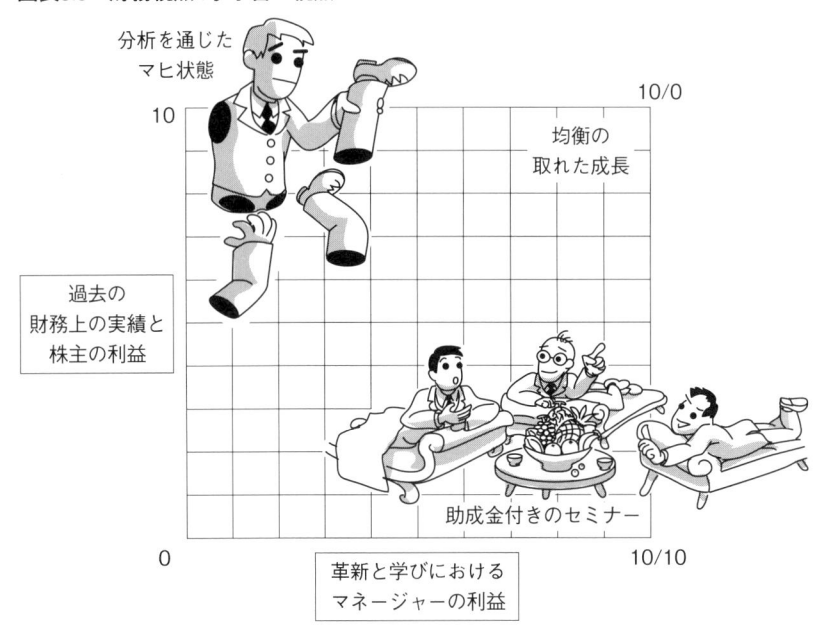

分析を通じた
マヒ状態

10/0

10

均衡の
取れた成長

過去の
財務上の実績と
株主の利益

助成金付きのセミナー

0

革新と学びにおける
マネージャーの利益

10/10

図表3.4　内的なプロセス視点 対 外的な顧客視点

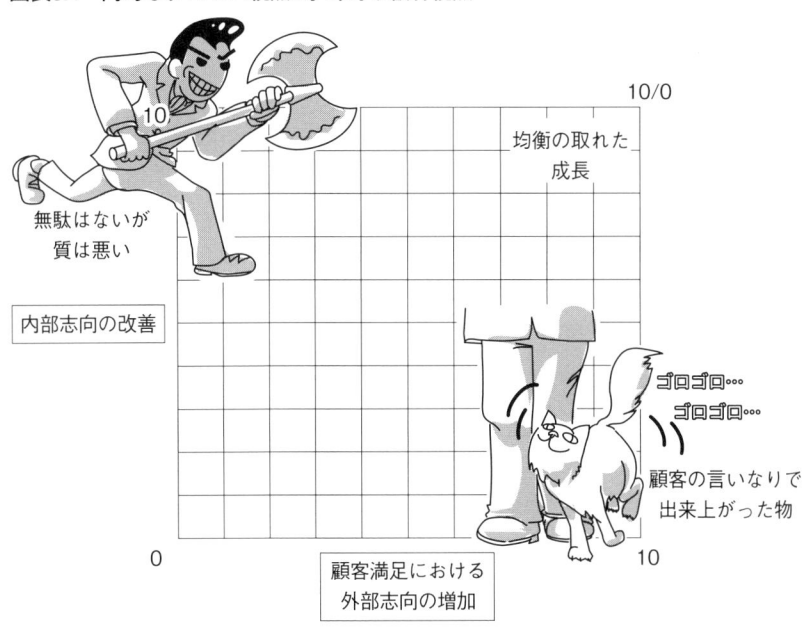

10/0

10

均衡の取れた
成長

無駄はないが
質は悪い

内部志向の改善

ゴロゴロ…
ゴロゴロ…

顧客の言いなりで
出来上がった物

0

顧客満足における
外部志向の増加

10

第3章 戦略的目標を達成するためにマネージャーを訓練する　95

4 ● グローバル集中化 対 現地化と多様化：対立する7つの価値基準

　デ・ウィットとマイヤーによって確認されたパラドックスの1つは，世界が1つの国際標準へと収束していくのか，あるいは，何千もの異なるローカル・マーケットから新たな多様性が発生するのか，という問題であった。IBMやマクドナルドのような「グローバル化」を追求するべきか。それとも香港上海銀行やユニリーバのような「マルチローカル化」を図るべきか。

　これは筆者の仕事を通して取り上げてきた問題である。そして本書で述べられている多くの他の問題と同様に，それこそがジレンマである。我々人間は，異なった面もあり，また，類似する面も持っている。問題はこのパラドックスをいかに統合または調和するかということである。

　ここで両極の対立する軸である7つの価値判断基準を要約して説明してみよう。まず両極の違いを含む価値判断基準の存在そのものが，根底に調和の考え方を内包していることを明らかにしなければならない。それぞれの価値判断基準の相反する両極は，異なってはいるが，何らかの共通点も存在する。我々はこの地球上の民族が，いかにかけ離れているのかを認識している。そして各々のケースで，これらのジレンマを国際企業がどのように調和させたかを理解するために私たちの7つの価値判断基準が役立つのである。多くの読者は筆者たちがこれまでに書いた6冊の書籍で焦点を当てている7つの価値判断基準についてある程度精通しているだろうが，筆者グループの仕事にまだなじみのない人たちのためにこれらの7つの価値判断基準を簡単に説明してみよう。7つの価値判断基準は以下のとおりである。

1. 普遍主義 （ルール化，コード化，法律と普遍化）	個別主義 （例外，特別な状況，特定の関係）
2. 個人主義 （個人の自由，人権，競争性）	共同体主義 （社会的責任，調和関係，協力）
3. 関与特定型 （原子論的，還元的，分析的，客観的）	関与融合型 （全体論的，入念，人工的，関係的）
4. 感情中立型 （冷静な，抑制的，無関心）	感情表出型 （熱意，呼応型，感情的）

5. 実績主義 （あなたの実績，あなたの履歴）	属性主義 （生まれ，潜在性，コネ）
6. 内的志向 （意識と信念は内部に位置する）	外的志向 （模範と影響力は外に位置する）
7. 時系列志向型 （時間は決められたコース上のレース）	同時並行志向型 （時間はすばらしい相互協調のダンス）

　これらの1つ1つの構成，測定法，国ごとのスコア，そしてさらには人事部門がこのジレンマの調和をどのように評価するかについて考えてみることにしよう。

4・1　普遍主義 対 個別主義

　これは例外的なケースをカバーする規律，ルールまたは法律が存在しない場合のジレンマである。そのような場合に，不完全であっても最も適したルールが適用されるべきか，あるいは，ルールとは関係なく，ケースごとのメリットをベースに考えるべきか。

どのように測定されるのか

　ここからは，最近よく見かけるようになったジレンマ・ケースを用いて測定を試みることにする。「あなたが同乗していた時，親友が運転する車が歩行者をはねてしまった。あなたは，証人として法廷で友人が法定速度を超えたスピードで運転していたという真実を語るべきだと考えますか。あるいは友情のためにその事実を隠そうとしますか。」

それぞれの国民がどのように答えているのか

　図表3.5は異なった国々において，実際の証拠を隠すのではなく，証人として普遍的な真理を語る人々の割合を示している。東アジア，南ヨーロッパと東ヨーロッパの国々が，北アメリカ，英国と北西ヨーロッパよりはるかに個別主義傾向が強いことは注目すべき点である。

このジレンマの調和は，人事部門によってどのように評価されているのか

　何年もの間，戦略論の文献では，低コストを求める普遍主義か，高級品に代

図表3.5 真実を語る人の割合

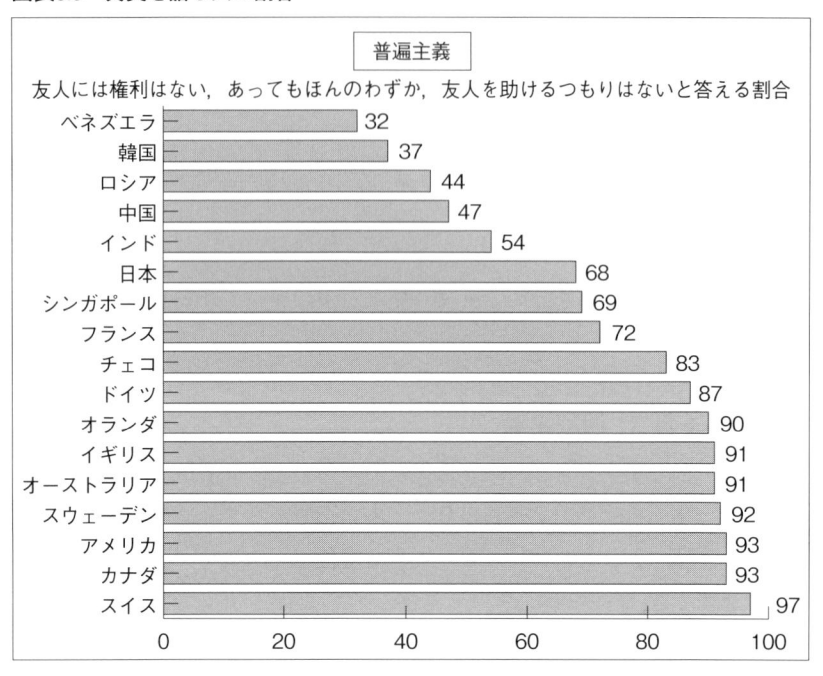

```
                       普遍主義
友人には権利はない，あってもほんのわずか，友人を助けるつもりはないと答える割合

ベネズエラ      32
韓国            37
ロシア           44
中国             47
インド           54
日本             68
シンガポール    69
フランス         72
チェコ           83
ドイツ           87
オランダ         90
イギリス         91
オーストラリア  91
スウェーデン    92
アメリカ         93
カナダ           93
スイス           97
         0    20    40    60    80   100
```

表されるような高価な個別主義か，どちらを選ぶかが個々に求められてきた。言い換えれば安いリーバイスか，フランスのオートクチュールかの選択であった。マイケル・ポーターは，経営戦略論の中で特に安くもなく，流行もしていない「ファッショナブルなジーンズ」を販売しようとすると，「中途半端に終わる」だろうと警告している。

しかし最近，このタブーは崩れてきている。リーバイスは，オリジナルで長持ちするジーンズに750種類のサイズとスタイルの選択肢を設けることで，普遍主義の「マス」と個別主義の「カスタマイズ」を合わせたプロセスを採択したのである。ジョー・パインによれば，「マス・カスタマイズ」は特に自動車産業で多く取り入れられている。トヨタ・レクサスは，すべてのトヨタ車共通の「プラットフォーム」（シャーシとホイールベース）を持つことによってその価格を下げると同時に，各車両にオリジナルでカスタマイズされた高級な上部構造を個別の注文に応じて製造することで高級車としての質を高めている。

しかし，おそらく，低コストの普遍主義と高品質な個別主義の最もすばらし

い調和の事例は，デル・コンピュータ社のものであろう。デル社は実はコンピュータのアセンブラー（組立業者）であり，メーカー（製造業者）ではない。アセンブラーとして，非常に安いコストで何百万もの部品を供給元に注文することで，各企業の戦略に即した数百ものコンピュータやソフトウェアをカスタマイズし，直接企業に売ることを可能にしている。デル社は，コンピュータを売るだけではなく，企業が抱えるIT問題の解決策も提供している。1980年代に立ち上げられたデル社が，IBMのビジネスに大きく食い込むことができたのは，その安くて，しかも個別の顧客の要望を取り入れた解決策を提供するという戦略を一番うまく果たせたからである。

　大量部品戦略の一端を担ってコストを大幅に下げることに貢献する中核的な社員ばかりではなく，相手企業との関係性を粘り強く長期的に維持するために全体の戦略的なITシステムを企業に販売する社員も，人事部は同様に処遇しなければならないのである。どちらも全体的な調和の極めて重要な要素である。それはバランスト・スコアカードを越えるものであり，まさに統合型のスコアカードといえるだろう。

　この相反する内容の統合は図表3.6に示されている。

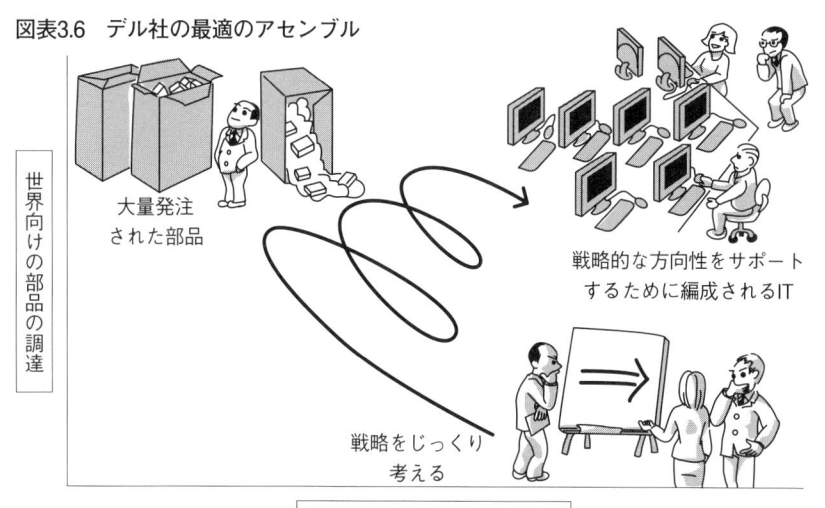

図表3.6　デル社の最適のアセンブル

4•2　個人主義 対 共同体主義

　ここでのジレンマとは，個人そのものや個人の権利，動機付け，報酬，能力，態度の強化を重視すべきか，あるいは，より多くの注意が，全メンバーが奉仕するコミュニティ全体の進歩に向けられるべきか，というジレンマである。

どのように測定されるのか

　その傾向を評価するために次の質問をしてみよう。「生活の質は，個人の自由を高めることによって改善されるか，それとも，仲間のニーズに対して，よりしっかりと仲間の面倒をみることにより改善されるのか。」

それぞれの国民がどのように答えているのか

　それぞれの国民の回答は図表3.7に示されている。下へ行く程，自由を求める傾向が強く，上は，他人の面倒をみることを重視する傾向を表す。ここでも，イスラエルに続き西側諸国，そして最近まで共産国であった東ヨーロッパ諸国は個人主義が強く，一方東アジア，ラテンアメリカと南ヨーロッパ諸国は，より共同体主義傾向が強いことが理解できる。

このジレンマの調和は，人事部門によってどのように評価されているのか

　ビジネスやビジネスにかかわる人々は，長年にわたり，仕事面で競い合うように仕向けられてきたし，この競争から，より優れた実績を残した人が頭角を現すようになっている。そして組織の資源が効果的に活用されるように，業績の悪い人々から業績の良い人々に資源が再配分される。日本のように，共同体主義傾向が強いために，実績の上がらないビジネスさえ維持していこうとする国々は，長い不景気に苦しむ傾向が強い。

　一方，企業の中の社員，特に問題解決に当たるチームのメンバーは協力することを求められる。企業内のそれぞれ異なった部署が共通の企業目的の追求に向かって調和するのと同様に，顧客を支援することは，組織内協調のプロセスを反映したものである。個人はいずれいなくなるが，彼らの家族，企業，コミュニティに対する貢献は長く生き続けるのである。

　そこで，競争と協力，どちらを選択すべきか。最近では競争（competition）と協力（cooperation）の合成語である競働（co-opetition）が頻繁に使われる

図表3.7　個人の自由を他人の面倒をみることより優先して考える割合

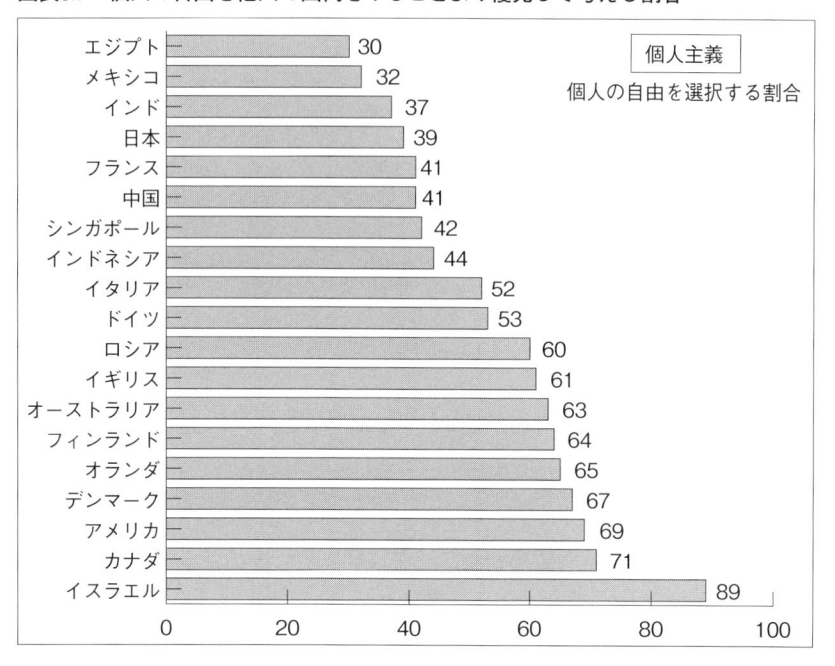

国	個人の自由を選択する割合
エジプト	30
メキシコ	32
インド	37
日本	39
フランス	41
中国	41
シンガポール	42
インドネシア	44
イタリア	52
ドイツ	53
ロシア	60
イギリス	61
オーストラリア	63
フィンランド	64
オランダ	65
デンマーク	67
アメリカ	69
カナダ	71
イスラエル	89

個人主義

ようになっている。協力をするために一層競争することは，可能だろうか。実際には，それは多くの人事管理プロセスで実施されている。一例として挙げられるのが，モトローラ・ユニバーシティ[2]におけるTCS（Total Customer Satisfaction －全体顧客満足度）の競争である。個人ではなくチームだけが参加でき，顧客を「完全に満足」させたことを証明できたチームのみが選抜されていくのである。

　いったん参加すると，その成功に向けて精力的に押し進めなければならない。この競争はモトローラ社の拠点がある世界中の国々で繰り広げられている。国ごとの最終選考を勝ち残ったチームは所属する地区大会に進み，最終的には米国イリノイ州のシャンバーグにあるポール・ギャルバン劇場で開催される最終選考に進むのである。要するに，これらのチームはメンバー同士や顧客と協力し合い，会社のトップまで最善の解決策を届けることを他のチームと競うのである。

　選ばれたチームのメンバーは壇上に立ち，自らの成功を誇示するのであるが，もちろんそれは，チーム全体の成功である。このプロセスは顧客及びチームメ

ンバーと助け合う義務を, 自己顕示や自己主張という術と結び付けているのである。

　筆者フォンス・トロンペナールスは, ロイヤル・ダッチ・シェル社において, チームの報酬と個人の報酬を結合させることに成功した。良い実績に対する報酬の半分は全メンバーに配分され, 残りの半分はメンバーの相対的貢献度の評価に応じて個々に配分される。このようにして, 残り半分の報酬は, 同僚が妥当であると考えた場合に限り手にすることができる。個人が自らのチームの成功に大きく貢献した場合, 彼らはチームメンバーに感謝され, 人気と自尊心を大いに高めることになる。その結果, 企業の制度は彼らの個々の貢献を賞賛し, 昇進を惜しまなくなる。

　もし人事部門が新任のリーダーを探しているならば, チームを高い業績に導いた実績のあるメンバーほどふさわしい人はいないだろう。

　このようにして公式のリーダーではなかった人たちが組織に認められ, そのすばらしい貢献度に応じた報酬と共に, 正式なリーダーとなるのである。彼らはすでに十分に自らのリーダーシップ能力を示してきているから。

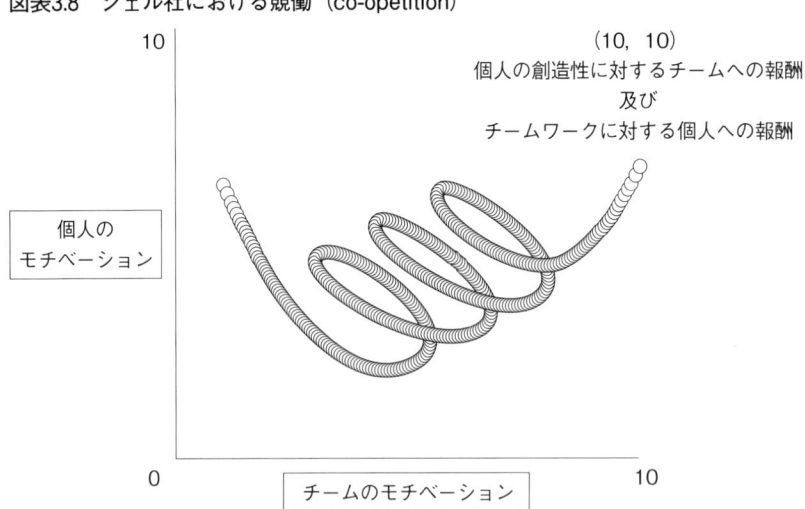

図表3.8　シェル社における競働（co-opetition）

(10, 10)
個人の創造性に対するチームへの報酬
及び
チームワークに対する個人への報酬

個人の
モチベーション

チームのモチベーション

4•3　関与特定型 対 関与融合型

　我々が現象を分析する時，それをより特定なもの，例えば，事実，項目，仕事，数，単位，または目標点などに落とし込むことのできるマネージャーを効果的であると考えるのか。またはこれらの現象をより融合したパターン，すなわち人間関係，理解度，背景などに統合できるマネージャーを効果的であると考えるのか。

どのように測定されるのか

　ある訓練中の労働者が重大な過ちを起こしたために，会社に多大な再処理と時間の無駄をもたらしてしまったと想定してみよう。これは，特定の間違いをした特定の人の過失であり，懲戒されるべきなのはその過失を犯した個人なのか。それとも新人の研修，管理，コーチングなど組織上の欠陥であるのか。あるいは従業員のチーム内における人間関係の問題なのか。

　これは重要な問題である。なぜなら，新人研修システムに問題があったならば，労働者を解雇しても事件の再発防止にはならないからである。「解雇」はその原因を取り除き，問題そのものを人と共に消してしまうことであるが，いったいそんなやり方で問題が本当に解決されるのだろうか。

それぞれの国民がどのように答えているのか

　各国民のスコアが図表3.9に示されている。注目すべきはロシアが非常に関与特定型の傾向が強い点だ。それ以外ではプロテスタント系の国がカトリックの国や東アジアの儒教国より関与特定思考が強いことを示している。

このジレンマの調和は，人事部門によってどのように評価されているのか

　かつて，製品とサービスがそれぞれ独立していた時には，特定製品が市場における特定価格をコントロールしていた。しかし，今日，製品は他製品のシステム，情報システムやサービスなど各種システムと絡み合っている。我々はただ単に1つの製品を買うのではない。その製品を適切に関連付けることにより，様々な活用方法を望むのである。例えばノキアの携帯電話では，写真を送ることができるので，ノキアは電話機だけではなくて，写真やイメージ関連のビジネスの会社といっても良い。カーナビに組み込まれるGPSはシグナルを送る衛

図表3.9　特定の人の責任なのか，チーム全体の責任なのか

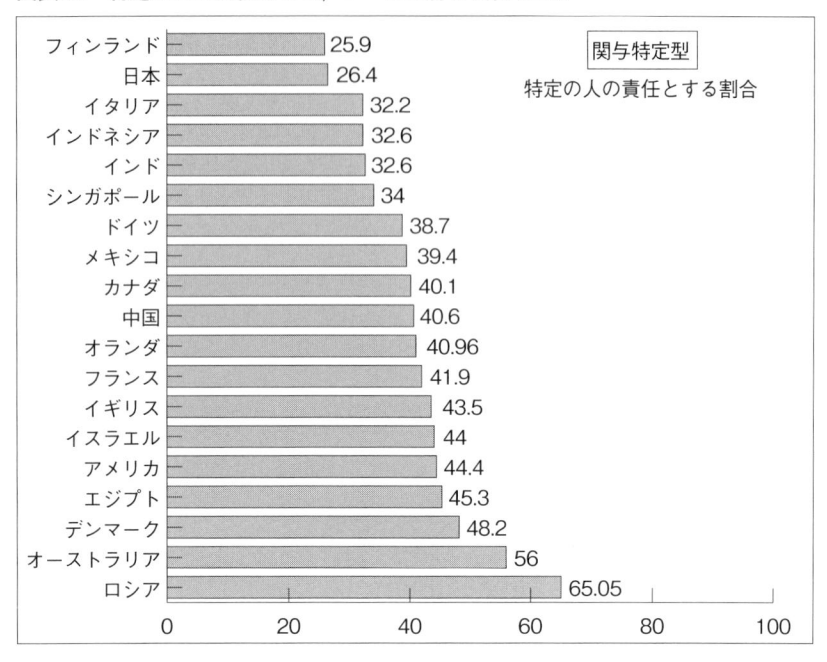

国	特定の人の責任とする割合
フィンランド	25.9
日本	26.4
イタリア	32.2
インドネシア	32.6
インド	32.6
シンガポール	34
ドイツ	38.7
メキシコ	39.4
カナダ	40.1
中国	40.6
オランダ	40.96
フランス	41.9
イギリス	43.5
イスラエル	44
アメリカ	44.4
エジプト	45.3
デンマーク	48.2
オーストラリア	56
ロシア	65.05

関与特定型

星を必要とするが，自動車メーカーはどのビジネス業界に属するのか。システムはたえず融合を続けている。

　スウェーデンの家具小売業イケアは関与特定型見解と関与融合型見解のすばらしい調和を実現した例である。家具のパーツは個々に安価なところへ発注している。例えば，現地のガラス工場からコーヒーテーブルのために10万個の楕円形のガラスを，そしてその楕円形のガラスを収める10万個の木製の脚をポーランドから輸入しているといった具合である。それらのパーツがエレガントで味のある最終デザインに組み立てられるため，結果として完成した商品はその部品よりはるかに価値の高いものとなるのである。このようなことが，様々なレベルで行われている。例えば，顧客がテーブル用ランプを買うためにイケアを訪れたとしよう。一度店内に足を踏み入れると，彼らは一連のインテリア関連の商品を目にすることになる。イルミネーションを施された部屋のデザインを見て，現在の自分たちの家のインテリア照明に満足いかなくなるのである。そしてランプを1つ買うつもりだったのが，部屋全体の新しい照明システムを作ることになってしまう。また椅子を1脚買うつもりが，椅子1式を購入する

ことになる。

　システムで買うという決断ができなければ，パーツに戻ればいい。イルミネーションを施されたリビングスペースは2階にあり，各パーツは1階の倉庫に置かれている。そこで，顧客は自らパーツを運び，自分で組み立てるのである。なるほど，関与特定型となるか関与融合型となるかは顧客の要望次第である。必要に応じ，追加料金で家具の配達，組み立てを依頼することもできる。このジレンマは図表3.10に示されている。

　特定の安い部品を求めるよりも，計画的な融合型の全体に対して価値を求める戦略がモジュール化である。部品は「モジュール」として作られるが，モジュール化した部品を組み合わせて，より大きな製品を作るのである。その製品は個々の部品よりもはるかに価値のあるものとなるが，製造にはあまりコストがかからない。

　もし人事部門がこのプロセスを奨励するならば，1つの軸で部品を安く手に入れることに対して，別の軸で見た目に美しいデザインで高い付加価値を付ける（あるいは価値を調和する）ことに対して，報いることができる。部品のコストと，それを組立て完成した消費者にとっての製品価値との差を計算するこ

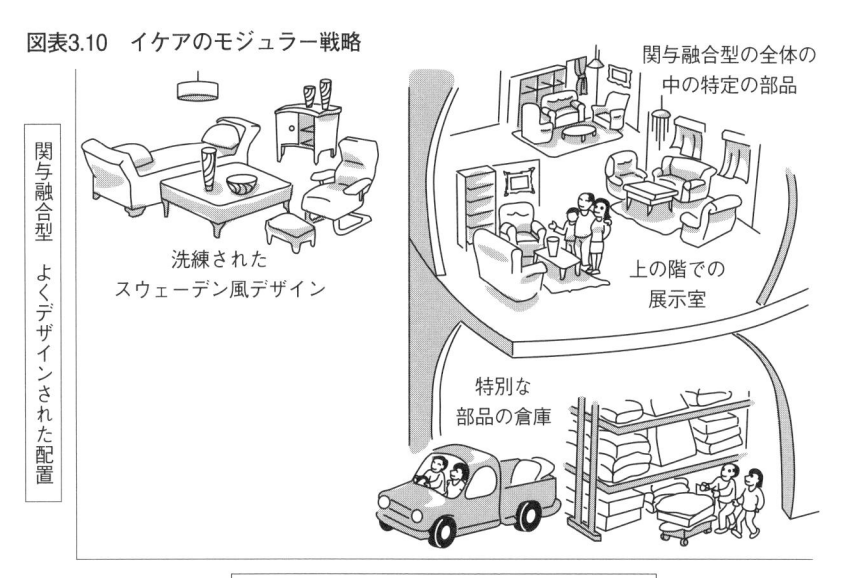

図表3.10　イケアのモジュラー戦略

関与融合型　よくデザインされた配置

洗練されたスウェーデン風デザイン

関与融合型の全体の中の特定の部品

上の階での展示室

特別な部品の倉庫

関与特定型　地元で調達された大量生産の部品

とは可能である。（良いデザイン）＝（最終製品の価格）－（部品のコスト）の数式が成り立つのである。本当に良いデザイナーは少ないコストでより収入の多い仕事をするものだ。

4•4　感情中立型 対 感情表出型

　ここでのジレンマは、我々は仕事にかかわる他人に対して、感情をフルに表現すべきか（感情表出型）、または、ある程度距離をおいて冷静にプロとして振る舞い仕事に集中すべきか（感情中立型）、という選択である。

どのように測定されるのか

　次のような質問をしてみよう。「あなたは仕事で起きた出来事に憤慨しているような時、自分の感情をあからさまに目に見える形で外に出しますか。」

それぞれの国民がどのように答えているのか

　図表3.11は各国民のスコアを示している。

このジレンマの調和は、人事部門によってどのように評価されているのか

　これは非常に扱いにくい設問である。なぜならば、感情がどの程度人前で表現されるかは、残念ながら、その文化にとって感情の重要度を示す指標として優れているとはいえないからである。例えば、日本のように会話表現は感情をほとんど表に出さないが、感情の変化を非常に慎重かつ微妙に表現することにより、互いの関係を調和し、体面を維持しているような文化もあるのが現実だ。

　最近は感情的知性（EQ）への関心が高まっている。1990年代の前半まで英国航空の取締役であったニック・ジョルディアデスは、高度3万メートルの上空で、潜在的な不満を抱えた乗客で満席の機内で、顧客にサービスをする逃げ場のない客室乗務員の感情的な強靭さに対する賞賛を示すことにより、機内の雰囲気を効果的に変化させることができたのである。ニック取締役は、「客室乗務員たちは、英国航空社内で、自分たちがいつも接しているシニアマネージャーが自らに接するように乗客に対して接していた」と述べている。1990年代に苦いストライキを経験した後に英国航空のサービスが崩壊したことは当然の結果だろう。

図表3.11 仕事で感情を露骨に出す人の確率

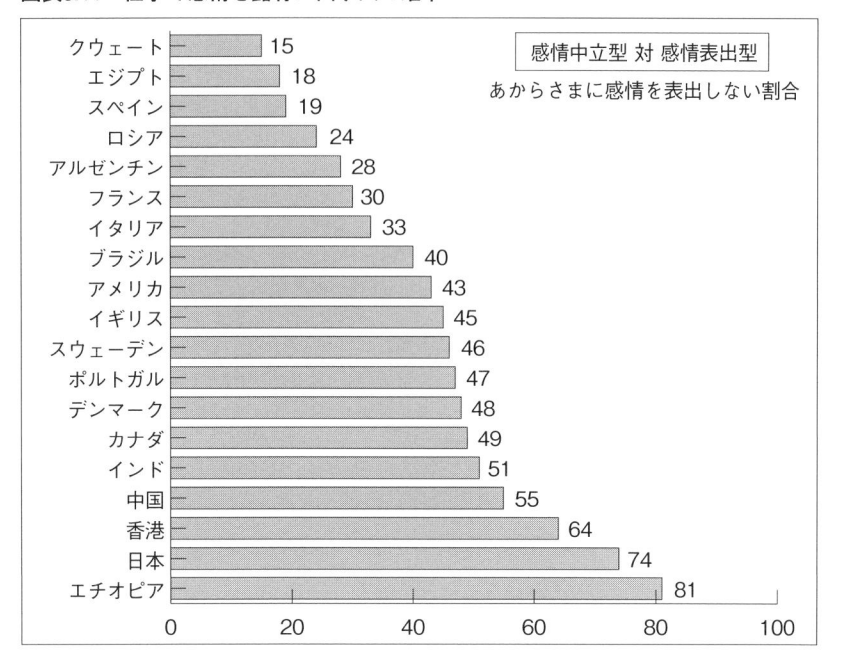

感情中立型 対 感情表出型
あからさまに感情を表出しない割合

クウェート	15
エジプト	18
スペイン	19
ロシア	24
アルゼンチン	28
フランス	30
イタリア	33
ブラジル	40
アメリカ	43
イギリス	45
スウェーデン	46
ポルトガル	47
デンマーク	48
カナダ	49
インド	51
中国	55
香港	64
日本	74
エチオピア	81

おそらく，職場における感情的側面に対して人的資源管理で何ができるかについては，言語人類学者デボラ・タネンによって初めて提唱されたジレンマの例を考えてみるのが一番だと思われる。デボラ氏は，男性と女性の（生物学上ではない）文化面の大きな違いは，「男性は報告に最も重きを置く」のに対して，「女性は人間関係の構築に最も重きを置く」ことであると説明している。報告は，事実に対する客観的かつ中立的な説明であるが，対照的に，人間関係は，2人の人間がコミュニケーションを図る際の感情的結びつきである。

もし，何の感情も表さずに，極めて事務的に報告だけをするとしたら，その意図していることが否定的であればなおさら，相手の感情をひどく損ねてしまう可能性がある。しかし逆に相手に対する「共感」や「好意」の度が過ぎれば，相手に真意を伝えることができなくなってしまう。

このジレンマは，図表3.12に示されている。

縦軸と横軸の間には重要な調和が存在する。2人の間に十分な人間関係が存在するならば，互いに厳しい現実を語り合い，厳しい報告をし合い，なおかつ信頼関係を維持することができるであろう。しかし，まったく信頼関係がない

図表3.12　感情中立型 対 感情表出型

場合，このような正直で厳しい報告は無視されるか，個人に対する攻撃とみなされてしまうかもしれない。

　職場におけるマイノリティー，特に女性や民族的に異なるコミュニティの人々と仕事をする場合，この問題は特に重要となる。人は誰しもミスをする。マイノリティーに属する人々もまた，ミスをする。問題は，マイノリティーに対してどれだけ配慮して誠実に接することができるかということである。彼らに対して，「私はこの会社における，あなたの立場や将来を支えて擁護するが（信頼をベースにした人間関係側面），今回，貴方はミスをしたのであり，そこから学習してほしい（報告的側面）」と，異なる側面をバランスよく表現することができるかということである。これは，相手を思いやりながら注意する方法である。

　マイノリティーの人々に関連するトラブルは，彼らが間違ったある種の安心感を与えられている，といった理由がもとである例が多い。彼らの上司は，マイノリティーに対する性差別や人種差別と誤解されることを常に恐れている。そのため，マイノリティーの人々は，何も問題はないと上司に言われていても，昇進の時期に昇格できない，という現象が生まれてしまう。

　人的資源管理（HRM）は次のような2つの簡単な質問をすることで，事務的

な報告と信頼関係とが調和されているかを簡単に判別することができる。

1. あなたは今まで上司に，批判されたり，アドバイスをもらったことがありますか。
　はい／いいえ
2. 「はい」と答えた方に質問します。あなたはその際，会社側があなたをサポートし，助けようとしてくれていると感じましたか？

　両方の質問に対する答えが「はい」である場合を除き，上司は部下がこの失敗から学ぶ手助けをしていないことになる。また最初の質問に対して「いいえ」と答えるケースがあまりにも多すぎる。上司の多くは，部下に優しく接し，人間関係をスムーズにしておくことを好む傾向がある。しかし，批判を控えることは，学習の機会を妨げることになる。そして，部下を批判できるほど親しくなっていないこともまた，彼らの学習を妨げることにつながってしまう。

4•5　実績主義 対 属性主義

　我々は，従業員の何を評価して報酬を決めるべきであろうか。従業員が何を達成したか（達成実績の結果），他の従業員と比較して，特に優れたパフォーマンスをしたか（達成実績に至る方法論），あるいは，従業員の潜在力，可能性，権利，年功，民族性，性別などの特徴から評価すべきなのか。

どのように測定されるのか

　次のような質問をしてみよう。「人生で最も大切なことは，たとえ実績に結びつかなくても，最も自分らしく，自分に合った思考や行動をすることである。あなたはこの考えに同意しますか。」

それぞれの国民がどのように答えているのか

　図表3.13はそれぞれの国民のスコアを示している。

　興味深いのは，主に英語圏の国々では，成功することが自己表現と自己発見より重要であると考えていることである。一方，調査を実施した国々の多くのマネージャーが，「自分が誰であるか」が最も重要だと考えているようだ。

図表3.13　自分達に最適な方法で振る舞うことを好む割合

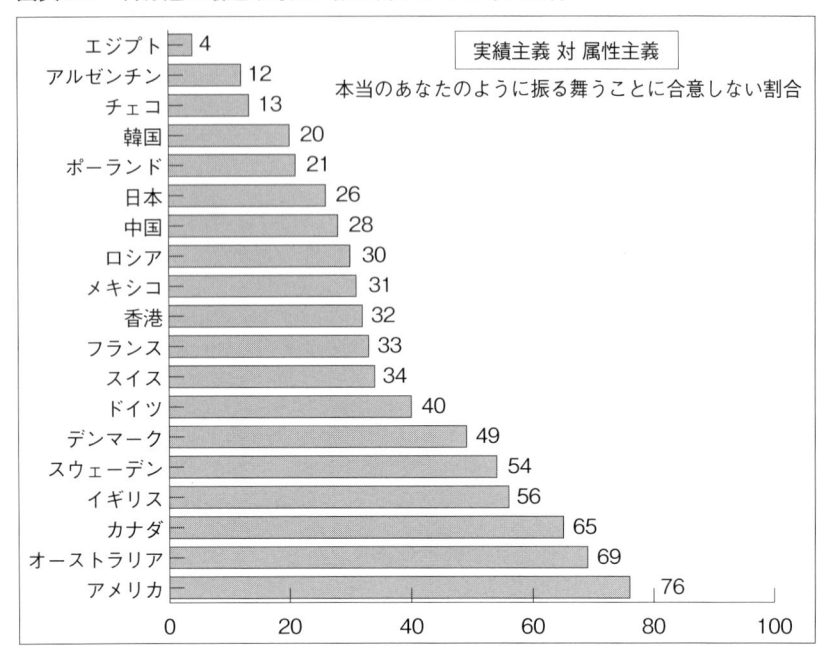

国	割合
エジプト	4
アルゼンチン	12
チェコ	13
韓国	20
ポーランド	21
日本	26
中国	28
ロシア	30
メキシコ	31
香港	32
フランス	33
スイス	34
ドイツ	40
デンマーク	49
スウェーデン	54
イギリス	56
カナダ	65
オーストラリア	69
アメリカ	76

実績主義 対 属性主義
本当のあなたのように振る舞うことに合意しない割合

このジレンマを調和することを人事部はどのように評価するのか

　従業員は仕事の実績とは離れた多種多様なアイデンティティーを有する。彼らは良い両親，熟練したプロ，忠実な労働組合員であり，そして，友人の一員であり，近所やコミュニティなどで良い影響を与えたいと思っている。私生活と職場生活のバランスが重要視されている昨今，人事管理においては様々なアイデンティティーを尊重しながら対応することが賢明だと考えられる。

　人間の成長そのものは達成から始めることはできない。赤子や幼児が達成できることなど，僅かしかない。人はたくさんの愛情を注がれ，尊重されることで成長し，その成長の結果，物事を成しとげることができるようになる。学問上，そしてビジネス上における，東アジア（特に中国系の学生たち）の目覚しい成功は，結束の強い家族構造の影響を証明するものである。

　米国に拠点を置く醸造会社アンハイザー・ブッシュ社（バドワイザーの製造会社）のフェアモント工場で実施された変革プログラムは非常に興味深い内容であった。まず外部のコンサルタント・チームが，トップの経営委員会に対し

てインタビュー・スキルのトレーニングを実施した。トップ・マネジメントが，彼らの部下をインタビューし，その部下がさらに部下をインタビューする，という形で全米トラック運転手組合に加入する時給ベースのトラック運転手に至るまでインタビューを実施した。

このインタビューの目的は，上司が部下のことをよく知るようになることであった。したがって，インタビューの内容は，業績，実績，報酬，または企業の目的に関するものではなく，従業員自身の私事が中心で，家族，休暇，将来に対する希望など，彼らが話題にしたいと思うあらゆる内容を含むものであった。

インタビューの結果，互いに関する知識・情報量が大幅に増えた。そこには仕事に無関係なジム氏の魚釣りの旅行やメアリーさんのお父さんのバイパス手術などに関する知識も含まれていた。このインタビュー形式は10年以上続いており，筆者の知っている限り，今でも継続している。

実績により獲得したステータスとはまったく関係なく，ただ単に従業員の私生活と彼らにとって重要な事柄に注目するだけであったが，このプログラムはフェアモント工場を米国で最悪の状態から最高の状態に飛躍することに大きく貢献したのである。このプログラムの導入以外のことは何もなされなかったが，この工場は40以上の業績項目で，毎年大幅な改善が見られた。個々の従業員のアイデンティティーをインタビューすることが，その後の業績のプラットフォームになるとは誰も想像しなかったことだ。

自分がどのような人間であるかを説明することが，改善につながる最善の根拠になったのである。部下や同僚についてよく知ることにより，個々の性格となすべき仕事との適応性が改善し，実績につながるのである。

イギリス最大の健康保険会社BUPA社は帰属的ステータスと業績的ステータスとをしっかりと結び付けることに成功した。同社のコールセンターのスタッフは，医学的な非常事態に直面した顧客からの緊急で悲痛な電話をしばしば受ける。そんなBUPA社は，誰もが持つただ1つの生命の貴さを強調し，命を最優先に扱われなければならないと説いている。同社の研修は，業績向上を目的とする一般的なものとは大きくかけ離れている。トレーニングコースでは，個人の不幸（死別），医学的な非常事態等に関して，どのように処理したかが語られる。この研修の成果の1つとして，BUPAに電話してくる顧客はしばしば，BUPAの社員の中に，自分と似たような非常事態に直面した経験を持ち，共感

や助言を与えたり，顧客のニーズにすぐに対応できる人を見つけることができるようになった。死や病気に直面した時，我々は皆，ただの人となり，最高の業績などは二の次になるのである。何年もの間，高いお金を払い続けてきた顧客が最も大変な事態となり，今こそあなたを必要としている時，あなたは彼らのために尽くすことができるだろうか。

4・6　内的志向 対 外的志向

　我々は内的な確信，信念，倫理基準にしたがって行動を規制するのか，それとも適合すべき広範な社会や，物理的環境からの外的なシグナルにしたがって行動すべきか。

どのように測定されるのか

　ここでは，人間の運命は自身の手にゆだねられているのか，それともより大きな人間のシステムにゆだねられるのかについていくつかの質問をしてみよう。

それぞれの国民がどのように答えているか

　図表3.14はそれぞれの国民のスコアの違いを表している。ここで投げかけた質問は次のようなものである。「自分の身に起こった出来事の責任は自分自身にある。あなたはこれに同意しますか。」

　ここでもアメリカや英語圏の国民では，あらゆる責任は自らにあると主張する傾向が強く，一方，その他の国民はチャンス，運命，外的環境の影響も大きいと述べている。

このジレンマを調和することを人事部はどのように評価するのか

　内的志向 対 外的志向の価値基準は，M&Aや合併，TOBの際には非常に深刻な問題となる可能性がある。というのも，突然，買収先の意のままにリストラが行われる状態下に置かれることになるので，少なくとも，買収される側は社内及び個人の方向性を失い，士気を損なうことになる。

　世界中の誰よりも多く資金を調達して手に入れた会社の社員の士気が危機的状況に陥ることは，重大な損失にもつながりかねない。

図表3.14 「自分に降りかかることは自分自身の責任である - 同意する」

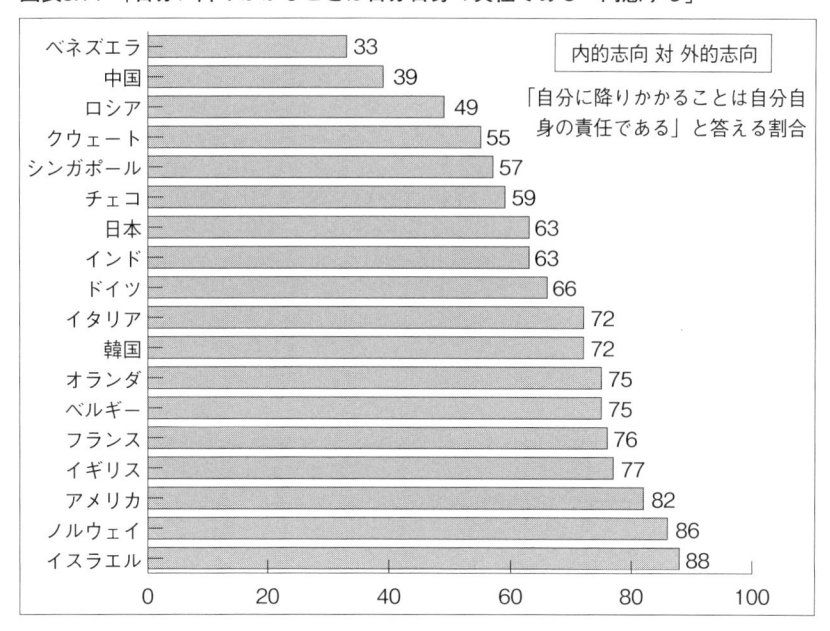

国	割合
ベネズエラ	33
中国	39
ロシア	49
クウェート	55
シンガポール	57
チェコ	59
日本	63
インド	63
ドイツ	66
イタリア	72
韓国	72
オランダ	75
ベルギー	75
フランス	76
イギリス	77
アメリカ	82
ノルウェイ	86
イスラエル	88

内的志向 対 外的志向

「自分に降りかかることは自分自身の責任である」と答える割合

　後になって考えると，ダイムラー・ベンツ社によるクライスラー社の買収，またはマンネスマンのボーダフォンによる乗っ取りの際に発生した経営陣の辞任の多くは，避けられたはずであり，避けなければならなかったことだ。

　買収された会社は新しいオーナーよりも進取の気性に富んでいなかったとも考えられるが，そうではないかもしれない。フェデラル・メタル社（カナダの鋼の卸売業者）は，新たに獲得した米国卸売業者をすべて研究した結果，中にはより効果的であると判断された業者もあった。ロイヤル・アホールド社（オランダの小売チェーン）は，米国でストップ＆ショップを買収して，その並外れた小売効果に合わせる形で自らの組織編成を行った。買収した企業に対して非道で厳しい対応をすることもできるが，それは多くの場合，賢明とはいえない。

　特に，小規模な起業家的組織の買収においては，その創設者や新しいアイデアを育む類い稀な能力が，買収する側の巨大な官僚的機構に押しつぶされてしまうのでは，買収のメリットは無いに等しくなってしまう。

　創設者が残ることが法的に要求された場合でさえ，彼らの自立性が失われて

図表3.15　クマとユニコーン

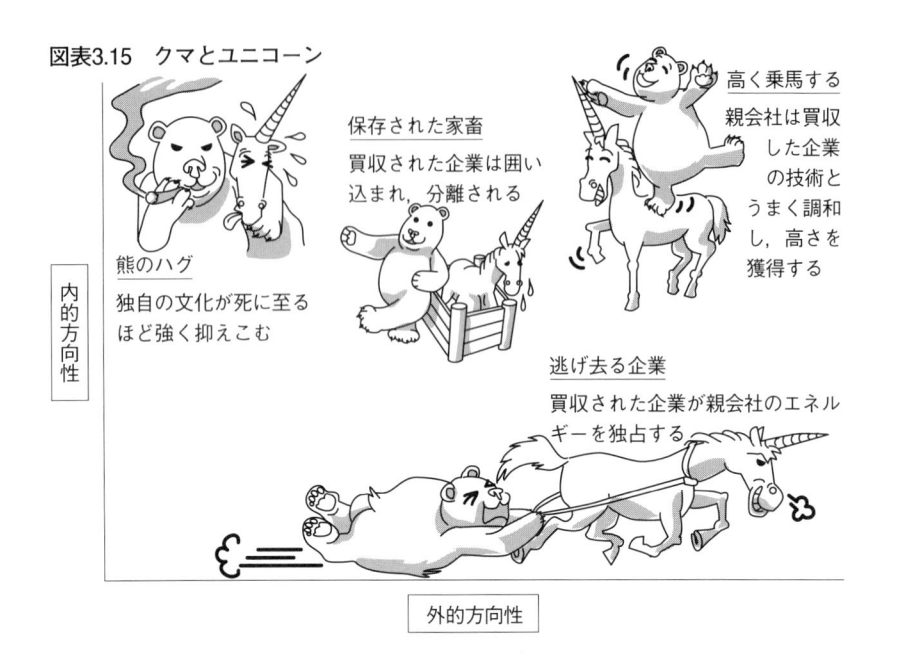

内的方向性

熊のハグ
独自の文化が死に至る
ほど強く抑えこむ

保存された家畜
買収された企業は囲い
込まれ，分離される

高く乗馬する
親会社は買収
した企業の技術と
うまく調和
し，高さを
獲得する

逃げ去る企業
買収された企業が親会社のエネル
ギーを独占する

外的方向性

しまっては，彼らの能力を発揮する機会は失われるのである。

　買収後の内的志向の危機は，図表3.15に描かれている。

　略奪的買収の場合，内部統制が強すぎると，熊が完全にユニコーンを抱いている状態となる（左上）。また，買収元が穏やかでありつつ，相手の文化を自社のものに吸収しようとする場合でも同様のことが起こり得る。買収された会社が新しいオーナーより高度な知識やノウハウを所有している場合には，買収した側が引っぱりまわされる（右下）傾向がある。90年代前半のバークレイズによるBZW社取得は，うまくいかなかった事例である。BZW社のデリバティブのセールス運用のロジックはバークレイズには受け入れられなかった。

　買収側は，互いの悪影響を防ぐために，しばしば買収した新ビジネスを囲ったり，分離したりすることがある。しかし，そのような意図的な分離は，必ずビジネスを取得したことによる効果を低めてしまう。THT社で筆者が処方する手続きは，買収された企業の歴史，夢，将来に対する抱負などを買収する企業のものとうまく折り合わせることにより，買収された企業側からできる限り多くを学ぶことである。筆者が知る限りでは，これを見事に実践したのが航空会社ボンバルディア社のフランス系カナダ人であるピエール・ボードワ氏だ。筆

者は彼を「買収の達人」と呼ぶ。その理由は，彼はスノーモービル会社から始めて電車や輸送会社，ショート・ブラザーズ社やリア・ジェット社など航空数社を次々と買収して，比較的低い技術から非常に高い技術へ移行していったからである。彼の慣れ親しんだレベルより高度な事業へのあくなき探究心なしでは成し得ない偉業だ。

4•7　時系列志向型 対 同時並行志向型

　短期的に物事を速やかに処理することが重要だろうか。それともそれぞれの行動が関連を持ちながら並行して物事を処理すべきだろうか。

どのように測定されるのか

　回答者にとって過去，現在，未来が，いつ始まっていつ終わるのかについて，筆者は一連の質問をしている。時間の概念が重なり合うことが多い場合は同時並行志向型で，時間を細分化して考える見方は時系列志向型である。

それぞれの国民がどのように答えているのか

　時系列志向と同時並行志向に関する比較は図表3.16に記載されている。

このジレンマを調和することを人事部はどのように評価するのか

　日本経済全体で不況が続いているにもかかわらず，トヨタのような形態の日本の自動車会社は世界をリードしている。これは，アメリカの時間を1つのブロックとしてとらえる時系列志向型と日本のジャストインタイムの同時並行志向型の調和により達成されたものである。このジレンマは，図表3.17の中で表されている。

　図表3.17の左上に描かれているのは，時間と行動を共にするものである。すなわち，「時計と競争している」内容であり，これまでより速い仕事の優先順位付けを強調している。また右下には，1950年代にトヨタの生産管理システムを構築した大野耐一元副社長が工場に散乱していた在庫品の山を蹴っている有名なシーンが描かれている。彼がなぜこのような行動をとったかというと，作りかけの在庫の山は，工場全体がうまく機能していないことの表れだからだ。

図表3.16 時系列志向から同時並行志向

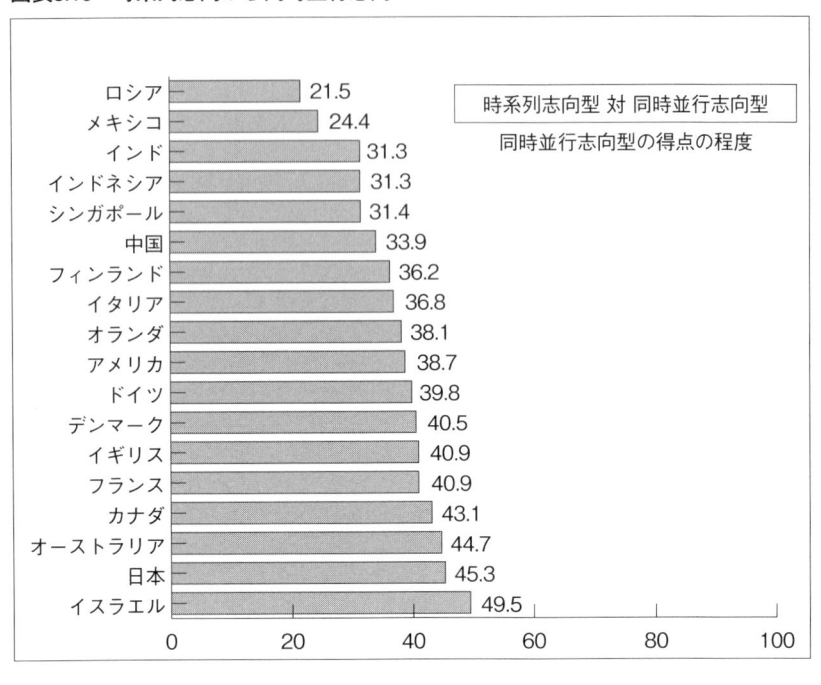

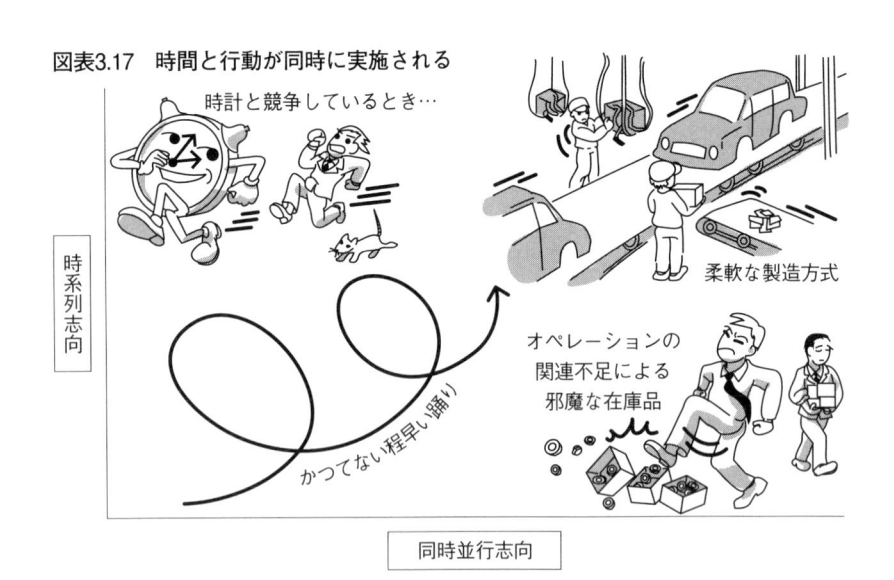

国	得点
ロシア	21.5
メキシコ	24.4
インド	31.3
インドネシア	31.3
シンガポール	31.4
中国	33.9
フィンランド	36.2
イタリア	36.8
オランダ	38.1
アメリカ	38.7
ドイツ	39.8
デンマーク	40.5
イギリス	40.9
フランス	40.9
カナダ	43.1
オーストラリア	44.7
日本	45.3
イスラエル	49.5

時系列志向型 対 同時並行志向型
同時並行志向型の得点の程度

図表3.17 時間と行動が同時に実施される

時計と競争しているとき…

柔軟な製造方式

オペレーションの関連不足による邪魔な在庫品

時系列志向

かつてない程早い踊り

同時並行志向

各現場間のオペレーションがうまく関連付けられていないために，在庫品が溜まってしまうのである。

　時系列志向型も同時並行志向型も，独自の方法でオペレーションのスピードを上げることができる。進みの速い時系列志向は，確かに速く走れるに違いないが，効果的な同時並行志向では各機能を同時に行い，後でそれらを統合することにより，全体の競走路を縮めることが可能になる。20フィートの組立てラインが通常4本並行して稼動していれば，矢継ぎ早に動いている1本の80フィートの組立てラインの作業効率を上回る。柔軟な製造方式は，速い連続性とジャストインタイムの同時性の，両方を使って達成されるのである。

　結論として，人事管理は会社の戦略的なゴールを見つけ出して，これらを達成するために求められるスキルを測定し，そのスキルを開発すべきであるという，一見自明と思われる結論に結びつきさえすれば良いというものではない。同じ戦略は滅多に長続きしないし，数か月のうちに矛盾するアドバイスで制限されることもありうる。顧客満足が会社の戦略の一部であるかどうかにかかわらず，たえず顧客を満足させ続けなければならないのである。

　さらに本社の組織文化が世界の他の地域の文化と異なることもある。文化の7つの価値基準はこれらの違いを分析するために活用されているのである。それぞれに，相補性の原理が発見されて，調和は非常に手の込んだものになっている。

　これらの7つの価値基準は図表3.18に示されているように4つの象限で相交わっているのである。

　孵化型と家族型の組織文化は，感情が露出される傾向が強く，誘導ミサイル型とエッフェル塔型は感情中立型である。エッフェル塔型は普遍的で関与特定型であり，家族型は個別主義で関与融合型である。

　誘導ミサイル型の組織文化では，ステータスは実績に基づいており，家族型では属性に基づく。最後に時系列の時間の概念は，エッフェル塔型組織文化で始まるが，目標と出会いと共に，速いプロセスは誘導ミサイル型組織文化において，集中し，同期される。

図表3.18

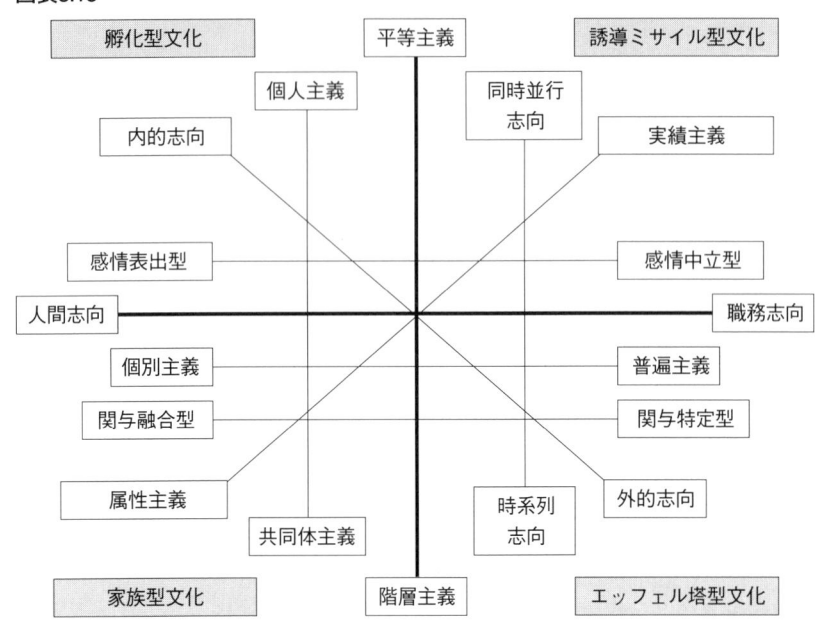

```
           孵化型文化              平等主義           誘導ミサイル型文化
                      個人主義        同時並行
                                     志向
              内的志向                          実績主義

              感情表出型                        感情中立型
    人間志向                                                職務志向
              個別主義                          普遍主義
              関与融合型                        関与特定型
              属性主義                          外的志向
                            共同体主義    時系列
                                       志向
           家族型文化              階層主義           エッフェル塔型文化
```

[注]

1) 訳者注：ABNアムロ銀行（ABN Amro N.V.）は，オランダに本店を置く欧州有数の銀行グループ。持株会社ABN Amro Holding N.V.は，ユーロネクスト・アムステルダム市場（Euronext: AAB）及び，ニューヨーク証券取引所（NYSE: ABN）に上場し，AEX指数採用銘柄の1つとなっている。

2) Motorola University 社員の技術スキル向上のため，広範囲のコースを設定し，社員教育を実施している。モトローラ社で開発された「シックス・シグマ」に関して外部向けにもコースを実施。（現在は，モトローラソリューションズ社に統合）

第4章

人的資源管理はどのようにチームの問題解決力を促進できるか

本章では，企業の成功にとってチームがますます重要になってきていることを，以下の視点から示そうと思う。
- なぜチームがそれほど重要なのか
- チームはどのように生まれるのか
- チームはどのように情報を管理し，知識創造を支援するのか
- 成功を確実にするためにチーム内でどのような多様な役割が必要なのか
- チームはどのように進化し，メンバーの成長を支援し，解散するのか
　—最高のパフォーマンスを得るための秘訣—
- 多様なメンバーで構成されたチームは本当に効果的か
- 大きな組織の縮図としてのグローバルなチームとは

人的資源管理をどのようにすれば，チームをダイナミックに活用し，うまく成功させることができるか。それがわかっていれば，組織内において人的資源管理は現状よりはるかに影響力を持つことになろう。

1 ● なぜチームがそれほど重要なのか

チームは，本書の最初に紹介した誘導ミサイル型組織文化の中核であり，本質といえる。チームが企業に非常に大きな影響を与える場合，それはいわゆるプロジェクト・グループ型組織あるいはマトリックス型組織と呼ばれる。マトリックス型組織は，2方向の権限ラインから構成される。あなたは，あなたの職務上の要件を満たすためにエッフェル塔型機能の代表である責任を負うと同

時に，あなたのグループの「目標」が，顧客のニーズに「到達する」ようにグループを指導するプロジェクト・グループの代表としての責任も負っている。例えば，あなたが果たすべき職務が「安全性」である場合，完成された製品の安全な使用に関しての責任を負っているだけでなく，顧客の課題を解決できる製品であるかどうかの責任をも負っているのである。あなたの責任は狭い場合も，チーム全体に及ぶ場合もある。まさにトータル・ソリューションを提供する役割を負っているのだ。

チームは，実行可能なアイデアや試作品を，顧客ニーズのレベルから経営幹部レベルに至るまで組織に対して提案する大きな責任を負っている。チームとして推進力や説得力を持つのであり，一個人がそういった力を持つことはまずない。チームはその影響力において，平等であろうとする。いったんチームが形成されれば，チームは自律的であろうとするし，一部のあるいはすべてのメンバーからの影響によって，急速にチームとしての自信を深めていく。人々は，以前の立場を通じてではなく，問題を解決する手助けをすることによって，自分の立場を高めていくのである。

以前注目したように，人類学者のマーガレット・ミード（Margaret Mead）はかつて「小集団が世界を変えた。まさに他の何人もなしえなかったのに」と語った。使徒，円卓の騎士（王によって組織されたとする伝説上の騎士団，円卓を囲んで議論や飲食をした），共産党細胞，教会，文学界，理論物理学者，ソクラテスの弟子，またはシェークスピア劇を公演した一座等，扱う集団は何であれ，チームとは全体の文化パターンを表す強力な考えの縮図であり，牽引の役割を果たす。チームは，生まれようとする新たな文化の種をもたらすのである。

チームあるいは誘導ミサイル型文化は，文化の4象限をいかに結び付けるかにおいて極めて重要な役割を果たす（図表4.1参照）。孵化型文化において孵化した新しいコンセプトは，誘導型ミサイル文化の中でチームワークによって後押しされ，擁護され，進化する。そして，チームの創造性は，技術革新やインキュベーションに影響を与えるようになる。チームがオペレーションを新たにするようなリエンジニアリングや再構築を果たさないと，チームの規律はエッフェル塔型文化の落とし穴に陥りがちになる。残る1つの家族型組織文化は誘導ミサイル型組織文化に向かうためには組織内に専門家チームがなければ，真のプロフェッショナルにはなれない。

図表4.1　文化の間を取り持つチーム

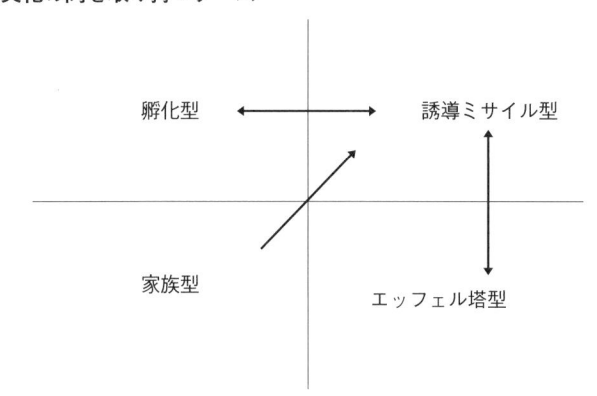

```
              |
       孵化型 ←→  誘導ミサイル型
              |        ↕
              |   ↗
              |
──────────────┼──────────────
              |
              |
       家族型 |    エッフェル塔型
              |
```

　チームを，当然のことながら評判の悪い「委員会（committee）」と混同してはいけない。委員会とは，無理強いするとか，禁止するとか，いずれにせよ部下にタスクを課すものであり，とにかく規則に縛られていて，手続きを重視するものである。チームメンバーは，チームの全メンバー及びチームに対して約束した任務を果たすために「本当の仕事」をしなければならない。チームは，自身のゴールやビジョンを持ち，ゴールに向かう進捗を確認するためのダッシュボードさえ持っている。序章で見たホーソン実験における女性たちはチームであって，委員会ではなかった。

　企業がますます多くのソリューションや顧客満足に対して企業のトータルシステムを売っているという事実を考えれば，チームは必要不可欠である。ハイファイ・システムは，コンポーネントを積み重ねただけではなく，音楽的な経験を積み重ねた完成品である。月着陸船はミッション全体の最重要部分であるが，他の飛行及び輸送システムがすべて機能しない限り，有効にはなり得ない。宇宙船が宇宙に向かった時，真っ先にプロジェクト・グループの活動を有名にしたのはNASAだった。

　現代のシステムは非常に複雑なので，それらを包含するには異なった多くの規律が必要となる。高度で複雑な集合体として成り立つためには1つの全体のチームで十分だが，より大きなシステムを構成する集合体の一部として機能する場合には，複数のチームが必要になる場合も多い。ノーベル賞でさえ，最近では個人で受賞することは珍しく，多くがチームで受賞している。しかし，チ

ームにはたいていコストがかかるので，メンバー間で付加される価値は内容的に充実していなければならない。

2 ● チームはどのように生まれるのか

　チームは，組織の権威を保有する者がサポートするか，あるいは社員が直面し，悩んでいる問題を解決するために自己組織化することで形成される。経営層が問題に対する解を持つことはますます少なくなっている。世の中があまりに複雑になったことから，現場から最も遠い人，すなわち経営層が，課題に対して次に何をすべきか，またどのようなことをしたら良いのか指示できなくなっているのである。

　シニア・マネージャーが知っているのは，企業が直面しているジレンマや課題である。企業が進化するためには課題を解決しなければならず，その解決策を見出すためにチームを支援する必要があることをシニア・マネージャーは知っている。組織の典型的な支援者は，チームメンバーを指名し，協力してくれるメンバーを承認しなければならない。また，チームの支援者は，チームが情報を把握できるようにし，権限を与え，経費を支払い，チームの最終的な提案が実施される前に，その提案を受け取らなければならない。

　チームの支援者は実際のジレンマに直面している。それは，チームの成否が支援者によるところ，つまり支援者の判断や予測の善し悪しによるところが大きいからである。チームがひどく失敗し，経費的な誤りを犯しているとすれば，それは支援者の誤りを，ありとあらゆる人に公表してしまうに等しい。非現実的な提案に対して一生懸命に働いてしまったらチームは黙っているわけにはいかないだろうし，提案が実現しなかったら責任者の責任を追及するであろう。危険要素が多いので，責任者は，過剰なコントロールをしたり，チームにコントロールされてしまう反対の過ちを犯すことで，しばしばチームの活動を鈍らせてしまうことがある。これについては，図表4.2を参照されたい。

　図表4.2に見られるように，チームの責任者は情報提供者に情報を提供させるために，「人質としてのチーム（左上）」を作ろうとするが，こういったチームでは，皆が上司の歓心を買うことに気持ちがいっぱいで，すぐに独創的でなく，沈滞しがちになってしまう。

図表4.2　チーム支援のジレンマ

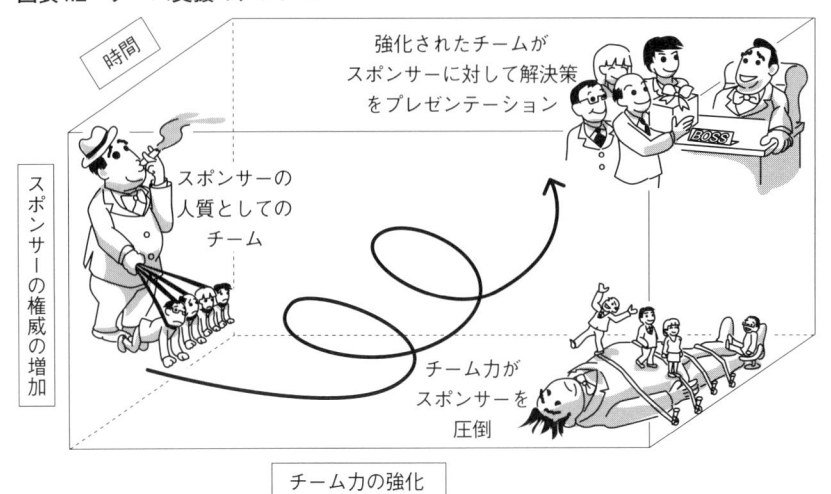

　支援者が恐れることは，図の右下に示されている。チームは責任者の命令から逃げ出し，責任者をヒモで縛り付けてしまっている。配慮とスキルが与えられてはじめて，本当に目新しく創造的な解決策を，責任者は手にすることができるのである。責任者は解決策がどのようなもので，結果として何を成しとげなければならないかをきちんと表現する必要がある。そうすることで，新たに権限を与えられたチームが責任者に対して解決策を提示できるのだ。

　おそらく，チームの支援者で最も有名なのは，GEのジャック・ウェルチ（Jack Welch）である。GEにおけるチーム・プロセスの最盛期に，ウェルチは毎週，4〜5チームの報告を聞き，彼らの結論を理解していた。そして，彼は自分が受けた提案の75％を実行しようとした。支援することは簡単な仕事ではない。支援者が知っているべきことは，課題やジレンマに対する答えではなく，課題が何かということであり，チームを啓蒙的な考えの出どころとなるように準備もしなければならない。答えが決まっているのなら，社内の事前決定に対して形式的に判を押すだけのために，専門家に巨額の経費を無駄に支払っていることになる。

　支援者はその答えを知らないが，答えを知っている者たちは，答えがどのようなものであるか，問題を解決するために何を成しとげなければならないのかを知っている。支援者は，チームが協議している様子をこっそり覗いたりしな

い。一方で，チームメンバーが権限を超えて新たな領域に入り込もうとしているのではと不安を抱いているような場合には，十分に相談にのることで彼らを励ます必要がある。そうしなければ，障壁があることにチームが気付いていないためにせっかくの「良い」解決策が機能しなくなってしまう。支援者はチームが予期しないようなことも支援しなければならない。

　チームの中には，メンバー皆が責任を負っていると思い，解決したいと思う問題の周辺で自立的に組織化されるチームもある。求められるスキルを持ったメンバーを選ぶというこの自然発生的なプロセスは非常に知的なプロセスである。その組織を認めるのであれば，この自己組織化されたチームを支援者が支援しようと決めるかもしれない。

　典型的には，チームは解決する必要がある問題をどう処理するかということから開始する。例えば，経理の債務勘定部門が小規模な顧客には納期通りに支払い，大口顧客には支払いが遅れるようなことが起こり，結果的に苦情の電話やメールをもらうことになるようなケースを考えてみよう。この問題に最も関連する人々のグループは，同時にこの状況が解決できるようにチームを組織化しようとする。チームは関心を持っていなければならないし，十分な知識も持っている必要がある。通常，最も関心を持っている人々は，必要な知識を持つ人々を選んでくるのである。それから，チームは支援者を探さなければならない。この場合の課題とその解決方法は実に単純だった。10万ドル以上の請求書には2つの承認の署名が必要だったが，少額の請求書には署名は1つだけで済んでいた。大口契約者の請求書に対して2つの署名を得るには2，3週間かかってしまっていたが，新しい規則の下では承認はファックスやメールで送ることができることにした。

　自己組織化されたチームの大きな利点は，問題がある組織文化の中で自生的にチームが構成されることにある。外部者であるコンサルタントが行うソリューションの多くは，外部から移植された細胞が体内に取り込まれ難いといった理由から失敗するケースが多い。つまり，「彼らの解決方法は組織内で作り上げられたものではなかった」ということだ。一方，上述の例では，当事者の経理の債務勘定部門から発生したチームは，その同じ組織文化の一部であり，そのソリューションは概して歓迎されるものだった。

3 ● チームはどのように情報を管理し,知識創造を支援するのか

組織的な理解には,次の3段階のレベルがある。
・知識
・情報
・データ

　チームは彼らが利用できるデータを分析して,情報に変えるよう支援される。この情報が,チームの支援者が彼らに本気で取り組むように依頼した重要な課題に対する答えとなる,あるいは答えの助けとなるならば,チームの解決策そのものが彼らの知識となるのである。トップ・マネジメントは企業が成功するためにどのような知識が必要であるかを決め,チームが挑戦しなければならない難題を投げかけるのである。

　データから情報・知識への進展は重要である。というのも,生のデータは,顧客と直接接点を持つことにより,また技術的な進歩を通じて,企業に入ってくるが,たいていは,比較的若手の人材を通じて入ってくる傾向があるからである。入ってきた情報,すなわちこれらの市場や技術の変化が組織にとってどのような意味を持つのかということを,シニア・マネージャーたちが気付くような何らかの方策を考え出す必要がある。チームと彼らからのフィードバックは,こういった変化に通じる重要な方法である。トップ・マネジメントが考えている提案を立証あるいは反証するためにどんなデータが必要か,変化している事実は新しい知識を求めているのか,等のフィードバックは極めて重要である。

4 ● 成功を確実にするためにチーム内でどのような多様な役割が必要なのか

　チームのそれぞれのメンバーは異なった役割を演ずる。それが実に多様な場合もあり,チームは潜在的な軋轢や誤解に満ちている。しかし,それぞれの役割のプレーヤー同士がたとえ個々に能力があっても,助け合わないようなチームはうまくいくわけがない。もしチーム全体の解決法を思いつくとしたら,それはチームが果たさなければならない重要な部分であり,そこには少なくとも

9つの異なった役割が必要となる。

マネジメント・チーム内での役割について生涯を通じて調査を実施したメレディス・ベルビン（Meredith Belbin）という研究者がいるが，彼の研究が本章では非常に有効である。彼の顕著な発見は，70年代のイギリスのヘンリー・マネジメント・カレッジでなされた。そこには企業の役員が短期研修にやってきていた。チームの1つは，ベルビンが敬意を表していた宇宙飛行士に因んで「アポロチーム」と命名するほど知能指数の高いメンバーで構成されていた。

そのチームが関わったビジネスのシミュレーションは，非常に高い知性を必要としたために，ベルビンはその最も賢いメンバーで構成されているチームが進捗結果で勝利するのは明白であり，テストする価値さえないと仮説を立てていた。しかし，テストを行ったことは幸運だった。アポロチームは6チームのうち最悪のチームとしてランクされて，追試でもトップというより依然として最低に近い結果であった。何がうまくいかなかったのか。我々には一瞬のうちにすぐに理解できた。ここで指摘すべきことは，チームメンバーはチームにおいていくつかの役割を果たさなければならないということである。非常に知性の高い人たちは，他人を批判しがちで，賢い人々がいるチームでは却ってそれぞれの考えがバラバラになってしまう。彼らは互いに建設的ではないのだ。

役割に多様性のあるチームが最も成功するのである。よく似た重複した役割を果たす同質な人たちで構成されているチームは，互いにつまずいて転んでしまう。

4・1　ベルビンのチームの役割

ベルビンのチームの役割は，チームのメンバーが簡単なアンケートに答えることで自己判別できるようになっており，次の9類型に分類される。

プラント

プラント（Plant：植物）はアイデアに富んでおり，チーム内で潜在的に様々な考えを創造することができる人材である。プラントは「型にはまらない考え方をする」タイプの人間であり，1つのチームに1人か2人いるだけで十分である。プラントが大勢いすぎても，注意を惹くために競い，互いに争うだけである。すばらしいアイデアの創造は，チームでの仕

事の立ち上げの時だけに必要なのである．他のチームメンバーは，プラントのアイデアを現実のものにするために必要とされている．

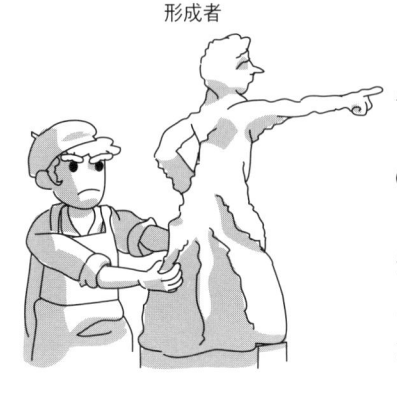

形成者

　形成者（Shaper）は新しいアイデアの周囲で人々をまとめ上げて，実施していく．彼らは時々製品チャンピオン（Product Champion）と呼ばれ，プラントが考えるアイデアの気運を削ぐ．起業家はたいてい形成者から生まれ，必ずしもアイデアに富んで創造的なプラントである必要はなく，革新的なプロジェクトにおいてむしろ信頼されていて，突破する力強さを持つ人である．

資源探索者

　しばしば革新的な解決をもたらす役割は，資源探索者（Resource Investigator）である．資源探索者はそれまでは使われていなかった新しい資源を発見したり，重要な顧客や絶好の機会を見つけ出したりすることができる．競争を勝ち抜くためには，少ない機会を生かすことが求められるのである．資源探索者は移動大使として組織間を行ったり来たりしているのである．

コーディネーター

　チームにとって，新しいアイデアは自動的に歓迎されるわけではなく，また必ずしも常に一番の議題に取り上げられるわけでもない．新しいアプローチの門戸を開く人々はコーディネーター（Coordinator）である．このチームプレーヤーは，新しい議題に対してチームを動かして，導いてゆく支援をしなければならない．

専門家

　最先端の知識をベースにした多くの製品は，専門化と新しい研究の結果である。専門家(Specialist)はチームに専門的なメンバーを獲得することが，彼らの知識から申し分なく競争力のある有利な立場を得るためには不可欠である。技術的な優秀さが鍵となることが多いが，チームとしてのバックアップも必要になる。

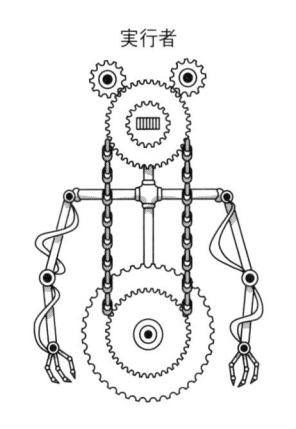

実行者

　6番目の役割は，実行者(Implementer)である。これは，製品やサービスとしてアイデアの具体化を実現する人であり，アイデアを現実に変え，ビジョンに実用性を与える人である。良い具体的実現がなければ，アイデアがそもそも持っている本当の価値は失われるかもしれない。効果的な製品化とサービス化の実現により，アイデアは生きるのである。

チームワーカー

　チームワーカー（Teamworker）の役割は，社会情動の専門家のためのものである。その専門家は，あらゆる傷を癒すことでチームの凝集力やモラルを維持している。チームワーカーは，チーム内のギャップや軋轢を応急処置して，参加や円滑化を後押しする。最もすばらしいチームワーカーは，あらゆる不完全さを察知して，そこに求められる役割を提供することができる人である。

監査・評価者

　ベルビンのアポロチームを損なわせたのは，過剰な監査・評価者（Monitor-Evaluators），あるいは高いIQの批評家だったが，必ずしも常に結果が伴わないわけではない。チームが時間を浪費し，アイデアを活用していない時に彼らは役に立つ。また，さらなる作業と入念な仕上げを要するアイデアの改良と，それらを実現させるための手助けをすることが可能である。顧客に修正されるより，批評家に修正される方が安上がりである。

補完的完成者

　最後の役割は，補完的完成者（Completer Finishers）である。完成されていない製品は顧客にとってほとんど役に立つことはない。良い試みだけでは評価されない。補完的完成者は製品を変更し，改良し，完成させるチームメンバーである。彼らはユーザーフレンドリーな製品を作るためなら限りなく苦労を受け入れる繊細な人々である。

　理屈の上では，チーム内のメンバーが，2つ，3つ，4つ，あるいは9つすべての役割を果たすことなどない，とはいい切れないが，役割には好みがあり，専門化する傾向がある。非常に感じやすく意識の高いチームプレーヤーは，チームにおいて何も行われていない要素に気づき，すぐに必要な役割を果たすだろう。全般的な人柄という視点で，すべての役割をこなせる潜在能力を持つ人がいるとしたら，そういった人たちは足りない部分を埋め，チームのバランスを取ることができる。

　すべての役割はまさに補完的であるので，アイデアは適切な資源と機会が与えられ，移植され，形作られ，実行される必要がある。図表4.3に描かれた「ル

図表4.3 ルネッサンス女性

たった1人が9つの役割！

ネッサンス女性（Renaissance Woman）」は，すべての役割を反映している。彼女は12時には生きたプラントであり，アイデアを生み出し，人々をつなげるためにアイデアを利用する資源探索者，アイデアを実行するために強さと自信に満ちた形成者，自身のプロジェクトを批評し，改善することができる監査・評価者である。7時にはチームのモラルを保ち，実行者として振る舞い，製品を改良・完成させ，この過程において1つ以上の専門的な規律を創り出すのである。このように聡明な万能プレーヤーは滅多に存在しないが，いないわけではない。

図表4.4　4つの文化におけるベルビンの9つの役割

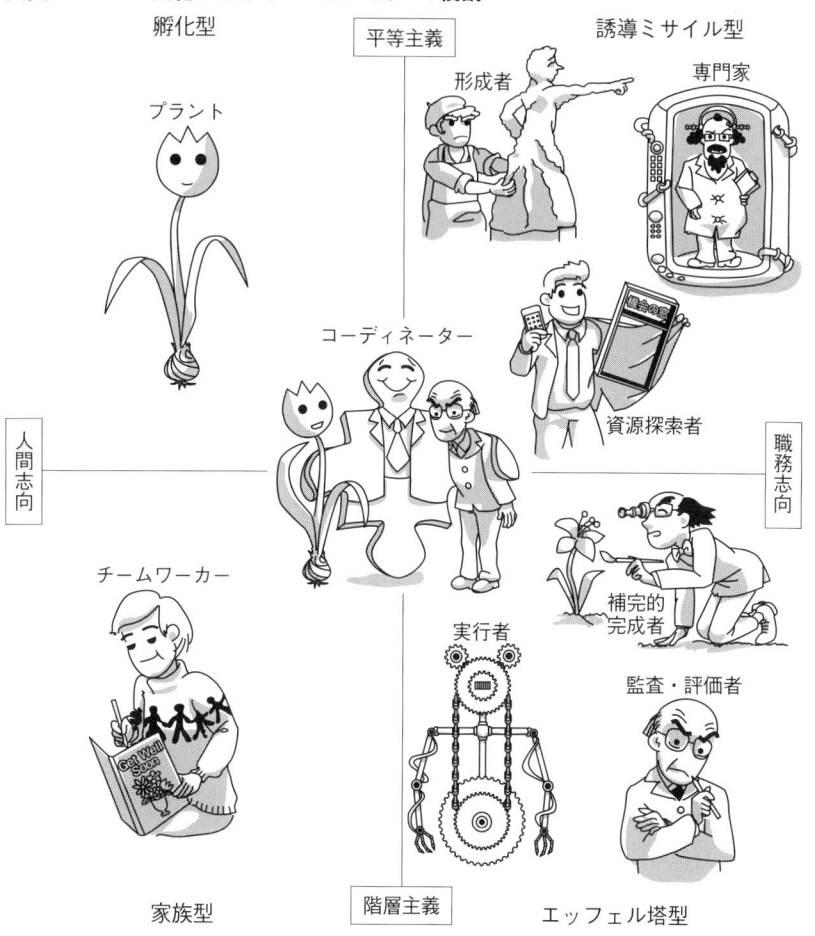

孵化型　　　　　平等主義　　　誘導ミサイル型
プラント　　　　形成者　　　　専門家
　　　　　　　　　　　　コーディネーター
人間志向　　　　　　　　　　　資源探索者　　　　職務志向
チームワーカー　　　　　　　　補完的完成者
　　　　　　　　実行者　　　　監査・評価者
家族型　　　　　階層主義　　　エッフェル塔型

　ベルビンの9つの役割は本書の最初で紹介した4つの組織文化とも特別な関連がある。誘導ミサイル型文化が他の3象限へ専門的知識を与えたり，逆に受け取ったりする場合，9つの役割は図表4.4に示すような位置付けになる。
　プラントは孵化の過程である。形成者，資源探索者及び専門家にとっては，プロジェクトチームにすべてのアイデアの背景を理解させることが必要不可欠である。チームワーカーは左下の象限で家族的な雰囲気を提供する一方，実行者は監督・評価者が監査しているエッフェル塔型製造プロセスに適した製品を手に入れ，補完的完成者は最終製品の状態を確認する。そして，コーディネー

第4章　人的資源管理はどのようにチームの問題解決力を促進できるか　131

ターは4つの組織文化を調和させようとする。ある意味では，誘導ミサイル型文化においては，9つすべての役割が存在しているが，別の意味では，チームは他の3つの組織文化の助力を得て，これらの組織文化の最善の技術を生かそうとしているのである。

　ベルビンは，チームの役割の「強さ」と「許容できる弱さ」のリストを作成している。プラントは良い意味では創造的であるが，夢見がちであり，非現実的であり，自己完結型である場合が多い。資源探索者は，新しい機会を探しながら「部外者でいる」ことができるが，チーム本来のビジネスから簡単に気持ちが離れてしまうことがある。コーディネーターは，皆を取りまとめることには活き活きとするが，すべての人にすべてのものを適当に粗雑な形であてがってしまうこともある。形成者は賞賛に値する決断力を持つが，政治的になりすぎて，人々をうんざりさせる問題児になるかもしれない。監査・評価者は，批判的な能力を持っており，チームを深刻な誤りから救う場合もあるが，考えやモラルを破壊することもある。

　チームワーカーは士気を維持するが，人々を喜ばせ，葛藤をうやむやにすることもある。実行者は非常に現実的で実践的であるが，繊細さや創造力には欠けることもある。補完的完成者は細かさと改善の達人であるが，妄想と脅迫観念に取りつかれた完璧主義者になる可能性がある。専門家は特別な規律について誰よりも知っているが，他の専門家に対して狭い見方をしたり，専門家でない人を軽蔑するような態度を取ることもありうる。それぞれの弱みを追求するような場合には強みが遠くへ押し出され，特別視される場合がある。

4・2　創造的なチームのジレンマ

　人的資源管理は，企業のチームのプロセスをどのように創造的な力に変化させようとしているのか。孵化的で創造的なプロセスを代表するプラントと他の3象限を代表する組織文化との間に起こる最も一般的なジレンマを調査することにより解明してみたい。

　アイデアの源泉を生み出すプラントに特に注目する理由は，本書の序章でははっきりと示されていなかった。人的資源管理は技術革新の推進力にならなければいけないし，技術的な進歩によって損害を受けた人々を助ける救急隊の役割も果たさなければならない。企業としての重要で強固な抱負があまり人間味

に富んでいないのであれば，企業活動は従業員や顧客に利益を生じさせることはないであろう。技術革新はすべての文化に行き渡らなければならない。プロジェクトチームは新しい製品やサービスを試さなければならない。エッフェル塔型の工場や官僚組織には周期的なリニューアルや再組織化を実施しなければならない。

　家族型はメンバーの内部に独創性をはぐくまなければならない。我々は今，プラント，形成者，資源探索者，監査・評価者そして専門家の間をつなぐ接点が重要なのだと考えるべきである。

プラント（創造家）対 形成者（あるいは理想型 対 現実型）

　革新的であろうとするチームは，創造的なアイデアを具体的な形に変えなければならない。形成者はしばしば発電所のようなものであり，具体性を求められなければ，理想を新しい現実に変えられない可能性が残る。しかし，形成者がアイデアを革新的な製品やサービスに作りかえることができるのであれば，形成者は現実の問題を打ち破り，前述のような懸念も払拭することができる。

　もともとのアイデアの質も重要である。聡明で創造的だと評判となるような人々の多くは，話やイメージの視覚化で評判を得ており，彼らが意図することを実現することで評判になっているわけではない。彼らが抽象的なレベルのままで，現実の世界に還元しなければ，彼らの評判に傷がつくことはないが，彼らのアイデアが実現され，もし失敗した場合には，彼らの現実の評判が露呈される。それはまさに，アイデアを試行するか，実行できないのであれば黙っているかの戦いなのかもしれない。このような対応にプラントは抵抗するかもしれない。形成者がそれを擁護することによりアイデアが信用を失うかもしれないし，強引なやり方で多くの敵を作ってしまい，プロジェクト全体の評判を悪くするかもしれない。

　図表4.5に示されるジレンマのグリッドにおいては，非現実的なアイデアは左上にある可能性が低い試行的に打ち上げられる気球のようであり，動かすことのできない物体の間でアイデアを破壊している形成者の「いつも通りの仕事」は右下にある。おそらく，形成者の「無理やりに押し進める」方法は，アイデアの全般的な傾向を不正確に伝え，チームメンバーは強引に指示されることに憤りを感じるだろう。

図表4.5 理想 対 現実

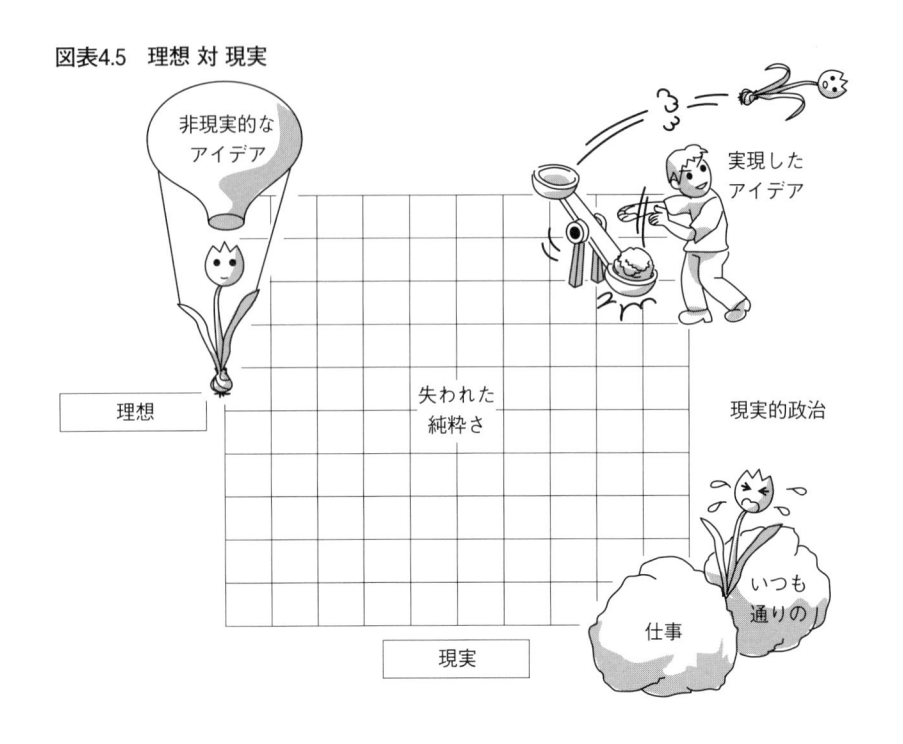

（図：非現実的なアイデア／実現したアイデア／失われた純粋さ／現実的政治／いつも通りの仕事／理想／現実）

　しかし，右上では，形成者はアイデアを勢いよく放り出し，飛ばすことに成功した。理想は現実になったのだ。製品は具体化し始めている。人々は自分の意志で実行するようになり，そちらの方向へ向かっていくのである。

プラント（創造家）対 資源探索者（概念 対 機会の窓）
　創造的なアイデアがうまく機能するためには，活用できる範囲の資源で取り組むだけではなく，顧客側の機会の窓にタイミングよく飛び込まなければならない。技術革新には支援者が必要であり，それを得るのは簡単ではないかもしれない。タイミングという窓は，ふいに，ほんの少し開くだけであり，素早くそこに飛び込んでいく準備はできているだろうか。たいていはそれぞれの活動を調整するタイミングの問題である。
　図表4.6のジレンマのグリッドでは，新しいプロジェクトは，閉ざされた機会の窓にぶち当たっている（左上）。顧客から利用可能な資源が来たが，チームが対応する前に去ってしまった。右下では，今度は機会が再び到来したのに，

図表4.6 概念 対 機会の窓

その時点では革新的なアイデアが十分に発展しておらず,もっと時間が必要である。顧客の要望を導き出すパターンをさらに追っていけば,顧客のニーズをうまく予測できるかもしれない。おそらく,新しい技術でできることを顧客に示せば,その技術に対する潜在的なニーズは複数の顧客の間で湧き上がってくるであろうし,その場合は,再度,機会の窓が開いたらすぐにでも飛び込むことができるだろう。

チームメンバーの心には新しい概念が根付いており,周りには,利用できる外部の資源が存在している。いずれにせよ,外部の変化する要望パターンに応じて我々は新しいイニシアチブをとっていかなければならない。内向的なメンバーも外向的なメンバーも,共に準備を整えていなければならない。

プラント(創造家)対 監査・評価者(独創的なアイデア 対 批判的な評価)

たいていの場合,純粋で創造的なアイデアは利益を生み出さない。例えば,多くの特許は成功裏に申請できたとしても,企業にとっては利益を生み出す素になるとは限らない。このことは,それらが偽物で完全に新しいものではない,

といっているわけではない。それらにふさわしい市場がないだけなのだ。それらの創造性は科学者を惹き付けるかもしれないが，顧客を惹き付けるわけではない。企業の中には，アイデアが生まれた途端に握りつぶされてしまうと不平をいう人もいれば，アイデア段階でつぶしてしまう方が，最終段階まで行って中止になるより無駄を省くことができるという考えの人もいる。

　批評家や監査・評価者が好まれることは稀である。批評家の銅像が建てられたことは未だかつてない。しかし，彼らが悪いアイデアを論破しないままでいれば，とても高くつくことになる。数か月前に予見されていたり，改善がなされるべきだったという不満を顧客が伝えてきた場合，その代償ははるかに高いものとなってしまう。

　プラントが，新しいアイデアを生み，提案しようとするのであれば，イノベーションの改善のためにも，建設的な批判を受けるべきである。そのために，顔を合わせてチームで仕事をしているのだ。これができれば，互いに尊敬し合い，温かい雰囲気で，アイデアを生み出した人を傷つけることなくアイデアを改善することができる。

図表4.7　独創的なアイデア 対 批判的な評価

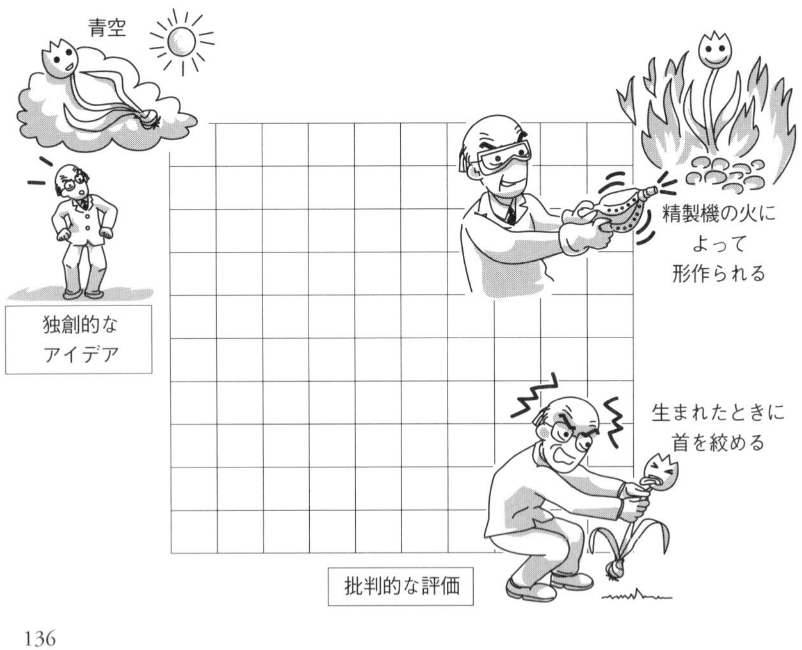

潜在的に破壊的な雰囲気においては，創造的なアイデアは「青空（図表4.7の左上）」になりがちである。すなわち，批評家が届かないほど遠いところにアイデアがあるということだ。この捕えにくさは，評価者たちの間に敵意を生じさせることも考えられる。まさに，何が提案されているのか。コストはどのくらいなのか。リスクの程度はどのくらいなのか。彼らはなぜ，遠いところにあるアイデアから現実に戻って，彼らが企てていることを我々に伝えようとしないのか。

　詳細な提案が最終的になされても（図表4.7の右下），それが批判的な鋭い洞察に耐えられないと，チームメンバーは提案に対して健全だが懐疑的な烙印を直ちに押すことになる。プラントが他のチームメンバーを騙そうとしているといわんばかりに，質問はしばしば敵対的である。そこでプラントが批評を受け入れ意見を変えると，それは責任逃れで「こそこそ」していると受け取られる。そして，今までと異なる提案をしていると思われるのだ。この場合，嫌々ながら，たいていは受け入れられるものの，批評する人々はまるで，彼らの不十分な仕事の技量に憤慨するような態度を示すのである。

　必要なのは，精製機の火（図表4.7の右上）である。強さをそのまま維持し，不具合のないようにアイデアの不純物を取り除く火である。賛同者と批評家がアイデアを精緻なものにするために共に働くのであれば，良い批判は，どんな革新的なプロジェクトにとっても極めて価値があるものになりうる。これが行われるところでは，革新的なプロジェクトの成功の可能性が高まる。

プラント（創造家）対 専門家（創造的な関係 対 競争相手の規律）

　すでに関係性のほとんどができあがっている１つの専門領域や専門性内ではなく，異なった専門領域や専門分野の間においてイノベーションは生まれる。この展開の極端な事例がNASAである。NASAでは，月面着陸のために100以上の特有の専門領域を必要とした。

　ここでの課題は，それぞれの専門領域が何に貢献しうるかということだけでなく，それらの貢献がプロジェクトやミッションの成功のために組み合わさって調和するかである。専門領域それ自体は，自分の領域を超えて他の専門領域と結びつく道を示すことはできない。複数の専門家を，学問の領域を超えて学際的に統合しなければならないという容易ならざる挑戦に，プラントとコーデ

ィネーターは直面する。

　図表4.8にあるジレンマのグリッドは，危険を引き起こす要因を示している。学際的な研究はしばしば対立する専門領域の衝突を起こす。すなわち，それぞれの対象分野においては他の専門領域よりは自分の方が権威があると信じているし，他人を犠牲にして自分自身の影響力を拡大しようと考えているからだ。プラントが必要に迫られ，専門家たちと接触する場合（図表4.8の左上），いずれの専門家もこれを快く思わないかもしれない。彼らは「なぜ，自分ではなくもう一方の専門家が相談されるのか」と自問する。プラントが向こう見ずに両方の専門領域を一緒にさせようとすると，専門家たちは互いに徒党を組んで争い始める。専門家は「コンテナに詰められる（自分の専門にこもる）」傾向があり，自分たちのコンテナの境界を侵す者を罰する傾向にある。一方の専門家でもなく，もう一方の専門家でもないプラントは，専門家たちの怒りのターゲットになるのは明らかであり，彼らの間でいとも簡単に押しつぶされるかもしれない。

　それにもかかわらず，多くの専門分野の複合体（図表4.8の右上）においては，

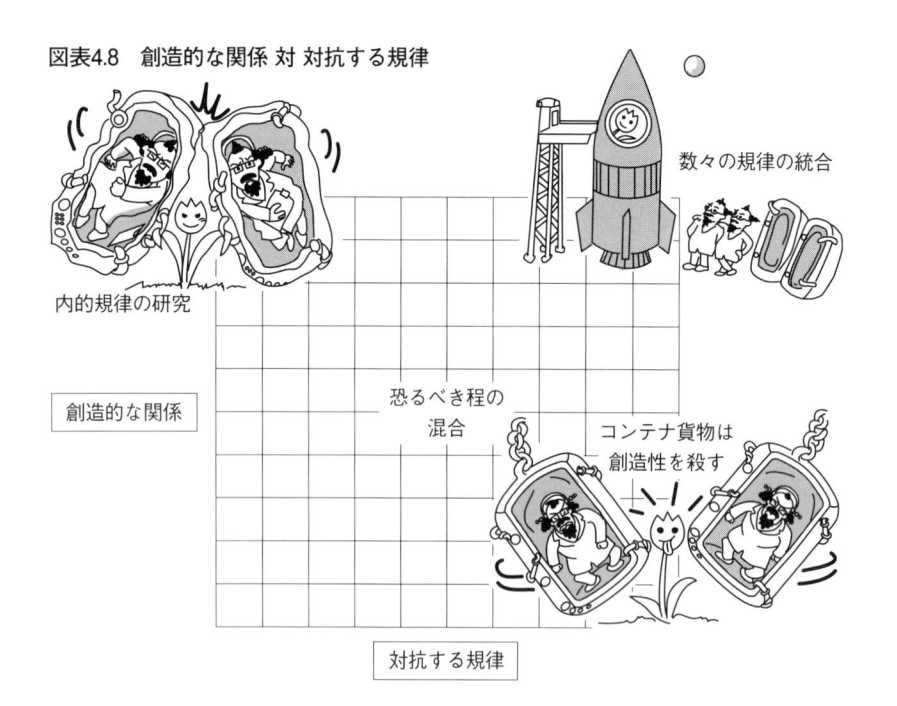

図表4.8　創造的な関係 対 対抗する規律

- 内的規律の研究
- 数々の規律の統合
- 創造的な関係
- 恐るべき程の混合
- コンテナ貨物は創造性を殺す
- 対抗する規律

異なった専門領域を持つ専門家同志を結び付けることが可能である。NASAと欧州宇宙局の双方とも，タイタン，すなわち土星の衛星の1つに向かう過程でこのことを鮮やかに達成したのである。「誘導ミサイル型」というのは比喩で使っているが，これらは，文字通り，自らの専門領域に固執することなく，チームの目的に向かってプロジェクト・グループとして協働しているといえる。

5 ● チームはどのように進化し，メンバーの成長を支援し，解散するのか－最高のパフォーマンスを得るための秘訣－

　企業の歴史においては，稀に最上級のパフォーマンスが行われることがある。あらゆる難題をクリアして技術革新が驚くべき成果を生み出す場合，たいてい（実際にはすべてといってもいいくらいだが），そういった飛躍的進歩の背後には専門チームが存在している。リップマン・ブルーメン（Jean Lipman Blumen）及びレヴィット（Harold J. Leavit）は，これらを「ホットグループ」と呼んだ。なぜなら，高い目標に到達したことで興奮が高まり，非常に大きな達成感を感じているに違いないからだ。しかし，この時いったいどのようなことが起きていたのだろうか。

　心理学者ミハイ・チクセントミハイ（Mihaly Csikszentmihalyi）は，この現象を研究し，「フロー」の経験と表現した。これは，個々の演技者，芸術家，スポーツマン，学者，クリエーターだけでなく，乗り越えるためには勢いが必要なチャレンジに直面している課題解決者たちの小さなチームにおいても発生する。チクセントミハイはこれを，「挑戦」対「技能」の課題であると受け止め，チームの技能がタスクを達成するために克服しなければならない挑戦に遭遇した時，何が起こるかを考えた。図表4.9は彼の考えをわかりやすく図式化したものだ。

　挑戦がチームの技能を超えている場合，チームは不安の渦に突入する（左上）。チームの技能が挑戦を超えている場合，チームは退屈してしまう（右下）。技能と挑戦が非常に均衡している場合，はるかにおもしろい何かが起きる。突然，お互いが引っ張り合うために2つの軸が止まり，熱狂的でダイナミックなフローの経験に共に突入する。興奮と共にチームはだんだんとより高いレベルのパフォーマンスに沿って運ばれていく。挑戦がチームメンバーの隠れ貯えで

図表4.9 挑戦 対 技能

不安

フローの経験

興奮

退屈

挑戦の程度

スキルの程度

た能力をすべて発揮させるような状態である。メンバーは，共通のゴールまであとわずか数センチだけ離れた自分たちを見て，チームみんなの記憶のすべてを隅々までくまなく探して，あらゆる神経と体力を緊張させ，何とかしてゴールに到達しようとする。

多くの応答者は，これらの果断な経験，すなわち，追跡のスリル，今まで経験したことのないエネルギーが自然にあふれ出る感覚，お互いに解決しようとするプライド，人生を変える手助けをしようとしている身近な同僚が，あなたの貢献を賞賛してくれたという満足感などを今，思い起こしただろう。歴史を作っている共通の感覚，自分の企業に遺産を残したこと，これまで考えもしなかった精神的に画期的な出来事を通過している感覚をチーム全体で共有することになる。企業は，こういうチーム全体が丸ごとライバル企業に寝返ることを大変恐れ，彼らの企業への忠誠を維持するために「金色の手錠（特別待遇）[1]」を用意するのである。

チームが再び凋落し始める前に時間をかけて，最高のパフォーマンスの頂点に到達する可能性を認識することは重要なことだ。チームワークの結果として，チームメンバーは成長の経験をするが，チームのこの発展は，個人の学習や発

展とはまったく違うものである。チームは，そのメンバーの個性やスキルに関する知識や情報を入手する結果として発展するのである。ウィルフレド・ビオン（Wilfred Bion）はタビストック研究所（Tavistock Institute）において，小グループの発展の様子を次の1から4の段階に図式化して示している。

1. 依存
2. 争い／退去
3. ペア形成
4. 相互依存

見知らぬ人々のグループでは，最初は集まった人同士が非常に依存し合っている。そこで彼らの支援者は彼らに自立するように求める。すなわち，支援者が「グループが何を考えているのか私は知りたい」といえば，争い／退去のパターンが始まる。立場を退きたがるものもいれば，リーダーシップを争うものもいる。最初の協力の形の表れは，メンバー間の簡略な連携，つまりペアを組むことで，たいていは，他に生まれたペアと対立することになる。最終段階は自立，すなわちチームメンバーが共同して望ましい成果を得ようと協力するために，相互に十分理解している状態が作り出される。互いの志向性に対する理解度がより深くなると，巧みな相互作用とコミュニケーションの向上をもたらす。つまり，チームが問題解決の集団として軌道に乗った結果である。その進化の様子は図表4.10に示される。

これはチームの発展の一理論に過ぎない。形成（Forming），混乱（Storming），統一（Norming），機能（Performing）という段階で説明する研究者もいる。最初に注意深い導入があり，意見の違いによる相対的な影響力の戦いとなり，適切な統一した手順の基準が合意され，そして本当の機能を開始することができる。ウィリアム・シュッツ（William Schutz）は，チームメンバーはコントロールのために互いが苦闘する前，または互いを正しく認識しようとする前に，メンバーの一員であると感じる必要があることを，内包，コントロール，愛情という段階でとらえた。これらすべての位相理論には共通のテーマがある。グループは，企業にとって役に立つ仕事を実行できるようになる以前に，最初にごく小さな共通の組織文化を創造しなければならないということだ。

最高の実績に向けたチームの急速な成長は，永久に続くものではない。チームメンバーがお互いを知りすぎてはいるが，より広い環境に関与するには十分

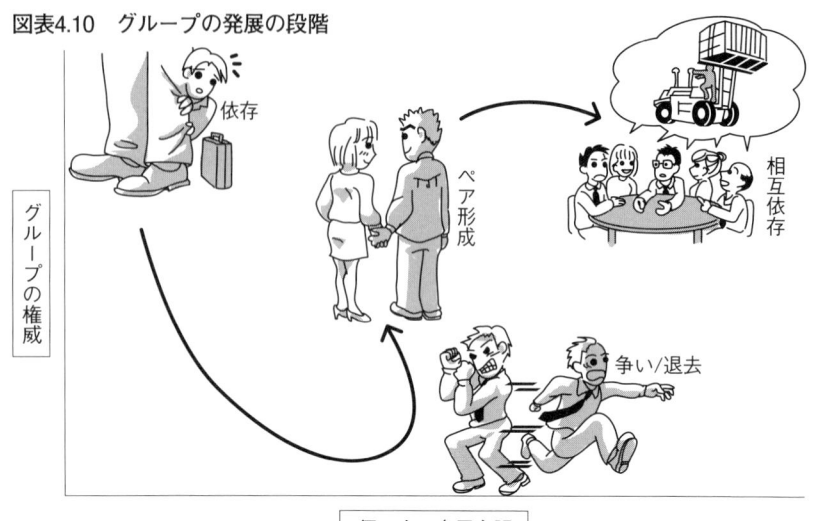

図表4.10　グループの発展の段階

（図：縦軸「グループの権威」、横軸「個々人の自己主張」。依存 → ペア形成 → 争い／退去 → 相互依存の段階を示す）

でないと感じる時期は必ずやってくる。チームメンバーから仲間として学ぶことはたくさんあっても，習得してしまった時，学習の程度は遅くなっていく。これはチームが壊れる時であり，メンバーにとっては新たに形成されたチームにおいて新しい調整に取り組んでいかなければいけない時である。このようにして，挑戦は終わらないし，新しいチームメンバーにかかわる目新しさも終わることはない。

　誘導ミサイル型プロジェクトチームが一時的であることを理解することは重要である。目標を達成すれば，チームのタスクは完了し，チームは解散する。したがって，誘導ミサイル型文化はエッフェル塔型文化が官僚的であるのとは違い，反官僚的である。誘導ミサイル型文化は本質的には期間限定であり，プロジェクトからプロジェクトに移動して成り立っている。なぜなら，それまであった難しい課題が達成された時にはその役割は完了するからである。おそらく，存続を目的としない唯一の組織文化である。

　小集団が一時的であることに気付かなかったことは，60年代，70年代におけるTグループ，すなわちトレーニング・グループの盛衰に関与している。これらのグループの発展に関してかなり長期間にわたって追跡調査を行った時，それらのもたらしたものは薄れていくことがわかった。本当に注目すべきだったことは，強化されたチームの業績に対する短期間のインパクトであった。品質

サークルや労働生活の品質向上グループの活用にも，同じような失望があった。というのも，若干過剰気味に，現代の最先端ともてはやされていたからだ。エキサイティングなホットグループを生み出すことへの挑戦はまだ残っている。このようなグループはすべて短期間に衰退するであろう。グループは持続しないかもしれないが，それらが創り出すものは持続するだろう。

　現場から離れた（オフサイトの）研修セッションは，研修セッションを最後まで乗り切った人たちにとって新しいチームを生み出す良い機会となる。THTでの筆者グループの研修セミナーでは，シニア・マネージャーに自分の会社が直面する最大の課題を列挙してもらうことから開始する。その後，チームを作り，そこに存在するジレンマの解決法を説明するのだ。研修の最終日，シニア・マネージャーたちは自分自身の思い描く解決策をその挑戦を提示したリーダーに対して示すのだ。リーダーたちが提示された解決策に感銘を受けた場合，筆者グループはそのチームとその作業そのものが数週間維持されるよう依頼する一方で，最も深く関与した人に，最終的に上級の意思決定者に結論を提示するようにお願いしている。これが研修で学んだことを彼ら自身の組織に戻し，学んだことを職場で応用する方法である。

6 ● 多様なメンバーで構成されたチームは本当に効果的か

　これまでのところ，チーム内で果たされる役割が多様であることが，チームが最大限に機能するために欠かせないことを議論してきたが，一般的に多様性とはどのようなものだろうか。チームが多国籍であり，多くの専門分野にわたっており，そして多くの機能を持つ場合，多くの異なった視点が含まれる。役割の多様性は必要な多様性であるが，例えばグループの中に，中年のポルトガル人の元手品師がいたり，身体に障害を持つ中央アフリカのツチ族の戦士がいたりすることは，チームの目的に対しては成り行きであったり，偶然なことだったりするかもしれない。

　多様性のあるグループと同質的なグループとの相対的なパフォーマンスに関する調査結果は，我々が推測したように，逆説的である。ナンシー・アドラー（Nancy Adler）は，多様性のあるグループはひどく失敗するか，あるいは型破りな方法で成功するかのどちらかであることを見出した。この結果はグループ

の一連のプロセスがいかに効果的であるかにかかっている。多様性は失敗を引き起こす障害を作り出すが，それを乗り越えることができれば，その障害こそが際立った成功に貢献できるのである。

　利潤を追求する企業には，成功するか失敗するかというリスクはつきものであるが，多様性を得ようとするのはより大きなリスクを冒すことではある。同質的なグループの活用は，リスクは低く，失敗の可能性も低いが，ほどほどな利益で終わる。グループが多様であればあるほど，どのような場合においても果たされなければならない役割を超えて，うまくマネジメントするのは難しいが，それができれば見返りもより大きいものになる。

　多様性と創造性は重要な関係にある。もともと離れている2つ以上のアイデアをうまく結び付けなければ創造的にはなれない。そこで創造性に関する有名なテストの1つに，遠隔連想テスト（RAT: Remote Associations Test）というものがある。新たに結びついた考えが以前は離れていたものほど，そのアイデアの源もまた非常に多様だったはずだ。このような多様性の中で，うまく機能するチャンスは高くないが，この多様性を調和できるとすると，その調和された解決策の質は非常に高いものになる。特にその内容が創造性に富む場合は，リスクは高いが，得る結果も大きなものを期待できるのである。JPLのカプセルのケースでは，宇宙船が打ち上げられた後で土星の周囲の複雑な楕円の軌道を再計算する際に，チームメンバーのうちの最も優れた計算が活用された。

JPLのリカバリー・チームが宇宙ミッション全体を救った

　土星とタイタン（土星の最も大きな衛星）へのカッシーニ・ホイヘンス探査機は1997年に打ち上げられたが，致命的な計算ミスが発見されたのは，すでに打ち上げられた後で，その軌道へ向かう最中であった。（地球へ画像を送り返すための）高精度のアンテナの供給元であるイタリアの下請け業者はドップラー効果を考慮し忘れてしまった。空間において2つの物体が異なったスピードで相対する軌道で動く場合，すなわちこのケースでは，オービターとプローブの2つだが，通信が混乱しやすい傾向があった。プローブからオービターに対して鮮明な映像を送ることができないならば，オービターはそれらを地球に転送できなくなる。その結果，タイタンに焦点を当てた科学実験の多くが失われることになるだろう。

　パサデナのジェット推進力研究所（JPL）でのリカバリー・チームは挑戦を始めた。1人のメンバーのすばらしい計算のおかげで，指示を再プログラミングす

> れば地球からオービターの軌道を修正することが可能となった。問題は，ドップラー効果を最小化あるいは削除するために軌道を変えられるのかということだった。土星の周りとその環を通じてオービターの回転を再計算，再設計することができれば，2つの宇宙船はひずみのない通信ができるのだった。関与した数式は並はずれたものであり，解決策は非常に創造的なものであった。全体として，リカバリー・チームは首尾よくやりとげ，天文学者の一生の仕事をこの危機から救った。これはチームが達成することができる極めてすばらしい成功事例である。

7● 大きな組織の縮図としてのグローバルなチームとは

　様々な国の出身者で構成されるグローバルなチームの大きな利点は，国家間，例えば日本とアメリカの間に存在する文化的なミス・コミュニケーションが，理解されることにより，互いに協力し合って，社会的に親密な雰囲気を作り出すことができるということである。アメリカにいるか，あるいはアメリカ人との広範囲に及ぶ経験を持つ日本人は，インターネットを通して話し合っている2つのビジネス・ユニット間で起きる論点をすぐに理解・推測して，説明することができる。ビジネス・ユニット間ではなくチームとして，信頼やお互いを尊重する気持ちを確立するために十分な時間を取ってきたという長所は，危険を孕む論争を解決するためや，それぞれの国の人々に対して説明するために活用できるのである。チームによって念入りに構築された解決策は，日本人及びアメリカ人の参加者間での新しいコミュニケーションの方式を構築するロールモデルとして活用されうる。

　いくら時間や予算があっても，2つの大きなビジネス・ユニット同士が互いの誤解について話し合うようなことはできない。しかし，チームになら問題を突きとめることができ，その経験から日本人とアメリカ人の幹部社員は互いに情報交換をし，啓蒙し合えることを確信することができる。

　人事部門は，互いに自分は「正しく」，相手が「間違って」いると確信している2つのビジネス・ユニット間で発生するグローバルなジレンマが何であるかを，最初に明確にしなければならない。つまり，論点は何なのか。例えば，在庫管理に関するモデルが論点であった場合について考えてみよう。アメリカ

人は日本人に対して，どのようなモデルを採択し，活用するのかについて，シカゴにレポートを提出することを期待している。グローバルなチームでは，互いの文化の経験のある日本人やアメリカ人だけでなく，アメリカ式基準に精通した専門家，日本式の計算や会計基準の専門家を交えてスタートすることであろう。

彼らには，数字について1つの文化が考える方法からもう一方の文化が考える方法に変換して，さらにその逆の行為を繰り返す作業を続けることが求められる。要望に応じて，担当の中年の幹部社員が考えを変えることはあり得ない。つまり，1つの「言語」からもう1つの「言語」に翻訳し，異なった方法で実施しても同じ結果が導かれることを示さなければならないということだ。

いったんチームメンバーが互いをよく知り合うと，メンバーたちはコンピュータを用いて，しばらくの間は，ヴァーチャル・チームを構成することができる。しかし，互いの顔や冗談，ジェスチャーの記憶が薄れてしまうと，受け取る「ローコンテキスト」な（＝文脈の少ない）メッセージを誤って解釈し始める可能性が生じる。

要約すると，チームは企業という組織内の「知識の遺伝子（時々ミームと呼ばれる）」のようなものだと言われている。組織内のチームはチーム内のアイデアを組織の熱意と推進力で処理して，問題解決の糸口として活用するのである。それは共同体主義と個人主義の価値観に折り合いを付けることを意味している。すなわち，チームは小集団のために個人の創造性を生かすこともできるし，組織内で公的な役割を果たしうるだけの大きさも持ち合わせているため，革新的なプロジェクトを支援して推進させることもできるのである。チームはただ人が集まっている委員会ではなく，「本当の仕事」の達成を約束するものなのである。

役割の多様性については，少なくとも1人の精通したメンバーがいれば，チームはうまく機能する。チームは，多様性を結び付けることができるビジネス・ユニットの生きたお手本である。初期の多様性がすばらしいほど，彼らの解決策から生じるイノベーションのチャンスは大きくなる。しかし同時に，失敗のリスクもより大きくなる。

チームは発展し，特別な状況下で最高のパフォーマンスをすることが可能であり，状況次第ではすばらしい興奮を生み出すのである。そして，新しいプロ

ジェクトだけでなく，顧客のニーズも受け入れる。チームは，組織を活性化させて，市場にすぐに反応するという点において甚大な影響を与える非常に重要な存在なのである。

[訳者注]
1）「金色の手錠」は有能な社員の転職を防ぐための「特別優遇措置」の意。

第5章

学習組織を構築する: 人事への挑戦

　この章では学習組織の構築の可能性を調べてみる。多くの企業の人事部が様々な試みを重ねてきたが，成功例は決して多くはない。組織学習にもまた，第1章の企業文化，第2章の人事評価，第3章の戦略目標と第4章のチームの問題解決力で扱ってきたのと同様に，多くのパラドックスが潜んでいる。そのコンフリクトを避けず，正面から立ち向かい，様々なジレンマを調和させていかなければならない。

　この章で筆者は，組織の学習がなぜ今，非常に重要であるかについて考えてみる。それから，何を学習しなければならないのかを知る上で必要かつ，未だ解決されていないいくつかの問題について調べてみる。手順は以下の通りである。

- 企業活動はすべて学習されるのか
- 事実を集めるべきか，質問を提起すべきか
- 最初から正しくあるべく努力すべきか，あるいはミスをしても速やかに修正すれば良いのか
- はっきり見える形で学ぶのか，あるいは暗に学ぶのか
- 変化と連続性はどのように関連しているのか
- 企業は，特許登録の内容をオープンにすべきか，あるいは社外秘として保護すべきか
- 社会的学習は，技術的学習と異なるか。その両方を同時に達成することは可能か
- 標準化やベンチマークの役割は，それぞれ何であるか，我々はそれらに適合すべきか，それともそれよりも優れたものを見つけるべきか

- それぞれの地域特性をいかに統合するか
- 多様な価値観が存在する世界において「メリット」とは何であるか
- どのようなイノベーションの文化を構築するのか

1 ● 企業活動はすべて学習されるのか

　学習とは新しい眼鏡のレンズのようなものである。このレンズがあれば，すべての活動は学習されるのである。序論で，どのようにすれば，より効率的に電話中継機器を組み立てられるかを実験することにより，いかに生産性を押し上げ，職場を変革することができるのかを見てきた。仕事をしている人々が，より効率的な方法があるかどうかを問う特別な理由はない。ソクラテスの言葉をわかりやすく言い換えると「何のチェックもしない職場は稼働する価値がない」のである。このプロセスはアクション・ラーニングと呼ばれている。まず行動し，それから，より良い結果が得られるかどうかを自分自身に問う。製品やサービスに反映される知識の量は，「知識の強さ」として知られている。この言葉は先端技術のことを表すことが多く，本質的に社会的経験の役割を過小評価する傾向はあるが，いまだに有益ではある。

　「知識の強さ」は，競争上の強力な武器となることができる。満足感を提供する上で最先端の知識が不可欠であるならば，その満足感そのものが希少価値となり，高価なものになる。製品の製造，配達，販売，品質の維持や使用に必要な知識が貴重なものであるならば，ユーザーやプロバイダー等の関係者たちは，知性を伸ばし，富を蓄えることになるかもしれない。東南アジアのシンガポール，マレーシアなどの国々，そして今は中国が，人材育成につながる高級品のマーケットを攻略しようとしている。

　「知識の強さ」は，産業へ新規参入してくる企業に対する強く大きな障壁となりうる。多くの国々では新しいスキルが慢性的に不足しており，それを早急に供給する教育インフラも根本的に不足している。それゆえ，革新的で，特許が取れるような製品やサービスが不足しているばかりか，これらを製造・配送するスキルもまた不足しているのである。ペンティアムのチップを作っているマレーシアの工場労働者は，コンピュータや数学的モデルを使えなければならない。この種の熟練労働力は，大変貴重なのである。

知識はその性格上，製品やサービスが深く組み込まれているシステムから成り立っている。顧客が求めているのは，「もの」というよりむしろ彼らが抱える問題の解決策である。コンピュータを購入するのは，その機能を手に入れたいからだ。照明を買うのは，何かを明るく照らしたいからだ。自らの戦略をモニターするために，情報テクノロジーを使用することもあるだろう。これらはすべて，顧客が満足感を得られるように設計された人間の内面の一貫した知識のシステムそのものなのである。

　このような全体の知識システムを所有することになると，思考のプロセスであるソフトスキルを販売するようになる。さらに全産業が従わなければならない標準や規約を策定するのである。したがって，知識生成の利益は限りがないものであるといえる。人事にとってこれ以上に重要な役割が存在するだろうか。しかしながら，この分野にはたくさんの罠が存在するのである。

2● 事実を集めるべきか，質問を提起すべきか

　この問いとこの章に出てくる問いかけに対する解答は「どちらも必要」である。しかし，我々は取りつかれたように至る所から事実を集めてくる世界から始めなければならない。

　信念，信仰や自分たちが宇宙の中心であると考える人間の概念上の思考から，まったくかけ離れた遠くの星を観測するために望遠鏡を取り付けた天文学から科学は発明された。その考えは物理学に移り，そして再度，世界は神により捲かれて進む天の時計とみなされた。その精神は宗教に受け継がれた。デカルトの言葉では「(extensa) 外的なもの」が科学に継承された。

　この理由により，ほとんどの人や物を具象化しようとする絶え間ない習慣が一般化してきた。情報は，人間から発信されている一方で，多くの惑星や太陽系システム同様，人間から切り離され，独立した存在となっていく。知識は人間から独立し，客観的で，コモディティ化され，抽象的で，文脈に当てはまらない，表象的なものとして存在すると考えられている。

　しかし，誤った推論が生じてしまう危険がある。例えば，情報量は多ければ多いほど良いものだという思い込みが生まれてしまう。情報は他の様々な資源，例えば現金，財産，不動産，そしてもちろん人的資源のようなものと似ている

と考えられている。情報を大量に蓄積することにより豊かになるのである。大量のデータが我々を混乱させると同時に我々を支配する危険性は，適切に理解されていない。すべての事実を情報として手に入れても，それらから有益な知識を引き出すことができないのである。

　客観化が多様な価値観に適用されると，特に危険である。人々が価値観は物資的なものであり，多様な価値観を多く持つことが，より良いことであると考えるならば，リスクを負うこと，攻撃，タフなマインド，給与のカットなどに際限がなくなってしまう。我々は手に入るいかなる手段を活用しても，利益を上げなければならない。なぜなら，利益を出すことは良いことだからだ。どのような議論でも，2つのグループが，相反する「物事」に価値を見出すが，それらの共存が論理的に不可能であると考える場合，そこは文明の衝突の舞台となってしまう。アメリカ合衆国での9月11日の出来事はまだ序章に過ぎないのか。

　多様な価値観は，筆者グループが今まで見てきたように，相違点を調和させるプロセスであると考えられる。企業がその資金運用にリスクを負うことで，利益も確保することができるのである。「リスクを負う」と「安全確保」は2つの対極にある価値基準である。すなわち，富を創造するスパイラル・プロセスにおいて，十分なスキルを持っていても，多くの金銭が危険にさらされるし，反面，多くの利益を生み出す場合もある。

　このことから，本当の知識とは，巨大なデータベースから集められる事実の蓄積ではなく，我々が提示してきた問題に対する解決策であることがわかる。情報は我々が最初に質問をして，その解決策を構築するために重要な役割を果たすことにより，知識になるのである。現代社会の企業組織を熟知している人で，データが足りないなどという人はいないだろう。むしろ，彼らは彼らが関心を持つ自分自身の活動を通して得た統計データですらどう扱うべきかわからないのに，関連性の疑わしい客観的な情報もたくさん持っているのである。6月13日にある企業の店舗Yが，X包の細長い魚のフライを売ったことが何か関連があるのだろうか。我々はコンピュータから得られるような客観的な情報をどのように処理したら良いのかわからないのである。問題は我々が回答できないことではない。問題は，回答を作り出すことのできる良い質問が不足していることにある。

企業になぜそのような多くデータを集めるかについて尋ねると，一般的に「そこに情報があるから」であり，「それが普通だから」と答えるのである。その上，バーコード等の技術がそれを可能にしているのである。いずれ彼らはあらゆる情報をデータ・マイニングすることになるのではないだろうか。

　また，どんな会社でも，挑戦するのに援助を必要とする多くの人々がいる。彼らには知りたいことがあるのだが，集めた大量のデータに埋もれていて，求める答えがどこにあるのかほとんどわからなくなってしまっている。質問されないたくさんのデータと答えとなるデータのないたくさんの質問は，知識を形成することができずに，ただ単に混乱を招くだけである。援助を求めてきた従業員（への指導）を，別の従業員に任せるのではなく，上級マネージャーが，部下が答えを出せるように個人やチームに対して質問をしていかなければならない。質問というコンテキストに対する答えやデータそのものがテキストとなるのである。知識を形成するものは，質問であり，仮説であり，提案であり，推測である。それに対して顧客と，その顧客にかかわる人々がその答えを提供する。

　企業は，このような質問をしてみるべきである。例えば我々の新しい顧客サービスの満足度は高いか。遅配を半分に減らすことができるのか。3つの異なるビジネス・ユニットによる3つの成功例は，他のビジネス・ユニットにも適合し，役員レベルまで拡大して取り上げることが可能か。もし可能なら，なぜアクションが取られていないのか。企業としての正式な戦略はこれらの成功から学び，また改良されているのか。

　その名に恥じない学習組織は，とりわけ好奇心旺盛な組織でもある。これは，トップマネージャーたちが，すべての答えを知るのは無理であり，さらにそれらの答えに基づいて命令を出すことは不可能であることから，むしろ主要な知識の質問者としての役割を果たすべきことを意味する。彼らはどんな質問が重要であり，どのようなジレンマがどのような答えを必要としているのか，どのような顧客を取り戻すべきかをわかっているが，ほとんどの場合，どのように実施されなければならないかを理解していない。結局，マネージャーたちは具体的な行動の取り方がわからず，さらに市場との個人的かかわりにおいても距離がある。彼らができること，また，しなければならないことは，進行している探究のプロセスを取りまとめ，そこから生きた知識を引き出すことである。

好奇心旺盛な組織は比較的平等主義なので，探究システムは，筆者の組織文化の最上位にある象限に位置している。質問をするならば，答えに対して敬意と好意的評価を示す必要がある。理論がデータより「優れている」可能性はなく，また推測は，反論や確証ほど優れてはいない。質問をしている人々と答えている人々は，そのやり取りが意味をなすためには互いを必要とし，その目的実現のために対話をするのである。

　第4章では，筆者グループは，複雑な問題に取り組み，解決策を考え，スポンサーに対して報告することを求められるチームのスポンサー行為について考えてきた。これは，好奇心旺盛な組織が取ることのできる1つの形態である。

　一見退屈に思える行動に対して質問を投げかけることにより，新しい意味を付加することができる。あなたが，多量の燃料を契約者に毎日配達しなければならないと想定してみよう。これは，かなり日常的な仕事であり，心がわくわくするような仕事ではない。そのような仕事に対しても，あなたは質問を投げかけることができる。例えば「意識して配達ルートを工夫すれば，一番速く，最も経済的な道順を見つけることができるのではないか」というような質問である。

図表5.1　ジレンマA　質問 対 答え

縦軸：質問，挑戦，ジレンマ，文脈

- 答えられていない質問
- 文脈における回答
- 多すぎる回答

横軸：回答，応対，解決，文章

質問と答えのプロセスは図表5.1に描写されている。左上には，客観的な多くの情報から必要な答えを得られず，むなしく支援を求めている従業員がいる。多分，どこかに答えはあるが，はっきりとどこにあるのかわからない。また，それが目的に適うものなのかもわからない。右下には，パンドラのデータバンクがあり，そこには誰も質問をせず，元々の質問自体が忘れられてしまった答えが箱いっぱいに詰まっているのである。

　本物の知識は，右上に描写されている。その内容は，従業員や顧客に答えられる戦略的な質問で構成されている。継続的な質問の全プロセスは，非常に探索的な質問を繰り返し，企業の最新のオペレーション部門がそれに回答することで，企業とその環境に関する大切な知識を蓄積することになるのである。

3 ● 最初から正しくあるべく努力すべきか，あるいはミスをしても速やかに修正すれば良いのか

　客観化するのが最も簡単な知識は，セルフシール技術や結果予測である。これらは市場で売られる前に，他者によるテストや複製が可能である。これは，一般的に知識革命と称されるものである。徹底的にテストされて，設置される最初の段階で絶対に正しくなければならない独立ツールの集合体である。大学や研究者によって理想とされるのは，この種の知識である。

　しかし，ビジネスや日常生活の中で非常に広く使われているまったく異なる種類の学習がある。それは漸次接近法（繰り返し正解に近付くこと）による学習である。試みの初期段階においては過もあるが，素早くこれらを修正する。顧客を知ろうとすること，言語を学ぶこと，誰かを愛したり助けたりしようとすること，外国人たちと交流することで異文化を体験すること，そして実質的にはすべての起業家精神やイノベーションが，試行錯誤から成り立っている。

　しかし，試行錯誤は，簡単な問題について，安直な質問をしたところで起こるものではない。問題がより複雑で，ミスが起こりかねないような状況下において初めてその求められる役割が明確になる。ここでは模式的仮説とシミュレーションが大きな役割を果たす。シミュレーションの場で，間違いを訂正することで，現実の場面では間違いをしないで済むのである。間違いが回避不可能であり，間違いから学ぶ必要性を認識した上で，シミュレーションや予行演習

を実施し，1つずつエラーを取り除けば，実際の現場でこの専門技術を使用することが可能となる。

　このプロセスは，「真剣な演習」と呼ばれている。「演習」であるシミュレーション時であればミスも大きな損害にはつながらない。そして，シミュレーションを通して完成させた専門技術を現実の場面で「真剣」に駆使するのだ。予防措置として，さらに自動修正機能があるため，ヒューストンの航空宇宙ステーションの問題処理と同様に，問題発生後でも正しく制御することができる。つまり，システムの中に修復能力がシステムの中にビルトインされているのである。

　競争力を維持するために，ビジネスの世界ではすべてのデータが集まる前に行動を起こさなければならない。それゆえに意思決定は不完全な情報をすぐに修復することをベースに行われなければならないのである。ハーバード・ビジネス・スクールが導入し，英国や北米のロー・スクールで長く使われてきた有名なケース・ラーニング法は，どの事例も，明確な先例などないユニークなものだったことを認めている。そのケースからしか，その決定が誤りだったか正しかったかどうか考えることができない。このジレンマは，図表5.2に示される。

　自身の完璧な見識を主張する人々は，重大なエラーの可能性を否定している

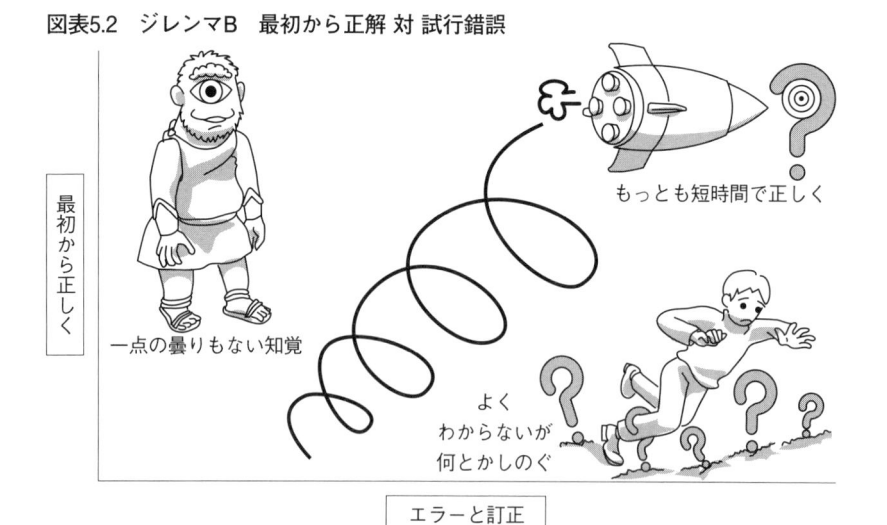

図表5.2　ジレンマB　最初から正解 対 試行錯誤

かもしれないことに注意すべきである。片目の巨人の様に,彼らは絶対に確実なこと(左上)に偶然に遭遇することを信じて,間違いを罰し,地下に追いやりながら,突き進むのである。それでも,常につまずきながらも,何につまずいているかを理解していない人々(右下)もまた,ほとんど役に立たないのである。ビジネスは,以前に述べた「誘導ミサイル型」の論理を正しく使用することによって,できるだけ短い時間で成功できるのである。

4● はっきり見える形で学ぶのか,あるいは暗に学ぶのか

　「客観的」な情報と個人的な知識を区別するもう1つの方法は,2人の日本の研究者,野中郁次郎教授と竹内弘高教授によって日の目を見た分類方法である。彼らは,体系化された形式知と暗黙知を対比させている。暗黙知は,その元々の理論から分離されて,後に体系化された専門技術に変化するが,その創造者のパーソナリティから切り離すことはできないのである。

　暗黙知には,家庭用コピー機製作チームがアルミニウム製のビール缶から安い使い捨てのドラムを造るというアイデアを得たように,比喩的な側面がある。一方,パン生地をこねる熟練パン職人の手が撮影され,そのテクニックが家庭用パン製造器を設計するエンジニアによってコピーされたように,暗黙知には手造りの巧みさを表す一面もある。パン職人の手に内在する暗黙知が,パン製造器として形式知化された。空のアルミ製のビール缶から,使い捨てのドラムを客観化し,商品化したものも同様である。この作業工程は,新しい知識と創造力の起源が,人間の文化的な関係に存在していることを明らかにする上で重要である。図表5.3のジレンマを参照されたい。

　この図表の中で埋蔵財産は,合意の中に存在する(右下)。マイクロソフトのように,所有者はやがて,カギを握る系統立った知的所有権の確保を行うだろう(左上)。知識は,暗黙的な状態から体系化され,ある程度は形式化される。しかし,実際の転換プロセスは,切花が水分を与えられていても根が切り離されているためにすぐに枯れてしまうのと同様に,その暗黙の理解と共に共有されなくなってしまうだろう。

　会社は,形式知と暗黙知を互いに折り合わせることにより繁栄するのである。この過程は,概ね物語の引用,または知識が発生して形式化される「学習過程」

図表5.3　ジレンマC　形式知 対 暗黙知

（広く散らばった形式知）

- 知的所有権
- 知識リーダーシップ
- 物語風にデータとコードを体系づける
- 埋蔵財産

共有化された関係の中にある暗黙知

によって実施される。ここでは，筆者グループは形式知と暗黙知の意味を内包する喩えとして，モーセの物語を使うとしよう。この先にはミルクと蜜の流れる地があるという話は，その結果，民族の心を1つにまとめあげた。この物語は，新たな意味をもたらすはずであるのに，それが理解できない人もいる。なぜできないかといえば，その人は自分で新たな意味を探そうとしていないからだ。物語自体の役割は，その人の手助けをするにすぎないのである。率先して知識創造の役割を担う者は，その創造にあたり，長く終わりのない知識の発見の旅の中で，その内容を共有化して体系化していくのである。アップル社のジョン・スカリー氏は，会社における彼の時間について「知的漂流の旅」と記述している。彼のスローガンは「漂流は自らに対する報酬である」であった。この「漂流記」のように彼自身終わりのない漂流の冒険をする自分を見てきたのである。コンピュータは広い知識の海を先導する「心の翼」のようなものであった。決して終着点はないが，常に好奇心を持ち続けることである。彼は自らを「Chief Listener－聞く耳を持つ責任者」と呼んだ。

5 ● 変化と連続性はどのように関連しているのか

　これまで，我々は会社が必要とする知識がどのように時間の経過と共に内部的に系統立てられるかについて議論してこなかった。人間の知識細胞遺伝子が，近年話題になっている。人間の細胞の中には，ただ単に心臓，腎臓，肝臓，肺等の専門機能についての情報ばかりではなく，全体の中における成長と場所について体系化された情報も含まれているのである。知識が「遺伝子」や文化的な「ミーム」（文化的情報のシステム[1]）のように行動すれば，これらの知識の論理は限りなく増殖し，結果として他の人間と非常に類似してはいるが，重要な側面で異質なものを持つ，類のないすばらしい人間をつくることになるであろう。

　我々がここで取り組むジレンマは，市場や顧客が変化するのであれば，企業も時間と共に変わる必要がある反面，連続性も不可欠だということである。組織には変化してはならない側面がある。それは利益を生み出すこと，プロフェッショナルとして，しかも倫理的に行動すること，そしてブランドイメージを維持して，市場のシェアを維持獲得すること，などの点である。その一方で，企業は変化しなければならない。企業は，顧客との取引を継続しつつ，顧客の要望を取り入れるために変化しなければ，利益をもたらすことができず，プロフェッショナルでもなくなる。企業の変化は，ある程度の企業の継続性があってのものであり，企業の継続性は定期的な変化によって維持されるのである。

　これは，ちょうど対立する抽象観念のダンスのようなものではないか。マイクロソフトのような企業の驚くべき成功を調べれば，このジレンマへの本当の意味での適性を見出すことができる。マイクロソフトは従来の概念から見ると最も革新的な企業にはあたらない。しかし，ある重要な面において，その巧妙な仕掛けが非凡な才能を生み出しているのである。例えば「Windows」は，他社から獲得した技術であって自社製ではない。おそらくマイクロソフトの強みは，自ら創造するのではなく，飛躍的な進歩を創造するために他社のプログラマーたちを動員することにあるので，マイクロソフトがノーベル賞を受賞することはないのである。

　我々は，マイクロソフト社の記録的な収益性を，同社が知識と戦略の創造

に全精力を注いで継続的に取り組んできたことを抜きに説明することはできない。この企業の類い稀な成功は，次から次へと繰り返し活用され，新しい製品を生み出している「言語」や「遺伝学的コード」の発明によるものである。これらのコードを何度も活用して新しい製品を作り，それが企業に新しい利益を生み出していったのである。そのコア・コンピタンスは新しい組み合わせで再合成されるのである。このことは作家が自分の言葉の使い方に対して，Wordsmith に支払いをするようなものである。

エイドリアン・スリオスキー氏は図表5.4に図示されているこのプロセスを，「基礎の積み重ね」と名付けた。誰もがまず「コンピュータの言語」からスタートする。この場合だと「BASIC」からスタートすることになる。さらにこの「BASIC」を別の形で再利用する「MS-DOS」を追加していくのである。

そこにWindowsを活用して，もう一度「BASIC」と「MS-DOS」を次から次に再構築して再販するのである。Windowsを一般のベースのプラットホームとして使用することにより，これまで蓄えてきた論理と知識を再利用しなければ作れないアプリケーションを設計できる非常に創造的な人々を集める。そしてその結果として，彼らがもたらす変化を連続性と結合させることで，プラット

図表5.4　ジレンマD　変化 対 継続：基礎の積み重ね

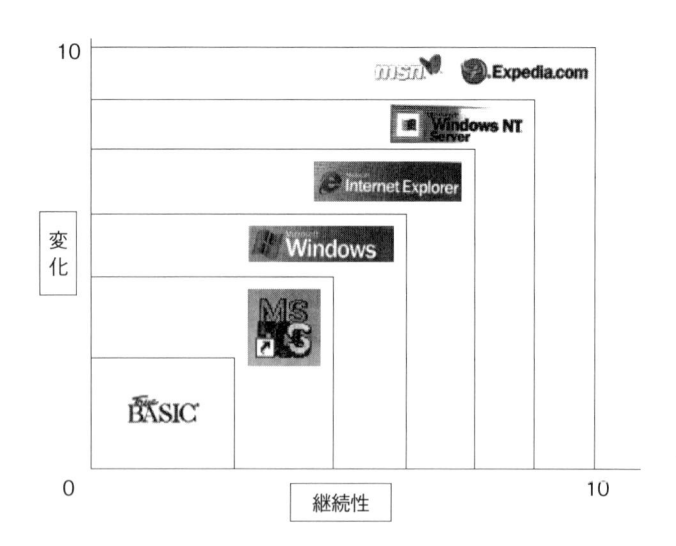

ホーム上に数多くの新プログラムが展開され，そこから利益が得られるのである。

　ここから，連続した基礎の積み重ねの構築，または共同構築が始まる。すなわちInternet Explorer, WindowsNT Server, そしてMSNやExpedia.comのようなオンライン・ビジネスである。互いに依存し合う製品を構築することによる競争優位性は，継続した論理が産業全体の大部分を構成していること，強さが累積するように，基礎同士が結びつき，競合企業に対して競争優位を確立することである。

　もちろん，「基礎の積み重ねロジック」を実際に行うのは，想像するよりはるかに難しいし，必要とされる判断力も特に鋭いものでなければならない。しかし，さしあたっては，次のような質問から始めてみよう。どれも必要不可欠なものに関連する質問ばかりだ。すなわち「このことは，継続性を再活用することによる，今まで蓄積された「言語」と「知識」の最大活用につながるのか。また世界の最もクリエイティブなプログラム・デザイナーを活用することにより，飛躍的進歩をとげることが可能なのか」といった質問である。この両方の質問に対する答えが自信に満ちた「肯定」であるならば，今後必要不可欠なものをきっと得られることだろう。そして，あなたの組織の文化は，学習を続けていて，重要な方向に発達しているだろう。

　マイクロソフト自体は，主に登録商標で体系化，形式知化，客観化された知識を取り扱う一方で，ソフトウェア・デザイナーや起業家が新しい知識を創造，創出することができるプラットホームを常に賢明な形で構築している。それらは，マイクロソフトに変革を起こす機会を作り出しているのである。現在の地位を奪われるような動きが起こることがあるのだろうか。いや，しばらくはないだろう。

6● 企業は，特許登録の内容をオープンにすべきか，あるいは社外秘として保護すべきか

　イノベーションが「オープン」であるべきか「クローズド」であるべきかという議論は，今なおたえず繰り返されている。閉鎖的（クローズド）なイノベーションは大手企業の研究開発に代表される。すなわち，ゼロックスPARC,

ベル研究所，GEのニスカユナ・グローバルリサーチセンター，グラクソ研究所，デュポン社の本部研究所などが有名である。研究開発部門が特許を申請していなければ，他社がそれらを盗む可能性があるから，密室でイノベーションを起こそうとするのである。この「閉鎖的モデル」の限界は，すべての創造的な関連事項が，最初のうちは自社内で取り扱われることである。その利点は，世界最高レベルの非常に創造的な科学者を雇うことにより，社内の厳しい規律下で自社の優位性を保つことである。不利な面は，企業外での発見が深刻なほどに過小評価されてしまう悪名高い「Not Invented Here（NIH）Syndrome[3] – ここで発明されたものでない現象」が生じることである。

「オープン」なイノベーションの利点は，同じ産業環境で多くのプレーヤーと，また，他の産業のプレーヤーとも新しい関係を構築できることである。プロクター・アンド・ギャンブル（P&G）社の「Connect and Develop Program」は良い実例である。先頭に立つのは，社外イノベーションのディレクターなのだ。P&Gの5.00米ドルの電気歯ブラシ「Spin Brush」は，P&G社の研究室ではなく，クリーブランドにある4社の起業家が開発した製品である。P&G社は，3年以内に活用できなかった自社研究室のイノベーションの内容を外部に提供するほどなのである。

イノベーションのための資金は，かつては企業の研究開発予算から出されていたのに対して，今は新しい企業に集中的に投資するイノベーション投資家や支援者などが存在する。ベンチャービジネスへの投資家やSBICs[4]（小さなビジネスに対する投資会社）なども存在する。これらすべてが大学や企業から一般の市場へと各種のアイデアを移管させているのである。マーケットに存在する各種アイデアを新しく組み合わせるために情報を提供することは，明らかに革新的な解決策である一方，危険を伴うものでもある。模倣者はより素早く，他人の行動に目をつけるようになる。そのため，イノベーションのスピードと継続性を積み重ねることが，飛躍につながるのである。

類似したこのような対立は，「閉鎖的な」及び「オープンな」ソフトウェアにも起こりうる。マイクロソフトが閉ざされた情報ソフトウェアを支配する傾向がある一方で，オープンな情報ソフトウェアに対する新たな動きが，非公式にLinux社とそのフィンランドの創業者の周辺で起きている。また，中華人民共和国は最近，開かれた情報国家戦略を発表しており，中国市場はその流れを

変えられるだけの規模を誇る。これは，電子知識革命に対するアメリカ合衆国と他の市場文化とのアプローチの違いを鮮明にするものとなるだろう。まだ実現されてはいないが，オープンな情報ソフトウェアは，産業全体のイノベーションを急速に促進させるベースとなるはずである。

閉ざされた情報所有権ソフトウェアの場合，ベンダーは完成品とその機能を販売するが，ソフトウェアが最初にプログラムされたロジックである情報コードは提供しない。この情報コードには，完成された商品を買うユーザーは，アクセスできないのである。これまでに様々なソフトウェア・アプリケーションの独占に近い権利を有して，前節で説明してきたような方式でこれらの基礎研究を積み重ねてきたマイクロソフトやベンダー会社は莫大な利益を生んでいる。

しかし仮に，買い手が，製品を製造するためのコード化された指示をソフトウェアと共に入手できるよう情報コードをソフトウェアと併せて売ることになっていると想定してみよう。商品価値はより貴重になるので，価格は実質的に高くなるだろう。そして顧客はこの場合，自分の要求に合わせてカスタマイズすることが可能なプラットホームを手に入れることになる。これは図表5.5に

図表5.5　ジレンマE　閉鎖的な情報源 対 オープンな情報源

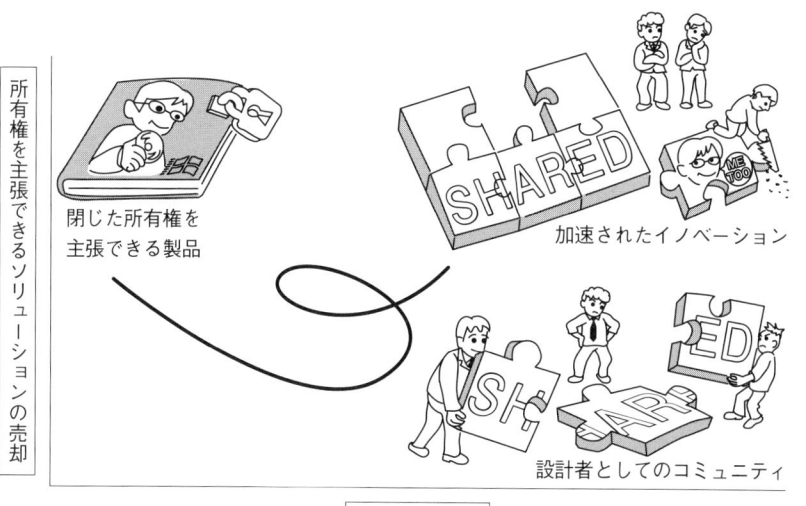

縦軸：所有権を主張できるソリューションの売却
横軸：ソースの開示

- 閉じた所有権を主張できる製品
- 加速されたイノベーション
- 設計者としてのコミュニティ

記されている。

　この動きに危険がないわけではない。それは自らの成功の秘訣を売ってしまうからである。つまり利益を独占できる期間をとても短くしてしまうことになるのだ。販売された情報コードを入手した人は，あなたと競争し，その利益に食い込んでこようとするかもしれない。しかし，市場が急速に発達していれば，そのようなことは起きないかもしれない。むしろ，基本的な情報コードに独自の改良を加えて供給することであなたを飛び越えていくだろう。これは，非常に加速度的なイノベーションを起こすことにつながるであろう。発明者たちは，その暗黙知的で文化的な誤りを訂正するロジックを，より広いコミュニティと基本的に共有し，誰もが自由に互いの業績を築こうとすることになる。

　ビル・ゲイツが知的所有権で封印する前，この産業はそもそもオープンな情報ソフトウェアだったのだ。イノベーションのペースが速くなるにつれて，このモードに戻るかもしれない。彼自身の真意をはかるには時期尚早だが，ゲイツはこの新しい局面を共有しようと言っている。初期のインターネット関連の起業家たちは，情報コードを活用でき，有益と考える人々に対して情報コードを提供し，寄付金を得てきた。中には，ユーザーの恩恵を受けて大金持ちになった人もいる。イノベーションのペースを大幅に速める方法は可能な範囲内でのみ模索されてきたのである。

7 ● 社会的学習は，技術的学習と異なるか，その両方を同時に達成することは可能か

　「客観化」された情報と文化的な情報を区別するもう1つの方法は，前者が技術的で，後者が社会的である点に注意することである。後者は前者を含むこともあるが，前者は概して後者を含まない。

　テクノロジーについての学習は，「技術的な理由」すなわち，「達成目標」という合理性を必要とする一方で，その他の生きたシステム，特に人間についての社会的学習は本書で概説される逆説的な論理内容を必要とする。一般的に人間は，自身のニーズとゴールと共に，意識した自らの目的があるために，あえて誰かが行動を起こしてもらうことは必要としない。人は他人から何らかの反応を引き出そうとするが，そのすべては相手が使おうとしている技術や，相手

の関心事と一致している。

　我々は，時には，人を完全に服従させることができる。しかし，そのためには，我々は強圧的に振る舞わなければならず，またそのための脅威システムを組織化しなければならない。奴隷労働の歴史は，強制がただ間違っているだけでなく，愚かであることを示している。したがって，従業員には自らの判断と分別を行使することが求められる。「従順さ」を求めるなら，機械にプログラムしてしまえば，人間を相手にするよりはるかに簡単だ。

　残念なことに，今までの教育制度では，長いこと自然科学と人文科学（一般教養）との間に溝があった。チャールズ・パーシー・スノー[5]は，これらを「2つの文化」と名付けた。スノーは，自然科学者たちが，チャールズ・ディケンズの小説を読むことはまさに偉業だと評価する一方で，人文科学専攻の第一級の誉れ高い卒業生が，ボタンがどのように製造されるかについて僅かな知識しか持ち合わせていなかったことについて公然と疑問を投げかけていた。ビジネス組織においても，機械を理解できるエンジニアと，人間を理解することを仕事にしている人事や営業などの人々との間に同様の溝が存在するのである。

　この件ではロバート・ブレイクとジェーン・S・ムートンが，尊敬に値する[6]対立軸であるマネジメント・グリッドを提唱している。彼らは，2本の対立軸に基づいたマネージャーの開発を追求しており，1つは職務または技術に対する関心，もう1つは人に対する関心である。第1の軸は「自分と機械の操作上のロジック」であり，第2の軸は「自分と人との話し合いと互いの尊重のロジック」である。要するにテクニカルな面と人間面のコンピタンスを際立たせているのである。

　ブレイクとムートンのマネジメント・グリッド・セミナーの参加者は，2つの対立軸のどの部分に重きを置いているかを互いに評価し合う。そのねらいは，双方の学習の相乗効果を引き起こすことにあるが，その結果，職務中心の人は対人関係が苦手であると思われていることがわかり，人間関係中心の人は，職務における貢献度がほとんどゼロと評価されることに気付く。

　マネジメント・グリッドのセミナーにおける，この人間関係と職務の論理は多くのコールセンターの事務所ではあまり活用されていない。コールセンターの事務所は，土地や労働力が安く，電話で議論される内容から遠く離れた場所に位置しており，コスト削減の技術的な革新の代表である。その結果，スイス

第5章　学習組織を構築する：人事への挑戦　165

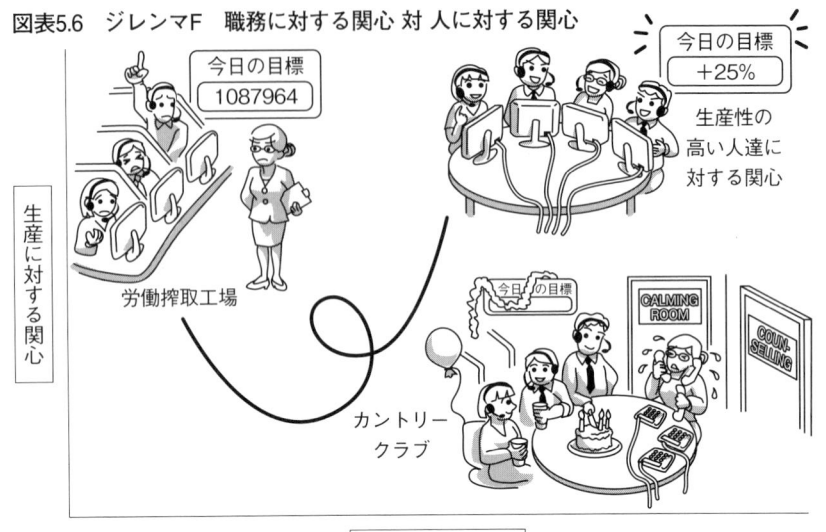

図表5.6　ジレンマF　職務に対する関心 対 人に対する関心

（生産に対する関心／人に対する関心）

今日の目標 1087964 ― 労働搾取工場
今日の目標 +25% ― 生産性の高い人達に対する関心
今日の目標 ― カントリークラブ

航空の予約がインド経由で行われることもあるかもしれない。コールセンターは，たいてい窓がなく，マニュアル化されており，従業員は洗面所に行くのにも許可を必要とする。仕事は，他から孤立していて，ストレスを感じるものである。図表5.6の中の位置関係から述べると，職務への関心が高いと左上の低賃金で長時間労働者をこき使う搾取工場に行き着き，一方，人間への特別に高い関心は右下の和気あいあいとした「カントリークラブ」的になる。しかし，これらの2つの異なったスキル，つまり技術的な理屈と社会の論理の2つを結合させ，生産的な人々に対する高い関心という理想的な「右上の地点」に到達できないという理由はない。社会技術システムの最適化こそが長年，ロンドンの「タビストック人間関係研究所」[7]の使命であった。

8 ● 標準化やベンチマークの役割は，それぞれ何であるか，我々はそれらに適合すべきか，それともそれよりも優れたものを見つけるべきか

　企業の学習の大半は，企業が指定したスタンダードやベンチマークに近づこうと努力することである。「良い学習者」は，講師が投げかけた質問に適切に

答えることができ，成績Aがもらえる。また，最高点は彼らの講師がすでに到達している結論とよく似た回答に与えられる。産業社会においては，ベンチマーク，プロフェッショナル・スタンダード，ベストプラクティスのコード化，シックス・シグマのようなツールなどが目標として事前にセットされるのである。第3章で，筆者グループは人事部門が会社の戦略的なゴールに対して，単純に人を評価することはできないのではないかと自問してきた。そこでは従業員が「その得点に到達する」か否かに終始する。

　筆者グループが遭遇してきた困難は，重要なゴールがたえず進化し，変化をとげていたことであった。もし最高の基準に従業員を到達させるために3年かかるとすると，これらの基準はその間に必ずや変化する。その際，従業員はどこへたどり着くのだろうか。スタンダードやベンチマークが時代遅れになる1つの理由は1つの価値基準に偏る傾向にある。一般的に人は何かを成しとげた時，達成しなければよかったと思うことがある。それは，ジレンマの片方の側面を得るために，そのもう一方の側面を犠牲にしたからである。

　ピーター・M・センゲ[8]は，保険の処理待ち件数を表す数値が低い，「低い未処理率」を評価していた保険会社について語っている。手際よく処理することで数値を下げられるという予測は，ある地点までは正しかった。しかし残念なことに，クレームに対する電話での「やっつけ仕事」は，事故や修理の証拠書類の取り損ねを招き，逆にその解決のための費用が増大したり，さらなる訴訟を引き起こしたりすることになってしまったのである。

　あるケースでは，アメリカの裁判制度で訴訟が解決するのに約6年の歳月を要した。その時になって初めて，同社は「やっつけ仕事」の処理にかかる隠れた費用の恐ろしさを認識したのである。陪審は会社に対して懲罰的損害賠償を科した。中には，悲痛な悲劇の全容を解明しようとしないケースさえあった。賠償請求額は1億5,000万ドルにも達した。それは請求者が実際に被った被害や，和解を早めることによって下げたコストの何倍にものぼるものだった。

　戦略がパラドックスと難局に直面している状況下で，第2章で取り上げたように，ジレンマの一方の軸だけを測って最大化することは，目標の達成に決定的なバランスを欠くことになる。それゆえに，周産期ユニットの低い死亡率に対してインセンティブを与えられていた英国の病院は，助かる見込みの少ない乳幼児を，必死になっている両親ともども病院から追い出し，専門ユニットへ

行かせたのだった。現実においては，巧みにごまかすことができない学習や功績の尺度など存在しないのである。

ここで，互いに相反する2つの質問をする必要性が生じてくる。1つは「人々は我々の基準を満たしているか」であり，もう1つは，「我々の尺度（基準）は人々の期待に沿っているか」である。クリス・アージリスはこれを学習Ⅰ，学習Ⅱ，そして両者を一緒にしたものを「ダブルループ学習」と呼んでいる。

基準を満たせば，物事を正しく行っているとみなすのが普通だ。これは非常に形式的，体系的であり，客観的である。また一方では，最も気高い抱負を満たすことを正しい行いとみなすことも可能だ。それは暗黙知的で，コード化されず，漠然としたものである。図表5.7の左上では，組織でのゴールが達成されたものの，そのゴールが本当に正しいのか定かではない。右下では，顧客や創造的な従業員にとって価値がないと考えられるベンチマーキングを焼き捨ててしまうのである。

図表の右上の部分では，人々が基準に達しようとするたびにたえず移動し続けるゴールポストを作ることによってのみ，2つの価値を調和させることがで

図表5.7　ジレンマG　物事を正しく処理する 対 正しいことをする

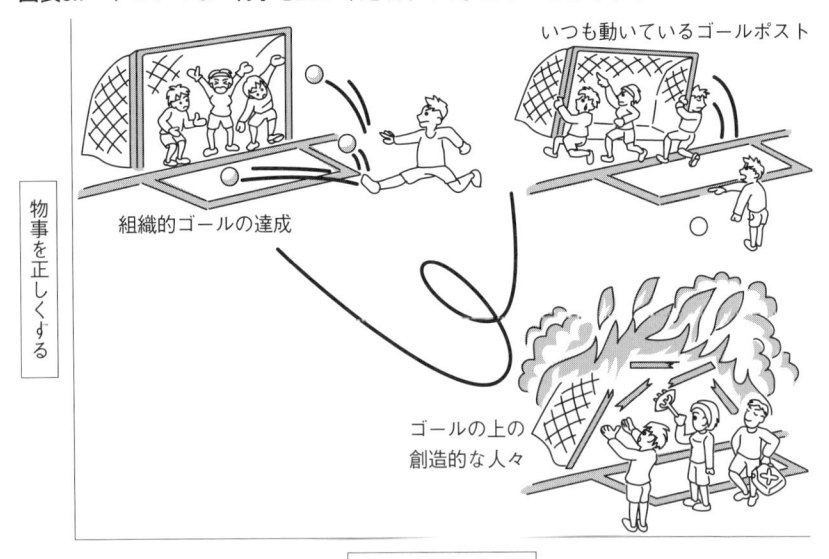

いつも動いているゴールポスト

物事を正しくする

組織的ゴールの達成

ゴールの上の
創造的な人々

正しいことをする

きる。その際，基準は環境の変化にしたがって評価され，変化していかなければならない。これこそが「誘導ミサイル型」の組織文化である。

9 ● それぞれの地域特性をいかに統合するか

　常に議論され続けていることは，情報源がどこであり，情報を最も有効活用できる場所はどこか，という問題である。グローバル企業がその知識を伝えようとするならば，それはどこからスタートして，どこに帰結するのか。そのスタイルはボトムアップかトップダウンか，アウトサイドインなのかインサイドアウトなのか。分散化か集中化かの議論に終わりは見えず，めったに解決されることはない。何年もの間，合言葉は「分散化」であった。しかし，かつては「集中化」が叫ばれていたのを記憶している人もいることだろう。我々はいつか決心するのか。コンチェルティーナ[9]は我々に合わせるのか，それとも我々がコンチェルティーナに合わせようとするのか。

　矛盾を避けて，外見上のジレンマを調和する1つの方法は，分散化が集中化と微妙に異なる点を明確にすることである。「グローバルに考えてローカルに行動する」というスローガンは，我々にその手掛かりを与えてくれる。我々が分散すべきものは世界中の各地域の企業活動である。そして集中しなければならないのは，これらの活動に関する知識である。企業には中枢神経があり，そこに送られた多様な地域別の行動に関する情報が，知識となり中央に蓄積される。段階的にこのジレンマを取り上げると，図表5.8に示されている5つのプロセスを経由することになる。

　第1のプロセスは，多くの議論のプロセスと同様に集中化と分散化を対比して考える傾向である。今は1つの極に向かって，数年後にはもう1つの極に向かって引いてみるのである。第2のプロセスは，1本のロープを使用して2次元の軸を作る。これで，作業をする文化的な空間を作ることができる。第3のプロセスは，活動を分散させた後にその活動についての知識を集中化する学習ループ（輪）を作り上げる。第4のプロセスは，そのループを螺旋に変える。螺旋は，2つの方向のどちらも巻き込むので，円形部分と線形部分が存在する。このように螺旋の意味は分散された位置からの情報を集中化するパターンを作り出すことにある。

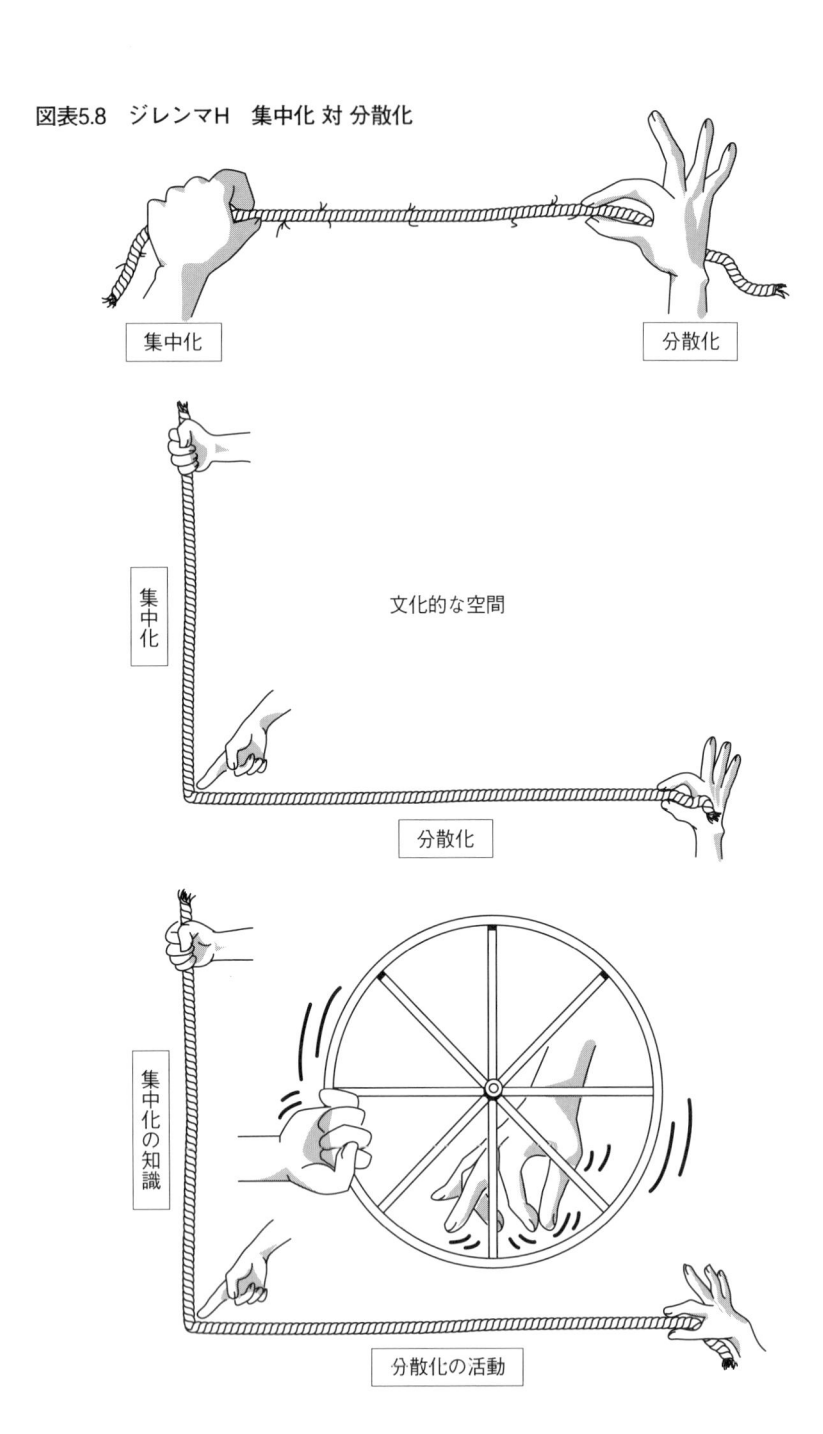

図表5.8　ジレンマH　集中化 対 分散化

集中化　　　　　　　　　　　　　分散化

集中化

文化的な空間

分散化

集中化の知識

分散化の活動

直線と輪の間の統合としての
螺旋

分散化の活動

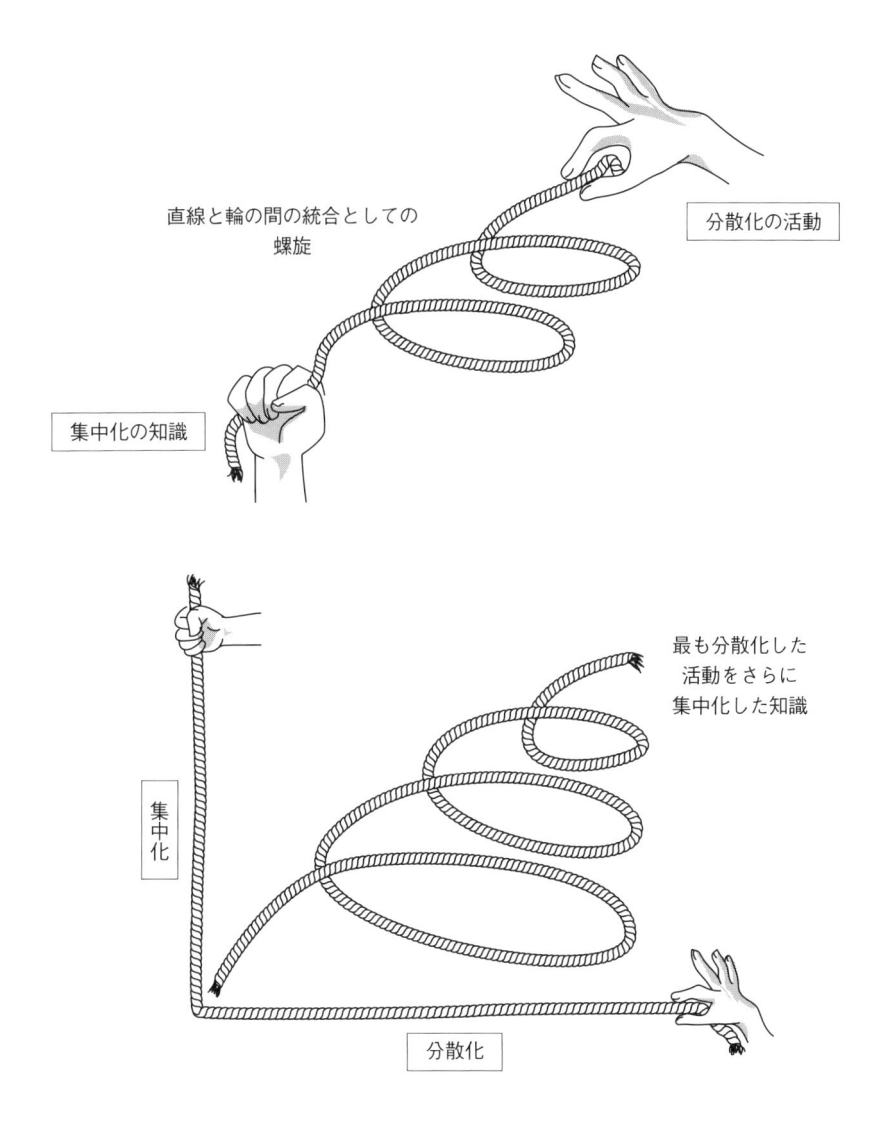

集中化の知識

最も分散化した
活動をさらに
集中化した知識

集中化

分散化

　次に集中化と分散化の2つの軸について考えることにする。この場合，集中化の軸は，分散化の軸をコントロールしている。分散化の活動は，管理責任のある管理センターがきちんと管理・チェックしなければならない。このシステムでは，まだ分散化された各部分がバラバラで十分自立していないのである。第5のプロセスでは，管理者に良いタイミングで各種情報が知らされていれば，分散化に完全なるイニシアチブを与えることになろう。筆者グループが示すも

のは，最も高度に分散化された自主的活動を最も高度で効果的な集中化でまとめることにある。両軸としておいた2つの価値観のどちらかが突出して増加すべきではないのである。

実は，もう1つ，COE[10]そのものが分散化するという段階がある。世界各国が，それぞれ得意な分野に特化することが理想である。だから，アップルコンピュータ社の熟練した組み立てと製造のCOEは，シンガポールにある。この場所がこの機能にとって最善の場所であるからである。

モトローラのソフトウェアのCOEはバンガロールにあり，ソニーはソフトウェア・センターをカリフォルニアに置く。AMD社の優れた製造部門（Star Fab）はドレスデン（ドイツ）にある。ABN AMRO社の東アジア・コールセンターは，従業員が世界のどの国よりも多くの言語に対応できるマレーシアにある。

「センター」は組織の中の1か所にしか置けないわけではない。異なった部署それぞれが自らのCOEを目指す可能性もある。

10 ● 多様な価値観が存在する世界において「メリット」とは何であるか

メリットの考え方は多様だが，企業はどのように従業員を昇格させたり，報酬を上げたりすれば良いのだろうか。能力主義の考え方そのものは，魅力的なものであるはずである。人事マネジメントは，教育，階層，人種，性別ではなく，純粋に業績によって評価されなければならない。それ以上にフェアなものがあるだろうか。また，それ以上に企業や株主にとって望ましい方法があるだろうか。

しかし，ことはそれほど単純ではない。メリットの定義を誰が決めるのか。ある国で賞賛を受けているビジネス手法が，他の国でも喜ばれるとは限らない。能力主義は，優劣の成績付けと能力の順位付けにつながる。初めのうちこそ，競争は対等な立場で行われるかもしれないが，まもなく，半分の人を「平均以下」と判断する上下関係が生まれる。序列化の大きな問題は，自分が多くの同僚に負けている，と感じて落胆してしまう人が大勢いる，という点である。

クリス・アージリスは，評価インタビューの際に上司が使う「防御型の慣例」

について解説している。これは，部下がグループ成績一覧表の下半分にいることを伝えたくない上司が，その結果を取り繕うことである。アージリスがこの「防御の構え」を非難するように，筆者グループも序列主義の大きな欠点であると見ている。たいていの人は自分が「平均より上」にいると考えている。それは，人は自分の優れていない点よりも自分が優れている点を，より重視するためである。要するに，才能は様々である。才能ある高級官僚や学者が，自分の水泳力のなさを嘆くことで無駄に時間を費やさないように，オリンピックの水泳選手は，ポーカーが弱いからといって自分を低く評価することはないのである。異なる形態の才能のランク付けはまったく意味をなさないのである。

しかし，純粋な多様性は，色彩豊かな「マルディグラ」[11]で終わるのである。そこには，共通の基準はなく，人や物はすべて関連し合っている。企業の拠点が多くの国にある場合，どの国の基準を当てはめるべきかを考えてみよう。フランスの組織ならば，フランス人が選んだ価値観ですべての拠点を評価するべきだろうか。そうすることは非常に浅はかであり，それぞれの地域文化の強みを非常に過小評価していることになる。

このジレンマは，図表5.9に図示される。多様性を尊重しないと，所定の「メリット」によるヒエラルキー（左上）につながり，たいていの人々は他人を自分より劣っていると感じてしまい，自らの価値観に固執してその中から抜け出せなくなるのである。好ましい行動の概念がなく多様性を受け入れると，無秩序なバベルの塔（右下），アナーキーな状態になる。求められるのは，複数のエリート集団とも呼ばれる「ヘテラルキー」である。そこでは，各地域の優秀な人材が集まり，それぞれの長所を比較し，それらから学習するのである。

「ヘテラルキー」とは，それぞれの階層の最上位が，接点を持たない多様な優れたものを平等に交換する場である。このような多才な人々の集まりの中では，誰もが他人と違う何かを持っていて，互いにそこから学ぼうとするのである。自分の才能が劣っているからではなく，相手の優秀さが自分と比較できないほどすばらしいので，その人の話を聞こうとする。これらの人々は，まったく異なった環境の中で「実績がある」ために尊敬に値するのである。そのような状況下での学習は，トランスカルチャー・コンピテンスのもとになる。

図表5.9　ジレンマI　本人の優秀さ 対 多様性

（縦軸：メリットの昇順／横軸：様々な価値の配列）
ヘテラルキー
ヒエラルキー
アナーキー

11 ● どのようなイノベーションの文化を構築するのか

　この話題については，第4章で取り上げたので，ここでは，非常に重要な見解を1つ付け加えるだけである。普遍主義と個別主義とのジレンマへの対応に関しては，建設的な解決策があったことをご記憶だと思う。

　これらの定義を再度思い出してほしい。普遍化とは，成功した全企業に共通するものを尋ねることである。どのような原則ならば世界中で一般化されうるのだろうか。また，個別化とは，異なった文化，企業，ビジネス・ユニットが顧客に提供する比類ない価値提案がどのようなものであるかを問うことである。両者共に富の創造には欠かせないものである。世界市場が究極の市場であること，そして製品の需要が増えれば売れ行きが伸びることから考えると，普遍主義の概念は重要である。一方，個別主義の概念も重要である。というのも，特定の顧客との特別な関係は何ものにも代えがたい。本当の意味での競争相手は実際にはいないのだから。提供するものが品質面で他を圧倒するならば，もう盤石だろう。

図表5.10　ジレンマJ　普遍的な公式化 対 文化的な個別化

（縦軸：普遍化／横軸：文化的な個別化）

- アメリカのようにあれ
- 活気のあるストリート文化
- 土着化する（「GEE-I FEEL AT HOME ANYWHERE!」）

　しかしながら，これらの価値観は，図表5.10で示されているジレンマのように，そのどちらが不足しても失敗するのである。この世の中のすべての人が，「我々のようにあれ」（あるいは「アメリカのようにあれ」）という主張は，「ミッキーマウスの耳」の服を個別主義の文化に一律に適用する（図表の左上）ようなものであり，成り立たない。

　また，土着化する試み（右下）もまた失敗に終わる。自分とは異なる文化を十分に理解するには大変な時間を必要とする。旅行者程度の知識や表面的な現地への同化では十分でない。

モトローラ社の個人の尊厳権利の付与

　クリス・ガルヴィン（モトローラの創設者の孫）の指揮のもと，IDE（Individual Dignity Entitlement：個人の尊厳権利付与）のコンセプトが誕生した。これは個人のニーズと組織の存続を完全に釣り合わせるために設計されたものである。そのプログラムでは全部署の監督者全員に対して，統括するスタッフに6つの質問をすることを求めた。そして，そのやり取りから得た情報に基づいて会社が動く

のである。印刷し，額に入れられ，多くの事務所の目立つ所に掛けられている6つの質問は以下のとおりである：

1. あなたは，モトローラの成功の源となる実質的で意味のある仕事をしているか。
2. あなたはOJTの姿勢を理解しているか。そして成功のベースとなる知識をしっかりと持っているか。
3. トレーニング内容が明確で，スキルの向上のためにいつでも利用できるようになっているか。
4. 自らのキャリア・プランを立てよう。それは，ワクワクするものであり，達成可能か。そしてそれに基づいて行動しているか。
5. キャリア・ゴールを改善したり，達成したりする後押しとなるような明確なフィードバックを最低でも30日ごとに受けているか。
6. あなたの個人的状況，性別や生まれ等があなたの成功を損なわないように，適切な配慮がなされているか。

　おそらく，スタッフが記載し，回答したこれらの6つの質問にとって最も重要なのは，その後に行われる対話であったのだろう。初期の利点としては，雇用継続率の向上，職務満足度の上昇，不満の減少，訴訟件数の減少とビジネスのニーズに関する熱意の増加などが見られた。マネジメントサイドも，ビジネスの異なる部署での，モラルの違いに関する重要な手掛かりを得ることができた。しかし，モトローラ社の貿易収支が各種要因によって大幅に落ち込み，さらにはIRIDIUM衛星プロジェクトの頓挫が続いたために，モトローラ社の財政的な成功とIDE（個人の尊厳権利付与）を結びつけることはできなかった。

　この6つの質問は，この章で論じている複数の学習力を促進する役割を担っている。
- 社内の活動から学習を始める。
- 質問し，その答えに基づいて行動することによりそれを可能にしている。
- 過ちを素早く修正することで，管理プロセスを仕上げている。
- 向かい合って面談することによって，暗黙知を形式知に変換している。
- 答えが変化をもたらす一方で，質問はその変化が継続するよう促す。
- 学習は社会的であるが，技術的な面も含む。
- 単に監督される側が，仕事に適任であるかどうかのみならず，仕事そのものの意義を理解しているかどうかを尋ねる。例）その人に値する仕事かどうか。

　要するに，モトローラの6つの質問は，多くの種類の学習を含み，それら全部

をモニターしているである。IDEのプログラムは米国で人気があったが，世界的には，特に東南アジアではあまり受け入れられなかった。

マレーシアを訪問中，社長が北京語と英語の辞書を熟読している姿を目にした。社長曰く「個人の尊厳や権利などを伝える中国語の言葉はない」のである。「権利付与」という言葉は中国では特に伝えにくいという。さらに「職務を達成するまで，我々は従業員に何の権利もあると考えない。会社は従業員を大事にしようと努力するので，彼らはそのお返しとして働くのである。しかし，従業員は会社に対して何の「義務」もないと同様に，大事にされることに何の〈権利〉も持たないというのが会社の考え方である。しかし，このような権利概念を従業員に伝えることはできない。もし伝えたら暴動が起こるであろう。」

東アジアのIDEに関する問題の１つは，大半の部下がほとんどの質問に対して，「Yes」と答えたことである。その比率は，ヨーロッパやアメリカと比較すると20％以上高い。東アジアではIDEツールは，上司と部下の関係が良いのか悪いのかを区別することができず，機能しなかった。しかし，同時にそのツールは世界のどこよりも賞賛された。なぜなら，現地の人々はツールの評価に対してもまた，「Yes」と答えたからである。

ツールのデザイナーたちが把握できなかったのは，東南アジアでは人間関係に対してはいつも「Yes」と表現するが，具体的質問には「No」と答えるということであった。「No」：仕事にはやりがいを感じないが，「Yes」：上司を尊敬しており，サポートしようと思うと回答するのである。「Yes」か「No」かはっきりするよう無理強いすると，仕事はつまらないが上司は助けたいと思っているという返事をくみ取れなくなる。「それでは，あなたの答えは『No』ということになるから，そう書くように」と面談で言われても，上司の評判を慮って「No」とは書かない。

このような文化においては，少しでも否定的なフィードバックは，互いに尊重し合って，対面で表現されるべきであり，また建設的に取り扱うべきである。米国やほとんどの西ヨーロッパ諸国は関与特定型であり，「Yes」と「No」がはっきりしている一方，東アジアは関与融合型であり，人間関係面では「Yes」，質問に対しては「No」と答えるため，誤解が生じがちである。この件は，第３章で詳細に扱ってきたので参照してもらいたい。

イリノイ州シャンバーグにあるモトローラ本社の人事スタッフが機敏に，韓国及びその他の東アジアの文化圏において「Yes／No」の回答のシステムを「Yes」の場合は１から10までの段階で答えるスライドスケール方式を取り入れたことにより状況は改善された。このことにより，上司は90パーセントの回答が「Yes」ということは，１つ，２つの重要な質問に関しては「No」であると理解できた。このような精巧に工夫された「関与融合型」のぼかしは，曖昧な論理のメッセー

> ジを発信する者にとってはとても重要である。そのおかげで，従業員たちは，6つの質問の目的が必ずしも達成されていないことを（やんわりと）上司に伝えながらも，上司をサポートすることができるのである。その結果として有益な会話を交わすことが可能になったのである。

多様な特殊性を結合して，その根底にある規則や原則を探す努力をすると，非常に面白いことが起きる。想像力の文化が構築され始めるのである。第1章で述べたように，リチャード・フロリダの近著『*The Rise of Creative Class*（創造的クラスの台頭）』は，最近のイノベーションの高まりに貢献してきた米国の地域や分野に関する研究である。米国の全イノベーションの約85パーセントは，わずか15％の主要な人口密集地から生まれている。そのすべてが，活気のあるストリート文化が存在するコスモポリタンな都市という特徴がある。マンハッタン，サンフランシスコのベイ・エリア，ロサンゼルスの一部，ボストンのケンブリッジ地区，シリコンバレー，ボールダー，コロラド，シアとる等の都市などが含まれる。これらの都市はすべて，多様な民族の混合，多様なライフスタイルに対する寛容さ，平等主義の規範，多くの外国人人口，複数のエリート集団，差別のない隣近所などの特徴がある。高度にクリエイティブな会社は，実際にはそこまでの多様性はないものの「国連」のようであると表現されているのである。

多様なインプットは新たにクリエイティブなコンビネーションが発見される可能性を高める。地球の至るところから来る人々は，その貢献の中で今まで以上に新しい真実を発見する可能性が高い。結局は，多様性を促すことの本当の成果は，それがイノベーションに新しい衝撃を与えるということである。これこそが，最も重要なレッスンであるといえるかもしれない。アメリカ資本主義は，1980年代の終わりに，非常に評価を下げた。その後，一握りの創造的コミュニティからイノベーションの大きな波が起き，すべてが変わっていった。これは教訓的な出来事であった。

結論として，多くの学習方法があるということである。人事部門が選ぶ方法は，その組織がどのようなチャレンジやジレンマを乗り越えなければならないかに影響を受ける。成功するために何を知っている必要があるか，例えば「これはXを配布する最善の方法であるのか」と自分に問いかけ，解答を模索する

ことで，重要な活動を暗に再構成することができる。失敗に耐え，そこから学習すれば，成長が促される。シミュレーションをすれば，失敗によるコストは大きく削減できる。

　知識を創造する人々は，当初は暗黙的であった知識が，後に形式化されることに気付くであろう。成文（形式）化のプロセスを通して何を失ったか。暗黙のプロセスを新しくすることはできるのか。知識とは，再生産し続け，継続の中で変化し続け，新しい目的のために古いものを再活用し続けるための遺伝子コードのようなものである。イノベーションは，その環境に対してオープンな方針を取り，他人が自分の論理を修正したり組み合わせたりできるようにすることにより増加する。しかし，反面そのリスクは増える。

　人について学習するには，逆説的な論理が必要となる。なぜならば，物事はその目的に応じて操作される一方で，人は自らの価値観と目的を持っているからである。人を取り扱うと，必ずある時点で論理の衝突に直面する。学習は，学習者が到達しなければならない基準によってもたらされるが，この基準は必ずしも最高であるというわけではなく，ある一定の頻度でそれが適切であるかどうか，人が審査しなければならない。そのプロセスは，二重のループ学習と呼ばれている。

　企業は収益を上げるために知識を得て行動する人々のネットワークそのものである。そして，その目的のために，企業はセンターと周辺部分の機能を持つ。企業は，分散し続ける企業活動に関する知識を企業内で集中する必要がある。これで，また1つのパラドックスが解決された。「価値」には報いる必要があるが，「価値」がどのような意味を持つかについては，継続した，異文化間の意見交換が必要である。これらの異なる価値観の意味の中で，トランスカルチャー・コンピテンシーが頼みの綱となるのである。

[注]
1) 訳者注：生物の遺伝子のような再現，模倣を繰り返して受け継がれていく社会習慣文化。
2) 訳者注：コンコーダンスソフトウェアの1つ。コンピュータ処理可能な形に整備された言語資料はコーパス（corpus）と呼ばれ，1960年代初頭から本格的な編纂が始まった。コンコーダンスソフトウェアは，コーパスの分析を行うツールであり，言葉の用法や連語関係の分析等が可能。

3) 訳者注：「ここで発明されたものではないから受け入れない」症候群。他人や外部の知識を積極的に参照・利用しないで、必要とする事象や知識をすべて自分で経験したり、発見しないと気が済まない状態のこと。
4) 訳者注：スモール・ビジネス・インベストメント・カンパニーズ（Small Business Investment Companies）。
5) 訳者注：チャールズ・パーシー・スノー（Charles Percy Snow, 1905年10月15日〜1980年7月1日）イギリスの物理学者及び小説家であり、イギリス政府の下でいくつかの重要な地位に就いた人物。シリーズ小説『他人と同胞』（Strangers & Brothers）、『2つの文化と科学革命』（The Two Cultures）の著者として有名。
6) 訳者注：1964年にリーダーシップの行動スタイルを「人への関心」と「生産への関心」という2つの側面から捉えた代表的な行動理論を提唱。
7) 訳者注：The Tavistock Instituteはイギリスのロンドンにある非営利組織でアクションリサーチ、組織開発、変革に関するコンサルティング、エグゼクティブ・コーチング、プロフェッショナル開発などを専門とする組織。
8) 訳者注：アメリカの科学者でMITスローン校のCenter for Organizational Learningのディレクターを務める。学習組織の研究と実践で知られている。
9) 訳者注：アコーディオンの一種で、蛇腹（じゃばら）を押したり引いたりして音を出す楽器。普通のアコーディオンにはピアノのような鍵盤があるが、コンチェルティーナには鍵盤の代わりにボタンがついていて、音色を変えることができる。
10) 訳者注：Center of Excellence　優秀な頭脳と最先端の設備環境を持ち、世界的に評価される研究拠点のこと。
11) 訳者注：マルディグラ（仏：Mardi Gras）フランス語で「肥沃な火曜日」の意で、謝肉祭（カーニヴァル）の最終日、灰の水曜日の前日を意味する。英語の「Shrove Tuesday」—告解火曜日、懺悔の火曜日—に相当する。マルディグラの日を最終日とする11日間の祭りの間は、マルディグラ・カラーと呼ばれる紫・金・緑の三色に町中が染まる。紫は正義、金は権力、緑は運命の象徴。

第6章
異文化間のリーダーシップ開発

　昔，偉大なリーダーは，天空の星のような存在だった。国が危機に直面した時，ジョージ・ワシントン，シャルル・ド・ゴール，マーティン・ルーサー・キングやネルソン・マンデラたちは危機に対して適切な答えを見出してきた。「不安定な状況では，導く人が現れる。」このようなリーダーたちは，一定のスタンスを保つ。潮の流れが引いた時，彼らは浜辺に大きな記念碑のように残されるのである。

　現代のビジネスリーダーたちに求められるものは大きく異なっている。グローバルな企業は，単に変化の気配に翻弄されるのではなく，国家や大陸を超えて広がっていくのであり，それぞれの場において効果的であることが期待されているのである。製品がより複雑になって，製品構成要素が多様になるにつれて，リーダーたちは十分な訓練と専門性を求められるようになる。現代のリーダーに求められる分業体制は，巨大で変化に富んでいる。そして多くの対立する主張が，それぞれの仕事に対する忠誠から生まれてくるのである。

　ここで引用されるリーダーシップへの見解とリーダーシップ開発に関する見解は，人事部門の責務ではあるが，そこにおいてリーダーたちは，相対立する要求の間に置かれ，限りないパラドックスやジレンマに連続して直面することになる。ここには終わりのない文化的衝突が存在する。ここでの文化とは，単に異なる国の文化だけではなく，異なる規律，機能，性，階層などを意味するのである。本章ではいくつかの著名なリーダーシップ・ジレンマを例示する。しかし，ここで重要なのは，ジレンマの描写ではなく，トランスカルチャー・コンピテンシーやそれらの基礎をなすジレンマから生ずるパラドックスを解決

する能力である。主に以下の内容が含まれるのである。
- 権威型，参加型あるいは変容型のリーダーシップ
- 抽象的，具体的，あるいは「イルカ型」リーダーシップ
- 君主型，従属型，あるいはサーバント・リーダー
- 実地型，フォロワー型，あるいは即興型リーダーシップ
- 権威として，人的資源として，あるいは指揮者としてのリーダー
- 指示するのか，まとめ役を演じるのか，あるいは新たな文化を発展させるか
- 激動期を内的志向，外的志向，あるいは操縦型で乗り越えるのか
- 世界の知識，自らについての知識，あるいはサイバネティックスの知恵
- 命令型，制御型，あるいは委譲自立型
- 株主の手先，一流のマネージャー，あるいは富の創造者

上記は，現在ある諸々の課題である。リーダーは戦略と方針の立案者であるのか，あるいは，必要な場合に参加してチームを編成するのか。リーダーは，抽象的で大きな概念に取り組むのか，または具体的な詳細に携わるのか。リーダーは本当に従属的になれるのか。このような質問がついには，今日の最重要課題になったりするのである。リーダーとは，株主の利益最大化のために株主に雇われている存在なのか，それとも学習，発展をとげているコミュニティを先導するものなのか。

これらのジレンマに対する解答は，人事に深く影響を及ぼすのである。

1 ● 権威型, 参加型, あるいは変容型のリーダーシップ

ジェームズ・マグレガー・バーンズ（フランクリン・D・ルーズベルトの伝記を書いたアメリカ合衆国の歴史学者）は，事務処理型リーダーシップと変容型リーダーシップを対比させた。事務処理型においては，仕事とお金の関係は代議員制度と投票のようにシンプルなものだ。この状況下では，新しい物は何も生まれないし，各政党は自らの関心事のみに奉仕する。

変容型のスタイルでは，リーダーはリードされる人々の意識を変え，リードされる人々は自分たちの反応によって，リーダーの意識を変える。それぞれが互いの潜在的な可能性を引き出して，まだ認知すらしていなかった切望や抱負を実現させるのである。変容型リーダーには，フランクリン・D・ルーズベルト，

ガンジー,マーティン・ルーサー・キング,ネルソン・マンデラなど強力な社会運動を導いた人々が含まれる。

　変容型リーダーは,ビジネスの世界に現存している。ピエール・ボードワン[1] (Pierre Beaudoin) は,ボンバルディア社をスキーモービル会社から航空輸送会社,そして航空機製造会社へ変革し,多岐にわたる事業内容へと大きく飛躍させた。また,リチャード・ブロンソンはヴァージン・グループ各社のポートフォリオ全体に彼の個性の色合いを強く残している。セルゲイ・キリエンコ(ロシアでこれまでで最も若い首相)は,破綻し,不安定で流動性を失った組織だったNORSI Oil社を,活気のある有効な組織に変容させたのである。

　図表6.1の中で,筆者グループは,バーンズ[2] (Robert Burns, 1759-1796) の理論をジレンマとして表現した。垂直軸(Y軸)はリーダーの権威を表し,行き過ぎると民衆が尻込みし,一方的に行使された権力が堕落することを示している。アクトン卿[3]がいった有名な言葉「権力は腐敗する,絶対権力は絶対に腐敗

図表6.1　参加型 対 変容型リーダーシップ

する」がある。水平軸（X軸）は参加の程度を表している。極端なケースでは，リードしようとしていた人々に権限を剥奪され，リーダーが退任したり，権限の放棄を余儀なくされる状況に行き着く可能性がある。右下に描かれているのは，アメリカのニューイングランドに向かった清教徒の移住者が洋上で船長を交替させたという，実際に起きたことである。横暴なリーダーと権力を剥奪されたリーダーシップの間に，妥協の産物として業務処理型マネージャーが存在する。このリーダーの存在価値は，生活必需品や日常業務のために通常の給与を支払うというだけである。右上の最上部分は変容型リーダーである。その部下たちは「これらの巨人の肩の上に立ち」，経験を積むことにより，向上していくのである。

　変革は互いに関係し合っており，一方的なものではない。リーダーとフォロワーは互いに共鳴し合っている。何千，何百万人の人々が希望を託したり，一体となったり，リーダーを通して自己表現したりする経験は，リードされる者にとってもリーダーにとっても非常に意義のあることである。リーダーは大きな集団の意志決定をゆだねられた存在である。互いの境界は，共有目的によって結びつく人間の精神の高まりによって消滅する。それについて考えるようになる時，権威型リーダーシップでは様々な人々が参画することができなくなってしまう。あなたがメンバーの抱負や欲求に深く関与していなければ，どのようにして数千人の人々を代表することができようか。人々の内に秘めた感情を明瞭に表現しない限り，どうして共鳴を得ることができようか。

2● 抽象的, 具体的, あるいは「イルカ型」リーダーシップ[4]

　アプライド・マテリアルズのCEOであるジム・モーガンは，「イルカ型」のリーダーシップという言葉をつくった。これは多くの点で第2章において語られている「ヘリコプター型能力」と類似している。イルカが水から飛び出して，水の中に飛び込むように，現代のリーダーたちは，自社が彼らの下でより成長するために水面上で戦わなければならない。しかし，彼らは事業の詳細にわたる重要な精査をするために深く探索もしなければならない。リーダーはいつも具体的な現実から少し離れた抽象概念のはしごの上にいるわけにはいかないのである。約束を実行するために，組織行動の日々の詳細な業務を行う必要があ

図表6.2　抽象的，具体的，「イルカ型」リーダーシップ

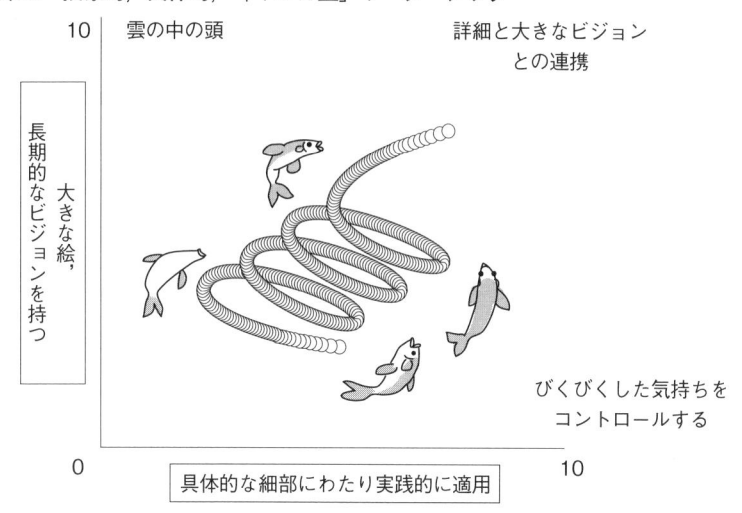

```
10 │ 雲の中の頭          詳細と大きなビジョン
   │                        との連携
長
期
的
な
ビ  大
ジ  き
ョ  な
ン  絵
を  、
持
つ
                                  びくびくした気持ちを
                                  コントロールする
 0                              10
      具体的な細部にわたり実践的に適用
```

るし，実際に発信したことが本当に実現されているかどうかを確認する必要もある。

　この行動能力は，「ズーミング－拡大する」と呼ばれてきた。カメラのズームレンズを活用するように，求められている基準に品質が合致しているかを確認することが必要である。顧客が立つと想定される場所に，製品を手にして立っている必要があるし，約束したものを100パーセント確実に届けなければならない。リーダーたちはあまりに簡単に，「抽象的な階層概念」と「職場の職位階層」とを混同する。「階層」は，壮大な抽象概念と質の高い理想を取り扱うものであり，その実施は部下にゆだねられる。しかし，「イルカ型」リーダーは，細かい調査をする部分，車でいえばタイヤと道との接点にいるのである。そのジレンマは，図表6.2の中に描かれている。

3 ● 君主型，従属型，あるいはサーバント・リーダー

　リーダーたちは，英雄のようなポーズをとって，威張っているべきか，あるいは謙虚に行動すべきか，それとも奉仕しながらリードしていく方法はあるのだろうか。

　ビジネスにおいては，会社のミッションが顧客に奉仕することにある場合は，

サーバント・リーダーが適している。リーダーが部下をきちんと扱えば，その部下は，人への接し方をモデル化することができ，顧客に対して同じように振る舞うことになる。リーダーのプライドが高すぎず，スタッフのために尽くしてくれるなら，それを模倣しない理由は無い。サーバント・リーダーは，いつでも放棄してもいいと思っていた立場を，結局はより強固なものとするのである。人に尽くせば尽くすほど，ついてきてくれる人が増える結果につながるのである。

サーバント・リーダーシップは，東アジアの文化（特に日本）において力を発揮している。リーダーは，返しきれないくらい多くのことを部下に与える。したがって，部下は結果的にリーダーに対する義務を感じ，その意思に従おうとするのである。一般的にサービスと従属関係を結び付けて考えるため，サーバント・リーダーシップは非常にあいまいな概念である。図表6.3でそれを表している。

サーバント・リーダーは，A, B, Cで示されているように深いシャフトの底に位置するのか，それとも先端を切ったピラミッドの頂点にいるのか。答えは両方である。リーダーは組織的階層を逆にして，まるで部下が上司であるよ

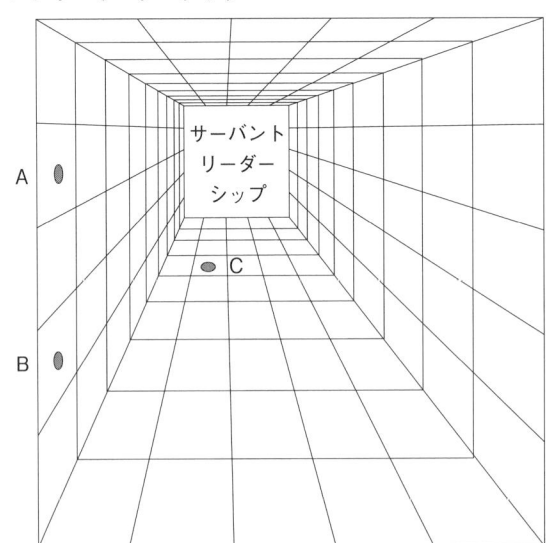

図表6.3　サーバント・リーダーシップ

うに彼らに仕えている。サーバント・リーダーシップは，スカンジナビア航空，そして英国航空のキャビン・スタッフ・サービスを根本的に改善する際に重要な役割を担った。サービスが再度低下する前の1990年代，英国航空の人事担当役員であったニック・ゲオルギアーデス（ジョルジアーデス）は，顧客の応対をしているスタッフに対して，自分たちが上司に扱われているような対応を顧客にすべきであると強調した。サーバント・リーダーシップの価値を高めているのはこのような逆説的なリーダーシップのスタイルである。そして，同僚にも上司にも好感を抱いているスタッフは組織内の団結心を広げていくのである。

　このリーダーシップ・スタイルの謙虚さは，特に東アジアで重要である。そこでは重鎮のリーダーはその影響力を乱用しない。彼らはあたかも部下から学ぼうと，自らは自慢するものは何もないように振る舞うのである。高いステータスの人々は，謙虚さを滲ませることにより，そのステータスを高める。サーバント・リーダーは自分をひけらかすことがないので，人事部は彼らを過小評価しないように細心の注意を払う必要がある。

4 ● 実地型，フォロワー型，あるいは即興型リーダーシップ

　特定の種類のリーダーシップ・スタイルは永久に保持されるものではない。それらは新しく追加されたり，修正されたりしなければならない。このことは特にイノベーションのプロセスにある典型的な「孵化型組織文化」において当てはまる。創造的な考えが喝采を受けることによってのみ，そのような組織文化で上に立つことができるのである。Idea Factory社のジョン・カオはその現象を自身の著書『*Jamming*』の中で記述している。バークレーを拠点とするコンサルタントのロジャー・ハリソンは，そのプロセスを即興のジャズ・バンドに例えた。そのバンドのメンバーは誰でも，新しいビートや楽曲を試みることができ，他のメンバーは，それが気に入ればそのリーダーに従い，またそうでなければ，リーダーをただ放っておく。即興の曲は「リーダーシップに対する機会」のようなものである。つまり，リーダーシップは受け入れられるか，拒絶されるかのどちらかである。バンドがリーダーに望んでいることは，その人の人物ではなく，その人物の持つ「価値観と即興性」なのだ。新しい考えとアプローチが前面に現れると，リーダーシップも変わるかもしれない。あなた自

身がその場で求められるものに合わせられるかどうかが大切なのである。

　即興型リーダーシップは，グループやチームを自ら構造化するのに欠かせない。これらの人々は共に創造するために集まり，そして，最も革新的であると判明した人がリーダーとなるが，そのリーダーシップの将来はイノベーションの運命と共にある。起業家の多くは即興的なリーダーである。彼らは時に従業員への十分な支払い能力がない中で，会社の運命を従業員と共にしようとするのである。このようなベンチャー企業に入社する従業員は，自身の将来を見つけ出すことのできる真のスリルを体験するのとひきかえに，富を得るか，大損をするかのリスクを取っているのである。

　即興型リーダーには，カギとなるある特徴がある。彼らは，自らサイコロを振るように「実践的」である。また，後継者の面倒を見たり育てたりする時間がなく，さらに人に権限移譲することを好まないため，突然「継承の危機」が起きる可能性がある。起業家たちは，自らの創造力に囚われるあまり，他の組織的機能を怠る傾向があるのである。ポラロイド社は，そのカリスマ的な創業者であり発明家であったエドウィン・ランドの引退後まもなく，崩壊してしまった。創業者に代わるリーダーシップが欠落し，すばらしい創業者の貢献を除いて，役に立たないものばかりになってしまったのだ。

図表6.4　先導 対 追従

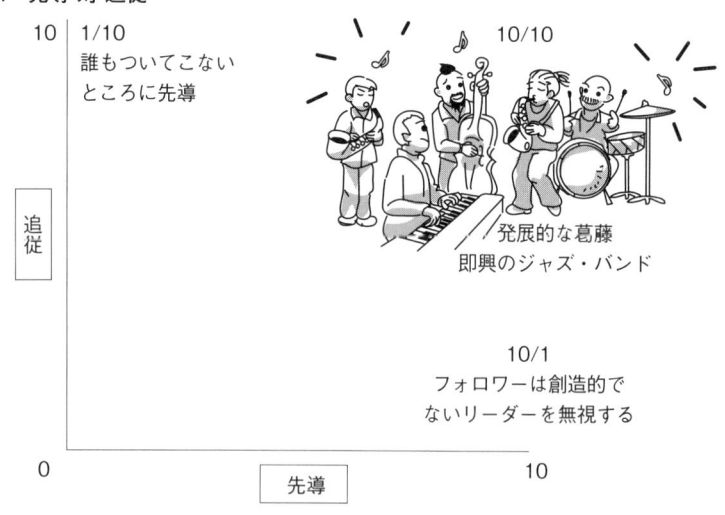

```
10 | 1/10                           10/10
   | 誰もついてこない
   | ところに先導
   |
追 |
従 |                          発展的な葛藤
   |                          即興のジャズ・バンド
   |
   |                                10/1
   |                          フォロワーは創造的で
   |                          ないリーダーを無視する
   |
 0 |_____
                  先導              10
```

図表6.4に示されるジレンマでは,「自称リーダー的な人々」が,「一時的なリーダーシップ」の優劣を争うような即興ジャズ・バンド内の内容を意味しているように,「即興の場面」において,リーダーとフォロワーとを調和する内容を意味しているのである。

5 ● 権威として,人的資源として,あるいは指揮者としてのリーダー

　リーダーは,組織文化がどうあるべきかについて教えるのか,またはその組織文化がリーダーを任意に活用できる人的資源として利用するのか。

　リーダーシップの理論は,企業文化が企業内の中心的な役割を担うようになったことにより,本質的に変わってきている。組織文化が組織の成功に必要な要素だという理解が広まっている。また組織文化は,模倣するのが難しく,構成している人々にとっても維持することが困難である一方で,各種体験から重要な知識を蓄積していくものである,と解釈されるようになった。有能なリーダーが文化の多様な価値観のマネジメントをしているとますます見なされていく一方で,文化が自らの方向性と目的を持ちつつ,半自立的な生きたシステムとして企業の実際の業務に影響を与えているのである。そのようなリーダーシップはどのように機能するのか。事例としてオーケストラの指揮者と進行中の物語の映画監督あるいは語り部という2つの喩えが心に浮かんでくる。

　部下が学べるように教えることを目的とするリーダーは,必ず深刻なジレンマに直面する。彼らはダイナミックで,明晰で,鋭くて,威圧的で,賞賛されることを求めるのである。我々のほとんどは,幅広く賞賛されたいと何らかの形で思っているはずである。この実によく理解できる野心は,マジシャンあるいはステージ上の賢者の象徴的な形で少しおおげさに表現されているのである(図表6.5のジレンマを参照)。

　一方で,マジシャンの側からすれば,観衆に共有されないことが大切なことである。その目的は,知らせることではなく,印象付けることである。すなわち,観衆を彼らの力を遥かに凌駕するマジシャンの力で驚かせることである。

　マジシャンは,楽しませたりだましたりするだけで,詳しく説明したり,教えたりしない。むしろその逆である。観衆は,トリックに関しては無知のまま

図表6.5　指揮者 対 権威，人材

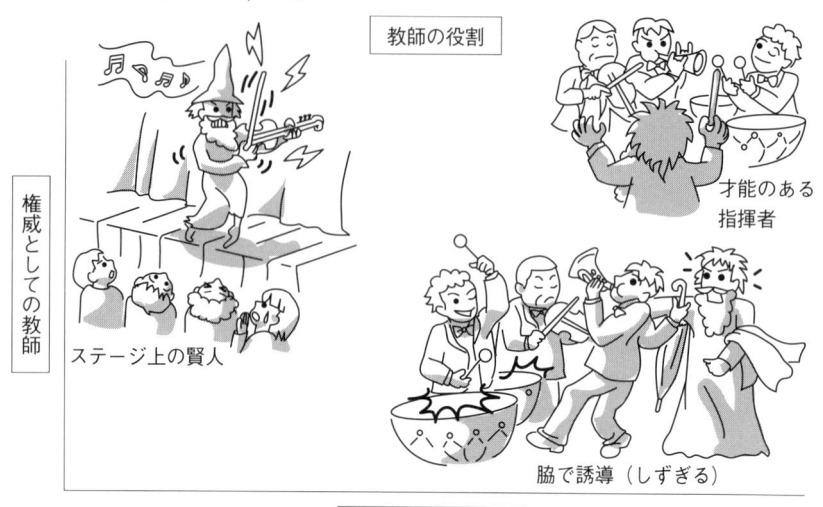

教師の役割

権威としての教師

ステージ上の賢人

才能のある指揮者

脇で誘導（しすぎる）

人材としての教師

でいなければならないのである。カリスマ性は人をだますようなものであると言われることは，ある意味正しい。観衆のメンバーがリーダーを崇拝するとなると，彼らは文字通り「ひざまずく」，あるいはそれ同然の状態となる。

　彼らは「偉大なるマジシャン」を前にして，自分は卑しく，罪深い存在であると感じる。なぜならば，そのような人は，人々の注意を引くことには成功するが，潜在的な可能性を伸ばしたり，部下から何かを引き出したりすることがないからである。教育という言葉は，ラテンの「educo」すなわち「引き出す」という言葉から派生している。「マジシャン」的なリーダーは，引き出される必要があるそれらの心を捨ててしまっているのである。

　操作的でマジシャン的なリーダーシップに反対する強い平等主義の感情は，逆に極端な方向へと進んでしまう。それは，条件がそろえば，活用できて相談することも可能な人として割り切ってグループに紹介される，いわゆる頼みの綱的な人材（リソース・パーソン）として扱われることである。図表6.5では，彼が傘立て程度にしかみなされていないことを表している。一方，彼のメンバーたちは「自分たちのことを勝手にする」感じなので，その結果は調和を失いがちになる。

　このジレンマの調和は，才能のある指揮者（右上）にかかっている。その指

揮者は作曲家ではないし，行動する前に常にその命令を仰がなければならない最高司令官でもない。オーケストラのメンバーたちは，指揮者よりもそれぞれの楽器を演奏する方法をよく知っているプロである。そして彼らの前には楽譜がある。各々は，全体の調和の中で，自分がどのパートを演奏しなければならないかも知っている。我々は異なった楽器を調和させることを話しているのであって，すべての楽器が同音であることを話しているのではない。調和とは，異なった楽器の特徴を生かしつつ，それぞれの楽器が補い合って美しい混成を表現することを意味している。指揮者は何をするべきかについて演奏者に指示するのではなくて，オーケストラの演奏の中でそれぞれの貢献のタイミングとコンビネーションと，オーケストラ全体の文化の出し方を指示している。オーケストラの文化がその残りをカバーするのである。

　この話題に関して，1人のリーダーが，それぞれ自立しているプロフェッショナルな人々のネットワークをどうすれば最適な形でリードできるかというケビン・ケリーによる面白い実験があった。あるコンピュータゲームがスクリーン上に投影された。それは潜水艦を，水中の機雷敷設区域を縫うように進めて

図表6.6　潜水艦の舵を取る

いくものだった。観衆には，速度調整をしながら機雷を避けてその周りを通過するために，潜水艦の停泊地や右舷と左舵を指揮するコンソール（コントローラー）が与えられた。

　すると，このシステムは200人の一致した判断で潜水艦が動くようになっていたのだが，潜水艦の現在の軌道を与えられた観衆は，機雷区域の外を最短で通るように操縦したのだ。それはあたかも知的な魚群のようにそろって同じ判断を下したのだ。ほとんどのシーンにおいて一貫して成功裡に操縦されたのだ。

　しかし，1つ重大な例外があった。潜水艦がまっすぐに機雷に向かってしまうケースが何度か起きたが，その際，観衆の半分は右舷に舵を切ることによって機雷を避けることを決めたのにもかかわらず，もう半分の観衆は港に向かって舵を切ることにより機雷を避けようとしたのである。するとそれぞれの決定が互いを相殺してしまい，潜水艦は機雷に衝突して破壊されてしまった。

　観衆から「皆さん左に旋回しましょう」との明瞭な声が発せられ，このジレンマを調和させる方法を知らせていれば，この状況はうまく回避されたであろう。これはオーケストラの指揮者の介在と同じであり，タイミングと一致した行動に関連している。それは，文化がどのように彼ら自身を導きつつ，また指示に応じるかについてよく説明している。

6 ● 指示するのか，まとめ役を演じるのか，あるいは新たな文化を発展させるか

　映画監督は現代のリーダーシップの役に立つ良い事例である。その理由は，数百万ドルを稼ぐ俳優のような非常に有能なプロフェッショナル集団をリードするモデルとなるからである。これらのプロフェッショナルたちは，時に監督よりも演技について理解している。例えば映画『風と共に去りぬ』の中で，スカーレット・オハラがレッド・バトラーからお金を受け取る時に，どのように振る舞ったら良いのかを知っているのである。それは，ヴィヴィアン・リー自身のプロとしての経験に基づくものであったと思われる。そしてプロとしての彼女の判断に任されるべきことなのだ。

　映画監督は，各シーンが断片的に撮られて，後でそれらをつなぎ合わせなければならないために，シーンをセットする時，そのシーンがストーリーのどの

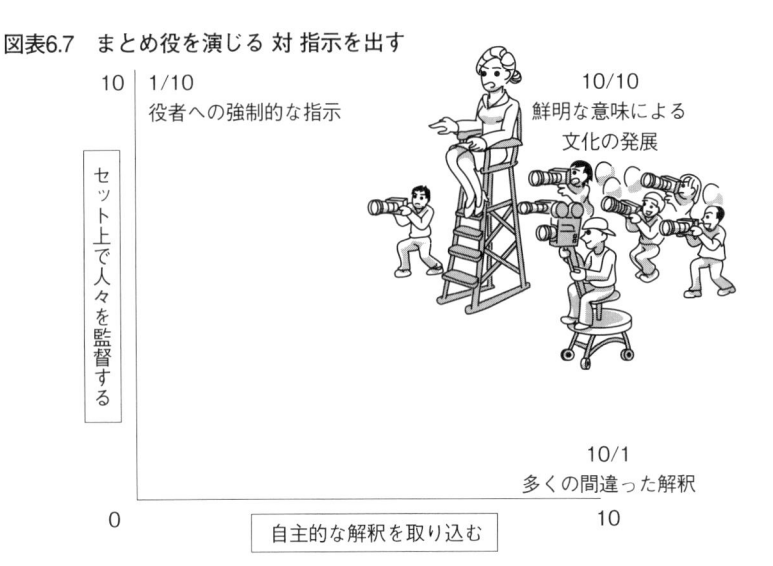

図表6.7　まとめ役を演じる 対 指示を出す

```
10 | 1/10                              10/10
    | 役者への強制的な指示              鮮明な意味による
    |                                  文化の発展
セ  |
ッ  |
ト  |
上  |
で  |
人  |
々  |
を  |
監  |
督  |
す  |
る  |                                  10/1
    |                                  多くの間違った解釈
  0 |_____10
              自主的な解釈を取り込む
```

部分に入るかを伝えなければならない。監督は，そのシーンが採用可能か，まだ撮り直さなければならないかを判断する。つまり，監督は映画のセットを統括し，展開していくシーンの中で俳優たちが演じるパートをきちんと理解できるようにしているのである。

　台本を使用しない映画監督もいる。彼らはシーンの状況を俳優たちに説明して，俳優自身の言葉や感情を映画のシーンに投入させるのである。俳優たちは，「そんなことは言いたくない」とか「役に合わない」などといって，監督に求められる台詞や行動に反発するかもしれない。賢い監督は話を聞き，台詞を変えることもある。

　映画監督は，その解釈を俳優たちに任せる部分と現場で俳優たちに指示する部分との間で最適な選択をするのである。図表6.7の中の監督の仕事は，「鮮明な意味」をもたらすことである。映画監督は，左上に表される俳優たちへの強制的な指示と右下の多くの間違った解釈との間をうまく調整する。

　鮮明な意味が出てくるまで，俳優たちを励まし，アドバイスをしながら，自主的な解釈を取り込んでいくのが映画監督の仕事である。しかし，この段階では物語全体の流れには触れていないのである。企業は，そのリーダーたちが勝利という結果を求めて舵を取る未完の物語のようなものである。そこにおける有能なリーダーは，物語の設定，内容，そして演出を理解している。例えば，

以下のケースでは優れた語り部でもあるリチャード・ブランソンのことを記している。

リチャード・ブランソンの新鮮さ

「ヴァージン・グループ」のリチャード・ブランソンは，多くの点でこの章で表現されているタイプのリーダーである。その強烈な個性が，グループの異なったビジネス・ユニットを1つにまとめるブランドとなっている反面，彼はそれぞれのユニットを有効に参画させる演出者でもある。彼は失読症であるために，その不足しているスキルを補い，複雑なオペレーションを説明するために他の人々を活用しなければならない。彼は非常に「アイデアマン」であり，東京都内の駅で「ヴァージンコーラ」の缶に扮装してサービスをするなど，たえず先頭に立って活動している。

彼は「サーバント・リーダー」の強い具現者である。ヴァージン航空で移動する時にはファーストクラスでリラックスする代わりに，客室乗務員と一緒に機内サービスを行う。また絶え間ないイノベーションの信奉者であるために，従業員たちにたえず起業家的なビジネスアイデアを打ち出すように求めており，多くの従業員にヴァージン・グループと自らの株式ファンドをミックスさせて「独立する」ことを奨励している。

彼のモットーは「楽しもう」であり，「Virgin Brides」[5]のような変化に富んだアイデアで新しいビジネスが次々に作られている。彼が言うには，従業員たちが互いに楽しい雰囲気で仕事をしていると，顧客が楽しむことのできる企業文化を創造できるのだ。組織が肥大化した場合にはその企業を分割して，互いに競わせることにより官僚的になるのを防いでいる。そして，何より堅苦しくなく，親密な関係を大切にしている。

彼は様々なネタに鼻が利く。そしてイギリスのロタリー（宝くじ）経営に名乗りを上げたり，英国航空に戦いを挑んだり，その反面，イラクがクウェートを侵略した時に捕虜になった英国航空の乗務員を助けようとしたりしている。彼はダイアナ妃のキャンペーンを支援して，気球を使って地雷を爆破させることを企画した。彼の自叙伝の『ヴァージン—僕は世界を変えていく（*Losing My Virginity*）』の中では，自分を面白おかしく表現することにより，自分に対する批判をかわすのである。

彼は気球で空高く飛んでいようが，コンコルド機が休止状態になるのを防ごうとしていようが，各種の議論や激動に対する支援者の支持を取り付けようと努力

している。利益を度外視してイギリス国営のロタリーを経営する提案をした時のように，提案が失敗しても，評判をあまり落とさずにいる。彼は大衆の同情を勝ち取っているのである。「自分が適切だと思う程度に従業員や顧客に寛大であろうとする彼を株主が邪魔しているかもしれない」と気付いた時には，株を買い戻し，自身の個人所有会社に戻したこともある。

　2000年にLEGOは「今世紀で最善のおもちゃ」に選ばれ，それほど子どもたちの人気を博し続けている組み立て式おもちゃであることを子を持つ親に印象付けた。LEGO社の開発責任者，クリスチャン・マジガード（Majgaard）によれば，これは早期の建築工学や構造技術への取り組みへの賞賛を得るためであったそうだ。家族は子どもの学習に参加できるし，LEGOは学習における進行中のプロジェクトとして，次々に新たな展開を繰り広げていくことが可能である。

　まず我々は，すべての人々にとって物語の中の個別の内容や要素より，物語全体がいかに価値のあるものであるかを明確にしなければならない。超大作映画の副次的な売上げを調べると，それが明らかになる。衣類，フィギュア，弁当箱，おもちゃ，各種ゲームやコンピュータゲームは高品質のグラフィックスを活用しても，なかなか顧客にアピールできない。しかし，ライオン・キング，セサミ・ストリート，ハリー・ポッターのような著名なイメージを付け加えると，すべてが物語のイメージを帯びるようになる。このジレンマは図表6.8の中に示されている。

　我々が売るものは特定の品目である。しかし，すでに知られているイメージ・キャラクターの物語は，広がりのある意味をもたらし，思い出されるそれぞれ意味のある商品を関連付けることにより全体としての新たな意味を作り出す役割を果たすのである。

　消費者に売られる物語にそれだけの力があるならば，僅かながらの例外はあるものの，自らの成功してきた内容を物語に作り上げることのできるビジネスリーダーが比較的数少ないのは残念で仕方がない。アップル社のスティーブ・ジョブス，ピープル・エキスプレスのドナルド・バー，GEのジャック・ウェルチ，ヴァージン社のリチャード・ブランソン，スカンジナビア航空のヤン・カールソンなどはこのような場合に心に浮かぶ数少ないリーダーである。

図表6.8　物語力　関与融合型物語 対 関与特定型物語

関与特定型物語

物語力

関与融合型物語に埋め込まれた特定の製品

関与融合型物語

　英雄的ポーズを取ることは，おそらく賢くない。ここに挙げた人たちの中には，今はすでにその座を失っている人もいる。一方では進行中の冒険的な感覚を仲間と共有している人もいる。そうすることにより，アメリカのホーソン工場における実験の場に参加した女性たちが感じたような運命的な感覚を仲間に与えることは非常に有意義なことである。

7 ● 激動期を内的志向，外的志向，あるいは操縦型で乗り越えるのか

　リーダーたちは，勇敢にタイタニック号のように波をかき分けて進むべきか，それとも，氷山を避けて，危険に対応するようにエネルギーを費やすべきか。
　1970年代，80年代の日本の経営陣は，自分自身を「急流をいかだで乗り越える人たち − White Water Men」と呼んでいた。これには異文化的な背景がある。日本の文化は第3章の7つの文化基準に示されている通り，極めて外的志向が強い。日本は，外国で形成された資本主義体制下の競争の中で，西欧における

圧倒的な戦略に素早く対応し，より効果的な製造プロセスと，西欧で発明された技術の改善からその利益を生み出す形態を作った。

これらのすべてが，日本人のリーダーたちに，自分たちが急流下りをうまく切り抜け，あるいは別の形で世界の混乱して荒れ狂う激流をうまく乗り越えてきたのだと信じさせたのであった。彼らはさらに沖に出て，岩の間を縫い，経済的現象の上げ潮に乗り続けようと必死になった。組織をリードする時に最も重要な点は，自らの内的志向をあまり誇張しすぎないことである。これは「タイタニック号のデッキチェアを置き直す事例」にも明確に見られる。船は急速に沈みつつあったのに，それを信じる乗客は至極わずかだった。無敵のタイタニックの運命が明らかになる前に，何隻かのボートは半分空の状態で海に下げられていったのである。

現代のビジネスにおいては，非常に効率的であるが故に，環境がそれを支えきれずに失敗に終わってしまうということが起こり得る。ヨーロッパの漁船団は無残にも削減されている。その理由は，漁獲量が少ないからではなく，大量の漁獲量を確保し過ぎてしまうからである。魚網で効率的に魚を獲れば獲るほど，次の世代を産む魚が減少してしまうからである。同様にあなたの工場の生産能力を増やすことが大失敗につながる可能性がある。それは，同時期に他の50社が同じようなことをした場合，単純に慢性的な供給過剰となってしまうかもしれないからである。リーダーたちの計算が別の場所で起きていることによって不利益を被ることになる。

多くの文化は，周知の通り，北アメリカ，北西ヨーロッパ，オーストラリア，ニュージーランドの文化で非常に顕著である内的志向と自己決定傾向を賞賛しがちであるとはいえ，現実的になることが必要である。激しい大シケの海の中，自分の運命を思い通りにコントロールできるリーダーなどいない。とはいえ，誰かからの助けを待つばかりで，押し流されてしまうのでは話にならない。このジレンマは，図表6.9の中で述べられる。

英米の内的志向も東アジアの運命主義も困難を引き起こす可能性がある。現代経済のリーダーは，自らの力の限界に気づかなければならない。ビジネスは長い激動期にある。荒れ狂い，悪化の一途をたどっている。この確信こそが，リーダーシップはサイバネティックス（ギリシャ語の「舵手」の意味である「kybernetes」からきている）であると信じさせているものである。リーダ

ーたちがコンパスをセットしても，予想外の乱気流が会社を誤った方向へ進め，コンパスをリセットしなければならない事態が生じるのだ。荒れ狂う環境でリーダーが直面するサイバネティックスのループは，図表6.10で示すように解読

図表6.9　外的志向組織 対 内的志向組織

内的志向組織

タイタニック号のデッキチェアを置き直す

グローバルな荒波の航海

自然の力に翻弄される

外的志向組織

図表6.10　荒れ狂う環境におけるサイバネティックスのループ

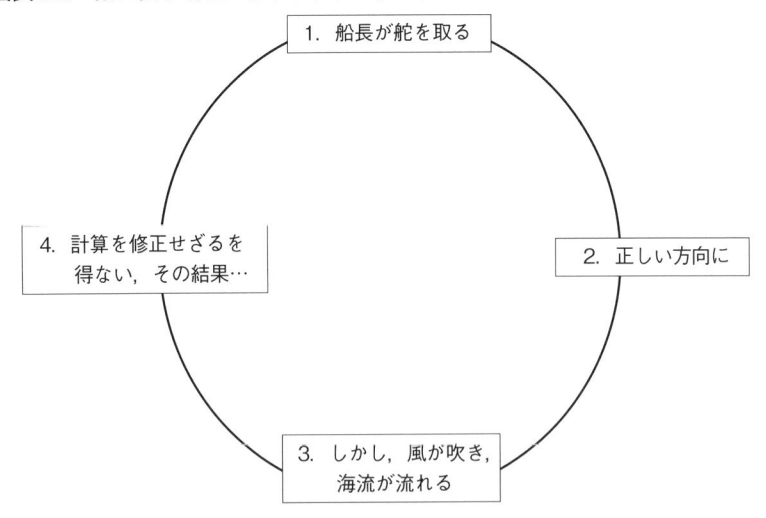

1. 船長が舵を取る
2. 正しい方向に
3. しかし，風が吹き，海流が流れる
4. 計算を修正せざるを得ない，その結果…

される。

　リーダーはどの程度，自らの期待を実現できるのか，そして，どの程度の運・不運が船で発生するかは，解のない方程式のようなものである。リーダーは計画を立てて準備をしておかなければならないが，計画がうまくいかない時はさらに急流ナビゲーターとなり，死にもの狂いでその対応策を考えなければならないのである。

8 ● 世界の知識，自らについての知識，あるいはサイバネティックスの知恵

　紀元前約460年からその40年後のスパルタとのペロポネソス戦争までのギリシャ黄金時代には，西洋世界の最も文明度の高い芸術がアテネで「発明」されていた。その時代が，歴史，詩，悲劇的なドラマ，医療，哲学，民主主義，法の支配，すばらしい建築と等しくすばらしい彫像の発展をもたらした。歴史上のこの非常に短い期間は，ルネッサンス文化とその後の創造的な天才を輩出することに貢献したのである。

　アテネで，以後，それに続くリーダーが輩出されなかったのは何があったからだろうか。オイディプスの有名な物語が，図表6.11に表されている。彼は博識でスフィンクスの謎を解き明かして，スフィンクスを死に至らしめた。しかし，彼は幼少期に山腹に捨てられ，彼を見つけた羊飼いによってコリントスの近隣の皇太子に渡されたのであり，自分の出生の経緯を知らない。何も知らない彼は，喧嘩の末自分の実の父親を殺し，王になり，実の母親と結婚したのである。

　近親相姦と父親殺しの処罰として恐ろしい疫病がテーベを襲った時，オイディプスは真実を探し出し，テーベから「不貞なもの」を追放することを臣民の前で誓った。彼は審議者の長であり知的リーダーでもあった。自分が発見することによって自分自身を危険にさらすことになった時でも，頑なに探求を全うしようとしたのである。彼の罪の恐ろしき真実が明らかにされた時，妻／母は自殺し，彼は自分の両目をつぶしてわが身を国外追放に処した。

　オイディプスは事実を調べようとして失脚した。そして自分の居場所を知ることにより問題を解決するのである。ギリシャ悲劇として残るソフォクレース

第6章　異文化間のリーダーシップ開発　199

図表6.11　自らの知識 対 世界の知識

の『オイディプス王』の終わりで，盲目となった英雄は，杖で目の前の地面を叩きながら舞台を去るのである。これは，非常に強力な比喩である。オイディプスが最後に理解したことは，何人たりとも将来を予測することができず，あるいは未来にどんな成功や災難が待ち構えているかを知ることはできない，ということだった。リーダーたるものが果たし得る最善のことは，共有する環境について学ぶプロセスを人々に指導することである。これは，「３本足で歩く」ことで実現される。３つ目の足は，たえずリーダーの仮説を検証し，外部からのフィードバックを受けながら，絶え間なく先の道を検索するのである。

オイディプスは，環境を吟味し続ける，生きたシステムとして舞台を去る。その傷ついた姿は間違いの必然性や目的修正の必要性を受け入れることを学習することを意味していた。

9 ● 命令型，制御型，あるいは委譲自立型

これまで，経済界のリーダーたちは，その能力を発揮しきることを根底から阻害するような障害を認めてこなかった。また，リーダーは学習し，自分自身

を開発しなければならないと論じてきたが，その学習の限界も特定していない。もちろん，産業や文化によって異なるジレンマが存在するが，十分な技術と力が備わっていれば，リーダーが長い間育たない理由はないだろうし，人事部門が，長い間確信できるリーダーを育てることができなかった理由もないのである。今まではリーダーの権限が制限されることは，何にもまして想定外のことであった。しかし，最近になって権限の制限が発生し，悪い兆候を示しているのである。

このように近年，ビジネス・リーダーシップだけでなく，学習組織の将来に対して著しい脅威が発生している。職場の人間性の機能が激しく衰退することを防ぐために，人事部門はこの問題に立ち向かわなければならない。筆者グループは，特にトロンペナールスが指摘しているように，投資の失敗に言及する株主グループの台頭を指摘しているのである。

カナダの精神科医エリオット・ジャックは，リーダーシップの重要な面を指摘した最初の人であった。十分なリーダーシップの可能性を持つ人々は，時間に対する感覚が人と大きく異なる傾向にある。彼らの「裁量期間」，つまり，彼らが責任を持とうとしている現在から将来への期間が，他のマネージャーのそれと比較して，非常に長い。その一例としてエリオット・ジャックが発見したのは，ペンタゴンの高官たちは，たとえもうすぐ退職になるとしても10〜20年後の責任を受け入れるということである。

将来に不可欠なテクノロジーへの投資は，長いスケジュールに基づいている。リードすることが前方に出ることであるならば，偉大なリーダーたちは，何十年もそのリードを維持しようと努め，それを人生の長期的目標に掲げるのである。ジャックは，どれくらい先の計画や活動を構想しているかを見ることによって，若い人々のリーダーシップの可能性を予測できることに気付いた。

ジャックは，納得感のある給与は，自由裁量を認められた時間，すなわち，上司に監督されることなく自らの仕事に取りかかれた時間と相関関係があると主張した。ビジネスにおいて，全従業員は，株主に対して直接責任がある人々に監督されなければならないが，人々は自由裁量の拡大を求め，その裁量に対して給与が支払われることを求める。強いリーダーシップの可能性のある人々は，より頻繁に監督を受けることが望ましい。ジレンマ条件は，図表6.12の場合のように，垂直軸の責任と水平軸の自立との単純な対比である。

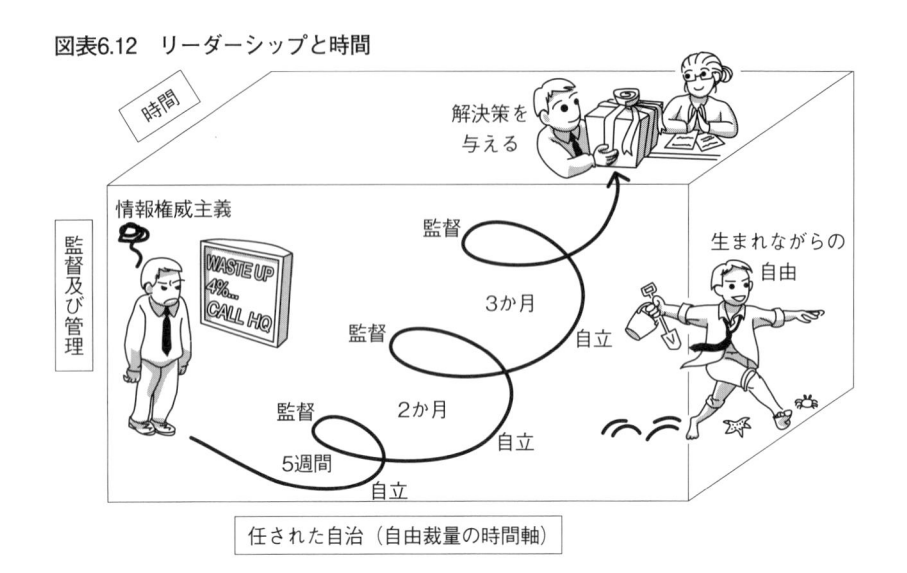

図表6.12　リーダーシップと時間

　螺旋が上昇するたびに，マネージャーへの監督が強くなり，自立の程度は螺旋の回転の幅によって表現されている。それが下がるたびに，自立の新たな周期が始まる。あらゆるリーダーシップは，それを行使する人々の自立の時間内において自由に与えられる裁量によって決められなければならない。

10 ● 株主の手先，一流のマネージャー，あるいは富の創造者

　過去２，３年の間，権力の劇的なシフトがアメリカ資本主義の中心で生じた。それは企業のリーダーシップと極めて重要な時間の感覚に直接影響を及ぼす恐れがある。20世紀のほとんどの間，管理された会社組織は，株主に勝る権力を保持していた。株主には配当が支払われていたが，会社を指揮する権限は上級マネージャーに委託されていた。そして，上級マネージャーたちは自分の利益のために会社を経営したり，労働組合の要求のプレッシャーに屈して高い賃金を払うこともあった。『現代の会社と個人所有（*The Modern Corporation and Private Property*）』（1932年）において，アドルフ・バールとガードナー・ミーンズは，このいくぶん不平等な関係を年代順に記録した。

1980～90年代のレーガン大統領とサッチャー首相の改革で，振り子は逆戻りしたのである。合衆国と英国の低経済成長は，経済のサプライサイド，つまり株主となる資産家や資本家への十分でない報酬に対して十分な注意が払われなかったことに起因すると追及された。この状況を正すために要求されたのが，株主利益の最大化であった。この変化は，金融市場の力の拡大とTOBなどによる業績低迷企業の略奪的買収の増加の引き金となった。

　残念なことに，金融市場は非常に短期的な展望に基づいて動いている。実際，長期間にわたる特定の会社の業績と生き残りに対する関心は無いに等しい。企業買収のやり方次第で，会社が成功しようが，失敗しようが，どちらに転んでも儲かるのである。

　「年金基金」に参加している人々も株主に含めて考えるのならば，株主の大半は自分たちのお金がどのように投資，運用されているのかを知らない。彼ら株主の大半は，たとえ株が取引される前の僅かな時間であっても，自らが「所有する」富を生み出しているコミュニティに参加しない「不在地主」同然の状態に置かれている。生涯を会社または産業に捧げたり，今後何年かどのように会社に奉仕しようかを計画したりしている現職の従事者より，職場の非介在者に多くの権利があるようなシステムは，大きな問題である。

　しかし，我々は単純に抽象的な所有権について話しているわけでもない。ここで立ち止まって2つの現象を考えてみよう。企業が余剰人員の解雇計画を宣言すると，一般的に株価が急騰することが多い。これが人員カットの効果に基づく判断であったならば，その背景には様々な意見があるだろう。マネジメントは余分なものを切り捨てることもあるが，場合によっては筋肉を取り除いてしまうこともある。どちらに転ぶかはわからない。余剰人員解雇についての判断が圧倒的に支持されるということは別の意味を表している。株主たちは，従業員のポケットから自分たちのポケットに富が移動されることを信じているのである。これは，社内の上級マネージャーのボーナス支給に影響を及ぼす。ボーナスはコスト削減目標や株価としばしば連動しているためだ。仕事を減らすことにより株価が上がるならば，上級マネージャーたちは，株主から同僚を解雇するためのインセンティブを与えられているようなものである。

　次に2番目の現象を考えてみよう。最近の最高責任者の給与や賞与は，許容限度を超えている。彼らはまた，会社の成功に関連するあらゆるかかわりをも

失っている。業績給は通常，部下のためのものである。経営陣には成功しようが失敗しようが，十分な手当てが支払わる仕組みになっている。彼らを辞めさせるにはさらに膨大な費用がかかるのである。不思議なのは，年金基金がこの仕組みを維持しようとしていることである。年金基金は，たいていの場合，50パーセント以上の保有株を持ち，自分たちに都合の良いCEOを連れてくるための決裁権を持っているのである。個人投資家が何回もその憤りを投票で表明してきたのに，年金基金がこの仕組みをやめない理由はいたって単純であると思っている。CEOの本当の機能は，企業の富を共に働く従業員から株主へ再分配することにあるので，失敗しても成功しても，同様に法外に高い報酬が支払われているのである。従業員と日々，自然の絆を築きながら生活を共にしているCEOたちから，外部の人間である株主に対する忠誠を引き出すためには大きなインセンティブ給が必要となるのである。

　もしこれが真実であるならば，学習組織と知識を生み出す能力にどのくらいの値をつけたら良いのかが危惧される。余剰人員解雇のために，10人中1人を解雇するのであるならば，これまで見てきたように，情報を蓄積する人間関係が9人になることを意味している。会社は，あっという間に水切り容器と同じくらい穴だらけになってしまう。ある銀行の支店では転職率が30パーセントにも上り，掲げられた目標も3年後には，覚えている人が誰もいなくなるほどである。

　しかし，おそらく，その最も厳しい影響は，株主から短期志向を強要されるリーダーの上に重くのしかかる。リーダーたちの報酬が契約満了時の株価に基づくならば，彼らが入社する何年も前になされた投資が不公平にも彼らに影響を与える一方で，会社の将来のために彼らが行った投資はすべて後任に充当されるのである。もしリーダーたちの目が自身の報酬にしか向かなければ，このような投資をすることはないだろう。

　その影響が非常に間接的であるために，学習，研修，顧客サービスなどへの投資は敬遠されてしまう。従業員はまず学習し，それから改善し，最後に実績を上げるのである。顧客に対するサービス向上は，次の契約期間（約1年後）に成果を上げることができる。対照的に，コスト・カットには即座に貸借対照表を改善する効果があり，即効性を求める時に取るべき選択肢である。

　以上のことは，人事部門に非常に深刻な問題を投げかけている。なぜならば，

人事部門の主な役割が，余剰な人員を発表することになってしまうからである。その際，人事は恐れられ，嫌われさえするのである。1990年代前半には，人事部門内に苦情処理係を設ける動きが高まった。これは，従業員が30分以内に机を片付けて，駐車場許可証を返さなければならないような（すなわち，急な解雇）状況下では極めて役に立つ。苦情処理係は，解雇された従業員らが苛立ちからコンピュータを破壊するのを防止するために監視する。しかし，本当にこの従業員が余剰ならば，初めから彼らを雇っているはずがなく，つまり彼は正当な理由で解雇されているわけではない。つまり彼らの怒りはもっともなのである。

もし，金曜日の午後の人事からの呼び出しが解雇宣告を意味し，あなたの世評が人切りであるならば，成長，エンパワーメント，多様性，学習，文化，人間関係や変化などのスローガンをいくら並べてもまったく無駄なことである。

これまで，調和について話してきたが，調和は分裂と崩壊のプロセスを敵に回して戦わなければならない。ヘンリー・ミンツバーグは，2002年にマサチューセッツ州ケンブリッジで開催されたマッキンゼー・コンサルタントの年次総会で，その株主権と何人かの投資家が互恵関係にあるという古いシステムに代わるものが，経済や社会の分裂や亀裂を引き起こす原因となっていると論じた。図表6.13は，彼がマッキンゼー・コンサルタントに対して行ったプレゼンテーションの内容である。

ミンツバーグの見解には，「自己中心の行動様式」または，「利己主義と他愛主義」のバランスが取れていない価値観が存在すると述べられている。これが，非常に不平等な富の分配形態の文化を強めて不均衡のくさびを強化してしまう。野心的な組織は余剰の従業員を抱えることにより，操業停止に追い込まれる。天文学的な給与を支給されている英雄的なリーダーたちは，実際に富を生み出している謙虚な従業員から切り離される。また株主は権力を持っているがマネージャーたちから完全に切り離される。経済活動を行っている人は社会福祉活動をしている人に威張り散らし，社会全体が決定的に二分される。

序章で人間を機械の付属物として扱ったテーラーの科学的経営管理の行き過ぎた行動に対する抗議運動をするために，人事部門が作られたと説明したが，我々はこの抗議の原因が未だ消滅していないことを喚起したい。どの世代も古い余剰物を新しい装いに変えるのである。かつて，すべてを打破する機械という抽象概念があったところに，現在は金融資本主義という抽象概念と人間を使

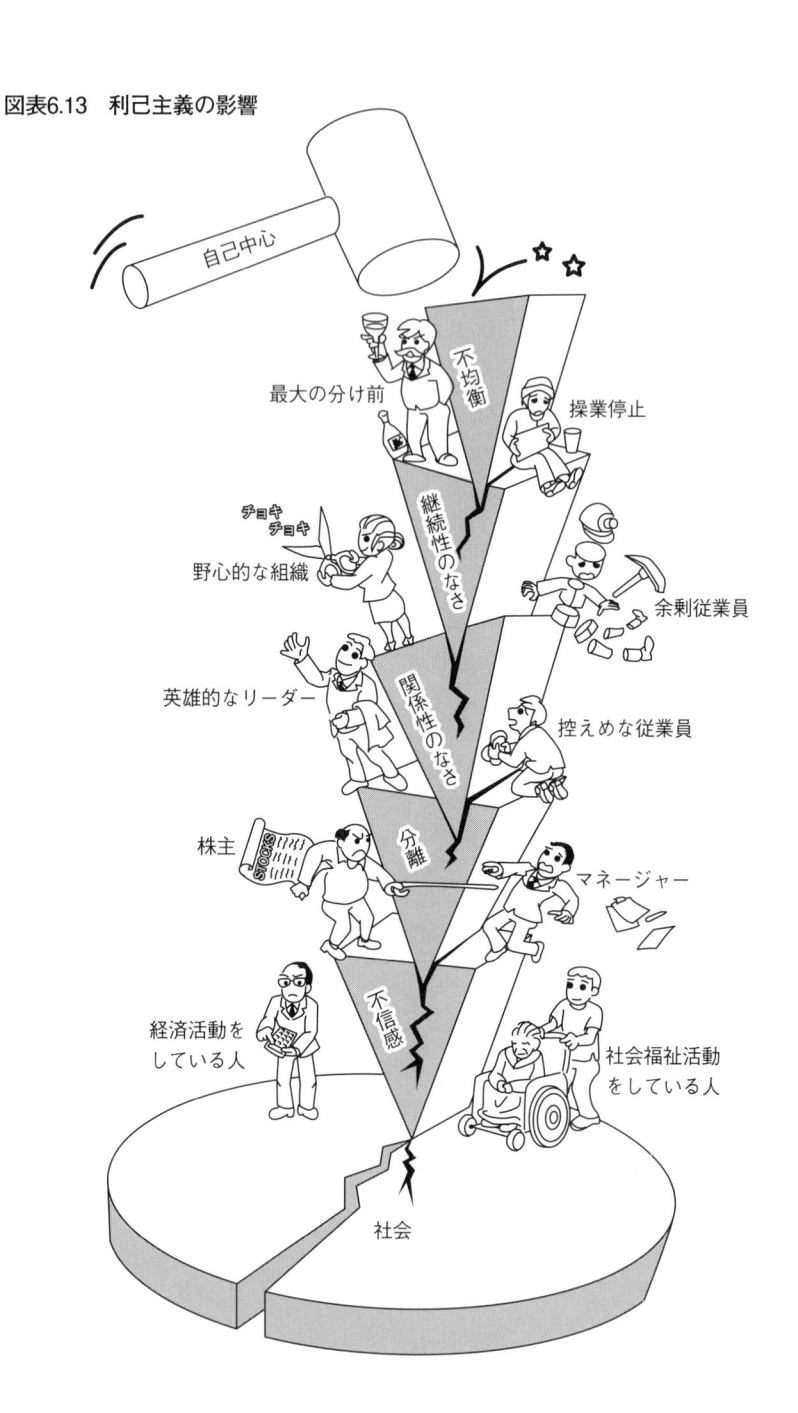

図表6.13　利己主義の影響

い捨ての資源として扱う考えが存在しているのである。

　正義と公正を復活させようという意図がなければ，会社は何のジレンマに遭遇することもなく，人々を簡単に使い捨て，仕事を削減するだけである。ジレンマをまず理解するためには，問題には2つの側面があり，一方が他方を無視してはならないことを理解しなければならない。人事が最も重要視すべきなのは人間性であり，筆者グループは，それが現在の風潮のせいで危険にさらされると考えているのである。

[注]
1）訳者注：ボンバルディア社の社長兼最高経営責任者。
2）訳者注：スコットランドの国民的詩人。スコットランド語を使った詩で知られ，スコットランド民謡の収集，普及にも努めた。貧しい家に生まれてイギリスにおけるロマン主義運動の先駆者とされ，今日でもスコットランド文化の象徴的存在として影響力を持つ。
3）訳者注：John Emerich Edward Dalberg-Acton男爵（1834-1902）。イギリスの歴史家・思想家・政治家。初代アクトン男爵。アクトン卿（Lord Acton）と呼ばれることが多い。主著に『自由の歴史』，『フランス革命講義』がある。
4）訳者注：「イルカ型」は高い知性を持ち，和を大切にする人。
5）訳者注：ウェディング・プランやウェディング用品を販売するヴァージン・グループの企業。業績不振で2007年末以来，縮小傾向にある。
6）訳者注：431-404BCのスパルタとアテネの戦争。
7）訳者注：ギリシャ神話で，オイディプスは知らずに父を殺し，母と結婚してテーベ（Thebes）の王位に就いた。

第7章
個人的な診断からウェブベースのアセスメントまで

　第6章までは，組織における内在的なジレンマが何であるかを診断してきた。我々がこのようなジレンマに気付けば，その後はより良い企業戦略が策定され，より良いチームが組織化され，組織から必要な知識が生み出される可能性は高くなる。我々の最終課題は，どのようにリーダーを育成するのかということである。しかし，まず第1に，どのようにして，顕著なジレンマを発見するのか。もし，我々が状況を見誤った場合には，何もうまくいかないのである。次の各項目に関連するジレンマを探り出すことを考えてみよう。

- 研究者と情報提供者のモデル
- ジレンマを引き出す個人的な面接調査方法
- 原理原則支配主義：キラークエスチョン（回答が難しい質問）
- 7つの文化の価値基準とそれらと同型の文化基準との類似性
- 過去にさかのぼって成功について説明する
- クライアントのジレンマをクライアントにフィードバックする
- ウェブベースの評価

　論点は次の通りである。情報提供者，すなわちインタビューを受けた者は，彼ら自身の現実のモデルを持っており，そのモデルとは，THTのモデルより傑出しており，企業において彼らがリーダーシップの地位を獲得できるほどすばらしいものである。研究者である我々が，顧客である彼らのモデルに代えて我々のモデルに置き換える立場にはなく，たとえ置き換えてみたところで，それは賢明な選択にはならないのである。事実，その構造かパターンを置き換えはするものの，我々THTグループは，彼ら情報提供者であるクライアントが

理解している内容を受け入れるのである。また，これは顧客中心の対処法，肯定的な見方（AI[1]），シナリオ・プランニング，民族誌的研究，及び多くのコンサルティングテクニックの基礎である。クライアントが感じた世界が研究者あるいはコンサルタントによって受け入れられ，これらの知的なモデルはそれらの発案者の許可の下に研究されたり，変更されたりする。

このように，クライアントは自らの感じる現実に対して責任があり，彼らは自分自身の判断で，その現実を変更する。この章では，我々が，我々自身の組織でどのようにこの問題にアプローチするかを説明する。それはもちろんより広く適応可能なアプローチである。

THTでは，ジレンマを引き出すためにインタビューを行っている。なぜなら，情報提供者がコンフリクトに取り組めば取り組むほど，より早くジレンマと折り合いを付けられるようになるからである。たとえそうだとしても，情報提供者の中には，疑いや躊躇を認めることを拒んだり，社会的あるいは組織的な葛藤の一側面に自分自身を置き続ける人もいる。筆者グループはこの現実を受け止めたうえで，別の合理的な考え方を提示する。我々は，もっぱら自分自身の視点だけに固執する人を，単一原理主義者と呼び，自分の視点に固執する人々から相反する主義を引き出し，別の結果を引き出せるような質問を投げかけるのである。

研究者のモデルと情報提供者のモデルとを結び付ける他の重要な方法は，ジレンマの中で同型の類似性に留意することである。情報提供者のモデルの抽象的な原則をできる限り多く具体的な事象として示す一方で，研究者のモデルは概して通常より抽象的である。THTにおいては，クライアント及び我々双方が，この現象を抽象化の異なったレベルにおいて感じ，そして異なってはいるが，できる限りよく似た語彙を用いることで，主要なジレンマを共有することができるようにしている。

ジレンマを発見する別の方法は，会社の中の各種の事業ユニットによって達成された最近の成功事例を調べることである。突然の，そして，予想外の成功は，主要なジレンマと折り合いを付けたことを示している。どうやってジレンマを調和し，成功が達成されたかを知ればリーダーシップを示した人の功績を認める一助となるのである。

クライアントまたは情報提供者が我々に提供したジレンマがどのように対処

されたのかを，例外なく彼らにフィードバックしなければならないし，THTがそのジレンマに対処した方法を開示しなければならない。筆者グループの経験では，クライアントは，自分たちの話した事が形を変えて対処されていることを喜び，しばしば我々の考え方に近付いてくることになるのである。最終的に，我々筆者グループはWebを使用してのジレンマ解決の可能性についても探っていく。

1 ● 研究者と情報提供者のモデル

　すべての人々は，社会の現実に則ったいくつかのモデルを持っている。その多くは，非常に大雑把かつ緩い状態のものである。モデルがなければ，我々は経験を体系化することもできないし，分類することもできない。スタッフ部門や人事のようなサポート部門にとっての課題や外部コンサルタントの課題は，彼らのモデルが企業において日々の業務に従事している一般的な人のモデルと異なっていることにある。

　それではどのモデルを使用するべきなのか。本書では，なじみのない概念をいくつも取り上げている。筆者グループは，読者が自分自身のモデルを捨て，THTのモデルを受け入れるべきと主張しようとしているわけでも，同じようなことをしている変革推進者を支持するわけでもない。我々THTのモデルよりむしろ情報提供者のモデルを通して業務を行わなければ，変化を取り入れることによる効果を大きく制限してしまうことになるであろう。いったん，他の人々に「私が考えるように考える」ことを求め始めれば，その人々はなぜあなたと同じように考えなければならないのかと感じ，変化に対する抵抗が強められることになるであろう。

　第3章の文化の7つの価値基準，第4章の戦略モデル，第5章のチームの役割，そして第6章のリーダーシップ・モデルのすべてが良い考え方であると，たまたま，我々は信じている。しかし，これは，年間40万ドルを稼ぐ誰かが学んだ思考方法を，我々が退けることを意味しているわけではない。それをしてしまったら，我々はクライアントの組織文化をほとんど診断できなくなるだろう。情報提供者は我々と同じくらい成功しているのであり，我々は真剣に情報提供者のモデルを参考にすべきである。では，これはどのようになされるもの

なのか。

　最初につかむべきポイントは，何においても第1に，ジレンマ・アプローチは組織の内容ではなく，組織構造やパターンに対する傾向値だということである。我々は，超自我とイドとの戦いであると主張するフロイトを擁護するわけではなく，また集合的無意識とリビドーとの戦いであると主張するユングを擁護するわけでもなく，右脳と左脳が支配を争っていると主張する分離脳の研究者を擁護するわけでもない。また，我々はフロイト，ユング，及び分離脳の研究者たちに異論を唱えるわけでもない。彼らもまたすべて我々にとっての情報提供者であり，非常にすばらしいのである。

　我々が注目することは，この三者すべてが異なったメンタル・モデルを持っている一方で，三者ともジレンマを見て，彼らの患者はどうにかしてこれらを解決しなければならないと信じていることにある。ジレンマを正確に記述することは，フロイトやユングや分離脳を研究する学者に任せれば良いことであり，我々はそのジレンマとどのように折り合いを付けたら良いかに集中すべきである。

　我々がTHTで試みていることは，情報提供者たちが我々に語るジレンマを，THTのジレンマ（対立の分岐点）の解決方法である調和理論を活用して，構造化することである。

　我々THTのメンバーは，彼らに内容を提供してもらい，その内容を新しく，決して押しつけがましくない設定で処理するのである。こうして，クライアントの情報提供者が彼らの現在のやる気を生かして，自らの信念を維持し，確信を持てるように奨励するのである。我々は，THTのロジックで形作られる方法を会得することによって，彼ら自身が選んだ目的の達成を助けることを目的としている。もちろん，我々がジレンマの解決方法をどう組み立てるかによって，彼らが目的に至る方法を変えることもあるが，ほとんどそのプロセスに異論を唱えることはしない。我々は，実質的には，現実に即した彼ら自身のモデルに任せているのだ。

　これは非常に重要なポイントであり，参与観察，真価がわかる探究，あるいは「第三の耳で聞く」ことの核心に触れている。人や組織の変化を望むのであれば，一瞬のうちに相手の目的の本質を見極めなければならない。彼らは，あなたの目的ではなく，彼らの目的を達成するためにそこにいるのである。そのことにより解決策の中に新たな社会的現実を共に構成できる可能性が出てくる

かもしれないのである。

2 ● ジレンマを引き出す個人的な面接調査方法

　1対1での面接調査は，価格も高く，時間もかかる。しかし，それは組織内に潜在し，まだ広く組織の構成員によって議論されていないジレンマを引き出す唯一の方法であるのかもしれない。多くの組織はメンバーの不満の原因を理解していない。何かが機能していないことに気付いているが，その理由は解明されていないのだ。そして，解決策をまったく持ち合わせていない問題に焦点を当てて議論することは「否定的に」見えると躊躇するかもしれない。

　THTでは，通常，情報提供者に彼らのジレンマの内容を我々に教えるようには依頼しない。これは，不正をすっぱ抜くとか，何か問題のあら捜しをしているように思われるからである。我々は，心の中で「ジレンマ」を考えながら，クライアントに焦点を当てたインタビューを行う。これを実施するとほどなく心理的葛藤によるためらい，能力，躊躇，自己葛藤，または他の情報提供者との相反する証言に気付く。人と人の間ではなく，コンフリクトをそれぞれの内面で捉えていくことが非常に重要である。我々は，内面化させたコンフリクトとなら折り合いを付けることができるが，すでにどちらか一方を支持し，1つの派閥の支援までを誓約してしまった場合には，コンフリクトと折り合いを付けることは難しいかもしれない。

　インタビューにおいて，情報提供者が感じているコンフリクトを彼ら自身が受容できるようにすれば，彼らがあなた方を信頼するようになるにつれ，自己のコンフリクトに関してより一層学ぶことができるだろう。信頼関係の構築には時間がかかるので，インタビューは少なくとも1時間以上続けるべきである。多くの情報提供者は，コンフリクトや相反する感情は，弱さや優柔不断の表れだと信じているので，情報提供者が示すあらゆる疑念を受け止めて，興味を示すよう努めなければならない。インタビューは，語られた内容については公開するが，誰が語ったかということは秘密にしなければならない。こういったパターンを繰り返すことで，自らの組織文化を見つけられるのである。3，4人の情報提供者から同じような緊張を感じるのであれば，うまくいきそうなことに気付くだろう。

組織のジレンマを克服する手掛かりは，たいていユーモアや作り話をしている時や，解雇や比喩的な表現の中に見出される。それぞれについて議論してみよう。ジョークの形をしたユーモア，小部屋の壁にピンで貼られた漫画，あるいは落書きさえ，見方によっては，コンフリクトの2つの異なった見解の特徴を浮かび上がらせている。"JFDI"（やっちまえ！），"BOHICA"（またかよ！）は，人々を悩ませる組織の状況に関するジョークである。
　JFDIは上司の信念と自分自身の信念とのぶつかり合いについてのジョークである。BOHICAは単に不都合を引き起こすプログラムの変更が多すぎることについてのジョークである。これらのジョークがジョークとしては面白くないほど，企業にとってより重要であることが多い。何度も繰り返されるおもしろくもない話は，楽しませるよりむしろ組織に関する何かを教えることを意図している。
　例えば，ハーバード・ビジネス・スクールでのイギリス人作家の授業中，ある話が話題になった。3人の学生が，論文を分析・採点する若い女性スタッフに対して，同じ論文を提出したところ，学生が受け取った評価点はどれも異ったものであった。このことは，採点システムがどれほど恣意的かつ不公平かを示すはずだった。ところが，大学の運営サイドは，即座にこの話に対して曲げた解釈を加えた。すなわち，同じエッセーを提出した3人の学生が，「不正行為」をしたとして捕らえられ，退学させられたのだ。
　それぞれの話の中にジレンマがあり，また話の間にも別のジレンマがある。ここでは，学生の動機に対して，劇的に異なった解釈がある。採点システムの不公平性を暴こうとすれば，剽窃という非難に身をさらすことになる。おそらく，本当のジレンマは，まさしく大学を出たての若い女性が，より経験豊富な社会人大学院生の男性のレポートの評価をしたことにあったのだろう。しかし，政治的しがらみから抜け出せないまま，本当に間違っていた点は誰にも認められないままに終わってしまうこともあるのだ。
　どんないい話にも，危機の連続がある。そして，それらは，ジレンマを体験したリーダーによって幸運にも，または悲劇的にも解決されるのである。したがって，このような事例は，ジレンマを発見すること，そして，その文化が認める折り合いの付け方を学ぶことへの良い入口になる。英雄が単に怪物を殺すか，それともすべての関係者が合意できる解決策で交渉するか，その文化がど

のようなリーダーを求めているのかが表れている。

　最近よくある従業員の予想外の解雇は，組織の規範に対する重要な解決策を示しているかもしれない。なぜなら，その人物が組織規範を犯すことはありうる話だし，解雇という大胆な行動を取ることが，組織の規範を強調し，維持するために必要と判断されることはよくあることだからだ。このような解雇の事例を研究し，組織内の問題点がどこにあるかを知ることにより，結果として被害を受けなくても済むのである。

　インタビューで使用される特徴ある比喩の表現は，ジレンマ解決の重要な手掛かりである。なぜなら，そのような表現は似ていない特性同士の類似性に注目するからだ。その表現はあるところは似通っているが，評価や比較の基準は異なっているのである。

　THTで，我々のインタビューを受けた1人が，「このフロアには，まるでカオスの海の中のすばらしいオアシスのようなすばらしい工作機械がある」といった表現をした。

　この喩えの表現によれば，工場にはすばらしく設備化された小規模セクションがあるが，工場全体としては，そのロジスティクス部門は不安定で混沌とした状態である。このようなフレーズは，図表7.1のように容易にマッピングできる。

　クライアント自身の喩えの表現の形通りに，情報提供者のモデルを当てはめようと注意を払うとともに，我々THTはX軸とY軸の2軸でそれを構成する。縦のY軸の上に個々の設備のすばらしさが表現されており，横軸のX軸の上に工場全体のまとまりが表現されている。このように，情報提供者のモデルと研究者のモデルは絵とそのフレームのようにつながるのである。我々は，工場の現場では設備在庫が床に積み上がっている状態であり，それぞれの設備の品質のよさが工場全体の一貫性やロジスティクスの部分と十分に見合っていないことに問題があることを発見するのである。

3 ● 原理原則支配主義：キラークエスチョン

　インタビューしている人がストレートな思考の持ち主の場合，どう対処するか。周知のごとく，ほとんどの人々が，価値とは物質的な「商品（goods すな

図表7.1 工場全体のまとまり 対 個々の設備のすばらしさ

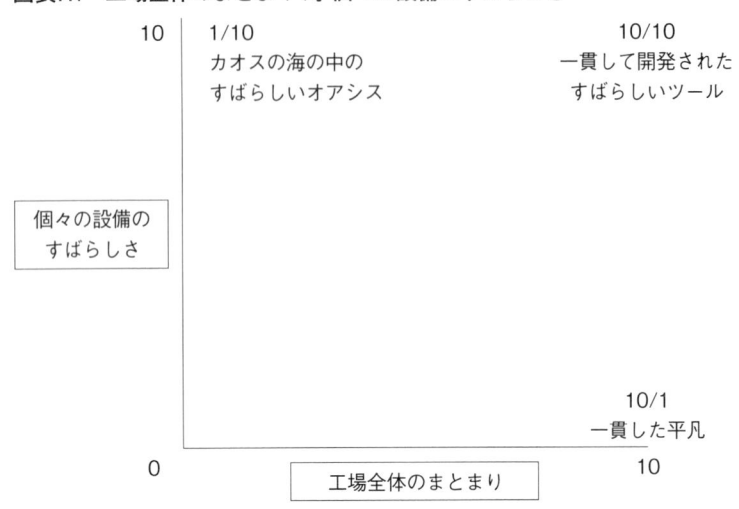

```
10  1/10                          10/10
    カオスの海の中の                 一貫して開発された
    すばらしいオアシス                すばらしいツール


個々の設備の
 すばらしさ




                                  10/1
                                  一貫した平凡
 0           工場全体のまとまり          10
```

わち良いもの)」であると考える。ちょうど50万ドルより100万ドルを持っている方が良いように，より多くの勇気，より多くの忍耐，より多くの熱意を持っている方が良いと考える。そのような人々にインタビューをすると，彼らはジレンマがあまり好きではないことがわかる。彼らは「自分のやりたいことをやっている」のだが，他人に対しては，それが実際にはどのくらいの価値があるのかについて疑問を投げかけているのである。

そのようなインタビューをするとそこから得るものは，原理原則支配主義に基づいた一方的なものになりがちである。ある企業について，産業別ベンチマークではただ良いのではなく，すばらしく良い場合がある。実際，そのような情報の提供者は，その企業の未開拓分野まで活動を広げることにより高度なベンチマークを実施することができ，より良い結果を得られると見ているのである。前年，彼らは，2つのビジネス・ユニットを20％コストダウンしたが，過酷なコストダウンがまさに容赦ないキャンペーンの始まりになるとは思ってもいなかった。翌年，結果として3,000万ドルではなく，6,000万ドルほども節約されるであろうという予測を金融市場は歓迎した。

彼らは，より高い基準とコストダウンが永久に続けられるように語るのだ。「より多く，よりよく，最もよく！」と叫びながら，彼らは一方の方向に向かって値段を下げるように突き進んでいくのである。彼らに対して「間違ってい

る」と告げても，役には立たない。事実，彼らの半分は確率的には正しいのである。ベンチマークは，非常に役に立つものであり，多くの場合，達成する価値もある。通常，これにより，コストはさらに切り詰めることさえできるのだ。

　我々は，こうした文化価値基準の徳目の対極の徳目が何であるかを自問するのである。もしこの手法で目にする個々の現象を気にしているとしたら，逆に大きなものを見失ってしまうだろう。より良い結果をもたらすことができるのであるならば，コストダウンをし過ぎると，その対立的な価値観を見落としはしないだろうか。このことは相手の本音を聞き出すために「キラークエスチョン」を問いかけることにつながる。熱意が価値基準の一極であることがわかれば，あなたはこの価値基準の対極が何であるかを考えるであろう。例えば，行き過ぎたコストカットに対して，「さて，品質はどうか？コストを削減し続ける場合，品質が低下することを心配しないのか？」とあなたは自問するだろう。熱心なベンチマーカーに対しては，あなたは次のように尋ねるだろう。「しかし，顧客はまだ，ベンチマークを求めているのか？過去1年間，新たな顧客の要望のために，いったいいくつのベンチマークが必要だったのか？」

　そんな質問の後には，長くて，気詰まりな沈黙が続くことがよくある。情報提供者は，多くのベンチマークの存在を把握していたので，1回のベンチマークだけでは不十分と考えたのである。そして，情報提供者は，それらのベンチマークと顧客の関連性など考えたこともなかったのだ。彼はコストを削減しようとした。なぜなら，そのことが彼の契約の業績に関する事項に明記されていたからだ。一方で，彼の退職後，何年も経過してから，将来的な品質低下が起こる可能性がありうるのである。

　しかし，もちろん，情報提供者が初めはそれに気付いていなくても，核心に触れた難解な質問が，求めていたジレンマを復活させる。ここでの問題はコスト対品質，ベンチマーク対顧客である。情報提供者は品質と顧客が重要であることに同意するだろう。その結果として，あなたは一次元の文化の価値基準を二次元の対極に位置する価値基準に変えたのである。

　ほとんどのたった1つの価値基準をベースにした原理原則支配主義は，人事部門が活用している最新のツールの中に隠されているか，コンサルタントにより「使用可能なツール」に仕立てられ，必ずうまくいくテクニックとして販売されている。現在多くの銀行によって使用されているMfV（Managing for

Value：価値のマネジメント）は，各マネージャーが達成した利益を測定するもので，マネージャー評価の一環をなすものとして，多くの銀行で採用されている。これはマネージャー自らが受け取っていた収益を測定するものとしては，重要なものであるが，彼らが他の部門にどのような貢献をしたかを示すものではない。よりマージンの高い仕事を得るために，他のビジネス部門にしばしば，顧客に対して安いローンを提供するよう業務命令が与えられることもある。価値のマネジメントの下では，このような手配による恩恵を受ける受益者は，乏しい資本を増加させるのに貢献した者を犠牲にして増えていくのである。

ほとんどすべての業績指標は，このような問題を内包している。イギリスの病院において，もし若手医師との非常に短い問診が長い待ち時間の医療相談の前に実施されたら，患者は若手の医者の問診の後に，また待たされることになったとしても，病院は形式上，患者の長い連続した待機時間を切りつめることができるのである。以前にも述べたとおり，イギリスのある病院では，病室における子どもの死亡数によって評価される部門は，死が間近に迫った子どもたちを，別の管轄で亡くなるように専門医薬部門に送り出すことがある。このことにより良い医療行為を行うことではないし，両親にとってはあまりにつらいことである。

多くの心理学者と精神科医が無意識について語っている。文化の核となる前提の多くは，完全に意識的なものではなく，潜在的あるいは暗黙的なものである。いわゆる無意識は，ジレンマと矛盾に対する恐怖心によって引き起こされると，我々は信じている。人々は道徳的に見て純粋さとエロティックさが両立するはずがないと考えるので，好色は汚らわしいものとして抑圧される傾向があり，そうすることによって不純であることを「証明」するのである。同様に，多くのマネージャーは，自らが確実かつ疑わしく，確定的かつ柔軟，強いリーダーでありつつ参加者を鼓舞するリーダーでもあり，競合的でありつつ協力的にもなりうるというそれぞれの二面性を同時に持てるとは信じていない。これらの2つの価値観の組み合わせのうちの1つが主たる価値観となり，もう一方の価値観は，より低く位置付けられる傾向がある。残念ながら，人はまずジレンマに直面すると，すぐに自分の中にあるジレンマの一面を抑圧し，他人の持つ同じ価値観をも圧迫することになるのである。あなたは自分の個人的な見解を制御することから始めなければならない。それは政治的にはふさわしくないが次のような表現で語られている。『あなたは相手に対する同情を時として押

さえなければならない。さもなければ，誰も解雇できなくなってしまう。結果としてあなたのご機嫌を取ろうとする哀れな部下を目にすることになるだろう』。自分自身が善しとしない価値観を他人の中に見ると，そこを攻撃してしまうものだ。

4● 7つの文化の価値基準とそれらと同型の文化価値基準との類似性

　第3章で詳述した7つの価値基準のそれぞれに関連して，多くの「同類の類似性」，すなわち，マネージャーにとってなじみ深いがそれほど抽象的でない企業のジレンマがある。

　研究者としての我々に，心の奥深くにある7つの文化の価値基準の1つだけを持つべきではないという確固たる理由があるわけではない。一方で，情報提供者たちは職場で起こったこの価値基準に関する，より具体的な事例について我々に語ってくれる。この状況を踏まえて，7つの文化価値基準を見てみよう。

4●1　普遍主義 対 個別主義

　これの価値基準は規則や規則に縛られることを良しとする傾向と，一方では，例外的で独自な状況やある特定の関係性に人間行動の傾向を置く価値基準である。企業の中には，次のような典型的な争いが存在する。すなわち，

低コスト戦略	対	プレミアム価値戦略
規模の経済	対	範囲の経済
法的な契約	対	ゆるい解釈
中核となる能力の開発	対	顧客との密接さ
基準やベンチマーク	対	潜在的なニーズ
グローバル化重視	対	ローカル化重視
テーラー主義またはフォード主義	対	ジョブ・ショップ（注文生産方式）または手作り
共通の「プラットフォーム」	対	選択の多様性
「1つの最善な方法」	対	「いくつかの文化的な軌道」
アメリカ一国主義	対	リージョン主義
競技場のレベル	対	ゲームを変える視点

人権	対	特別な人間関係
規則の拡大	対	例外の発見
壮大な戦略	対	独自のサービス

などである。

　普遍主義 対 個別主義は，あなたが社会学者であればこうした抽象概念が重要ではあるが，ほとんどのマネージャーが興味を持つのは，その底辺にある「相似したもの―もっと具体的な事例」である。あなたの戦略は，低価格（安さの普遍的なアピール），または特別な価値（特別な希少性及び独自性の利点）のどちらを目指すべきか。規模の経済性または範囲の経済性のどちらを求めるのか。より高い基準や普遍的なベンチマークを強調することが，競争力を高めることになるか。または絶え間なく変化する顧客の潜在的なニーズを見つけ出すべきか。より多くの事例をカバーするために規則を拡大するのか，または例外に注目することで向上するのか。これらが，インタビューを通じて得られたジレンマの構成要素である。情報提供者のモデルは，通常，研究者のモデルよりも抽象的ではないが，情報提供者と研究者の両者が両方の考え方を共有しない方がいい理由はないし，その結果，2つのモデルはお互いを明らかにすることが可能になるのである。

4・2　個人主義 対 共同体主義

　これはマネージャーが個々の従業員と株主をどの程度重複しているか，すなわち個々の従業員や株主との関係を発展させて，彼らの生活を豊かなものにし，彼らが充足感を味わうことが重要なのか，または，企業，顧客，及びより広いコミュニティのすべての個人が，企業の献身的な受益者の対象であるべきと考えるのか，その程度を測定するものである。

　これは以下のような意見の違いによるコンフリクトに通じる。

利益戦略	対	市場占有戦略
ライバル	対	相互関係
競争	対	協力
権利	対	義務
自己主張	対	自己否定

利己主義	対	他愛主義
個人の利益獲得，昇進	対	グループのサポート，社会的刺激
自己責任	対	他人に対する責任
意義	対	忠誠
ベストプラクティスの確認	対	ベストプラクティスの普及
アイデアの想起	対	役立つ製品の精錬
勝者がすべてを獲得	対	勝利の共有

　これらの12の対極の組み合わせがすべて，またもや個人主義 対 共同体主義のバリエーションであるという認識が深まると，インタビューの技術は向上するだろう。したがって，利益戦略は個人株主（個人主義）を擁護しているが，東アジア全般で一般的な市場占有戦略は，コミュニティ（共同体主義）にどのくらい役立っているかを考慮している。競争は最も出来の良い個人や部署を選抜するが，協力は，それほど有能ではない人々も支え，改善するよう助ける。権利は，他人から要求されるものであり，義務は，あなたが与えるものである。

　個人主義と共同体主義はより抽象的であり，それゆえに，より広い意味を含むかもしれないが，それらは異文化の価値基準のジレンマと比較して，より良いものであったり，より真実なものであるわけではない。実際のところ，情報提供者が体験するジレンマに対処するのが一番良いのである。ジレンマの分析作業をしているグループが，組織に対する忠誠とは，異議を申し立てないことだと定義されることを心配しているのであれば，これはそのグループにとって問題となるのである。彼らの考え方がそのような状態であるからこそ，インタビュアーはこれを受け入れなければならない。

土星/タイタン宇宙ミッションにおける協力する個人主義者[3]

　THTは，パサディナにあるジェット推進力研究所（Jet Propulsion Lab）とベニスでの会議の両方の機会に，土星とタイタンを探査する任務に従事する数人の天文学者にインタビューを実施した。研究者として，彼らが非常に個人主義者であるか，一方で，全員が科学的共同体にいかに頼っていたかということに感銘を受けた。宇宙船が目的地に到着し，意図していたように作動しない限り，多くの科学的分野における数十年もの仕事は，無駄に終わるだろう。彼らは宇宙空間であればできるだろうと想定された実験に20年以上取り組んできた。

　「我々は現代のアルゴー号の乗組員である」[4]と，1人の被インタビュー者が言った。ギリシャ神話を思い出してみると，金の羊毛（Golden Fleece）を求めて黒海に遠征するアルゴー号の乗組員は，より実務的な貿易権を求めて30を超える都市国家からやってきた英雄や王子で構成されていた。アルゴー号の乗組員は，全員それぞれの出身の都市国家に対して，これらの権利を保証した。

　そのような発言から，我々は，個人主義 対 共同体主義のジレンマにおいては，「同型的類似性」のいくつかの運用上の課題があるだろうと直ちに推測し，また実際にその課題が存在していた。このジレンマが異なった形式でどう解決されたのかに関して，次の発言は非常に適切であった。

　「ええ，我々は誰がミスをしたのかを知っている。それはイタリア人の下請業者だったが，いいえ，我々はどこの部門にも責任は負わせない。我々はそれぞれ互いの業務をたえず確認し合っているのに，この重大なミスを見逃してしまった。そう，それは皆の責任である。我々は互いの仕事にもっと気を配るべきだった。非難は誰の助けにもならない。互いの問題にもっと警戒することが答えである。」

　「疑問と欠点を絞り出して，我々は，互いの業務を何度も徹底的に見直すのだ。同分野の専門家の意見は，重要である。」

　「我々主要な研究者は全員,自分自身の専門分野の英雄である。いずれの場合も,彼らのライフワークが，この1隻の宇宙船に様々な器具と共に乗っている。しかし，我々は学際的な科学者でもある。その仕事は，全体的なシステムの解決策を探し出すために実験に取り組むことである。事実，惑星のパズルを解決するためには，いくつかの科学的分野からの多様な展望が必要である。」

「宇宙船で行われるすべての科学的実験は，もともと費用，量，及び所要電力に関してNASAと交渉されていた。しかし，道具が完璧な場合，ある者はより多くの電力を求め，ある者はより多くの原価配分を求め，またある者はより多くの空間を求めた。これらの要求と要求の間を調整する代わりに，共通の「通貨」を活用する取引システムが設定された。多くの通貨を持つ者は，電力か空間と取り引きすることができた。必要以上の広い空間を持つ者は，より大きな電力と交換するか，原価配分が可能だった。上昇する価格は不足を示した。様々なユニットは，別々の組織の状態から一貫した全体としての組織へと変化していった。」

「重大な誤りを犯したが，地上管制局から軌道をまだ組み替え直すことができるとわかった時，リカバリーチームは行動を起こした。このように緊密に一緒に働いている数人のグループが，彼らの科学的評判と多くの人々の仕事の実務生活面を救ったケースは今までになかったのである。チームは全体の任務をうまく切り抜けることができた！」

「私は，皆が開拓者であり，探検家であるが，前任者とは違って，一緒に協働しなければならないと思う。たくさんの命の意味は，危険を冒してでも宇宙を一気に進むためにがんばることにある。私は，個人としてこれほど世間にさらされていると感じたことはないが，私にとって，仲間の努力は果てしなく貴重である。我々は皆，ここに共にいるのである。本当のブレークスルーは，異なった道具によって喚起されたイメージを比較することから生じるだろう。」

「私にとって，これはヨーロッパのベンチャーの頂点である。何世紀もの間，我々は個人の利益のため，国対国のために争ったが，今は共に宇宙の発見に従事している。それは，ちょうど同じくらい刺激的で，無限に啓蒙的である。」

「17か国，3つの宇宙局，政府，大学，及び私企業が皆，この成功のために協力することを，誰が推測できただろう。その点において，バベルの塔，国際連盟，現在の国連の「無力」ぶりをどう考えるか。何かとても重要なことがここで起こっている。すべての対立した国々が，かつてなかったほど協力している。我々はここから何を学ぶことができるのか。」

これらの記述は，すべて非常に抽象的な「同型の類似性」すなわち，共同体主義 対 個人主義の研究モデルである。このプロジェクトは，対立し合う規律，文化，国，及び団体がどのように共に働くことができるのか，どのように異なった

利益を1つにすることができるのかに対して，実際には細分化された役割であるが，それぞれの異なった興味を上位概念で1つに結び付けることにより，多くの実行可能な解決策を気付かせてくれたように思う。このようなジレンマからインタビューは高い品質の見識を生み出すことができる。

研究者のモデルと情報提供者のモデルは次のように整理できる。

研究者のモデル	個人主義	対	共同体主義
誘導する喩えの表現	アルゴー探検隊の冒険	対	金の羊毛の探究
情報提供者のモデルと同型の類似性	ユニットによる間違い	対	全ユニットによる監視
	個人の機会	対	同僚同士の徹底的な見直し
	主要な研究者	対	学際的研究者
	個人的な交渉	対	取引システム
	個人の深刻な間違い	対	リカバリーチーム
	開拓者及び探索者	対	1つの共通プロジェクトに対する依存
	多文化の個々のメンバーで構成された「バベル」	対	1つの上位目標及び新しい世界秩序

4•3 関与特定型 対 関与融合型

このジレンマは経験の分野を分析して，分類し，分解する傾向にあるか，それとも経験のパターンを統合して，追加して増やし，組み立てていく傾向にあるか，その程度を測定する。ジレンマは，次の通りである。

テキスト	対	文脈
純利益	対	一般的な営業上の信用
論点	対	言外の意味
出来高払い制のインセンティブ	対	社会的報酬
統計分析	対	チームスピリット
法律の文章	対	法律の精神
データ、体系化	対	概念とモデル
レポート作成	対	人間関係構築
核心をつく	対	問題の堂々巡り

結果重視	対	プロセス重視
客観的	対	直観的
事実	対	関係性

　関与特定型 対 関与融合型について話す上司はほとんどいない。一般的な上司たちは，「粉飾のない事実を伝えてくれ」，「言い訳ではなく，結果が見たい」，及び「核心に触れてくれないか」などの言い方で，自分の関与特定性を示そうとする。これらの場合，話し手は，無条件で特定のデータを求めたり，ただ1つの文化の価値基準に基づいた原理原則主義を明確に示したりする。なぜなら，話し手にとって意味を与えている文脈の中に，すべての内容が含まれているからだ。これとは対照的に，東アジア出身のマネージャーは，顧客との関係が最新の損益計算書よりはるかに重要であると感じているかもしれない。つまり利益は人間関係から生まれると考えるのだ。

4・4　感情中立主義 対 感情表出主義

　このジレンマは，仕事において感情を表現するのか，または制御するのか，という妥当性についてのジレンマである。

超然的	対	熱狂的
深刻	対	ユーモアのある
仕事のプロとして	対	仕事の従事者として
個人的なことをいうな	対	個人的なことをいう
ポーカーフェース	対	素直な
賞賛はタブー 　例：「私は子どもではない」	対	賞賛は惜しみなく 　例：「すばらしい，すごい」
長い間をとる	対	しばしば邪魔をする

　我々は特に遠回しな言い方で感情を表現しがちである。例えば，冗談交じりに感情を表現したり，怒りをまったく表情に表さずに怒りの感情について話したりする人もいる。上述の7つのコントラストにおいては，人はどの程度感情を表出すべきかという問題が，もっぱら議論される。事実，感情は隠されるべきか，あるいは表現されるべきかより，問題ははるかに複雑である。特に東アジアでは，多くの文化が人間の気持ちに対して，大変敬意を払う傾向がある。

つまり,「言葉にするには重すぎる感情」を目立たないようにしているのだ。

4•5　外的コントロール志向 対 内的コントロール志向

　これは「統制の所在」に関連するジレンマである。我々が適応しなければならないのは,我々の外側にある環境なのか,あるいは我々個人の内にあるものなのか,ということである。そのコンフリクトは,以下の通りである。

権威は「権威者そのもの」にある	対	権威を和らげる
不屈の起業家	対	公的な後援者
良心と信念で動く	対	外部からの影響に対応する
製品を創造する	対	製品をさらに改善する
意見の一致は困難	対	意見の一致は容易
トップダウンのコミュニケーションが受け入れられる	対	ボトムアップのコミュニケーションに留意
官僚的ヒエラルキー	対	有機的ヒエラルキー
すぐに自ら発明する	対	すぐに外部の影響を受け入れる
先駆的な実業家	対	すばやいフォロワー
戦略的な方向付け	対	合意の方向付け

　アメリカのような内的コントロール志向の文化では,「権威」という言葉は「原作者」に由来している。担当の原作者は,アイデアを発想することが期待されている。中国や日本のように外的コントロール志向の文化では,権威は他人のアイデアを受け入れるためにそこにあるのかもしれない。その結果,実際は階層的な文化においても,ボトムアップのコミュニケーションが存在し得る。なぜなら高いステータスの人は聞く耳を持たなければならないからである。

　内的コントロール志向型のリーダーは,先駆的であり,戦略を作り上げていく。外的コントロール志向型のリーダーは,すばやく周りをフォローし,顧客と合意した関係を構築することに満足する。上述の10の葛藤はすべて,等しくそれぞれの理にかなっているのである。

4•6　実績主義 対 帰属主義

　これはステータスが人々に授けられる理由を解明するジレンマである。すなわち,達成した実績によるのか,あるいはどのような人々であるかによるのか,

というジレンマである。ここでのコンフリクトは以下の通りである。

業績給	対	価値の正当化
ストックオプション	対	基本給
実力による迅速な昇進	対	周囲に配慮したゆっくりとした昇進
能力主義	対	属性主義
成功実績のステータス	対	属性で決まるステータス
昇格か辞職か	対	長期間の雇用
ヘッドハンティング	対	内部での人材登用
学校で学ぶ	対	職場で学ぶ
月単位の雇用	対	高い奨学金のサラブレッド

　業績給はなぜ，個人が持つ生得的地位ではなく，本人の達成実績成果に対して支払われるのか。それはあなたが誰であるかではなく，あなたが達成する実績に対して支払われるのである。また，個人として，あなたの潜在力を認識することはできない。ヘッドハンターは，実績のある人材をヘッドハントするのである。他の文化では，従業員が実績を残す前や彼らが成長する前に期待して，すでに潜在的能力があると判断して従業員を価値のあるものとして扱う。上述の9つの課題は，実績主義 対 帰属主義という形そのものではなく，仕事のインタビュー時に浮上することが多い。

4•7　時系列型 対 同時並行型

　これは，時間を一連の時系列で過ぎていくものとして見るか，あるいは繰り返し，繰り返しめぐってくるものと見るかというコンフリクトである。文化は，時間を連続したもの，あるいは同時並行型の共同作用として考える。それは以下のようにまとめることができる。

テーラー主義/フォード主義	対	ジャスト・イン・タイム
1度に1つのことしかしない	対	同時にいくつかのことをする
スケジュール通り時間をきっちり合わせる	対	邪魔が入りスケジュール通りいかない
時系列的プロセス	対	同時並行のプロセス
大量生産体制	対	在庫の削減
時間内に処理する	対	コネを作る
競争に勝つ	対	近道をする

情報提供者は,「時系列の連続」のような大げさな言葉で時間について論じることは,ほとんどない。しかし,素早く,ジャスト・イン・タイムに,次々に,または同時にオペレーションを行うなどの表現は,特に製造業において取り上げられる現実的な話題である。近代的な自動車工場では,アメリカから学んだ迅速な時系列型の考えと,日本から学んだジャスト・イン・タイムの協力型の考え方を統合している。

まとめとして,面接者が,少なくとも上述の74のジレンマの事例を参考にして,7つの価値基準における様々な多様性を心に留めてインタビューを実施すると,研究者のモデルの抽象概念と情報提供者のモデルのより具体的な類似性の両方で考えることができるようになる。

事実,情報提供者のモデルは,それぞれ重要ではあるが,研究者のモデルの部分的な寄せ集めである。面接者は徐々にインタビューされる人の心にコントラストを見出すことを学んでいく。彼らがこの特別な価値を求めるならば,彼らが見落としている相対立する価値は何だろうか。良い面接者は,情報提供者の心にあるこの対照的な価値観を執拗に質問として繰り返すことで,うまく引き出すことができるのである。

5 ● 過去にさかのぼって成功について説明する

筆者グループが,見極めたジレンマを記述し始め,それらについてまとめて記載を始めたところ,結果としていくつかのジレンマと折り合いを付けられるようになったことは,我々の予期せぬ結果であった。有史以来,創造力で成功している人々は,ジレンマとうまく折り合いを付けてきている。ジレンマの統合というプロセスそのものは新しいことではなく,このプロセスをモデル化することが斬新なのである。ジレンマと折り合いを付けている人にあやかりたいとその秘訣を聞いてみると,その答えにはおそらく,がっかりするだろう。ジレンマと折り合いを付けられるのは「センスのよさ」,「天才」,「良い判断」,「輝き」,「最高の成果」等が,その人に備わっているからだと言われてきた。ビジネスにおいて,ジレンマとの折り合いがついた状態を見ると,金を払ってでも,その状態にあやかりたいと思うのである。しかし,そのことを意識はしていないし,モデル化もしないのである。その結果,他の人々は,その成果に基づい

た考え方を組み立て，新しく創造される知識をマネジメントすることができないのである。

結果として，最も成功している成果を，折り合いの付けられるジレンマとして見なすことができるか。こういった業績が自然発生的に作られた場合，ジレンマ理論を活用して，振り返ってこれらの成功を説明することに価値がある。

例えば，2,000年昔の創造的直観の事例について取り上げてみよう。アルキメデスはシラキュース王の側近の科学者であった。王は銀の王冠を与えられていた。王は，王冠は純銀ではなく，卑金属との混合ではないかと疑った。そして，アルキメデスにその直感が正しいかどうか明らかにする仕事を与えた。アルキメデスは，銀の立方体の重さを知っていて，王冠の重さを量ることもできたが，王冠の体積がわからなかった。彼は，実際に，もしそのすばらしい透かし細工を壊してもいいのであれば，溶かすことができるが，まさか王冠をつぶして溶かしてしまうわけにはいかないと考えていた。この問題に挫折したアルキメデスは，もう風呂にでも入ろうと決めた。お湯が浴槽の内側を上昇するのを見た時，彼は答えを見つけた。王冠も，その体積と等しい量の水に置き換えられるだろうという考え方がひらめいた。「エウレカ！（わかった！）」彼は，叫んだ。彼のブレークスルーは，図表7.2に描かれている。

我々は，いくつかのジレンマがここに関係していると主張できるだろう。例えば，Y軸の縦方向の考えは，問題のどこに一生懸命，焦点を合わせるかを示しており，X軸の水平軸はすなわち縦軸の事実からの逃避を示しているのである。意識が無意識と相互に作用し合い，アルキメデスの考えは，一点に集中し，その後，次第に広がっていったと示すことができる。これらのすべての対比により，我々は革新的行動を理解することができたが，対比そのものが十分であるわけではない。創造的なつながりは独自であって，使用された思考のスタイルによって必ずしもすべてが説明できるわけではなかった。したがって，ジレンマの考え方によれば，創造性のプロセスそのものは，識見を持って対応できるが，新たなる識見が必ず発生する保証はできないという問題がそのまま残るにちがいない。

THTでは，最近，オランダの国際的な銀行，ABN AMRO社でのビジネス・ユニットの成功が―それぞれのユニットは異なったものではあるが―各ケースのジレンマが解決された結果であることを示すことができた。我々は成功を勝

図表7.2 縦思考 対 横思考

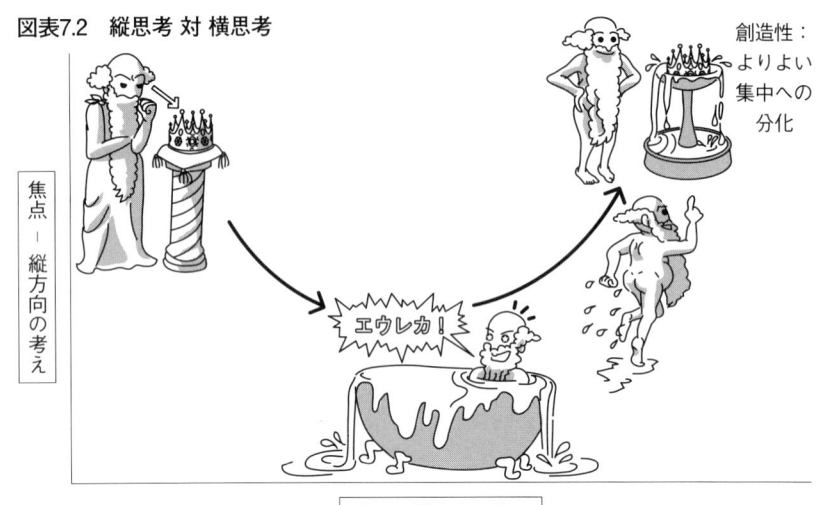

焦点 — 縦方向の考え

創造性：よりよい集中への分化

エウレカ！

逃避 — 横方向の考え

ち取った責任ある人々にインタビューし，彼らは基本的に説明システムを評価して次のように述べていた。「私は，自分がとてもうまくやっていたことを知らなかった。」このことはまた，成功を記録し，知識をマネジメントし，他のユニットに伝えるために比較できる枠組みも提供するのである。

6● クライアントのジレンマをクライアントにフィードバックする

　研究者や面接者は，一方的にクライアントのジレンマを定義する権利を持っているわけではないし，ましてや，その定義はクライアントに押し付けるべきではなく，また，そうする必要もまったくない。しかし，今までいくつかのケースでは，ジレンマのどちらか一方の面が取り扱われていない場合には，そちらを補足する必要があったかもしれない。

　一例を挙げよう。今回，心配ではあるが，我々は，たった1つの文化の価値基準に固執する原理原則主義者と話している。その原理原則主義者は，プッシュ型の販売が良いと考えている。しかし，プッシュ型の販売方法をすることができない。それでも，顧客は不平をいっており，それは良くないことである。

図表7.3 情報提供者の軸 対 研究者の軸

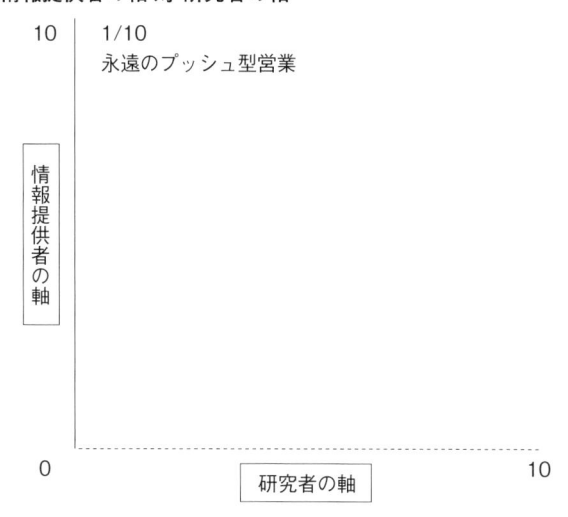

```
    10 │ 1/10
       │ 永遠のプッシュ型営業
       │
  情報 │
  提供 │
  者の │
  軸   │
       │
       │
     0 └─────────────────────
       0    研究者の軸      10
```

　この出来事において，図表7.3のように，グラフの半分またはY軸が情報提供者のものであり，グラフの残りの半分，X軸を補足して提供するのである。

　直線的な熱狂者に直面するという最悪のケースでさえ，グラフは情報提供者と研究者との間で共同作成される。あなたは，情報提供者の価値観の正当性を否定するには及ばず，これらの価値観をあなた自身の価値観と同様に適切であると論じれば良い。さらに必ずしも両方ともが正当であるとは限らないことを示す必要もない。企業は一方で顧客を喜ばせながら，他方でどのようにしたら猛烈に売ることができるか。

　ジレンマ理論を経験した会社の成功を説明することは，企業全体にその論理を使用させるための重要なステップであり，その論理は知識をマネジメントする方法として定着していくことになる。

7 ● ウェブベースの評価

　THTでは，最近は，ウェブ上で電子的に評価を管理する方法でうまくいくケースが増えてきている。ウェブ上で，働く環境で生じるジレンマとパラドックスについて，公に問いかけている。実例として示されているように，我々の

ツールは，ある特別な出来事を議論する前に，現在企業内に存在する基本的な問題や知見を引き出すように設計されている。手軽に匿名で，そして，Webベースのアンケート（WebCue）を使用し，我々は特定の企業からのまとまった情報を蓄積し，分析している。そうした企業の参加者からは，彼らの課題について「一方では 対 他方では」という表現で説明するように依頼される。例えば，以下のような表現である。

一方，・・・	他方，・・・
その企業は，比較できる業績成果に関する一貫した予測，計画，期待を得るためにグローバルな知識の共有を目指している。	その企業は，自主的に現地の条件に応じて知識を微調整できる分権化された販売組織を持っている。

WebCueを使用する利点は，第1に，すべての回答の守秘義務が守られており，匿名として取り扱われることにある。アンケートの回答を行う際に，参加者はニックネームを使用することができる。第2に，WebCueでの回答には手間がかからない。回答は10分程度で終わる。第3に，非常に短時間で顧客の課題に対してとても詳細な考察を作成（提供）し，第4には，比較的簡単に多くの企業データをとらえ，処理できることが挙げられる。

7•1　ジレンマを分析する

特定の会社のWebCueの結果を分析する場合，THTは最初に，入力された内容を調査する。それらは，いわゆる「生のジレンマ」である。基準の枠組みとして，文化モデルの7つの価値基準を活用し，これらのジレンマを分類した後，結果として，数の上では，4つから8つの「主要なジレンマ」を抽出する。最終的に，主要なジレンマそれぞれを，人的資源，戦略，組織構造等のビジネス上の機能に当てはめてみる。そして，主要なジレンマ及び機能的な課題の両方をWebCueのアウトプットとして顧客に提示する。

7•2　これまでの結果

本シリーズの最初の著書『異文化間のビジネス戦略』で，我々はジレンマを引き出すためにWebCueの使用を説明した。ここではそれに続けて，簡単な実例を紹介する。THTでは2001年当初以来，WebCueを使用しており，そして，

それは大成功している。今のところ，40社以上の国際企業がWebCueを使用し，その結果，非常に短い時間で，約2,000のジレンマを蓄積した。

この本のために筆者グループは，これまでのWebCueからすべてのアウトプットを見直した。その結果，6つの「主要なビジネス上のジレンマ」が見出され，また，それらがビジネス上の機能とどのような関係があるかについてを含め，以下のような発見があった。

ジレンマ	割合（%）
グローバルな組織利益 対 現地の子会社組織の利益	25
コスト 対 投資	11
個々の部署/人 対 全体組織/ユニット	10
短期的焦点 対 長期的焦点	8
内部志向組織 対 環境への外的志向	7
特定の課題への集中 対 選択肢の幅広さ	3
その他	13
ジレンマ以外	
高潔性/マネジメントの欠如（マネジメントに対する不満）	10
高潔性/尊敬の欠如（利害関係者への不満）	8
その他	5

ビジネス上の機能によって体系化されたジレンマは下表の通り。

（単位：%）

	戦略	リーダーシップ	知識マネジメント	人的資源	オペレーション	組織
グローバルな組織利益 対 現地の子会社組織の利益	36	20	16	8	4	24
コスト 対 投資	63	18	9	9	—	—
個々の部署/人 対 全体組織/ユニット	10	—	10	30	30	20
短期的焦点 対 長期的焦点	75	25	—	—	—	—
内部志向組織 対 環境への外的志向組織	28	29	14	—	—	29
特定の課題への集中 対 選択肢の幅広さ	67	—	—	—	—	33

これらのビジネス上のジレンマは，組織における人事の機能に影響を与え，ジレンマを先読みして手を打つために役に立つ。しかし，我々のデータベースにおいては，人事に特有のジレンマもいくつかある。

1. 客観的な見解/評価 対 主観的な見解/評価
2. 組織行動の違いを評価 対 直感的な違いを評価
3. 人材開発優先 対 生産性優先
4. 開発ツールとしてのBSC（バランスト・スコアカード）対 評価手段としてのBSC
5. 専門家としての人材開発 対 ゼネラリストとしての人材開発
6. 技術的な論理 対 ビジネス論理
7. リスクをとる 対 失敗を避ける
8. 個人の説明責任 対 チームでの応答責任
9. タスク志向 対 人間志向
10. 起業家精神 対 管理/責任
11. 柔軟性 対 効率性
12. 開発 対 探査
13. メンター 対 マネジメント

最終的には，我々THTグループは次のような理由で，後で個人的な診断やインタビューをする必要がある。なぜならばウェブベースでのWebCueによるアプローチでは，表面化できない部分があり，インタビューなどで再度確認する必要があるからだ。その内容は以下の通りである。

- 回答者が，回答者間あるいは電子上で議論を望まないことが表面化できない。
- 内部の会話を反映する傾向にあり，その会話において議論される見識に制限される。
- それは，脳の「ゲーム」になりがちである。すなわち，ゲームでは，回答者は自分たちの痛みや企業に対する回答者のかかわりを考えずにコンフリクトを列挙する。

- 新しく，または予期する内容でなく，コンサルタントが予見するこれからやってくるであろう内容で，回答が作られる。
- 意味の深いレベルにはめったに触れない，そして，直線的な考えの対極にある「反対側の考え方」も探そうとはしない。
- 最新のマネジメントの流行や決まり文句にとても影響される。例えば，「グローバル 対 現地」のような今頃の流行的決まり文句的表現。
- 直線的な考えをジレンマに変えることはできないが，「非ジレンマ」としてこれらを分類することはできる。ただし，リーダーシップ不足に対する不満は，ジレンマとしてかなり作られやすい。

しかし，このいずれも，WebCueアプローチに価値がないことを意味するわけではない。個人へのインタビューによって発見されたジレンマを表示し，一般的な議論のためにオンラインでこれらを公開した場合，おそらく最も強力になる。3つのR，すなわち，認識，尊敬，及び調和（Recognition, Respect and Reconciliation）のプロセスを適切な手順に則って達成するには，他人の意見に敬意を払い，互いの違いを認識し，その違いと折り合いを付けなければならない。そのためには他人の意見の内容を認識して，人と親密に話をすることで初めて効果的な調和が成立するのである。ジレンマの調和理論のパターンは，組織のあちこちで少人数で親密に話をする必要があるから，組織のあちらこちらで，いくつもの話し合いを繰り返すことになるのである。

マネージャーやリーダーのグループは，折り合いの付け方を見出すため，ジレンマを引き出し，組み立てることを促進するワークショップ・セッションを共に経験できる一方，この新しいモノの考え方や働き方を維持するための推進力を組織の中に深く根付かせる必要がある。そうでなければ，コンサルタントが主導している間だけは推進力が展開するが，結果として，企業に利点が必ずしももたらされない危険が存在する。

このために，我々は，種々のアプローチを自分たちの学習方法として開発してきた。オンラインWebCueでは，上で言及したワークショップの前に，主要なジレンマをまず捉えることができる。ワークショップは，マネージャーやリーダーがジレンマと折り合いを付けるための方法論の理解を醸成するためのフォーラムを提供する。また，彼らはWebCueから取り出される選り抜きの課題

の中から，彼ら自身の課題に関連する事例で練習することもできる。

　しかし，ワークショップの後，マネージャーが我々のDCOL（Dilemma Community OnLine：ジレンマコミュニティ・オンライン）に参加し，利用できるようになって初めて，本当のメリットを手に入れ，持続的に活用していくことができる。ここで参加者は，自分自身あるいは組織的なジレンマと折り合いを付けるために引き出し，組み立て，探すという構造化された段階的な手順を通じて働くことができるグループに参加できるし，コンピュータ上のウェブに戻って検索したりすることができる。これらのジレンマはデータベースに収納されていて，その結果，参加者のグループで共有することができる。また，コンサルタントは，全体で誘導するのと同時に特定のジレンマに対して，論評したりコメンテーターの役割を果たしたりすることで，様々なジレンマのコミュニティへの支援を続けることができる。

　この複合的学習方法は，組織全体にこの哲学を深く浸透させるための媒介となるのだ。

　本章では，そもそも我々は，ジレンマがどのように認識されるのかを照らし出そうとした。情報提供者のモデルにこれらのジレンマを見出すことができる。そこでのジレンマは，躊躇，両面価値，自己葛藤，疑い，不吉な予感などによって意識的に所有されているか，露呈している。情報提供者のモデルは，本書の多くで特徴付けられる研究者のモデルと対比される。時々，ジレンマは社会的なコンフリクトになることがある。それらは見分けやすいが，和解させにくい。なぜなら，マネージャーがどちらか一方の肩を持つからである。そのようなコンフリクトは，たいていただ1つの原理原則主義によって強化される。ここでの両極の価値は，強く支持されるものと，その反対に非難されるものとに分かれる。あなたは，強く非難されて水没させられてしまった価値をキラークエスチョンで引き上げることができる。

　研究者のモデルから情報提供者のモデルに移行する別の方法は，後者を我々の7つの価値基準の下位概念として見ることである。アカデミックな立場や我々のようなコンサルタントは抽象的に考えるが，マネージャーたちは，より具体的な業務の責任を負っている。マネージャーたちのジレンマは，それぞれまったく同じくらい重要かつ不可欠であり，構造的には非常に似ているが，あまり抽象的でない方法で表現される。

しかし，研究者のモデルから情報提供者のモデルに移行する3番目の方法は，折り合いの付いたジレンマとして振り返って説明を加えながら，予想外の企業の成功について研究することである。有史以来，人々は直観的に折り合いを付けてきているから，これが機能するのである。研究者の唯一の貢献は，これをモデル化することである。

[注]

1) 訳者注：Appreciative Inquiry（AI）は，1980年代後半に米国オハイオ州Western Reserve UniversityのDavid L. Cooperrider博士らが提唱。「問いかけ」を通じて組織や社員のポジティブな面，内在する可能性を認識して強化していく方法。インタビューや対話を用いながら次の4つのプロセスで，前向きな変革の実現を可能にしていく。Discover（過去や現状における成功体験などから組織の価値や強みを見出す），Dream（組織や個人の持つ長所や内在する可能性をもとに，組織の理想像・ビジョンを描く），Design（理想像やビジョンを具現化させ，組織の設計をする），Destiny（その理想像に向けて組織改革を実践し，持続的に取り組む）。
2) イド：精神の奥底にある本能的衝動の源泉。エスともいう。
3) Titan：タイタンは，土星（Saturn）の第6衛星。
4) the Argonauts：ギリシャ神話に出てくる「アルゴー号」（the Argo）の乗組員。Jasonにしたがってアルゴー号に乗り「金の羊毛」（the Golden Fleece）を探しに遠征した。

第8章
ジレンマを解決するためのステップ

　筆者グループは，職場のジレンマを解決するための方法論について尋ねられることが多い。それは，シンプルで良い質問である。その解決方法が全体にわたり簡単で，我々の説明も同様にわかり易ければいいのだが，実のところ，ジレンマと調和すればするほど，そのプロセスは合理的なものからむしろ直観的なものになっていく傾向がある。このような状況により，調和理論は，我々でさえアクセスできないものになってしまう。これは，非常に古くから存在する問題である。創造的な人々に，どのように創造活動をしているのか尋ねてみてほしい。たいていその答えに大いに失望するだろう。彼らは決して謙遜してるのではない。彼らは，実際の自分の行動を理解していないので，どのように実施したら良いかを説明することができないのである。

　我々にできる最善策は，ジレンマに取り組む論理を改めて構築することである。これから提案するステップに従えば，少なくとも，解決に至る障害が1つずつ取り除かれるであろう。それぞれの「ステップ」は相互に関連していて，最後の答えにたどり着くための手段にすぎないので，解決方法が頭に浮かんだらすぐに，具体的な結論へ飛んでほしい。各ステップは，解決方法を見つける手助けなので，あるステップが他のステップより役に立つのならばそれを追求してみてほしい。

　本章では，2つの状況を詳細にわたって検討する。初めにオーストラリアと日本の間で生じた有名な国際紛争を取り扱い，次に，ある飲料会社の国際人事担当ディレクター間の対立を検討してみる。

1 ● オーストラリアと日本の砂糖をめぐる交渉

　1970年代後半，オーストラリアのサトウキビ栽培者と日本の製糖業者の間で有名な意見の相違が起こった。その問題は何年も長引いた。両者は互いの「マナーの悪さ」を見るにつけ当惑し，憤慨していた。

　日本の製糖業者は，契約時の市場価格より5ドル安くオーストラリアの砂糖を買うという10年間の長期契約にサインした。オーストラリア側は，10年の販売合意の保証を手にし，日本側は，他の製糖業者に対して競争力のある価格で供給できることが保証された。双方共に満足する内容であり，その取引は契約に至った。

　契約にサインするや否や，世界市場の砂糖の価格が1トン当たり10ドルも暴落したのである。その結果，日本の製糖業者は，他の業者よりも高い原材料費を負担しなければならない見通しとなってしまった。そのコストは製糖価格と製糖関連の全商品に致命的な影響を与えるものであった。

　この時点までは，両国の見解は一致していたと思われる。良い取引であったが，状況が変わったため，日本の製糖業者は本物の困難に直面してしまった。この処理を巡って，文化的な考えの違いが起きた。日本側は契約そのものの再交渉をオーストラリア側に提案した。やはり，オーストラリア側としてもパートナーに損をさせないだろう。お互いが満足を得て，良い関係を保つのが，間違いなく理想であるはずだ。

　オーストラリア側は，契約は契約であると指摘した。日本側は，確かに契約を交わした。砂糖の国際価格の変動は珍しいことではなかった。ビジネスにリスクは付き物である。価格が下落ではなく，上昇していたなら，オーストラリアのサトウキビ栽培者たちが損失を被っていただろう。市場が動くたびに，パートナーに泣きつく訳にはいかないのである。

　もしこの対立を和解させたいならば，最初に問題の価値観の差を調べなければならない。これが系統だって処理されなければ，対立は解決できないし，双方は協力することもできない。両国の相違点は以下の通りである。

契約	対	人間関係
法律の文面	対	法の精神
原則	対	例外

これらジレンマ（または意見の違い）を第3章に記載されている7つの文化の価値基準のうち，少なくとも4つの文化価値基準と比較すれば，いくつかの解決方法を見つけ出す手助けとなるであろう。この議論におけるテーマは，この状況に普遍的規則が当てはまるか，あるいは，個別の状況下であるためにこの規則は不当で不適当であるか，ということである。これは，価値基準の1である「普遍主義」と「個別主義」の事例にあたる。

　この対立に関連する第2の文化価値基準は「個人主義」と「共同体主義」である。個々のパートナーは自身の収益性と運命に対してのみ責任を感じるのか，それともコミュニティのメンバーとして1つの全体の運命を共有するか。そして第3の文化価値基準「関与特定型」と「関与融合型」もこの特定の対立に関与している。法律の文面，すなわち，契約の細事部分は「関与特定型」であり，一方，法律の精神と両者の善意的友好関係は，どちらも「関与融合型」と考えられる。

　最後に，ほんの僅かではあるが7つの価値基準の4番目の「実績主義」対「帰属主義」の要素も含まれている。オーストラリア側は，「手にすべきは交渉の結果であって，それ以上でも以下でもない」というが，日本側はビジネスパートナーであるということが，この交渉の結果から得るものに優先すべきだ，というのである。

　オーストラリア人たちが，圧倒的に「普遍主義」，「個人主義」，「関与特定主義」でステータスが「実績主義」であることは驚くべきことではない。一方，日本人はより「個別主義」，「共同体主義」，「関与融合型」であり，ステータスが「帰属主義」である。これは起こるべくして起きたコンフリクトであった。

　個人が特定の法律文書を守る普遍的な義務があるならば，オーストラリア側は正しい。しかし，より良いコミュニティを形成して，例外的に寛大な法の精神を適用する理由があるならば，日本側が正しい。

1・1　図表化

　第1ステップはこのジレンマを図にすることである。1本のロープの両端に対立するコンフリクトの内容を記載して，ロープの両端を引き合う代わりに図表8.1に記載されているようにX軸とY軸の対立軸として描くことができる。

　この図形の活用においては3つのポイントがある。最初に2軸を作ること

図表8.1　2軸の図形

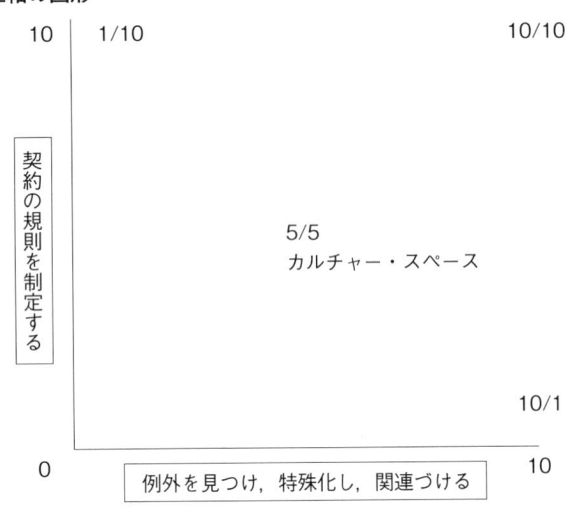

```
10 │ 1/10                           10/10
   │
契 │
約 │
の │
規 │
則 │              5/5
を │              カルチャー・スペース
制 │
定 │
す │
る │
   │
   │                                10/1
 0 └─────────────────────────── 10
       例外を見つけ，特殊化し，関連づける
```

によって，それぞれのポジションにおける様々な傾向を比較できる「カルチャー・スペース」を設ける。第2は，両軸のラベルはどちらも「価値のある」ものである。ここでは垂直軸であるY軸（普遍主義）はオーストラリア人が心から信じているものを，水平軸であるX軸（個別主義）は日本人が心から信じているものを表現している。そして第3は，一方の犠牲の上に他方の最大化が成立している状態がX/Y軸の10/1と1/10で示され，5/5で妥協案が，10/10で両者に相乗効果をもたらす状態が示されている。調和案とは相乗効果をもたらすものである。

1●2　戦略を形容語で表す

　第2のステップでは，それぞれの考え方をできる限り伸ばしつつ，それぞれの長所と短所に注目する。もし契約の尊厳を論理的根拠として採択するならば，明快さ，法的制裁，契約の自由などが保証できるが，反面，厳密で，柔軟性に乏しく，閉鎖的になる。逆に，例外的な関係をその論理的根拠として採択するのであれば，繊細な柔軟性，調和などは取れるが，曖昧さ，相対主義，約束事が破棄される可能性が残る。

　そして，オーストラリア側と日本側の論争においては，互いの極端な立場を表現する汚い言葉や軽蔑の言葉をあえて使うことも解決の一助となる。つまり，

図表8.2　2軸の図

```
10 | 1/10              10/10
   | 刻まれた石碑        調和
   |
   |
   | [契約の規則を
   |  制定する]
   |           5/5
   |           妥協の産物
   |
   |
   |                   10/1
   |                   あてにならない
 0 |_____10
     [例外を見つけ，特殊化し，関連づける]
```

　オーストラリア側は日本のことを「あてにならない」と呼び，日本人はオーストラリア人を「刻まれた石碑のように柔軟性の乏しいもの」などと呼んでしまう。またX/Y軸が5/5の位置であっても，互いの主義を半分に切ることが求めていることではないと再認識するためにも，軽蔑の言葉が使われる場合がある。これは「妥協の産物」と表現できる。図表8.2にそれを表している。

　注目すべきは1/10，5/5と10/1が一直線上にあることである。これは，相変わらず綱引きの状態である。また，相手の立場だけでなく，自身の立場をも諷刺することができるようになれば，それは前進を意味する。

調和に至る5つのステップ

　これらは以下のとおりである。

- 処理
- フレーミングと文脈化
- 配列
- 波動させる・円を描く（循環）
- 相乗効果を図る

　これらから調和に関するアイデアが浮かぶか，1つずつ調査してみよう。調

和のアイデアが浮かんだら，残りのステップは忘れるように心がけよう。前述のように，これらは1つの現実から別の現実へ進むための足掛かりにすぎない。

1●3　処理

　価値観が「実体のある物」だという前提を疑ってかかるように，と我々はいつも言っている。「契約の神聖な尊厳」は法的文書のイメージを思い起こさせ，我々が何をしなければならないかを正確に指示するものである。特別な人間関係も，崇拝を誘う潜在的で尊厳のあるものである。アリストテレスは，2つの相反するものが同じスペースを占有することができないと説いてきた。以来，我々は矛盾という恐怖を回避し続けてきたのである。

　しかし，価値が実体のあるものでなく，単なるプロセスに過ぎないとすれば，我々は固定化された世界を去り，変動，振動，頻度，周波数域，スペクとるや場のある「周波数領域」の世界に入り込むことになる。エドワード・デ・ボノ[1]の言葉を借りるなら，人間は「岩の論理」の代わりに「水の論理」を活用しているのである。価値観を実体のあるものからプロセスに変換する最も簡単な方法は「〜する」にしてみることだ。つまり，「法律」ではなく「法律を制定する」「法律を草案する」，「例外」ではなく「例外を作る」，「人間関係」ではなく「人間関係を作る」とする。これで何の違いが生じるのか。まったくもって大きな差が生まれる。「関連付ける」と「契約する」とがまったく対極にあるとは考えられない。「法律を制定する」と「例外を作る」も同様である。論理が水の波紋のようであるなら，エレガントで美しい模様が作られても良いのではないだろうか。

1●4　フレーミングと文脈化

　あらゆる価値やコミュニケーションは，文脈内の文言，または，フレーム内の絵のようなものである。文言が文脈から分離しない限り，また絵がそのフレームから分離されない限り，数字がその根拠から切り離されない限り，その中には多様な価値観が統合されている。

　最もシンプルな文脈は，2つのレベルの抽象概念である。

　契約を作成するために，我々はつながりを持つ。人間関係を明確にするために，我々は契約を結ぶのである。文脈は文言という具体的なプロセスを通して，

より高度な段階へと進むのである。絵とフレームの有用性は，一方の価値が他方を囲むか，包含することを示すことである。砂糖の国際価格の崩落がもたらしたのは，文脈から文言を，フレームから絵を引き離すようなものである。どのように和解するにしても，再びこれらを結合させなければならない。

より弾力のある契約にするために	我々の関係を互いのパートナーとして認識するために
例外を作っている	法律を作っている

1・5　順序立てる

　ジレンマは，精神的に傷ついているまさにその時に突きつけられると，実際よりもっと悪く見える。「生きているべきか，死すべきかそれが問題である。」ところが契約を守ることと破ることを同時にはできないが，順番にならば可能である。既存の契約を守りつつ，追加の契約について交渉することは可能だ。そうすれば，最初の契約で日本側が被る損失をある程度埋め合わせることになる。例外を作ったり，再契約をしたりするのに先んじて，初めの契約が成約している事実は無視できないことになる。

　代替案として，「日本人の主張する特別な例外措置」を真剣に考えて，たとえ砂糖の市場価格が変動しても，既存の市場価格よりも1トン当たり5ドル安い価格で取引をするという契約に書き直すこともできた。これは，契約条件の中に市場の不安定性を取り込むことになる。世界価格が5パーセント以上変化した場合に自動的に再交渉を行い，それ以下の変動の場合は再交渉しないことを明記することもできる。

　実際，このように考えると，こういった危機は契約することと関係することの両方を改善する機会のように見える。そして，このプロセスを通じて完了時には，より良い合意内容となっていることだろう。

1・6　波動させる・円を描く

　波動はもちろん循環する円である。順序立てから学習グループへの移行は難しいものではない。パートナー間の関係を改善することが主目的である日本人

は，ある意味で正しい。関係重視型の人々の間では，より多くの価値を醸成できる。しかし，どんな人間関係であろうとも，法的に拘束力がある相互義務に体系化する必要があるというオーストラリア人の考えもまた，正当である。法の支配は不可欠である。法律が考慮しなければならないことは，より多くの個別事項をカバーすることである。例外は法律を良いものにするために存在しており，そして，何らかの例外を誰も認めたくないのではない。良い法律は，例外の余地を残すのである。そして，法律には（絵とフレームも同様に）自由裁量の余地が残されている。

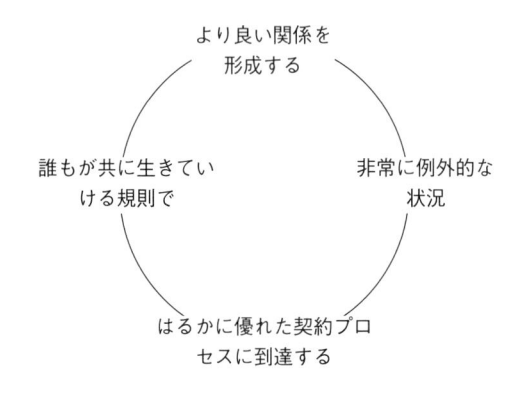

```
            より良い関係を
              形成する

誰もが共に生きてい            非常に例外的な
   ける規則で                   状況

            はるかに優れた契約プロ
              セスに到達する
```

1•7　シナジー効果を図る

　シナジー効果とは，「一緒に仕事をする」ことを意味している。契約内容を改善するために，関係者間の人間関係を深めなければならない。後々，例外となるような事態が見つかるたびに，多くの可能性をカバーするような相互の合意を求め続けなければならない。図表のX軸とY軸が10/10となる方向へ進むにつれて，相乗効果が生み出されて，契約法と例外的要素の双方が最適化されていく。

　現在，多くの不測の事態を予想し，予知できない問題に対処する裁量権を双方のグループに保証して契約書のドラフトを作ることは簡単なことではない。しかし，それは可能ではあるし，実際に人々の自由度が明文化された法令も存在する。米国憲法は学習のための憲章であると言ったのは，偉大なアメリカの法律専門家のブランダイスであった。それよりずっと謙虚な形で，オーストラリアのサトウキビ栽培者と日本の製糖業者間の新しい契約が履行されるべきで

図表8.3 螺旋形の調和

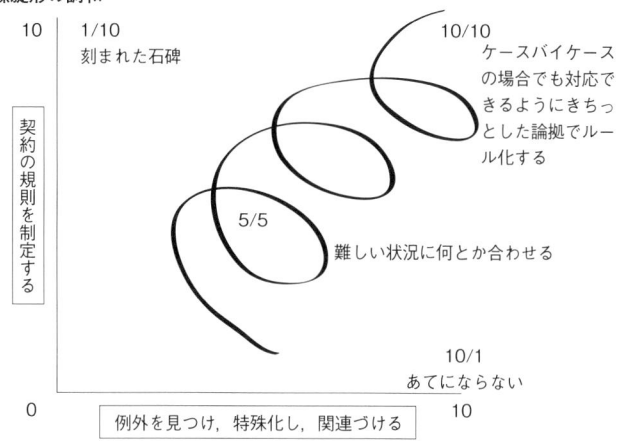

```
契約の規則を制定する
10  1/10
    刻まれた石碑
              10/10
              ケースバイケース
              の場合でも対応で
              きるようにきちっ
              とした論拠でルー
              ル化する

    5/5
    難しい状況に何とか合わせる

              10/1
              あてにならない
0                          10
    例外を見つけ，特殊化し，関連づける
```

ある。そのようになれば，ジレンマの和解は，図表8.3のようになる。

　注目すべきは，サイクルが，より良い契約行為を通してより良い人間関係を構築し，より良い人間関係を通してより良い契約行為を実現しながら，螺旋形に巻き上がっていく点である。図の右上では，この進化した関係が見事に体系化されている。

　ここまでの話が大げさに聞こえるかもしれないので，日本の製糖業者とオーストラリアのサトウキビ栽培者とのコンフリクトの和解への道を具体的に見ていくことにしよう。以下は，我々の提案の一部である。

オーストラリアのサトウキビ栽培者のための内容：
　既存の契約内容が守られるように求め，引き換えに，さらなるビジネスを求めると同時に，製糖業者の現在の損失を改善する助けとなる新しい契約を提案する。そこでは砂糖価格の上昇・下落にかかわらず，砂糖の世界価格に対して５ドルの値引きを提供すべきである。

日本の製糖業者のための内容：
　契約の再交渉を申し入れ，指定された一定期間は変更なしで契約条項を守ることを誓う。だた，変動価格が10ドルの幅を外れた場合は，交渉を再開すると

いう条件を付ける。両者の裁量範囲を保護する一方で，新しい契約の中に現在の人間関係に関連するすべての内容を体系化して取り込むこと。新しい契約は，今回得られた互いの信頼関係と，目指すべき今後のより良い相互関係を構築するべきである。

それでは第2の事例を見てみよう。

2 ● Quenchyインターナショナルのスタッフ評価

　マッピング・プロセスと5つのステップを用いて，価値観の違いを和解させる2番目の具体例は，アメリカをベースにした多国籍飲料メーカー「Quenchyインターナショナル」の事例である。この企業は1980年代に急成長をとげたが，90年代には業績が大幅に落ち込んだために，異文化間のスタッフ評価システムを全社的に導入することによって組織の再生を図ることが決断された。この決断を背景として，人事本部長のJ. A.ダニエルズは，欄1に記載されたメモを社員宛に送信した。このメモには，欄2に記載された「効果的なスタッフ評価のための10の教訓」が「ガイダンス・メモ」として添付されていた。

欄1：Quenchy インターナショナルのメモ

日付：8月10日
項目：会議－ASAS（最先端のスタッフ人事評価システム）の導入について
　　　10月2日午前9時，アメリカ本社にて開催
発信者：人事本部長，Quenchyインターナショナル　アメリカ本社
宛先：各国の人事担当部長
Mr（s）Yokomoto（横本氏）　　　　Quenchyインターナショナル日本法人
Mr（s）Mantovani（マントバニー氏）　Quenchyインターナショナルイタリア法人
Mr（s）Klaus（クラウス氏）　　　　　Quenchyインターナショナルドイツ法人
Mr（s）Khasmi（カスミ氏）　　　　　Qunechyインターナショナルイラン法人
Mr（s）Jones（ジョーンズ氏）　　　　Quenchyインターナショナルアメリカ法人

　この度，新しく最先端のスタッフ人事システム（ASAS）を導入するために，

上記の会議を開催することを決定しましたのでお知らせいたします。これまで我が社ではスタッフの人事制度は，実績が正当に評価されない傾向にありました。しかしながら，時代の変化と共に評価に求められる内容が変化してきました。モチベーションの高い従業員は，高まる競争に立ち向かうためには欠かせない存在です。今後ますます，我が社の人事方針の基礎として，人事評価制度を重要視していかなければならないと認識しています。実際のところ，従業員の仕事への関与はモチベーションを維持する上で不可欠です。最大の動機付けとなる点は，個人の業績とその報酬に明確な関連性を作ることです。したがって，新しい最先端の人事評価制度のポイントの1つとして，業績給の概念を取り入れるべきです。これは，我が社の存続を保証する，非常に重要な要素であると私は信じております。

　各グループで，以下の項目を責任をもって担当して下さい。
1．人事評価制度，業績給プロセスの目的と目標の設定
2．評価項目のリスト作成
3．理想的なプロセスの説明
　この参加グループにそのプロセスを検討させる目的は，どの国でも同じプロセスを運用することが重要であるためです。
　ここに私が個人的に有効であると常日頃から感じている「効果的なスタッフ評価のための10の教訓」を同封いたします。

　会議での皆様の意見を楽しみにしております。

J. A. ダニエルズ
人事本部長
Quenchyインターナショナル米国本社

欄2：ガイダンス・メモ

効果的なスタッフ評価のための10の教訓
J. A. ダニエルズ

　このメモは，次回のスタッフ評価制度会議に参加する各国現地法人の人事考課責任者に配布しているものですが，ガイダンス・メモの一部として各項目を参照してください。
　大変役に立つと思われる内容ですので，じっくり読んでください。そして是非，皆様のコメントをお聞かせください。

1. 最先端のスタッフ人事制度（ASAS）はアウトプットとして「明確な成果」を，インプットとして「機能に専門的に対応する行動」を評価することに重点を置かなければならない。
2. 「自己業績とビジネス成果」に評価基準を置くこと。すなわち，個人的好みで判断を誤らないこと。偏見によってバイアスをかけないこと。実際の業績と関係ないとして「個人」を考慮の対象外としないこと。
3. 各評価項目を個別に評価すること。被評価者の個人的な強みや弱みが他の評価項目に影響を与えないこと。
4. 以前に考課したことのある同一の被考課者を評価する際，前回の考課の影響を与えないこと（実績の部分に以前の成功や失敗によるバイアスをかけないこと）。
5. 「今年度の結果のみ」に基づいた評価をすること。過去の評価は考慮すべきではない。
6. 「具体的な事実」をベースにした評価をすること。イメージや思い込みで判断しないこと。評価はできる限り客観的であるべき。
7. 必要とあれば，低い評価を与えることを恐れないこと。中間の評価しかできない上司は業績を上げている人たちを不当に扱っていることになる。
8. 仕事が十分に定義付けられておらず，業績が評価しにくくても「会社の公正な規範」に基づいて評価すること。
9. 「正直で，オープンで，率直で，直接的であれ」。対立を恐れないこと。
10. 報酬の決定は実際の評価基準と「一致している」ことを確認すること。スタッフの評価は昇給を裏付けるものでなければならない。

この文書の文化的分析を容易にするために，アメリカの文化的価値を強調するダニエルズ氏の提案内容をすべて斜体で記載した。しかし，「これらの価値が強調されるのであれば，一方で相対的に強調されなくなっているのは何か」を理解しなければならない。前述の通り，価値観とは違いそのものであるので，対立的な価値観が重要性で劣ることをほのめかすことなく，価値観の一方だけを絶賛することはできないのである。

ダニエルズ氏は，以下を強調する。
　「特定の成果」を「一般的信用」より強調する
　「一部門に特化した言動」を「クロスファンクショナルな接点」より強調する
　「実際の業績」を「個人の気概」より強調する
　「単独の基準」を「全体的な構造」より強調する
　「現在の業績」を「過去の実績」より強調する
　「具体的事実」を「広い文脈」より強調する
　「客観性」を「間主観性」より強調する
　「明白な成功／失敗」を「面目を立てる機転」より強調する
　「包み隠しのない，正直で率直な，直接のコミュニケーション」を「微妙で暗示的なコミュニケーション」より強調する
　「個人」を「社会的環境」より強調する
　「ランキングに伴った報酬」を「努力や改善に対する報酬」より強調する
　「短期的（今年度のみ）」を「長期的キャリア」より強調する

　もちろん，ダニエルズ氏は右側にリストされた価値観に反対であるといっているわけではない。そして，彼が反対しているとは述べていないので，我々は彼が何を意味しているか推測せざるを得ない。しかし，彼が絶賛するものを見れば，彼がそれを意図していたかはわからないが，彼にとっては少なくとも右側の価値観が左側の価値観に比べてより軽視されていることは確かだ。
　多くの人同様，ダニエルズ氏は現在の業績に関する具体的事実を良いことと考えている。彼がどんなに熱意を持ったとしても，従業員のより広い事情や職歴を重視することはあり得ない。
　読者の皆さんの想像通り，ダニエルズ氏の彼自身の提案する「10の教訓」は

日本の横本氏，イタリアのマントバニー氏，ドイツのクラウス氏とイランのカスミ氏に動揺を与えることになった。米国のジョーンズ氏だけは賛成だったが，彼でさえ，多少の疑念を感じていた。ここで，第3章で述べられている7つの文化の価値基準の文化の違いに立ち戻らなければならない。実のところ，ダニエルズ氏が褒めている価値観と，図らずも非難されてしまった価値観には，7つの文化価値基準のいくつかと緊密な同類的類似性が存在するのである（第7章参照）。例えば：

関与特定型	——	関与融合型
結果	——	一般好意
具体的な事実	——	広い事情
機能特定型行動	——	クロスファンクショナルな絆
正直，率直	——	繊細，暗示的
孤立した基準	——	全体構成
個人主義	——	共同体主義
人間	——	社会的環境
実績主義	——	帰属主義
現在の得点	——	職歴
明白な成功／失敗	——	面子重視型戦術
ランキングによる報酬	——	改善のための報酬
時系列型時間管理	——	同時並行型時間管理
短期型（今年度）	——	長期型キャリア形成

　ここで留意すべきは，たとえJ. A.ダニエルズ氏がその重要性に気付いていないとしても，右側の価値観もまた「良い内容」のものであるということだ。「関与特定型」対「関与融合型」，「実績主義」対「帰属主義」について第3章で触れたように，日本，イタリアとイランは，例えば，米国と比較すると，関与特定型，個人主義，実績主義の傾向が低い。

特定の結果に加えて，なぜ，一般的な善意が重要であるのか。誰かが好意や善意を持ち，基本的に自分に対する姿勢がポジティブであると信じることは，信頼関係を構築して顧客を維持する上で極めて重要な要素である。事実，ひどい結果をもたらす事例が生じたとしても，善意が明らかであれば，見逃されたり，悪意のない間違いと捉えてもらえたりするかもしれない。同様に，具体的な事実は状況次第で幅広く解釈される。

　組織を自己部門のことだけを考えるサイロに再分割することを望まない限り，クロスファンクショナルな接点を，少なくとも機能特定型行動と同じぐらい重要視すべきである。正直で，率直な，直接的コミュニケーションを賞賛に値する本物であると考える文化もある。しかし，イラン人，日本人，イタリア人は，これを大雑把，露骨，失礼，好戦的であると捉える。従業員の改善をもたらすような微妙な提案やヒントは，その従業員が変わろうとしている場合にのみ理解される。繊細さやニュアンスは，従業員の感受性と知覚に対する賛辞と見なされている。

　評価基準を別々に取り扱うことは，評価項目を同時に考慮する重要性を失うことになる。理想主義的な人も同時に現実的でなければならない。さもなければ理想は失敗に終わる。第2章で論じたように，MBTIの尺度で感じ，直観し，考え，判断し，知覚することをすべて組み合わせることは非常に重要である。人物だけを見て，その社会的環境を無視することは，他を助けたり支えたりするチームの団結と共同行為を不当に扱うことになる。果たしてこれは，ダニエルズ氏が望むものなのか。

　現在の業績だけを考慮することは，例えば最後に出演した映画のみを評価するに等しい。職歴や実績の記録は，あなたの価値をより明確に表示するものである。革新的な人々は特に，時折間違いをする傾向がある。すべての部下をランク付けして，50パーセント以下の人々に彼らが全体のどの部分に位置するかを示したとしたら，従業員を失うことになりかねない。これは，文化的背景が，複数の価値基準を捉え，その中で自らが得意とすることに誇りを持つドイツ，日本，イラン，イタリアなどの国では起こりうることである。

　ドイツ人は，その弁証法的な価値観でヨーロッパ哲学と共にゲシュタルト心理学を発明した[2]。その思考方法は全体論的である。イタリアは，壮大な芸術的ビジョンと美的な精巧さを持った文化である。日本の漢字の字体は，各種の

考えを対比させ，微妙に組み合わせたものである。これらはすべて，「良いか，悪いか」，「合格か，失敗か」「上位49％，それとも残念ながら平均以下か」などの対比とは程遠い内容である。文化的に多様な価値観は，その多様性を否定することなく，1つの物差しで順位付けすることはできない。リンゴが，オレンジよりもおいしいか，まずいかの議論ではない。豊かな精巧さを持つフローレンス（フィレンツェ）にあるローマ・カトリック教会の小さな礼拝堂での美学が，ニューイングランドにある白いペンキを塗った単純さや簡素さが魅力のプロテスタント教会と比較して良いか悪いかの問題ではない。むしろ，それらの異なったもの同士を一緒にすることで，多様で魅力的な世界を創造することができる。どちらかによりすばらしい「利点」や「業績」があると評価したり，ランキング付けをしたりすることは，客観性でなく文化の帝国主義的な発想である。ダニエルズ氏が普遍的な「賢さ」あるいは「目標」などに重きを置くのは，アメリカ文化的な好みである。

　これらは，ダニエルズ氏とジョーンズ氏の見解を否定するものではない。個々の従業員が責任を取る必要があると考えるべきであるし，結果にも注意しなければならない。しかし，ダニエルズ氏とジョーンズ氏の見方は，他の人事ディレクターの見方と折り合いを付けることも可能だ。文化の価値は相互補完的である。文化の対極を理解することは，一方の端だけを理解するより良いことである。

シミュレーション演習

　企業で働いている読者の方々に，これらの違いを理解してもらうために，シミュレーション演習をお勧めする。異なる価値観を持った参加者にそれぞれ，ジョーンズ氏，横本氏，マントバニー氏，クラウス氏，カスミ氏の役割を演じてもらうのだ。シミュレーション参加者には事前にそれぞれの役割の根底となる考え方を説明し，伝える。それから実際に人前で互いの立場を議論してもらう。各々の文化的背景の根底となる考え方の説明が強くなり，反対する他の人々との間で，激しい議論が始まるのを目撃することになるだろう。シミュレーションの詳細は，第11章にも記載されている。これは異なる文化間の現実の問題を真剣に取り扱う際に役立つだろう。

　さらにこの調和用の練習のテンプレートも添付した。シミュレーション参加

者にこの章の内容を読んでもらい，先ほどのコンフリクトを調停する役割を担ってもらう。議論が激しくなればなるほど，問題はより明白になる。互いに折り合いを付けることができるだろうか。調和の5つのステップを実施する前に，図式化，解釈の拡大化，形容語句を考える等のプロセスを体験してみよう。その目的は，すべての人々を満足させることのできるより良い評価制度によって，このコンフリクトを解決することである。

2•1　図式化する，解釈を拡大化する，形容語句を考える

　これは，あまり難しくはない。文化的な論争は，その位置関係をはっきりさせる傾向があり，その図表は熱の入った活発な言葉の溢れる議論の後で描くと容易である。図表8.4から8.6が一般的な図表となる。

　ダニエルズ氏もジョーンズ氏も，X軸Y軸が10/1である「先がみえない確約」を望んでいる。遠慮や手加減をしてしまうと，従業員がどれくらい良い仕事をしているかという真実が伝えられず，その人の名前が印象に残らない。しかし，これは従業員の面子をつぶし，恥をかかせ，モラルの低下をもたらすため，日本人の横本氏は到底受け入れることができない。イタリア人のマントバニー氏は，これを上司の決定的な侮辱として受け取り，部下が憤る決定的な内容であ

図表8.4　報告義務 対 協力関係

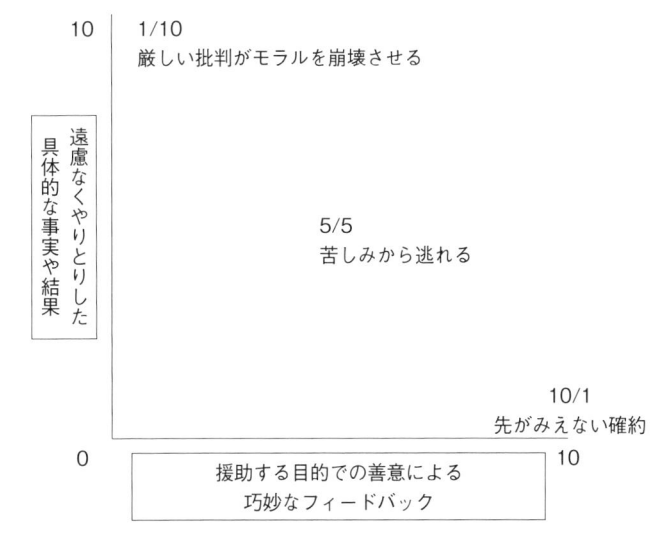

```
      10 │ 1/10
         │ 厳しい批判がモラルを崩壊させる
┌──────┐│
│遠具  ││
│慮体  ││
│な的  ││        5/5
│く な ││    苦しみから逃れる
│や事  ││
│り実  ││
│とや  ││
│り結  ││
│し果  ││                    10/1
│た    ││                先がみえない確約
└──────┘│
       0 └────────────────────────10
            ┌──────────────────────┐
            │ 援助する目的での善意による │
            │   巧妙なフィードバック    │
            └──────────────────────┘
```

ると取るであろう。イタリア人にとって，業績は人そのものである。人の言動を批判することは，その人を完全に拒絶していることに等しい。イラン人のカスミ氏は操業に対する援助や善意の不足がほどほどの売上高しか上げられない理由であると捉えるだろう。カスミ氏は人間関係を無視してお互いに非難し合うような本社の指示に対しては抵抗するであろう。横本氏，マルトバニー氏，カスミ氏は，非難するような評価システムではなく，サポートできるような評価システムを求めているのである。

　我々は，この論争を協力関係と報告義務の対立と特徴付けた。ダニエルズ氏とジョーンズ氏は，従業員がどれだけよく仕事をしているかを示す正直なレポートこそが，より良い評価に必要だと主張している。カスミ氏，マントバニー氏，横本氏，クラウス氏たちは，上司と部下の関係が良くないのならば，批判的なフィードバックはモラルの低下を招き，退職の引き金になりかねないと考えている。空気を読みつつ社員を支援していかなければ，社員のやる気を決定的に削ぐことになってしまうだろう。クラウス氏は，監督者が部下の専門知識を十分に把握した上でランキング付けをしているのか，疑問に感じている。評価する前に，まず相手を理解すべきだ。

　図表8.5に示されている2番目のグラフでは，部門別の特定行動と，個別の項目に対する各機能間のつながりと全体の配置の関係を表している。

図表8.5　分散 対 統合

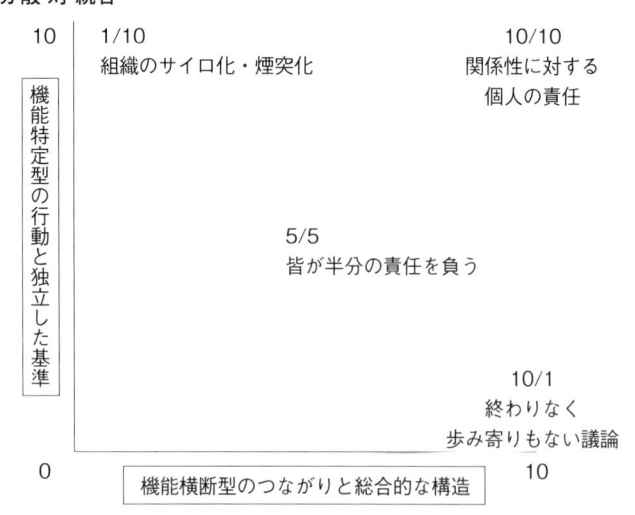

```
10  1/10                        10/10
    組織のサイロ化・煙突化      関係性に対する
                                 個人の責任

機
能
特
定
型
の
行
動
と
独              5/5
立              皆が半分の責任を負う
し
た
基
準
                                10/1
                                 終わりなく
                                 歩み寄りもない議論

 0                              10
    機能横断型のつながりと総合的な構造
```

部門別の特定の行動を項目別に挙げて，それぞれの孤立した基準を適用することの問題は，組織のサイロ化や煙突化（縦割り型組織）を助長してしまう点だ。個々の部門の活動が最大化され，結果的に困るのは，全体としての組織のあり方である。組織は，部門別カテゴリーの虜になってしまう。クラウス氏は，特にこの点を批判しており，Quenchy インターナショナル社の事例も細分化が進みすぎたと見ている。しかし，ダニエルズ氏とジョーンズ氏も，部門や部門間のやり取りが多すぎても個別の成果は望めないと考えている。この問題は近年関心を集めている議論であり，確実に顕著になってきている。むしろビジネス・ユニット別に仕事に集中した方が良い結果を出すと考えられている。部門間，ユニット間の関係を同様に取り入れることの問題は，誰にも半分責任があるが，全体責任を負う人がいないことである。したがって，問題が生じた際に，指示通りに実行しなかった部門に，容易に責任転嫁することができてしまう。

図表8.6に示されている第3のグラフは，複数のエクセレンスの集合体 対 個別のエクセレンスの取り扱いを示している。

実績をベースにしたランク付けを最終的な決定とすることに対する反論として，カスミ氏は大部分の人々にとって得るものがないことを挙げている。これは，ただ単に下位50％の人々を指す訳ではない。自分のエクセレンスの定義で

図表8.6　複数のエクセレンスの物差し 対 個別のエクセレンスの物差し

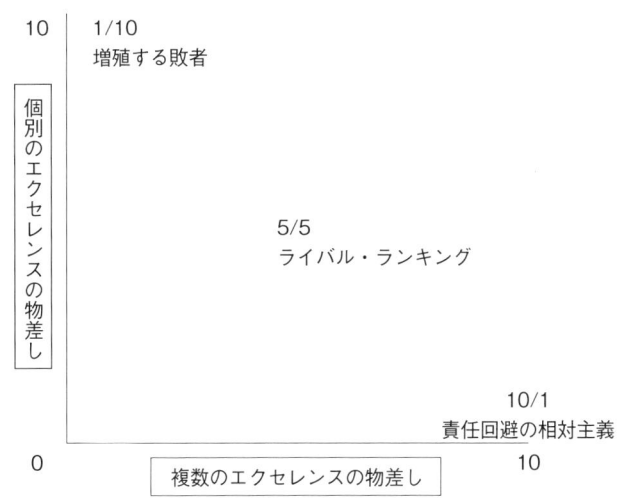

縦軸：個別のエクセレンスの物差し（0〜10）
横軸：複数のエクセレンスの物差し（0〜10）

- 1/10　増殖する敗者
- 5/5　ライバル・ランキング
- 10/1　責任回避の相対主義

はトップの5％に位置するものの，企業の評価定義の下では上位25％あるいはそれ以下とランクされた人々も含まれる。彼らですら，不当な扱いを受けるのである。

　Quenchy インターナショナル社の商標を市場にアピールすることより重要なことがあるのだろうか。しかし，マーケット開発者は，ボトリング工場長より下に置かれている。すなわち，個別の物差しが不公平な比較を助長してしまう。

　複数のエクセレンスのケースの方が，優れているように見えるかもしれない。カスミ氏の見解では，イランで高い売上を保つことは，他のどの地域よりはるかに難しいことであり，イランチーム全体がメダルを貰うべきである程なのに，ニューヨークの売上高と比較されてしまっている。こんなおかしなことがあるのだろうか。クラウス氏は，フランクフルト研究所で設計される新しいファスナーの技術はすばらしいと信じている。それがまだ結果を生んでいないと不平をいうことは愚の骨頂である。より幅広く活用するには，もっと時間をかけなければならない。

　しかし，ダニエルズ氏とジョーンズ氏は，誰もが特殊なケースを主張したら，最高の成果を上げることはできないと考えている。勝者を特定し，他の人がそこから学ぶことが本来の目的ではないか。全員が自らの1人レースを競っていては，それは実現されない。X軸Y軸が，10/1の責任回避の相対主義ではすべての業績は比較できなくなってしまい，ビジネスのサバイバルに必要な行動規範を不明確にしてしまう。

　複数のエクセレンス定義のもう1つの好ましくない結果は，X軸Y軸が5/5のライバル・ランキングである。自分たちにとっては最高のシステムであるランキング・システムで成功を収めた従業員は，他のビジネスや機能ユニットのランキング・システムを非難する傾向がある。優秀さを構成するものが何であるかに関する意見の不一致が根強くなり，企業が業績を達成しなければならない時に，まだ「原則論のみを議論」していることになってしまう。

　ここで調和を図るための5つのステップ，処理，フレーミングと文脈化，配列する，波動させる・円を描く，シナジー効果を図る，を振り返ることにする。

2•2　ステップ1：処理する

　ジレンマ1：支援と善意の下で成果を示す 対 結果そのものを単純に具体化して伝える。
　両価値観の両極の本質を維持してきたが，それは明らかに好戦的なものではない。結果の具体化は，個人をサポートするものと見るべきであり，善意の雰囲気の下で伝えられるべきである。

　ジレンマ2：新しい構成で各部門を関連付けて結び付ける 対 ある行動を抜き出して特定化する。
　ここでは，反対する側は実質的に消えてしまっている。個々の部門のみの仕事に加え，各部門を結び付けようとする行動をも明確にすべきである。

　ジレンマ3：評価する価値基準を複数化する 対 最善の人材を求めるために長所で人を序列化する。
　長所の評価項目にいくつかの価値基準を持つことで，必ずしも評価基準の原則を失うわけではない。その価値基準が相補的であれば，尚更である。

2•3　ステップ2：フレーミングと文脈化

　ここではジレンマの一方を「使用する文言」あるいは「画像」とし，他方を「文脈」あるいは「フレーム」として取り扱う。ジレンマ1は以下の通りである。

```
┌─────────────────────────────┐
│     支援と善意の文脈で          │
│   ┌─────────────┐           │
│   │ 具体的な成果を │           │
│   │ 従業員に示す   │           │
│   └─────────────┘           │
└─────────────────────────────┘
```

または

```
┌─────────────────────────────┐
│ 具体的な結果が受け入れられるように │
│   ┌─────────────┐           │
│   │ 支援と善意を   │           │
│   │ 表現する       │           │
│   └─────────────┘           │
└─────────────────────────────┘
```

そして，ジレンマ2に対して

> 各部門を新しい成果目標に組み込む
>> ある行動を抜き出して特定化する

ジレンマ3に対して

> 異なった文化にとって重要な7つの文化の価値基準に基づいて
>> 最善の人材を見つけ出すために長所で人を序列化する

　これら以前のコンフリクトをフレームと画像，文脈と文言，背景と人物として対にすることにより，これらのジレンマを相反するものとしてではなく，補完的なものとして取り扱うことができるのである。

2•4　ステップ3：順序立てる

　このステップでは，それぞれのジレンマの一面を見てから他方を見ることである。例えば，

まず，被考課者に対して善意と支援の状況を作り出す。
それから，やる気を削ぐかもしれない結果について話し始めよう。

まずある特定の行動を抜き出して，考課対象とする。
それから新しい構成に機能を組み込むため，これらの結果を活用する。

まず誰が一番であるかを探すために，1つの尺度で人の序列化を行う。
それから新たな測定方法を考えて，メリットの複合的な活用を考える。

多くの場合，この順序を逆にすることも可能である。例えば，自分の，より悲惨な結果を見て，これらの内容を伝えるため，協力関係の脈絡を構築することもできる。また，優れたところを複数取り出してからその内容で人を評価することもできるのである。

2•5　ステップ4：波動させる・円を描く

　2つの価値観をつなぐ，1本の線を曲線にすると2つ目の価値観は1つ目の価値観に影響を与えるようになる。これにより学習曲線が出来上がるのである。そこで，ジレンマ1は以下の通りとなる。

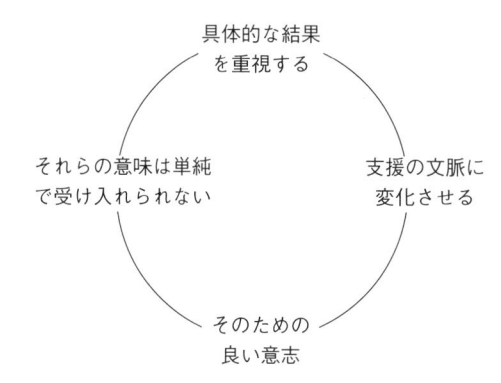

```
           具体的な結果
            を重視する
        ／              ＼
それらの意味は単純          支援の文脈に
で受け入れられない          変化させる
        ＼              ／
            そのための
            良い意志
```

これはジレンマ2にも使われる。

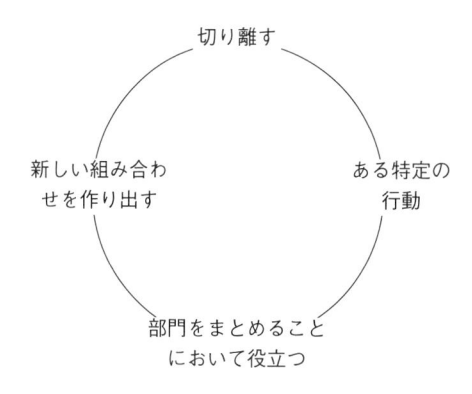

```
             切り離す
        ／              ＼
新しい組み合わ              ある特定の
せを作り出す                行動
        ＼              ／
         部門をまとめること
         において役立つ
```

最後に学習曲線はジレンマ３にも対処する。

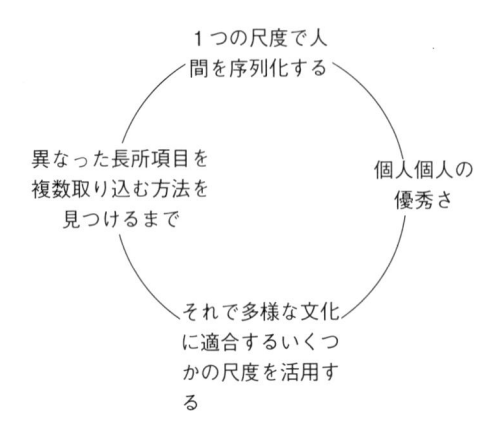

```
        １つの尺度で人
        間を序列化する

異なった長所項目を              個人個人の
複数取り込む方法を              優秀さ
  見つけるまで

        それで多様な文化
        に適合するいくつ
        かの尺度を活用す
        る
```

2•6　ステップ５：相乗効果を図る

　シナジー効果を生み出すためには，ジレンマの両面，あるいはより多くの側面における多くのメリットを包括しなければならないばかりではなく，以前の意見の相違を超えた相乗効果のあるイノベーションのシステムを作らなければならない。それゆえ，問題は最初の公式では解決できないのであり，何回か繰り返して再定義することが必要である，というアインシュタインの格言に則ることが大切である。

　最初の３つの図表(8.4, 8.5, 8.6)に戻り，ジレンマ１を解決することによって革新的な結果を生み出すことができるかを考察してみよう（図表8.7を参照）。

　10/10では，新しいものが出現している。評価された人は，しっかりとした善意と強い関係の中にいる。彼らのボスは，従業員の将来のために尽くそうとしている。この強い絆によって評価された人は安心して，どんなにきつい仕事であろうとも，改善に立ち向かうことができる。監督者が本当に自分の側に立ってくれていると信じることができれば，人はコミュニケーションを取り入れて，変化しようと動機付けられるのである。

　それではジレンマ２の相乗効果を探してみよう（図表8.8を参照）。

　特定の行動と人間関係に対して報酬を出そうとするならば，顧客満足に貢献する部門間で有効な人間関係を構築すれば良い。自分だけの責任を取る人は，適度に責任感があるだけである。本当に信頼できる人とは，ビジネスの関係を

図表8.7　報告義務 対 協力関係

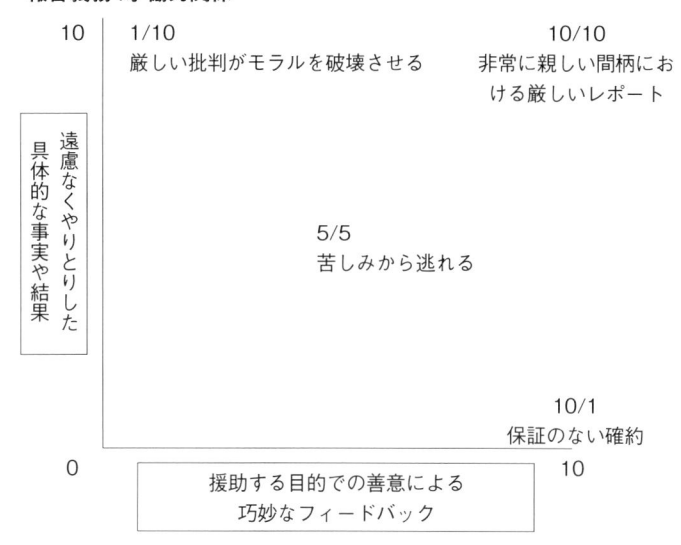

```
10 │ 1/10                              10/10
   │ 厳しい批判がモラルを破壊させる      非常に親しい間柄にお
   │                                    ける厳しいレポート
   │
遠慮なくやりとりした具体的な事実や結果
   │
   │              5/5
   │              苦しみから逃れる
   │
   │
   │                                   10/1
   │                                   保証のない確約
 0 │_____10
        援助する目的での善意による
        巧妙なフィードバック
```

図表8.8　分散 対 統合

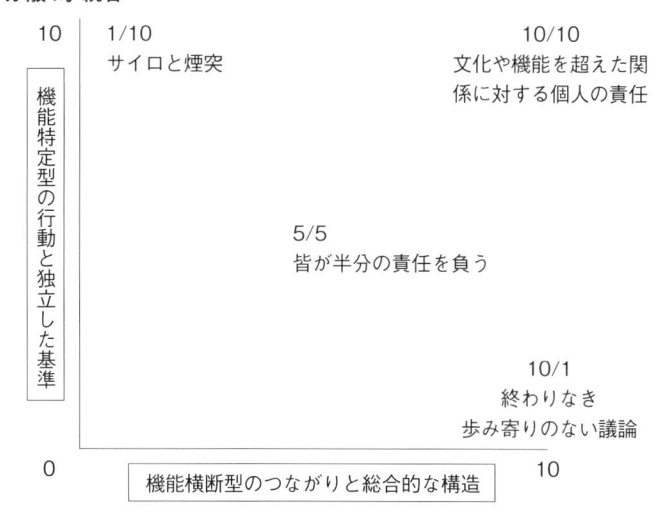

```
10 │ 1/10                              10/10
   │ サイロと煙突                       文化や機能を超えた関
   │                                    係に対する個人の責任
機能特定型の行動と独立した基準
   │              5/5
   │              皆が半分の責任を負う
   │
   │                                   10/1
   │                                   終わりなき
   │                                   歩み寄りのない議論
 0 │_____10
        機能横断型のつながりと総合的な構造
```

効果的にする際に，自分自身の本来の役割以上を引き受ける人である。

　実際に利潤を生み出すのは人間関係であって，個人そのものではない。顧客に応えることなくして富を作り出すことはできない。同様に，2つのビジネス

部門が顧客に対して，一緒に販売活動をするために協力するならば，そのビジネス・ユニット間，あるいは機能間の関係こそが評価されるべきではないか。

それは，機能間またはビジネス・ユニット間のシナジーの価値を示す。そしてビジネス・ユニット，または関係するマネージャー間で販売のクレジットを分割することができる。すぐに協力し合う方が，別々に働いていた場合より良い業績を上げることになるであろう。

責任を分け合うもう1つの方法は，人間関係の構築のレベルに応じて報酬レベルを変動させることである。自分の秘書より3倍もの給与を稼ぐ上司は，その秘書との人間関係に対して75%の責任がある。そのために給与が払われているのだ。秘書が辞めるということは，上司がやるべきことをやっていなかったからであり，上司がやるべきことをやっていないことを証明する必要はない。人間関係の良し悪しは，振る舞いの良し悪しと比較してはるかに認識し易い。人間関係が失敗するということは，自らの責任を全うしていないことである。

会社にさらなる多様性を望むなら，異文化間にかかわる人間関係に対して，より大きな力を注ぐべきである。

図表8.9に示されているように，米国，日本，イラン，ドイツとイタリアの人事ディレクター間の第3の違いは，優秀さの要素に複合的に対応するか個別

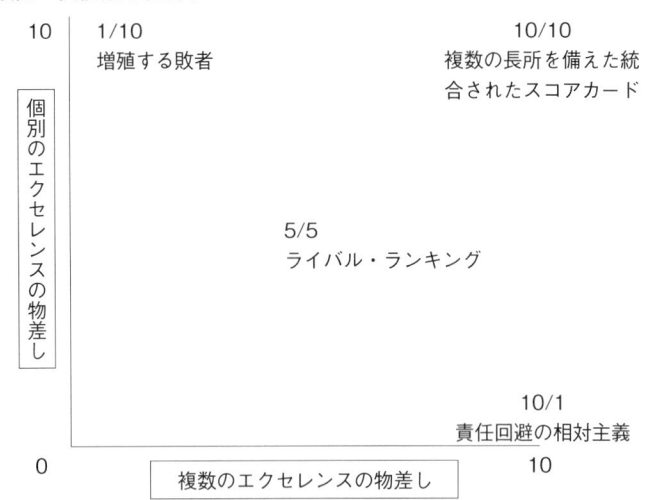

図表8.9　複数の価値観を統合する

縦軸：個別のエクセレンスの物差し（0〜10）
横軸：複数のエクセレンスの物差し（0〜10）

- 1/10　増殖する敗者
- 10/10　複数の長所を備えた統合されたスコアカード
- 5/5　ライバル・ランキング
- 10/1　責任回避の相対主義

に序列を作るかであった。

　統合されたスコアカードのシナジー効果は，1つの文化の価値基準の良い点が第2，第3の文化の価値基準の良い点を生み出すことにある。ある従業員が非常に競争好きであり，また協力的であるならば，これは大きな強みである。非常に知性の高い人が，創造的であるとは限らないが，もし創造的であれば，ビジネス・ユニットの効果をかなり増大させることが可能になる。第3章で見てきたように，グループ全体が統合されない限り，バランスト・スコアカードは不安定になる。ほとんどの企業は，過去の財務結果ほどには将来の組織学習を重要視していない。もしそれらのバランスを維持するならば，学習ゴールが決算の結果につながることと，内部のベンチマーク上の高成果が外部の顧客を満足させることを示さなければならない。これらを結び付けなければ，このバランスは儚い望みとなってしまう。

　グローバル企業の将来は，各々の文化を評価して，専門性に特化させることにある。インド南部からの大学卒業生は，理数系の能力が高く，高度なデータ処理装置を製造することに優れている。マレーシアは，世界で最も多言語を使用する国の1つである。そのため，アジアにおけるコールセンターには最適な場所である。将来の自動車製造は，デザインはイタリア，設計はドイツ，安全システムはスウェーデン，自動車コンピュータは日本，高度なアセンブリーはシンガポールで，それぞれ行われるようになるかもしれない。

　以上をまとめると，アメリカ人が自らの価値を本社の圧倒的な力で押しつけようとしたことにより，人事評価に関する会議に呼び出された各国の人事ディレクターたちは意見の違いで争い始めた。ダニエルズ氏が当初考えていたように，この評価制度が単純に採択，実行されていたならば，日本，イタリア，ドイツとイランの従業員たちを怒らせていたことは間違いないのである。

　それでも，これらの反対の意見をより間近に見れば見るほど，これらの見解が実際に認められ，尊重されるならば，この新しい評価システム全体が真に改善されるであろうことが，より明確に見えるようになってきた。このコンフリクトから，国際企業にふさわしい，より良い評価システムが生まれることになる。さらにこの不可欠な問題を理解するために，筆者グループは第10章で概説されるロールプレイを体験することをお勧めする。ロールプレイを通して読者諸氏は，実際にダニエルズ氏と人事ディレクターの役割を演じ，体験すること

ができる。

[注]

1）Edward de Bono 水平思考と創造的思考の分野で世界トップの研究所を開設。62の著書を出版する。6つの帽子の思考法という6つの異なる視点から発想することでアイデアを得る長期的水平思考の創始者。6つの帽子とは，1.白い帽子（中立的視点（事実やデータ），2.赤い帽子（感情的視点），3.黒い帽子（批判的・消極的視点），4.黄色い帽子（希望的・積極的視点），5.緑の帽子（創造的視点），6.青い帽子（冷静的・思考プロセス的視点）。各帽子をイメージでかぶりながら思考することで，各帽子の視点から考え易くするのがコツである。

2）訳者注：部分の寄せ集めではなく，それらの総和以上の体制化された全体的構造を示す概念。

第9章

評価センターの設立

　第2章においては，選考と評価について調査を行った。この章では，我々はより深いところを目指し，最近，様々な企業で人材育成競争を勝ち抜くために設立されている評価センターの将来を見つめてみたい。

　筆者グループは，この章では次のことを調査する。
- 評価センターの文化
- 文化の4象限すべてにおいて候補者を評価する
- 国際的なリーダーシップの評価
- キャリア開発と文化
- 異なった国民文化におけるキャリア開発

　我々THTは，評価センターそのものが，あるタイプの組織文化を前提として成り立っていることを知っている。このことは，その他の組織文化における評価センターにとってまったく公平とはいえないのではないか。意図的にその他の組織文化を従来の評価センターに取り込むのであれば，公平にすることも可能だ。また，自分自身の組織文化とは異なる他の組織文化において，人々がどのように働くのかを予測評価することができるのか。それが可能であることを，これから説明していくことになる。ここで，我々は様々な文化における「キャリア開発」の意味を調査する。「キャリア」という全般的な考えは，時代遅れになっているのか。我々は，「キャリア開発」の様々な意味の妥当性を調べていきたい。

1 ● 評価センターの文化

　評価センターは，我々の文化の4象限の右上，すなわち誘導ミサイル型文化の産物である。ここでは，社員に対して，柔軟性に富み，目的を追求し，チームに根ざし，そして移動する目標を撃ち落とすように，文字通り「臨機応変」であることを求めている。候補者は，まさしく予期しない困難に直面しても，良い評価を得るような振る舞いをするだろう。評価されるのは，現場での問題解決能力，対人能力，巧みさ，自発性である。候補者は，できるだけ良い印象を与えるよう心がけ，ダイナミックな個性と問題解決能力を発揮するにちがいない。

　これは，まさに誘導ミサイル型文化が求める行動様式である。多様な経験を持つ人々で一定期間だけ構成される，たくさんの「見知らぬ人々のグループ」に影響を与え，問題を解決し，新しい挑戦やチームを求めてそれぞれの能力を身に付けるのである。こういった人々は，様々な新たな課題やなじみのない仲間と共に行動することができる。評価スタッフがそのような状況をシミュレーションするのは，難しいことではない。

　評価スタッフは，評価される候補者のチームを作り，彼らに次々と連続して今日の話題，すなわち，セクハラの罪，企業が展開を躊躇している分野においてサービスが不足していることへの顧客からの不満等を投げかけていくかもしれない。上司に批判されて出勤を拒否している従業員の話題などもあるだろう。評価の被考課者は，これらに対して，また他の状況に対してどのような行動を取るのだろうか。これらは，被考課者から問題解決能力，チームとのコミュニケーション能力等を引き出すように設定されている。彼らは交代でチームリーダーになり，チームメンバーに対して解決策を提示することもできる。

　これらはすべて良い査定につながるが，他の文化に属する人々にとって，また多くの人に自身の能力を示すことが求められていることになかなか気付かない人々にとって，果たして公正といえるのか。評価される振る舞いをあえて行うという，そもそもの考え方がそぐわない文化の人々もいる。このことについて，じっくり見てみよう。

2 ● 文化の4象限すべてにおいて候補者を評価する

　我々の文化の4象限—孵化型，誘導ミサイル型，エッフェル塔型，家族型—に少し立ち戻ってみよう。4つのいずれにも良い点を測ることはできるが，そのためにはそれぞれに異なった評価測定基準が必要となる。図表9.1が想定される分類表である。

　誘導ミサイル型についてはすでに説明したとおりである。多少困難な状況下で，候補者がどのような行動を取るのかを見つけ出すことを評価者は望んでいる。それらには，突き詰めるような質問，様々な意見を表明するチーム，危機や困難の疑似体験，解決が必要なジレンマに関連する注目の話題に関する面接などが含まれている。このすべてが，実に適切であり必要だが，十分とはいえない。少なくとも，いかなる評価基準においても，誘導ミサイル型以外の他の3つの組織文化も取り上げられ，それぞれの価値観も含まれなければならない。

　孵化型文化とこの文化に慣れた人々を取り上げる場合に，彼らにとって重要なことは，彼らが実際に創造した物の内容である。もちろん，彼らに見せてほしいと頼めば，彼らの製品やシステムポートフォリオ等に彼らの創造力を見出せるだろう。彼らの個性が輝き，また社会的に生き生きとし，巧みであろうと推測することは，正しくないかもしれない。多くの場合，彼らは製品や創造物に自らの個性を注ぎ込み，彼らが作り出すものの中に彼ら自身を表現すること

図表9.1　4象限における評価候補者の評価

孵化型	誘導ミサイル型
候補者の製品とシステムポートフォリオを調べる	インタビュー チームのプロセス シミュレーション 注目の話題
家族型	エッフェル塔型
レフリー リファレンス 親密な関係 自信 ネットワーク	専門的知識 成績証明書 学位 認定 業績

を期しているのだ。

　発明に優れている人々のかなり多くが，非常に内気である。彼らが革新的な行動を引き起こす主な動機は，それがなければ得られない愛と賞賛を得るためであると言われている。彼らの創造物ではなく，彼らが賞賛されていることとして評価する場合，彼らが作り出す本当の価値の多くを見逃がすだろう。なぜ彼らはその製品やシステムを作り出したのか。今，彼らを興奮させるものは何か。非常に創造的な人々は，過小評価されがちだが，あなたは彼らに対してかなり高い経費を支払っている。彼らは経費で製品を開発するものの，その製品が市場で大成功する前に辞めてしまい，共同経営者や競合相手と事業を起こすことすらあり得るのだ。

　孵化型文化のメンバーは勤め先の企業に対して忠誠心があまり高くはない。彼らは，自分自身のアイデアに忠実であり，粘り強い。そして，あなたの企業がそのことを真剣に受けとめる場合，彼らはあなた方に対して忠実になるが，そうでなければ組織そのものに対して忠実にはならないだろう。シリコンバレーが華やかな時期，最も創造的な製品は，実際には他の企業に雇われている社員の力を借りて，喫茶店で生み出されたことがしばしばあったと言われている。共同開発者は，喫茶店や駐車場の仲間よりも簡単に彼らの雇い主を変える。あなたの評価制度は，こういった人々のはかない忠誠心を惹き付けられるだろうか。あなたは，こういった人々を彼らの表面的なもっともらしさで判断するのではなく，彼らが作り出したものや将来的に作り出すであろうものによって判断すべきである。

　評価者は，家族型文化の評価候補者をひどく過小評価する可能性がある。これは，評価者が自身の誘導ミサイル型文化の価値観を当然と考えるからである。候補者はそれらしく振る舞うことを期待されているが，家族型文化の候補者は自分自身を誇示することを望まないかもしれないし，たとえ誇示してみようとしたとしても，彼らはそのように印象付けようと振る舞うことに慣れていないので失敗しがちになる。

　家族型文化の中では，ある程度の人間関係の深さから皆が皆のことをよく知っている。家族のメンバーはあなたの心の内面を知っているので，あなたは特に自分を顕示する必要はない。まさに，こういった文化の若者たちは，求められる時だけ声に出して話したり，両親の前で子どもが振る舞うように過剰なま

でに控えめである。こういった謙虚さは，彼らの価値の象徴として見られる。彼らは何ら実績を証明するものも持ち合わせていない。しかし，親しい「親戚」や親しい顧客には，高く評価されている。

　家族型文化の年長のメンバーは，評価者の目には遠慮のない様子に見えるかもしれない。それは，家族の年長者は，家族の年下の者たちからの尊敬に慣れているからである。彼らは評価者さえ部下として見る可能性があるかもしれない。そして，実際には部下が評価者よりも年長者のために，逆に上司の考課者のことをまるで部下のように考えている可能性もあるが，被考課者に対しては敬意を持って接するべきである。このような評価をする立場の家族型組織文化のリーダーの内部における価値観を理解しないならば，とても気まずい状態になる。家族の父親は，外部の者に対して物理的に何ら立証するものはない。彼らの忠実で慈悲深い文化は，まさに家族文化そのものである。

　家族型文化は，非常にうまくいくことがあるが，あなた方の価値観（誘導ミサイル型の価値観）だけで彼らを評価することは大きな間違いである。評価対象候補者の身元保証人と推薦状には非常に注意深く見る必要がある部分がある。それは，彼らの親しい関係性と忠誠心の輪とネットワークにおける親密で価値があると考えられる友人の数である。家族型の年長者が生涯の忠誠を誓った顧客を20名以上連れてくるのであれば，あなたの企業が得る価値は計り知れないものになるだろう。

　しかし，本人が主張する賞賛が本物であるか，関係性が本当に永続的で真実であるかを見極めなければならない。親友といえる知人との話し合いに，より多くの時間を費やす方が，わざとらしく，うんざりするようなシミュレーションよりも評価候補者の卓越性がより深く表れることであろう。

　エッフェル塔型文化の人たちにとって，誘導ミサイル型文化の評価者に対して「自分自身の美徳を売る」プロセスは軽薄であり，また誠実ではない行為である。こういった人々は人生において何度か，効率性やプロフェッショナリズムに対する試験やテストに直面し，賞賛を得てきている。すなわち，評価者が読みとるべきことは彼らの成績証明書のなかにあるのだ。過去の業績の輝かしい記録は，脚色を必要としない。すなわち，それ以上語るべきものはない。彼らは試験され，成功してきたのだ。

XYZ社でのアメリカ人と中国人の候補者

　XYZ電気社での部門トップの職務に対して，中国人とアメリカ人の候補者が最終候補に挙げられた。両者が評価センターを訪れた。よくあるように，それぞれの候補者は「知らされないで」評価されていた。すなわち，彼らの記録はじっくり読まれ，相対的な資格に関して判断がなされた。それぞれが，長い面談に呼ばれ，製品が失敗し，会社がスキャンダルや法的要求に直面しているという危機的状況のシミュレーションについて議論を求められた。専門的な知識のブラインドテストでは，中国人候補者が若干上回って評価されていた。しかし，3人の評価者すべて（フランス人，アメリカ人，イギリス人）がインタビューにおいて彼に対しては，アメリカ人候補者よりも低い評点をつけ，特にスキャンダルのシミュレーションの議論についてはより低い点数をつけた。中国人候補者は，この有名な企業で働くことに，それほど価値を感じないことを述べることからインタビューを始めた。1人の評価者が苦笑して，「私は彼に，『そう思うのであれば，なぜあなたはそもそもこの仕事を志望したのか？』と聞いたら彼は何も答えなかった」。製品の失敗に関する議論中，彼は原告の弁護士に対してほとんど反論しなかった。彼は自分の立場を主張しなかったし，会社を擁護しようともしなかった。「彼はもっと自分の意見を述べてやる気を見せるべきだった」と同じ評価者がいった。評価者たちは，翌日の朝，アメリカ人候補者をその仕事に推薦するつもりだったが，ひとまず，2人の最終候補者を夕食に連れていった。驚いたことに，夕食の場で中国人候補者がウィットに富んだ会話で全員を魅了したのだった。

　少しお酒の入った夕食では，彼の控え目であるところや従順なところは完全に消え失せ，評価者は面接の内容が職務の適性を測る上で彼にふさわしかったかどうか疑問に思い始めるほどであった。彼は非常に自信に満ち，博識で，落ち着いており，そして親しげであった。なんという変化だ！

　評価者が資格についてもっと議論したいのであれば，それは構わないが，もし評価者が社会的に困った問題に対する瞬間的な反応を見たいと思うなら，違う方法もある。人生で重要なことは，よく見えたり，印象的に聞こえたりすることではない。複雑な課題を最も高度なプロフェッショナルとしての基準にしたがって完遂し，一貫してプロフェッショナルな行為が行われることである。したがって，彼らは大言壮語したり，気取った態度を取ったりすることを否定する。評価者は彼らの前にある記録だけを見るべきであり，冷静に評価すべき

である。こういったすべての馬鹿げたひっかけの質問，心理学的なプロファイルや個人のプライベートの空間を侵すことは，評価者のプロフェッショナルとしてのすばらしさを台無しにしてしまう。評価者のプロとしての価値は，自分が対面している相手に対して注意を向け，じっと見つめることである。外に出て，必要な知識を得ることで，コンフリクトを解決することができる。不幸にも，評価者は実際には，例えば，自動車エンジニアリングについては，何も知らない。そして，候補者の身振りやほんのわずかな話の内容で人を判断せざるを得ない。

　もし，評価センターがエッフェル塔型文化を取り込みたい場合，企業の最先端のテクノロジーに関して，非常に真剣にその効率性を考慮しなければならない。そのすばらしい品質に関して，すばらしい実績のある内容について質問しその内容を共有していないという理由でその品質に関する質問を避けてはならない。

　誘導ミサイル型組織文化の評価者が，他の3象限の組織文化を誤解する可能性を，我々は述べてきた。しかし，評価センターにおいて明確な理由があって，孵化型の組織文化価値，家族型の組織文化価値，エッフェル塔型の組織文化の価値の特殊性に焦点を当てていないわけではない。候補者がどこの組織文化を背負っているかを知ることは助けになる。早くから，相手が誇りを持っているポイントに気づけば，面接で良いスタートを切ることができるだろう。

3 ● 国際的なリーダーシップの評価

　THTでは我々だけでなく他の異文化研究者も，我々の7つの側面において異なる文化の比較を長年行ってきており，個人の文化的なプロフィールが，対象とする文化のプロフィールと大きく異なる場合，その人の海外での任務が難しくなることがわかっている。我々は，図表9.2のようなグラフを作成し，我々の顧客に送ってみた。

　プロフィールは，物事を見抜く洞察力を与える一方で，海外駐在員マネージャーがどれほどの困難にぶつかるのか，目標とする組織文化に対応できるのかについては，予想することはできなかった。1つの問題は，「同じ」プロフィールを持っていることが，異なったプロフィールを持つことと同じくらいの困

図表9.2 個々の文化的プロフィールと対象となる文化のプロフィール

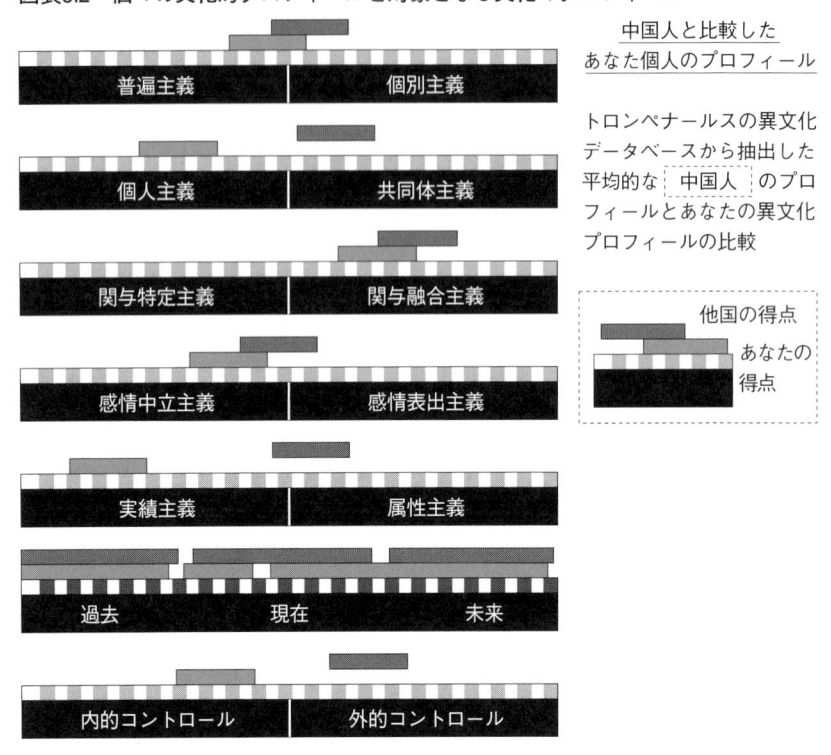

中国人と比較した
あなた個人のプロフィール

普遍主義	個別主義
個人主義	共同体主義
関与特定主義	関与融合主義
感情中立主義	感情表出主義
実績主義	属性主義

過去　　　現在　　　未来

内的コントロール　外的コントロール

トロンペナールスの異文化データベースから抽出した平均的な 中国人 のプロフィールとあなたの異文化プロフィールの比較

他国の得点
あなたの得点

　難を引き起こしうるということにある。もし、両方の文化が高度に普遍主義である場合、彼らは誰が規則を作るかということでぶつかるかもしれない。もし、両方が内的コントロール志向の場合、彼らは誰の方向性が有効なのかについて激論を戦わせることもあろう。

　THTにおける我々の顧客は、価値統合と文化の調和の程度を測定できるツールを求めてきた。仮に、リーダーとマネージャーが他の文化の価値を把握し、自分自身の文化に一致させようとする能力において異なっている場合、この違いをどのように見出して、測定することができるのか。

　我々は、有限ゲーム—例えば、規則 対 例外、競争 対 協力—を無限ゲームに変える文化を超えた能力の測定方法を発見した。無限ゲームでは、ルールが例外によって調整、改善されたり、いつも勝利していた相手のチームからの協力によって強くなったりするのである。

有限ゲームは，ゼロサムの哲学，対立するアンチテーゼ，勝敗のコンフリクト等にあるようにいずれか1つの価値が常に，反対の価値から差し引くか差し引かれる関係にある。無限ゲームは，相補い合い，互いに転換し合い，相乗効果があり，そして学習することを含んでいる。例外が生じる前に，理論がどれほど広く適応できるか，どれほどその理論の適応範囲の幅が広がり，その正当性が高まるかを知ることもできるだろう。そして，理論的な限界を超える場合に起こる本当の例外とは何であるのかを学ぶだろう。競争が最善のアイデアをどのように生み出すことができるのかを学び，その結果，かつての競合者同士が共に協力し合うようになるのである。規則をよりよくする例外を見つけ，よりよく協力するために競う，これらの「ゲーム」は決して終わらないのである。将来，必要となる無限ゲームに備えるためには次の3つのプロセスが大切である。

1．（文化の違いの）認知
2．（それぞれの文化に対する）尊重
3．（それぞれの間で）調和

　筆者グループは第3章で車と歩行者の話に触れたが，普遍的な規則と特定の規則の間での単なる二者択一の選択は，有限ゲームといえる。それを無限の学習体験とするためには，2つではなく5つの選択肢が必要である。それでは，無限／有限ゲームの視点で，このジレンマを見直してみよう。まずは，ジレンマ自体を再考してみよう。

車と歩行者

　あなたは，親しい友人が運転する車に乗っている。友人は歩行者をはねてしまう。あなたは，友人が，制限時速30マイル（時速50km）の市内地域において，最低でも時速45マイル（時速70km）で運転していたことを知っている。あなたの友人の弁護士は，あなたが友人のスピードは時速30マイル（時速50km）だったと証言をすれば，友人は深刻な結果からは救われるかもしれないといった。他の目撃者は誰もいない。
　あなた（と，あなたの組織の他の人々）は，こういった場合どのように行動するか。

（a）目撃者として真実をいうという一般的な義務がある。私は法廷で偽証を

するつもりはない。また，どんな真の友も私から偽証を期待するべきでない。
(b) 法廷で本当のことをいうという一般的な義務があり，私はそうするつもりだが，友人に対しては，私ができる説明とすべての社会的，財政的なサポートをする。
(c) 問題に直面した友人のことを最優先に考える。私は抽象的な原則に基づいて見知らぬ裁定者が判決を下す法廷に，友人を見捨てて逃げるつもりはない。
(d) 友人が何を証言しようとも，私は友人を支援する。しかし，私は友人に，我々2人が本当のことをいえる強さを持っていることが，本当の2人の友情であることの証であると激励する。
(e) 私は，友人は法定速度より少しだけ早く走っていたと証言する。そして，自動車の速度計が非常に見にくかったとも伝える。

　(a) と (c) が正反対の両極の答えであり，すなわち，このジレンマに限界があることを前提とする有限ゲームの一部分であることは明確である。(a) は，事実は事実なので，と友情をあきらめ，(c) は抽象的な原則（または真実）を犠牲にしている。無限ゲームの選手や異文化能力を備えた人は，(b) か (d) を選択するだろう。本当のことを言って，それから友情を修復しようとする。または，本当のことをいうよう友人を説得する。(e) はごまかしか，妥協である。我々の研究では，我々の著書『21世紀のための21人のリーダー』に登場する21名のリーダーは，平均的なトップマネージャーよりもはるかにうまく，折り合いを付けていることがわかった。1つのジレンマの折り合い（調和）を付けることができた人は，かなり多くのその他の課題の折り合いも付けられるという見込みが強くなるのである。折り合いを付けることは，思考のパターンである。人々が折り合いを付ける方法や彼らがそうする理由は，すべての測定結果の後のインタビューを通して，明確にはっきりと表現されている。スコアの傾向は，問題の半分にすぎないのである。我々は，その理由を知る必要があり，インタビューでは，良いリーダーシップの秘密が理解できてくるのである。
　すでに触れたとおり，我々は評価の最終的な形態として，シミュレーションを取り入れようとしているのである。これらのうちの1つは，本書の最後で詳

細に取り上げられている。

4 ● キャリア開発と文化

　キャリア開発そのものは，消滅しかけているのか。キャリア開発の考えに，未来はあるのか。

　過去10年間，特に1つの企業内におけるキャリアを考える上での「キャリア」の概念は苦境に立っている。若く，十分に教育された新人が今後10年以上の間，今の企業の組織階層構造に彼らの未来を描くことができると予想するのは，理にかなっているといえるのか。また，そういった期待を後押しするべきか。「エンプロイアビリティー」を強調することこそ賢明ではないか。企業は，採用するスタッフに技能や資格の習得を約束し，彼らが自分自身でより良いチャンスをつかみ，転職できるようにしている。企業は，一生涯にわたるキャリアを従業員に保証することはできないのである。取引の条件は非常に不安定である。我々が皆，キャリア形成で直面しているのは，ずっと続く，白く泡立つ急流をできるだけうまく乗り切るようなものだ。

　我々の意見では，企業文化に応じて，キャリアの概念は—この言葉をいくつかに定義付ける必要はあるが—極めて重要なことである。人々の人生は，物語か学びの過程の形をとっている。それらは，計画された目的地があるか，または終わりなき探検から成り立っている。それらのすべてに共通することは，誰の人生も変化の連続であることだ。各々は，それぞれの道を進み，我々が意味を見出す独自の経験の組み合わせを蓄積する。このことが我々の人生に方向性を与えており，自分の道からはずれた時でさえ，選択した方向に向かって耐え抜こうとすることができる。

　企業は，こういった「それぞれの個人の独自の経験」を生かして積み上げて業績に結び付けられるように，賢くならなければならない。なぜなら，それらが持つ豊かさと多様性において，企業そのものの将来の方向性が見出されるからである。数人のマネージャーが強い願いを同じくするだけでなく，ここには企業の現在のポリシーを変えたり，その運命を変えて行く力があるかもしれない。90年代のモトローラ社では，多くの役員が自分の持つ知識を後継者に残そうと努力したのである。これらの遺産をうまく活用することは，継続する人生

の重要性を認識することであり，命をかけて最も高い貢献をしてきたこと，そして後継者に学んでほしいと思っている熱意を発見することである。理想的に，学びの過程の成功は，潜在的に企業全体にとっての新しい現実となりうる。

あなたが企業から離れようとする時には，明かりを次世代に渡し，あなたの実績よりもうまくやっていけるよう気遣っていくことが大切である。

これから昇ろうと思っている目に見えるはしごが消えることは，キャリアの概念における新しい意味を排除することではない。また，組織文化の4象限（孵化型，誘導ミサイル型，エッフェル塔型，家族型）は，キャリアの変わりつつある本質を反映するものである（図表9.3参照）。キャリアについて，最もなじみ深く，最も伝統的な概念は，キャリアの階段（図表の右下）である。これは選ばれた統制の中で長期的で専門的な資質を伴う組織文化においては，まだ強いままで残っている。この蓄積された学びにより，個人の職務能力は優れたものになる。そして，残りの生涯をそのような職務を完成させるために費やすことができる。

下から上まで幅広く，資格と専門性のレベルは測定できる。底辺からトップに至るまで，明確な目盛を付けられたレベルごとに資格や職務専門性が存在する。規律や機能をマスターするには一生かかるのである。そして，たとえ会社を変えても，彼らは，自分自身の専門性を放棄するようなことはないだろう。たとえどんな自動車メーカーに雇われてもシステムエンジニアはシステムエン

図表9.3 文化の4象限におけるキャリア開発

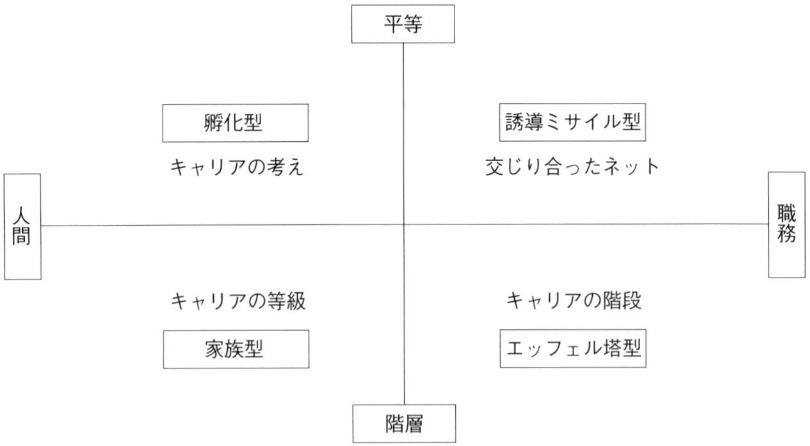

```
                        平等
                         │
    ┌─孵化型─┐            ┌─誘導ミサイル型─┐
     キャリアの考え          交じり合ったネット
                         │
人間 ─────────────────────┼───────────────────── 職務
                         │
     キャリアの等級          キャリアの階段
    ┌─家族型─┐            ┌─エッフェル塔型─┐
                         │
                        階層
```

ジニアのままである。

　キャリアの等級は，同世代の人々，または師匠と見習いのような徒弟関係から成っている。どちらの場合でも，家族あるいは非常に高度に洗練された人々の集団の象徴的な意味合いは，他よりもレベルが高く，しかし，それほど目立ったグループではないとしても，業界内で強い状態のままで残っているのである。これらは別々のはしごではなく，運命と将来が共有される非常に親しい関係にある人々のエリート集団である。彼らは，彼らの間だけで秘密にごく内々（entre nous）に情報を持つ，典型的な内部関係者である。彼らは一流の中の一流（crème de la crème）の人たちである。文中に見てきたように，フランス人がそのような文化を描写する言い回しを数多く持っていることは，偶然の一致ではないだろう。

　右上の象限へと，つまりマトリクス型組織または誘導ミサイル型文化に動くにつれて，キャリアの等級は，交じりあったネット状態になる。現在，そこには，優秀さの2つの評価基準がある。1つの職務機能がどれくらいうまく活用されているかをネットの1つの評価要素とすると，もう1つの評価要素は，1つの職務機能を一部として含むプロジェクト全体の成功である。

　あなたは，一時的なメンバーになったチームが自らの目的を達成し，それから解散するように，プロジェクトからプロジェクトへと這い上がってきている。あなたのキャリアは新しいチームとそのメンバーとの出会いの連続から構成されている。そして，それぞれのチームにおいて，あなたの職務の役割が明確になっている。

　最終的に，図表9.3の左上にも，キャリア形成の考えがある。孵化型文化において，あなたは，あなたが将来よりどころとするイノベーションを生み出す。あなたのキャリアは，あなたが創り出した新技術，製品，システム，またはサービスと運命を共有する。企業の同僚メンバーは，同様に新しい事業の命運に絡んでくる。彼らがすべて成功するならば，彼らは，自身の「階段」の最上段を占有し，新しい採用者たちに対してその階段を登ってくるようにいうことができる。しかしながら，さしあたり，彼らは自らの潜在的な階段そのものを「所有」しており，それを自分で作っているのである。その最上段は，自らの成果なのである。

5 ● 異なった国民文化におけるキャリア開発

　文化は組織がキャリア開発を理解し，実行する方法にかなりの影響を与える。また，文化は個人やグループへの期待やキャリアゴールの骨組みを作ることに影響を与えている。INSEADのエヴァンズ（Paul A. L. Evans），ドス（Yves L. Doz），及びローラン（Andre Laurent）は特定の文化における組織のキャリア開発の違いの典型事例について説明している。また，これらは『グローバルな挑戦』（*The Global Challenge*, Evans, Pucik & Björkman）においてエヴァンズ（Paul Evans），プシック（Vladimir Pucik），及びバルゾー（Jean-Louis Barsoux）によっても調査されている。

　成功しているビジネス文化はどれも学校での成績と能力主義に基づいて評価されているが，著しく異なっているところは，学校を卒業した後のキャリア開発の概念にある。フランス，日本，アメリカ，イギリス，ドイツ，そしてオランダの文化はすべて，企業においてより高い業績に到達できる人を選考するために教育システムを活用している。

　高い共同体主義の文化においては，幼年期が終わった後，エリート学生は競争を止め，互いに協力し始めるべきと考える傾向がある。これを達成するために，そこでは学術的に群を抜いた人は，非常に高い地位をほぼ保証された昇進を確保することができ，これらの人々が高級官僚の仕事を通して人生のモデルとなることが期待されている。

　多くの国民文化における様々なキャリア開発を見てみよう。

5●1　キャリア開発—日本

　この伝統において，日本人のアプローチと「ラテン」またはフランス人のアプローチについて簡潔に議論してみよう。両方の文化において，学生たちは様々な「受験地獄」にさらされる。教育は，教師が中心であり，階層的であり，非常によく統制・構成され，しかもまったく創造的ではなくても，上位の地位に浮上することができる。エヴァンズ，ドス，及びローランの研究では，図表9.4に示すように日本のモデルを表現できる。

　学生たちはエリートの同期のグループとして，長期的キャリアをにらんで大学から企業に向かう（日本経済に一向に改善の兆しがなく，このような長期

間の雇用は不可能になってきているが）。階層構造の下の方の端のジグザグは，仕事の異動を示している。そこには，工場の生産現場，労働組合のメンバー，組合の代表のような仕事も含まれている。日本人は異なったものの見方に強い文化的な重点を置いている。客観的な視点で物事を見るよりも，複数の視点からの見方が，より大きく，より包括的な現実の見通しにつながると信じている。したがって，将来のリーダーはトレーニングの一部として複数のものの見方を取り入れるのが当然だと考えられている。そして，通常，キャリアのこの段階では，昇進は遅く，同期ではお互いが前に出ることはなく，やる気を示す機会を等しく持ちつつ，共に昇進する。

同期は，兄弟，家族の関係のように，そのすぐ下の世代の面倒を見るよう推奨される。相対的業績評価は，個人的なことであって，仕事上のことではないが，注意深く監視され，評価されている。

第2段階では，全般的な経験のため，ある仕事から別の仕事に異動する前に，マネージャーは平均して4，5年は1つの仕事に留まる。7，8年後に，彼らが昇進するかしないかが決まる。相対的業績評価についての社内で蓄積された十分な情報を基に，最善の機会に最善の実績を上げた最善のマネージャーには最善の仕事が与えられるのである。彼らは，同僚に対してより協力的に支援しながらも，一方では競わなければならない。それは，連携関係が形成され，支援

図表9.4　エリート層のアプローチ - 日本のモデル

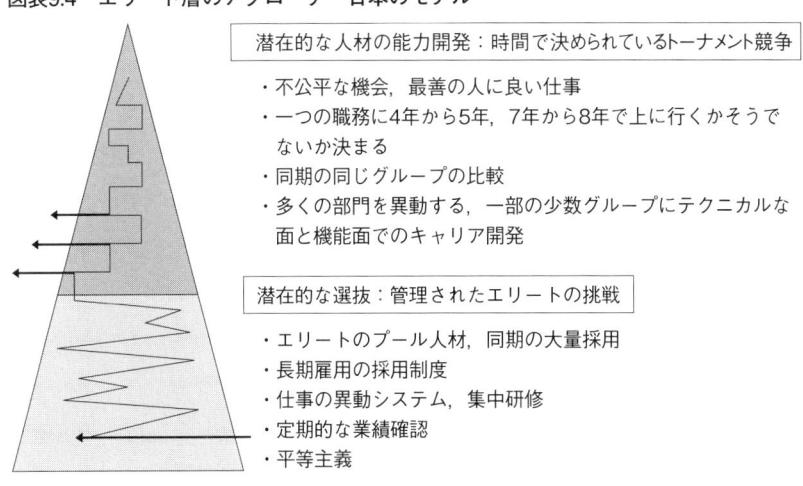

潜在的な人材の能力開発：時間で決められているトーナメント競争
・不公平な機会，最善の人に良い仕事
・一つの職務に4年から5年，7年から8年で上に行くかそうでないか決まる
・同期の同じグループの比較
・多くの部門を異動する，一部の少数グループにテクニカルな面と機能面でのキャリア開発

潜在的な選抜：管理されたエリートの挑戦
・エリートのプール人材，同期の大量採用
・長期雇用の採用制度
・仕事の異動システム，集中研修
・定期的な業績確認
・平等主義

するスポンサーを獲得し，同盟が形成される政治的なトーナメントによく似たやり方である。ゲームのキャラクター同様，協力する一方で競争することは，あなたが他人のために行動すればするほど，あなた個人の利益がさらに増えていくことを意味している。

5・2　キャリア開発—フランス

　フランス人の組織モデル（図表9.5）は下のレベルではまったく動きがない。エリートは労働者階級からは分離されている。日本では，同期はみな一緒に仕事をスタートさせるが，フランス人エリートはINSEADなどの大学院で，自然科学の博士号やMBAを取得するために学ぶのである。そういった大学院は大変すばらしい大学院で，そこで出来の良い学生は，企業に入社したら，偉業をとげることが期待されている。期待の星のような学生が企業で花を咲かせることができない場合には，企業の側が（有能な人材を活用できない）我が身を責めるかもしれない。最もよく知られているグランデコールの1つは，卒業生の90％が，企業のトップになる機会があると言われている。

　この時点で，エリートマネージャーは異動するが，自分の能力を証明するために長い期間，同じ仕事に留まることはない。まさに，彼らの能力はすでに出

図表9.5　エリートの政治的アプローチ - ラテンモデル

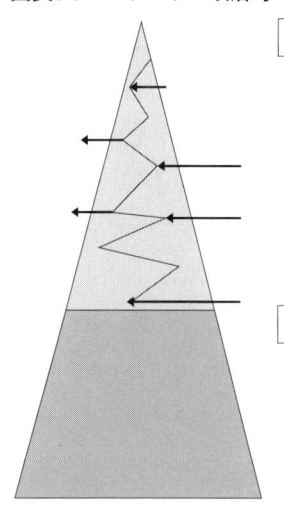

潜在的な人材の能力開発：政治的なトーナメント競争
・高いエリート
・同僚との競争と協力
・典型的な多くの仕事の異動
・政治的プロセス—目に見える実績，スポンサー探し，連携，実際のシグナル
・つまずいたら転職活動を継続
・ゲームに興ずる

潜在的な選抜：エリートの自動選抜
・エリートとして登録
・エリートグループの採用（同期意識はない）
・予想される品質
・将来の幹部を輩出する教育機関（大学院，MBA，自然科学の博士号）

身校により証明されており，企業にとっては，彼らの持つ才能を活かす最も良い方法を探す機会が残されているということである。日本のシステムに見られるように，彼らは複数の職務的役割において，十分に成功しており，本質的に才能を持つ人々との政治的な連携を重視しているのである。日仏どちらの場合においても，システムは家族的であり，能力主義的であり，階層的であり，エッフェル塔型文化と家族型文化が大きく現れている。つまり，誰を知っているかということが，何を知っているかということと同じくらい重要となる傾向があるのだ。ミシェル・クロジエ（Michel Crozier）[1]は，同僚のマフィアとの友情について言及している。

　これらの両方のシステムにおける問題の1つは，日本やフランスを離れると，競争における有利な立場を失うことにある。このことは，彼らの国のエリートをかなり狭い範囲のものにしがちである。外国へ行く日本人は，すばらしい繊細さと親密さの暗黙のコミュニケーションから生じる高コンテキストの文化—不幸にも外国人には通用しないが—を奪われることになる。文化的に，関係性を構築するためのこの特定の形態は，日本以外では適さないことが明らかになっている。フランス人も，母国語や母国の文化におけるキャリアが奪われる場合には，同様の苦しみを感じる。エリートの魔法の輪（マジックサークル）は国外でのキャリアを前提にはしていない。次のページの「Ha Je Seyビジネス・スクール」のケースを参照されたい。

　誘導ミサイル型の組織文化においては，クライアントが求めるプロの訓練されたチームを送り込むことに徹していて，家族型やエッフェル塔型の組織文化は，同じ学校出身の同窓のコンサルタントを好むかもしれない。日本及びフランスの両方のモデルには，第3章で見たように，これらの文化を特徴付ける強い関与特定主義が見られる。専門性と政治的な権力の操作の組み合わせは，その国の仕事のやり方の特徴を表している。

Ha Je Sey ビジネススクール

　ビッグ・ファイブ（5大コンサルティング企業）の1社で研修を行っていた時，あるイギリス人の上級社員が多文化グループで構成されるエリートコンサルタントの選考プロセスについてアドバイスを求めてきた。あまりに多くの北ヨーロッパ人が，選考を支配しているように思えたので，彼と同僚たちが使用した評価基準が適切ではなかったのではと不安を感じたというのである。彼は次のような話をした。

　「我々は，評価センターでテストインタビューを行った。全員の中で成績は，フランス人がトップだったが，彼の面接結果は惨めな状態になってしまった。彼が一番の候補者だったのだが，彼がなぜか自分の業績について触れることを避けていたことを，我々全員，感じていた。我々は，また彼の仕事における熱意を評価できなかった。そのために，我々は業績について直接彼に尋ねたところ，彼はHa Je Sey ビジネス・スクールにおける彼自身の成績について，繰り返し語り続けた。これが何を意味していたのか，皆目見当がつかなかった。採用する側としては，我々には『疑問を感じたら，雇うな』という規則があり，そのような面接内容ではどうすることもならなかったのである。」

　*Ha Je Sey は，フランスのエリート経営大学院の1つ，HEC（[École des] Hautes Études Commerciales　エコール・デ・オウト・ゼテュード・コメルシアル）をフランス語で発音したもの。

5•3　キャリア開発—ドイツ

　マネージャーの権威について，技術的専門性の重要性の視点から考えた場合，ドイツ人のモデルにおけるキャリアの概念は，ラテンのアプローチとはかなり異なっている。シュトゥットガルトにあるダイムラー・ベンツ社の「Nachwuchs Gruppe」（高い潜在力の若手卒業生）に初めて出会った時のことを思い出す。最初の休憩時間に，我々は主催者のところに今日の対象者を中間管理者と考えていいのかどうかを確認に行った。というのは，この極めて賢い参加者が平均して20代後半と思われたからだった。ダイムラーの人事部門スタッフは当惑し，参加者の平均年齢は28歳だが，皆が非常に高い潜在力を持ち，ごくわずかを除いて，博士号を持っていると我々に説明した。これは，ドイツでは当たり前のことである。6年の大学院での研究後に，法律，工学から経済学や社会学にま

で及ぶ，博士号のための研究をすることはよくあるステップなのだ。

オランダや北欧に例外はいくつかあるが，ドイツ，スイス，そしてオーストリアのエッフェル塔型文化の大企業では，学歴の高い卒業生に対して，卒業課程での学問の専門分野にHerr Dr.やFrau Dr.といった称号を付加することは非常によくある。すべてが職務的なキャリアのための準備に焦点を置いているのだ。1年間の非常に厳しい新人選考のプロセス（専門性の深さが厳密な方法でテストされる）の後，通常，企業での業務と集中的な研修による特別な課題の実施を組み合わせた2，3年間の実習期間を経験する。このキャリア開発計画は，候補者の知識を広めるだけでなく，彼らの職務的な潜在力と才能が何であるかを特定するために，実に役に立つ。

若い採用者のキャリアの早い時期に行われる大きな決断は，彼らがどの職務を専門にするかということである。図表9.6の垂直のジグザグを水平方向に操り返して，最初はいくつかの職務が試されるかもしれないが，いったんサイが投げられた後は，単独の職務においてすばらしい専門性を発揮して上昇していく。メンターは，この運命的な選択を導き，それぞれが新規採用者を喜んで引き受ける。いったん職務が選ばれれば，新規採用者はその職務の内部にネットワークを構築していかなければならない。Vorstande（労使経営協議会）より

図表9.6　機能的なアプローチ‐ゲルマンのモデル

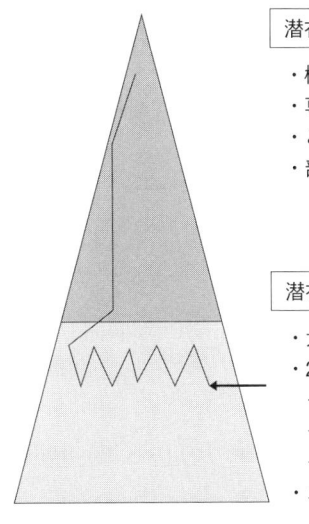

潜在的な人材の能力開発：機能的な階段
・機能的なキャリア，関係性，コミュニケーション
・専門知識に基づいた競争
・ごくわずかなエリートに限定された複数の機能的な異動
・部門間の関係性は部門長レベルで実施

潜在的な選抜：見習い
・大学や専門学校からの年1回の採用
・2年間の見習い期間
　－ほとんどの機能を人事異動する
　－集中的なトレーニング
　－機能的な潜在能力や才能の確認
・エリートの採用，ほとんどがPh.D

下のレベルでは，職務間の異動はほとんどない。この極めて高度な「職務内」の挑戦の結末として，我々は大勢のHerr Dr.やFrau Dr.に出会うことになり，Herr/Frau教授が組織の部門長になることもある。時には，さらに必要とする知識を深めるため，マネージャーがパートタイムの教授の仕事につくことが役割として求められることもある。ここにアングロサクソンやオランダのキャリア開発のシステムとの大きな違いである。アングロサクソンの文化では，キャリアの始まりにおいて，博士号を持っていることが妨げになると見られることさえあるのだ。

5•4　キャリア開発—北米と北欧

　アメリカでは1920年代後半から1930年代前半にビジネス・スクールの設立が始まり，ジェネラルマネージャーは，「経営の専門家」として，横断的に職務ができるだけでなく，実に様々な異なったビジネスの経営も可能だと信じられてきている。偉大な起業家たちが絶滅し，ビジネスは家族型文化から解放され，管理が「科学」となった。その初期の形は，テーラー主義，エッフェル塔型に見られた。しかし，人的資源管理，ビジネスの奨学金，そしてアメリカのコンサルティング業界の成果もあり，誘導ミサイル型文化が支配的な文化モデルとして現れ，マトリックス型組織形態が経営の好ましい方法となってきた。

　この形態のキャリア開発では，マネージャーたちは共に働いて学びたいと希望する初対面の人たちのグループと状況に応じて途切れなく面接を続けながら，その後，これらのグループとの出会いと解消を繰り返し，新しく採用された同僚と様々な案件や諸問題に取り組んでいくのである。その仕事のスタイルは，高い教育を受けた専門家に対しても，あまり敬意が払われない課題中心型である。オランダ人である著者は，「イギリスの最高経営責任者が，あなたの博士号の研究課題を知ると，あなたのコンサルタントとしての立場が損なわれるだろうから」との理由で，名刺から「Dr.」の称号を削除するようアドバイスされたことがあった。筆者はビジネスにおける「Ph.D.」の低い位置付けについて，アメリカ人の友人に確認するまで，彼が冗談を言っているのだと思っていた。

　エッフェル塔型文化は，ドイツの自動車産業に見られるようにしっかり組織化される傾向があり，誘導ミサイル型文化はイギリスやアメリカの金融サービ

ス業界のように緩く組織化されている。誘導ミサイル型文化では、成功・失敗に関する詳細なフィードバックと共に、多くの事例を体験し、その解決策を見出すことで、成長していくのである。他のチームメンバーとうまくやっていくことと他のメンバーの意見を統合することができれば、少なくとも半分はうまくいったも同然である。また社会的なスキルは技術的なスキルと同じくらい重要である。判断が複雑なため、評価センターは非常によく活用される。評価の間、対象者はダイナミックなリーダーシップの行動とチームにおけるリーダーシップのスキルをモデル化することが期待されている。彼らの業績は、複雑なために評価センターのスタッフにより通常は評価されるのである。

　MBAのクラス・ディスカッションで使用されるケースメソッドは、この種の文化に適した演習である。実際、従業員がパートタイムのMBAや18か月のフルタイムのMBAで学ぶこともある。事例が何よりも優先されるのだ。事例を解決するために必要な原則は、体験することにより帰納的に得られる。授業に出席している全員が参加するよう求められ、インストラクターはグループの議論の推進役である。このアプローチには、家族型組織文化に存在する同僚間の深い社会的な知識や、エッフェル塔型文化に存在する技術システム及び科学原理に関する専門知識のいずれもない。それは、高い不確実性と十分ではない

図表9.7　管理された能力開発のアプローチ－北米及び北欧モデル

潜在的な人材の能力開発：管理された潜在的な人材能力開発
- マネジメント・レビュー委員会による高い潜在性のある人材を注意深く発掘
- 業績と潜在性が短期と長期の職務上の育成要請と一致しているか検証
- マネジメント能力開発スタッフの重要性（GMとCEOへの報告義務）

潜在能力の顕在化：各事業所において管理された機能別の試み
- エリートの卵の採用
- 技術的または機能的な職務に対する個別採用
- 5年から7年の試用期間
- 企業のモニターは実施しない
- 評価ツール、評価センター、その他の指標による社内人材の潜在能力の顕在化の問題点
- 高い潜在能力のある人材の現在可能な採用形態

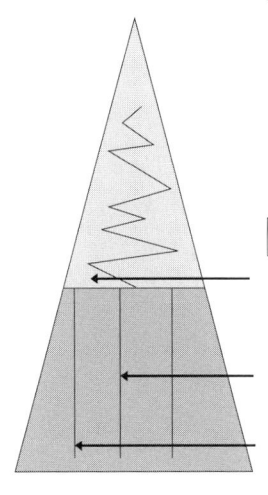

知識の下で最もよく機能する。そこでは，迅速な行為が必須であり，間違いでさえ学びに活用しうる。

　このモデルでは，あなたは最初から専門家としてスタートする。ハーバード・ビジネススクールは，ビジネスを学ぶ学部生を避けて，科学，人文科学における優れた学生をMBAの学生として募集する。

　評価される候補者がまだ学生か企業人かにかかわらず「修士レベル」に達した時，彼らは，職務と学問とを相互に体験する。聡明な学生が好まれるが，アカデミックな業績だけが決して唯一の評価基準ではない。アイデアと情報を実用的に使う能力は，現場で，ロールプレイで，そしてシミュレーションで評価スタッフにより注意深くモニターされている。なぜなら，成功するためには，複数のスキルが必要なので，評価はかなり複雑で，オリエンテーションにおいては重要かつ「心理学的」であると考えられている。手法には議論の余地があるかもしれない。また，手順には，改善すべき点もある。評価者は，手法の客観性に対して不満をいう時もあるが，実際には，受験結果がうまくいくためには，誘導ミサイル型文化の一部となる必要がある。つまり，候補者は「ダイナミック」に活動して，モチベーションが高いように努力する必要があるが，そのような資質は，エッフェル塔型文化では虚勢と見なされ，家族型文化では底の浅い態度と見なされる。

5•5　革新的な環境におけるキャリア開発

　キャリアの概念には，シリコンバレー，シリコングレン[2]，ケンブリッジ現象[3]等のような非常にクリエイティブな環境においては，あまり意味を持たない。起業家はいつも決まって，雇用主の費用負担でアイデアを開発し，その後，それを自ら利用するために退職してしまう。彼らはある部分は，自分の利益のためにそうするが，別の部分では，彼らのアイデアが真剣に取り扱われていないから辞めてしまうのだ。そういったわけで，The Fair Children社はフェアチャイルド社から分離して成長し，アップル社はゼロックス・パーク社から，Applied Materials社はベル研究所などから分離して生まれたのである。これらのケースではいずれも開発中の製品に開発者が見出した将来性を親会社は見出すことができなかった。それでも親会社は創造性を生み出すために出資していると思っている。そして自らの出資によって創り出されるはずだった成果を見

逃してしまっているのである。。

　この出来事においては，「キャリア」のために人は企業から企業を渡り歩く。自らの「キャリア」を求める主役はそれでも，冒険と学びの旅に出て行く。彼らは，1つの会社を退職し，それから，自分で会社を始める，さらにその会社は後で別の会社によって買収される。たとえ，部外者には，そのように広がる話は理解できなくても，人間のつながりは，その人にとっては大変重要ことである。

　こういったキャリアを特定する能力は，イノベーションを評価するどんな会社にとっても極めて重要である。本書のイギリス人筆者は，近年，スコットランドの企業で仕事をしていた。その企業は，政府機関であり，スコットランドにおけるイノベーションを促進する役割をまかされていた。立ち上がりが非常にうまくいった場合でも，革新的な企業の80パーセントは，設立後10年以内にアメリカの会社によって買収された。それはなぜだろうか。これはアメリカ企業がライバル企業より高値をつけたわけではなく，スコットランド人の起業家たち自身が，彼らの革新性の真価が最も理解されていると感じたからである。アメリカ企業は，スコットランド人の業績を買ったのである。彼らは彼らが買ったものの本当の価値を知っていた。そして，孵化型文化においても，たとえ，社員が企業から企業に転職し，安定した職場も持っていないように見えたとしても，このキャリア開発は極めて重要である。人事部門は，従業員の願望，すなわち，もし行動する自由を与えた場合，彼らが何を実際にやりたいのかという内容を整理しておくといいかもしれない。

5•6　トランスナショナル企業におけるキャリア開発

　文化を超えてキャリアを開発する良い方法は，あらゆる国民が自分自身の強みを活用して行動するよう奨励することである。ドイツ人のエッフェル塔型文化の専門家をクライアントの組織に派遣すれば，フェローの称号の専門家と親しくなって，その結果，精密工学の進化を認めることにより，互いに連携することになるかもしれない。人々の知的教養を評価している知的なフランス人学者のもとに知的な同僚を送って面会をさせてみてはどうだろうか。

　土星とタイタンに向かうカッシーニ/ホイヘンスの任務の場合，孵化型文化において，独創的な発想の大部分を提供していたのはイタリア人の技術者であ

った。一方，ドイツ人がタイタンIVロケットの外の科学機器の統合を担当したが，そのタスクは信じられない精度と規律を必要とし，エッフェル塔型文化の徳目を求めていた。一方，アメリカ人は（既に第7章のカプセルケースで述べられた）取引きする方式を構築してきているのである。そこでは基礎研究の科学者たちが，自分たちの科学機器が消費する鉱山埋蔵物，コスト，電力の量を他の研究者たちと交換できるようにしたのである。鉱山埋蔵物のポイントは，電力のポイントや経費のポイントと交換され，すべてが単一の通貨で表現される。その結果，科学者チームは，関係性の最適パターンに自分たちを組織化し直した。これは誘導ミサイル型のチーム力学の創造的な採用であった。

企業が地球上に広がるように，それぞれに優れている分散化されたセンターも増加している。そこでは，その地域の文化に最も適した職務が実施されている。したがって，ABNアムロ社（オランダの多国籍銀行）は，多言語チームが12以上の言語によって電話をさばく東アジアのマレーシアにコールセンターを置く一方，数学の基礎力と正確性が高く評価されるインドの南部に情報処理センターを置いている。また，いくつかの主要な革新は台湾で生まれた。

結論として，幹部社員自身の価値に応じて，効果的なキャリア開発を判断することが重要である。誘導ミサイル型の明確な表現に価値を感じず，言葉で自分を示そうとしない人もいる。彼らは360度評価において，同僚の強みをあまり評価しない。なぜなら，エリートの家族型文化では，すべての同僚が輝いているからである。エッフェル塔型文化の記録においては，同僚の業績はすでに記録されており，それ以上いうことはないからである。そのことを意外と感じる人は，高い業績に不慣れであるということを意味している。つまり，励ましは子どものためのものであり，専門家やエキスパートに対するものではないのである。

あなたが，彼らの望みが何であるか，そして，可能な限り最善を尽くして，この世界において何を達成しようとしているのか，キャリアを開発しようとする人々に尋ねると，彼らはどういう組織文化を求めているのか，彼らが他の人たちからどういう応答を求めているか，そして，彼らが後世にどんな遺産を残したいかをあなたに伝えるだろう。

必ずしも才能のすべてが具現化されるわけではない。そんなことは，ありえないということを肝に銘じるべきである。非常に有能な中国人の女性が，最近，

イギリス人の共著者の下で博士号を取得したいと応募してきた。彼女の成績は誰よりもすばらしかったのだが，彼女の応募書類は「私よりもこの博士号に値する多くの候補者がいるであろうことを私は知っています」という言葉で始まっていた。実際のところ，彼女ほどのレベルの候補者はいなかった。人々の潜在力は必ずしも自ら意識に表出するものではない。他人によって発見されることもあるのである。

[注]
1) Michel Crozier 1922年生まれのフランスの社会学者。ホワイトカラーの研究と，組織の戦略的分析で著名。
2) Silicon Glen 中部スコットランドのハイテク産業地域。
3) Cambridge Phenomenon ケンブリッジ大学で有名なケンブリッジ地域には，80年代以降，ハイテク企業が次々と誕生し，イギリス最大のハイテク産業集積地域として，知名度が向上した。85年には，ハイテク企業は約360社までに増加し，「ケンブリッジ現象」と呼ばれた。

第10章
異文化間の
カルチャーショックの種類

　本書の中に今まで欠落していた部分があったことは，間違いのない事実である。筆者グループは今まで人間の感情面に対して，あまり注意を喚起してこなかった。それは，その話題が意識的にも無意識的にも文化とマネジメントの最も「合理的な」説明からタブー視されてきたからである。それでも，それは決定的に重要である。そして，この問題に真正面から取り組まないと，主要な問題が，人間が恐怖心に影響を受ける度合いであることを理解できないのである。

　肌の色，人種，民族特性，国の文化がたまたま異なっていたという理由で，20世紀に抹殺されていった人々の数に関して，多くの推定が存在している。20世紀の初めのイギリス人によるボーア人の大虐殺，とるコ人によるアルメニア人の大虐殺，日本軍による中国人の南京大虐殺，ナチスドイツのユダヤ人大虐殺，ソ連の強制収容所，コソボ，ルワンダに至るまで，たまたま適切ではないグループに属しているという理由で，何と6,000万人から7,000万人の人々が殺されてきたのである。

　人種，肌の色，文化，宗教，信条，その他の違いは，人間に大量虐殺への激情を引き起こす。そんなことが繰り返し発生してきており，グローバル化を口にする際には，これらの歴史的教訓に十分に留意するのが賢明だろう。人間の誠実さの核となる部分を食い荒らすリンゴの中の虫（病と根）とは実は不安の種である。この章では人間の本能的な2つの不安要素，カルチャーショックと職場における男女の接点に関する話題を取り上げてみる。また「ダーディア」という架空の異文化に関する事例と「その他の異文化間のケース」を体験できるように設定されている。

1 ● カルチャーショック

　不安は漠然と蔓延する感覚であるが，その身体的な徴候は明白で，測定可能である。人は不安を感じると，緊急措置のために使う血液をくみ上げ，心臓の鼓動は早くなり，皮膚の表面上の電気は増加して，呼吸数は著しく増加する。そして攻撃に耐え得る酸素を確保しようとして，血液がきれいになるため，汗をかき始める。緊張を和らげる方策に窮すために，このような症状には若干のフラストレーションが伴う。表面的には目に見える脅威など存在しない見知らぬ土地で，見知らぬ人と一緒にいるような状況下で，実際には何をすることができるか。マイノリティの人々の犯罪を想定して，その国の大多数を占める人々がマイノリティを意図的に迫害することに行き場のない多くのエネルギーが費やされてきた歴史がある。

　ある意味では，本書は，このような不安をどのように取り扱うかの対処方法を示している。人々は自分と異なる人々と遭遇することで発生しうる誤解に対して事前に警告を受けていれば，実際にそのような場面に遭遇した際に当惑することなく，スムーズに対処できると感じている。まずは書籍を読んだり，セミナーに参加したりして，その後，外に出向いて外国人と本気で話し合うことにより学習できると考えている。

　実際には，様々な可能性について前もって読んだり，議論するより，自分で外国の文化に飛び込めば，素早く，より多くを学習することができるのだが，そこには2つだけ問題がある。苦痛を伴うこととコストがかかることである。ここでの苦痛とは激しいものではなく，持続的な初期の歯痛程度の痛みである。人は直接の脅威をもたらす根源を恐れる。例えば危険なドライバー，逃走中の銃撃犯，漏れているガス管，またはテロリストの攻撃などがその事例である。また，人は特定の物や人を恐れるが，脅威が何かを確認できれば，多くの場合，取り除くことができる。

　しかし，我々は恐怖そのものについて話しているのではなく，恐怖が発生することへの不安について話をしているのである。不安は人間が恐ろしいと感じつつも，その理由や対処法を知らないことにより誤って認識される脅威に対する反応である。脅威がどこにあるか正確にはわからない。至る所にあったり，どこにもなかったりもする。そして，あらゆる方向に広がっていく。それはな

じみのない文化に入り込む時に感じる不安なのである。それは気まずさやぎこちなさでもある。正しく社会的手掛かりを読むことができないのである。我々はいつ何時，物事がうまくいかなくなってもおかしくないと感じる。つまり，契約が危うくなれば，多くの損害を被る可能性があるにもかかわらず，これを防ぐ方法を知らない。このジレンマは，図表10.1の中で描かれているようなものである。

　このような相手と我々には共通点もあり，彼らが求める資源やニーズは決して理解できないものではない。彼らにも権利がある。我々はそれを尊重し，彼らを尊敬するべきである。しかし，彼らには不思議な服装，異なる肌の色や奇抜な行動など，大きく異なる部分もある。この「似ているのか，いないのか」

図表10.1　「似ているようで似ていない」が不安を作り出す

第10章　異文化間のカルチャーショックの種類　295

と感じる緊張感が，我々に継続的な不安をもたらす。その不安がカルチャーショックを引き起こすのである。正確には，徐々に我々を磨り減らし，仕事が終わる頃には疲れ果ててしまうようなカルチャーショックである。

　このような状況で，人は自身の不安を抑えようとあらゆる行動をしている。やたらと微笑む，外国人のホストに大げさに感謝する，空虚で儀式的な挨拶やスピーチをする，沈黙を気まずいと感じるので，本当はつまらないと思いつつしゃべりまくる，等の行動である。そして相手もあなたと同じように不安に感じていて，熟慮した外交性と形式で，同様の振る舞いをするかもしれない。両者ともが実際には感じていない友情を装うのである。

　人々がこのように行動する1つの理由は，不安を抑えようとする他の方法がより卑劣に見えるからである。植民地の支配者たちであれば，自身の社会的で民族的な優位性を主張すれば足りる。彼らは，先住民に従属を強制する。人々をコントロールしたり，ぺこぺこさせたりすることができると，それによって心の中の不安を抑えることができる。誤解が生じれば，大声で命令を与えるようになる。原則的に，地元の住民は間違っているとされ，支配者の命令に従わなければならない。

　帝国主義者的な振る舞いが現在では非常に稀になってきている一方で，その根本の原因であるカルチャーショックまたは不安感といったものは消え去っていない。つまり，違う方法でカルチャーショックや不安感と闘わなければならない。非常に形式的に，非常に礼儀正しく，あなたのホストに従い，普段とは違う快活なふりをして，謝罪したり，相手の文化が自らの文化より優れていることに納得したりすることは，日々の疎外感からくる小さな痛みを和らげる様々な方法である。慣れない相手を動かすのでなくて，こちらが歩み寄れば良いというわけだ。

　夫婦や家族で海外赴任をすると，一番ショックを感じるのは家にいる時間の長い人である。オフィスに仕事に行く夫は現地のスタッフに守られている状態だが，一方，子どもたちと共に家に残される配偶者は，たいていの場合は女性であるが，業者，修理工，学校や役所，近所の人々と向き合わなければならない。近隣の人には「なぜ，お宅の子どもたちは庭で大声をあげながら遊んでいるの」「町議会がこの時間帯を静かな時間と指定していることを知らないのかしら」などと言われてしまうこともある。カルチャーショックに遭遇して，つ

らい思いを十分すぎるほど体験するのはこういった配偶者たちなのである。

　カルチャーショックは，すぐには発生しないかもしれない。最初にクライド軍曹がいう「ハネムーン期」がある。その期間は，現地の人々はあなたを歓迎しようとするか，あなたに好奇心を持って接する時期である。赴任者であるあなたは興奮しており期待感も高い。カルチャーショックは，この期間が終了した直後に発生することが多い。クライド軍曹が「ザワアークラウト」と呼ぶ期間で，この期間中は積極的に新しい友人を作るか，友達なしでやっていくかを決める時期である。現地の住民たちがあなたをもてなす必要がなくなったと感じると，あなたは彼らに嫌われたと思い込んでしまう。そのような状況に怯えていると，まるで足が2本とも左足になってしまったようなぎこちなさの下で，誤って人のつま先を踏んでしまっているような居心地の悪い感覚が続いてしまう。そんな場合には，突然すべてのことに苛立ちを覚えるようになる。カルチャーショックの兆しは，軽い神経症に似ており，皮膚の発疹，食欲喪失，落ち込み，不眠，むくみ，動悸，その他の症状がある。

　この状況下で，もちろん同じようにショックを受けた駐在員のコミュニティーと付き合い，いかに現地の人々がひどいか愚痴をこぼすこともできるが，それはあなたの異文化へのコンピテンシーや現地の文化についての好奇心を醸成することにはならない。もし不平を言うだけならば，そもそもなぜ海外に来たのかと根本を問うのは理の当然であろう。

　カルチャーショックは，あなたが対峙し，期待を持って突破しようと試みない限り持続するが，できるだけ外向的になり，出歩くことによって苦しみの期間を短くすることができる。間違いは避けられないし当惑も多いだろう。しかし，これらの障害を乗り越える経験を重ねるほど良い結果につながっていく。それは，言語を学ぶようなものである。恥をかくことを恐れず，何かを間違えた時の困惑した沈黙に慣れると，学習効果は高くなる。重大な間違いは忘れられないが，後になれば笑えるものである。食事を終えてないのに"Très pleine（満腹です）"と表現した女性のエグゼクティブは，その時の主任のウェイターの困惑した表情を長い間，忘れられなかった。彼女は不注意にも彼に「自分は妊娠している」と説明してしまっていたのである。もちろん同じ間違いを二度と繰り返すことはなかった。

　実際のところ，穏やかなショックは優れた教師の役割を果たし，その記憶は

鮮明に残る。あなたの善意や誠意が現地の人に伝われば，間違いは十分受け入れられるようになる。結局，善意の人は誤って失礼な言動をしてしまうだけであり，いったん現地のやり方を学ぼうとする意思が伝われば，間違いの多くは許されるようになる。そして，むしろ一生懸命彼らを知ろうとしていることを喜んでくれるようになる。

1・1　厳しいカルチャーショックの２つのグループ

　海外在住のマネジャーのおよそ20％が，厳しいカルチャーショックに苦しむ。この人たちは，A，B，C，Dと４つあるカルチャーショックのタイプのうち，険しいCとDのグループに含まれる。このグループのどちらもザワークラウトの初期段階を経験してから始まる。海外在住マネジャーの５％は，地元住民から非常に軽蔑されるDのグループで苦しむ。それは，通常６か月後に始まる。このタイプの駐在員は心理的に滅入り，対処できなくなっていく。アルコール摂取の多量化，孤立，そして非常に低い仕事実績などが，その徴候である。このような人たちは，早急に帰国させるべきである。

　厳しいカルチャーショックに苦しむ駐在員の４分の３は，Cのグループに属している。たえず，自らの仕事の不出来を，生活状況やきちんとした仕事を「決して学習しない」現地スタッフのせいにする。さらに，ほかの不満要因を探し，大きな不満を作りあげていく。Dグループの場合と異なり，Cグループの人たちは孤立するようなことはないが，配偶者と家族を不当な地域文化の永久の犠牲者とし，愚痴だらけのグループにしてしまう。このような人たちも帰国を考慮するか，あるいはより適応していると考えられる人と交代させるべきである。

1・2　相対的な調整の２つのグループ

　Bグループは十分な業務実績を上げていることで特徴付けられる。しかし，ホームシックからか，特に行事や記念日が来ると，海外勤務が終わる前から帰国日をカウントダウンし始める。このタイプの人は，全体のおよそ40％を占める。残りの40％，つまりAグループの人は，海外で過ごす時間に比例して能力を強化，向上させる度合いが高い。彼らの業績は実際に改善され，多様性の許容度は強化されている。さらに仕事面では，より革新的に成長している。このグループの人は帰国をしばしば残念に思うため，海外勤務を終えて帰国を命じ

られると，人事部はこれらの人々を失望させることになるのである．

1・3　帰任に関する問題

　カルチャーショックの危険性は，海外の新しい文化に順応するプロセスだけでは終わらない．帰国する際にも，問題がしばしば発生するのである．長い期間，本社のスタッフと会っていなかったので，赴任中は彼らの関心外にいたかもしれない．その間，あなたが重要な案件を何も達成しなかったと考えられてしまう傾向がある．

　実際には，日本本社にいた時より，海外で重要な案件を処理してきたことは明らかであるが，誰もあなたの話に興味を持って耳を傾けようとはしないのである．海外の限られた社員しか配置されていないオフィスで，駐在員は自国では負うことのないような責任を複数負い，今まで気付くことのなかった自らの能力を発見する．海外事業展開は，一般的により革新的で，よりリスクを伴い，より驚くことが多い．しかし，例えばタイでの特別な経験や珍しい体験について人に話をしようとすると，そんなものは重要な案件ではないとして退けられる傾向が強い．本社からすればその案件は重要でないかもしれない．

　筆者グループは，自社の帰任者に報告を求めることさえしない企業に，有料で外国の文化情報を提供する講義を実施するのである．ある特定の文化圏に赴任予定の従業員を教育する最善の方法は，現地によく適応して帰任した自社のスタッフと話をする機会を与えることである．これは関係する文化から学ぶ機会を与えることになる．例えば，「マレーシアで得た物，得られなかった物―マレーシアにおける収益を2倍にすることは可能か」というようなパネルディスカッションを開催し，帰任者が積極的に参加できる機会を設けることができる．その地域に対して責任のある役員にも参加してもらうと良い．

　ヨーロッパの会社では，珍しい体験をした手腕ある現地のスタッフがしばしば採用される．このような人々は世界的な事業展開に参画を求める傾向があり，現地のエリート集団に好まれる安全で定番のビジネスチャンスなどには関心がない．そのような教養ある門外漢は数少なく，国際企業には潜在的に非常に貴重な存在である．海外駐在のマネージャーに注意深い報告を求めるもう1つの理由は，現地採用のスタッフがどのような人々であるかについて学びたいからである．これらのスタッフの誰がグローバルリーダーとして有望なのか．彼ら

は何を考え，信じるのか。そしてこのような人材はいかにして育つのか，などの情報を得るためである。

1•4　仕事場で仕事を共にする女性と男性

　男性が大多数を占める職場の中で不安の犠牲者となりがちなのが女性である。ここには，不合理な偏見のあらゆる特質が顕著に表れている。学校の卒業時の女性の学業成績記録は，男性の学業成績記録よりも良いことが多い。女性の仕事の多くは模範的なものである。特に職場では，もはや男女不平等の事実を公然とは正当化できなくなっている。それでも，差別は依然として存在する。実際に存在しながら，奇妙なことに目には見えていない差別の現状は，「ガラスの天井」という言葉で表現できる。言論の戦いで女性たちは勝利したにもかかわらず，女性の地位は進歩していないのである。それはなぜだろう。

　繰り返しになるが，その理由には極めて深い意味がある。私生活にうまく女性を引き込むためには，男性に自信が必要であり，彼らの異性への関心が歓迎されることを事前に知っておく必要がある。男性は職場に女性がいることを積極的に求めるが，女性の批評，自己主張，否定的でネガティブな言葉により，無力感を感じたり，女々しさなどの心の不安を掻き立てられたりする可能性があるのである。一方，疑惑を持ちやすく，懐疑的で洞察力が深く，厳しく，選り好みが強い女性は，親しく感じる男性たちが無関心でいると非常に不安に感じる傾向がある。中には，女性がビジネスにかかわる仕事をすることを嫌がる男性もいる。その理由は，彼らが過去に経験したプライベートでの問題を思い出させるからである。働く女性が愛想よく，少女のように振る舞えば，このような不安は軽減される。しかし，これは女性の昇格に不利に働く。女性は男性のように振る舞っても，振る舞わなくても別の目で見られがちだ。典型的な板ばさみの状態である。

　しかし，中には画期的な成功事例もある。国内より海外でよりうまく振る舞う女性もいるが，その理由は面白い。ナンシー・アドラーは，ラテンアメリカと東南アジアに派遣された600人の北アメリカ人女性を調査した。彼女の調査によれば，女性の満足度が同じ会社から派遣された男性の満足度をはるかに上回っていた。その理由の中には，育児や家事の手助けを安く簡単に頼めるというような明確なものもあった。多国籍企業に生活を保証されて成功する女性た

ちは，地元の住民にとって興味深く，魅力的に映るようである。その能力は疑いのないものであり，彼女たちの成功は賞賛を呼び起こすものである。

アドラーの調査した女性の海外赴任者たちは，長い間，北アメリカ人男性に対して補助的役割を果たしてきたため，聞き上手であり，男性の海外赴任者より地元のビジネスリーダーたちと良好な関係を構築するのが得意であることが判明した。彼女たちは詳細な情報を地元の関係者から引き出すことができ，その双方向のコミュニケーションスタイルはアメリカの男性よりラテンアメリカ的であり，アジア的でもあった。彼女たちは，これらの文化に比較的簡単に対応できるのである。

女性が海外において成功しやすい理由は様々あるが，女性にとって海外で仕事をすることは潜在的機会であるからその役割は重要である。多くの国は，ビジネス上で女性を差別している。この差別は，以下のような形式を取る。

「原則として，女性は男性のようにうまくビジネスを取り扱えない。しかし，例外もある。」英国で歴史上最も成功した君主のうちの２人，エリザベス一世とヴィクトリア女王は女性であった。それでも，女性は1919年まで選挙権さえ手に入れられなかった。優れた女性が存在する事実は認識されるものの，それはあくまでも例外であると長い年月の間，信じられてきたのである。例外と規則は，第３章で紹介した７つの文化の価値基準の第１番目，普遍主義と個別主義に類似しているのである。

「普遍的」なものに対して例外であることは多くの利点を持つ。我々は皆，人として「特別な存在」でありたいと願う。予想外の業績を収めれば，賞賛や好奇心，そして尊敬を受ける傾向がある。不利な状況は，ネルソン・マンデラの場合のように，偉大さへの踏み台とみなされることが多々ある。囚われの身であった政治家や，盲目のピアニストが自身の境遇を変えた「特別な存在」であることに人々は驚嘆するのである。

それゆえに，マレーシア，シンガポール，サンパウロ，サンチャゴなどにおいて野心のある北アメリカ人女性の海外駐在員は，ひと際優れていると認定されたのだ。大手企業は，北アメリカ人女性の駐在員一般の才能を保証し，高い地位を与えてきたのである。彼女は特別で，明らかに有能である。さらに若く，人柄もよければ，すべてが順調に運ぶだろう。同等の立場の男性より面白く，外見がよく，信頼でき，優秀である。以下のケースのように，企業はそのよう

な女性を鍛え上げることが大切である。

シェル社の特別なオランダ人女性

　シェル社の上級経営陣は，日本の重要な顧客が，シェル社の交渉団の代表が女性であることに憤慨しているとの噂を聞いた。日本の顧客はこれを次の交渉の重要度を下げる合図であると受け取っていた。シェル社は，その女性に代表から外れるよう頼むことを渋った。彼女は代表の座にとてもふさわしく，彼女を外すことは明らかに不当だった。

　彼女には，東京大学で一緒に学んだ友人がいた。その友人から東京にいる間に1度講義をするよう頼まれた。大学でレクチャーをするように依頼されたこの優秀な女性学者がシェルの交渉チームを導くために日本での滞在延長に快く同意してくれたこと，そしてシェル社が彼女のサービスを提供することができて幸運であることが，日本の顧客に伝えられたのである。彼女が役員室に入ると，シェルの交渉チーム全員が彼女を賞賛して，敬意を持って彼女に話しかけ，彼女の話をしたのである。

　交渉は非常に順調に進み，日本の顧客も彼女に対する感謝，賞賛を示した。

　たとえ女性の際立った才能に気付いても，その文化の偏見を直接攻撃すべきではない。やがて，才能の際立ちが続くことにより，その文化は女性にかかわる規則を変えざるをえなくなる。結果として海外駐在の女性たちを，ある程度の地位に付けるなどの処置が施されてきている。

　西洋の女性を海外に送ることにはさらなる隠れた利点がある。「異なる」ことへの代償は一度しか払われないものであろう。それゆえ，すでに外国人であることで異なっているならば，女性の外国人であっても変わらない。これは違いを2倍にするのではなく，違いを説明し，許すことの助けとなる。北アメリカ人は「奇妙な人々」である。女性に高い位置を与えることも，彼らの奇妙な行動の1つであるだろう。だったら彼女と話してみよう。彼女は，非常に有能なのである。そうでなければ高いリスクを冒してまでも，アメリカ人は女性を海外駐在員として派遣するようなことはない。

　我々が知らない人に会う時に感じる不安は，その遭遇が，厄介ごとや失敗に終わることへの恐れに関連している。したがって，これから会う人が特別な非

常に才能のある女性であると前もって知らされていれば，不安を感じるより興奮でドキドキし，懸念でなく自信を持つことができる。

確かに人との違いは刺激的で，有益で，新しくて啓蒙的なものと描写することができ，役にも立つが，すべての違いを美化し，有利なものだと型にはめることはできない。カルチャーショックは避け難い人生の現実であり，驚きや挫折に対処できる強靭な感情が必要となる。グローバル・ビジネスが成功し，啓蒙的であるということを証明することができるならば，前世紀の悪い経験などを払拭できる日が来るのではないだろうか。

次はカルチャーショックのシミュレーションである。

2 ● カルチャーショックのシミュレーション：ダーディア人に会う

我々は，「ダーディアの塔」というシミュレーションを開発した。これは内面を訓練し，自分の感情について知る手助けとなっている。

ダーディアはある企業からの派遣された技術者チームとは大きく異なる人々が住む架空の村落である。技術者たちの仕事は村の人々が紙の塔を作るのを助けることである。ダーディア人は紙の塔を敬愛，敬服しており，それを作ることにより大きな名声を得られる。ダーディア人は，技術者から学ぶことを望んでおり，技術者たちも同様にこの新しくて難しい役割で組織に貢献したいと思っている。

塔は認められた直角の折り目で作成しなければならないが，技術そのものは問題ではない。技術者とダーディア人の間に文化的な違いがなければ，必要なスキルを教えるのは難しいことではない。このシミュレーションの実行法に関する詳細は，第11章に記述することにし，本章ではカルチャーショックをもたらすシミュレーションの要素を取り扱うことにする。

ダーディア人は，相互の安心感を高めるためにたえず体に触れ合う習慣があり，体にさわらないことは，同意していないことを表す。

また，肩にキスする挨拶習慣があるが，その際に最初にキスされたのと反対側の肩にキスをする。この形式に反する行為は，侮辱とみなされる。手を差し出す行為は，「あちらに行ってくれ」という意味になる。

ダーディア人は，決して「No」と言わない。その代わりに大きくうなずくことが「No」を表す。

　ダーディア人は男性も女性も紙，鉛筆，はさみ，定規などの塔を作成する道具を使うことができるが，女性は男性の前で紙とはさみを使用することができない。また，男性は女性の面前で鉛筆と定規を使えない。ダーディア人の男性は，相手が誰であろうと女性に紹介された場合にしか，初対面の男性と挨拶をしない。

　これらのダーディア人の社会規範が働くと，当然ダーディア人に塔の建設法を教える技術者にも影響してくる。実際，技術的な作業は社会的・文化的なシステムに妨げられ続けることになる。

　技術者たちはダーディア人を誤解する傾向がある。例えば，ダーディア人を「子どもじみている」「大人気ない」「塔に興味を示さない」とか「ベタベタくっついている」などといい，ダーディア人は，技術者を「無作法」「直截的」「無礼」「横柄」「妄想に取りつかれている」などと表現している。

　このシミュレーションの価値は，2つのグループによって体験される緩やかなカルチャーショックにある。両グループともこれが練習であると知っているので，穏やかな雰囲気で実施されるが，それでも誤った関与や接触が不成功に終わる不便さ及びぎこちなさを感じることになる。参加者たちは，自らについても学習し，現地の人々の行動を理解したり予測したりできない状況下では，単純な技術提供ですら難しいことも学ぶ。また，支離滅裂な行動にいかにイライラし，フラストレーションがたまるか，そして分別あるコミュニケーションをほぼ不可能にしてしまうかについて学習するのである。

　このシミュレーションは，異文化の状態に放り込まれたら，嫌というほど体験するだろう精神的苦しみを参加者に体験させずに，カルチャーショックの経験をさせてくれる。素早くダーディア人のタブーを学習する人もいるが，ダーディア人から何も学ぼうとせず，気分を害しながら彼らを非難し続ける人もいる。ダーディア人が想像上の存在であるために，欠点のある他の集団と関連付けることなく，ダーディア人の現状そのものに対する偏見や我々の心中の不安を見ることができる。また，ダーディア人の規範は首尾一貫していて，その前提に論理的にかなっているこのケースでは，すべては明白になる。ダーディアを訪問する際の指示の詳細は，第11章を参照されたい。

結論として，単に遭遇するかもしれない困難を予想して，知的な理解を提供する本やセミナーを通してだけでなく，間違いや文化的なショックの体験を通して，我々は文化を学ぶのである。カルチャーショックとは我々をたえず苦しませる精神的不安の形態であり，我々は様々な方法でその不安を抑えようとする。しかし，そのほとんどが正確なコミュニケーションを妨げてしまう。このようにカルチャーショックを回避しようとして疲れ切ってしまう代わりに，間違いや失敗に直面して，そこから学ぶ方が良いと思われる。この時受けるショックの程度は，厳しいものから穏やかなものまで存在する。

　グローバルな経験から価値ある教訓を学んできた人が，きちんと報告を求められず，また現地で獲得した才能が過小評価されてしまうこともある。

　社会化の進展の初期の頃，男性の補助的役割をしていた女性は，外国人との関係を構築することがより上手だった。なぜなら，女性たちは外国人とかかわる際に活用したスタイルと同様のスタイルで西側の男性とかかわってきたからだ。女性は，自分の不利な立場を，現地の規則に対する著しい例外となる踏み台として使うことができる。彼女たちは恐れるよりむしろ，楽しむことができるのだ。

　しかし，外国の文化に触れるショックが，完全になくなることはなく，それは必ずしも楽しいものではない。外国に赴任を予定している人々は，感情的な強靭さを確立し，不安がどのくらい自分のエネルギーを消耗するものかを学んでおく必要がある。これらのカルチャーショックを乗り越える目的のためにも，ダーディア人のシミュレーションの活用をお勧めしたい。

[注]

1）訳者注: Nancy J. Adler マックギル大学教授（カナダ）。国際経営学が専門で，グローバル企業経営，異文化マネジメント，グローバル経営における女性の役割などについての著作は100を越える。

第11章
多国籍な環境下における異文化マネジメントのケース・スタディー

　この章ではグローバルな職場環境で，価値観と規範の違いにより発生する文化上のジレンマとはどのようなものであるかを考察する。トロンペナールスのオリジナルのケースに加え，筆者が日本企業と欧米企業の合弁事業や資本提携などを通して実際に体験したビジネスジレンマのケースを，英語版の原書に加筆しているのが特徴である。

1 ● Quenchy International（クウェンチー・インターナショナル）のケース

　Quenchy インターナショナル社は，アメリカに本社がある飲食関連の多国籍企業である。1970年代から80年代にかけて急成長する一方で，90年代以降の実績はわずかに低下傾向にあるものの，将来有望と見込まれている企業である。この会社の国際人事部門はこの下降傾向を食い止めるために，最先端の世界共通人事評価制度（ASAS）を取り入れようとしている。この制度は業務の下降傾向の食い止めに貢献した全部署に評価メリットを配分するもので，実績のある部署に報いる制度である。このケースは第8章ですでに紹介されており，J.A.ダニエルズ氏の手引きとメモ（欄1，2）が特に重要であるので，このケースに参加する人はロールプレー前に必ず一読していただきたい。

　このロールプレーを実施する際に，世界中から集まる人事部門長には，決まったセリフを与えない方が良い。その代わり，各々が演じる人の考えや態度の根底にある前提を事前に伝えておく。詳細は次ページ以降に，演じる人別に記

している。それぞれの演技者は，その役割と性格について自らの解釈を加えて演じることになる。そうすることにより，自信を持ち，役割に没頭することができる上，日本人，イラン人，ドイツ人，イタリア人たちの見解を理解することにもつながる。これらの見解は論理的に一貫しており，根拠のある仮説から抽出した論拠のある内容である。各文化的観点のもっともらしさ，一貫性が劇的に表現されれば，ロールプレーは非常にうまくいくことになる。すなわち，相手の考え方の根底を理解できないと，その人の意見や見解は「適切でない」と判断してしまうことになる。

演習

ここで，J.A.ダニエルズ氏の事務所での，マントバニー氏，クラウス氏，横本氏，カスミ氏，ジョーンズ氏の会議を再現してみよう。各グループは30分間準備をし，次の30分でディスカッションを行う。どのグループも無礼な態度やぶしつけに振る舞うことは認められていない。各グループは知り尽くした文化において，ダニエルズ氏の意図する新しい人事制度と「10の教訓」の採用がどのような結果をもたらすかを懸命に主張する。フラストレーションやいら立ちを表に出しても問題はないが，可能な限り礼儀にかなった議論を展開すべきである。ダニエルズ氏はあくまでも自分の考えを主張し，皆がそれを理解すべきだと説いている。ジョーンズ氏はダニエルズ氏の主張を理解しており，必要であれば，仲介や調和的な役割を演じる用意もある。ジョーンズ氏は，ダニエルズ氏とは異なり，世界中を駆け回っており，多様性を尊重している。

1•1　ジョーンズ氏（アメリカ）への文化的役割説明

ジョーンズ氏の文化価値基準をあなたの立場に当てはめてみる。

普遍主義	個人主義
関与特定型	感情中立型
実績主義	内的志向
時系列型思考	強い職務結果傾向

誘導ミサイル型の文化がジョーンズ氏の役割のあなたにとって最も自然である。

- あなたは上司であるダニエルズ氏の提案には非常に満足している。全体で合意に至りたいと思っており，ダニエルズ氏が推奨する人事評価制度（ASAS）が理想的であると確信している。
- あなたは個人の業績を反映させた新しい人事評価制度を強く支持している（個人主義）。一生懸命働き，実績を残した人は最高の評価を受けるべきであり，金銭的な報酬制度の導入は，間違いなくビジネス向上につながると考える。
- あなたはこの制度を高所得者グループへの適応に限定すべき，という考えにも賛同している。高所得者は定義上，最も一生懸命働く人である。そのような人を評価し，報いるべきだと感じている。
- あなたは他国のスタッフたちがこの普遍的で標準化された人事評価制度（ASAS）の考え方に反対したら，大変失望するだろう。ASASの導入は賢明だと考えている。アメリカで，このような制度がうまく機能するのだから，他国でもうまくいかないはずはない。しかし他国のスタッフたちが納得できる考えを示すのであれば，妥協の余地はある。
- あなたは職務と個人を明確に分ける考えを持っている。これが客観性と公平性をもたらす唯一の方法であると考えている。スタッフの評価はもちろん業績結果に重点を置くべきである。
- 理想的には，すべての人が自らの業績結果，方向性，将来，評価結果などに責任を持つべきである。この評価制度は，自発性を高める（内的志向）。結果は論理的かつ時間的にも努力の量に伴うものである。

しかしながら，あなたは最近，何度もイタリアに出張で出かけている。また日本にも4回ほど訪問した経験がある。そしてこれらの地域のスタッフがこの制度の導入に立腹するのではないかと危惧している。そして，彼らの望みとダニエルズ氏の案の調和点を探している。そのためにも彼らの意見に耳を傾けて，建設的な提案をする心づもりである。

1•2 カスミ氏（イラン）への文化的役割説明

カスミ氏の文化価値基準をあなたの立場に当てはめてみる。

個別主義	共同体主義
関与融合型	感情表出型
帰属主義	外的志向
同時並行型	

家族型組織文化があなたの国に該当する組織文化である。

- あなたは業績評価制度が発表された方法には比較的満足している。ただし，1つだけ目標設定を付け加えたい。結果を重視する実績主義は決して客観的にはなり得ない。そこには重要な役割を果たす要素がいくつかある。
  - 目標設定の難しい点（どの程度の努力が必要かという点）。
  - 目標を達成する上で不安定なイランでのビジネス環境が影響する点（どのような状況下で目標を達成させるのか－外的志向）。本社はイランの貧しさを知らず，困難な状況下でスタッフがどのように頑張っているのかを理解していない。

- あなたはダニエルズ氏が推奨する個人の業績給の原則の正当性を信じていない。チームを犠牲にして，個人だけを評価することが公平であるとは思えないのである。また，個人よりグループ（部門）を評価した方がモチベーションアップにつながると考えている。グループ全体がモチベーションを持って一生懸命働き，昇給すれば，個々の社員も結果的に報われる。しかしその反対はあり得ない。むしろ，個人の際立った業績に対して特別な手当を与えると，グループ全体のモチベーションが下がる可能性がある（なぜ皆の努力の結集なのにその利益を共有できないのか）。つまり，競争原理はチームとしての機能から逸脱するものである。また個人報酬への関心が高すぎると，顧客や適切なサービスに配慮が回らなくなる傾向もある（共同体主義）。

- あなたは標準化された，世界レベルの人事評価制度（ASAS）に反対はしないが，その中に各事業所の伝統や価値観を取り込んでいく方が賢いやり方であると考えている（個別主義）。多くの人はイランに関する知識がほとんどなく，イラン人が苦労している特殊な困難を理解していないのである。

- 同じ理由により,「10の教訓」の多くが文化的な各種の制約から,イランで適用できないのではないかと心配している。例えば,人間と仕事を完全に分離する(公私分離型)ことや,フランクで,オープンなアドバイスなどは,面子を潰したり名誉を傷つけたりしてしまう可能性がある。遠回しなやり方の利点は,従業員に理解する気さえあれば,いつでも理解でき,間違った批判は聞き流されるだけであるということにある。
- あなたは評価項目について良いアイデアがあるので,会議の席上で披露するつもりだ。例えば「敬意を表す,謙虚である,礼にかなっている,信心深い」ことが重要だと考えている。結局のところ,社員は同じ家族の一員なのだ。

1●3　マントバニー氏(イタリア)への文化的役割説明

マントバニー氏の文化価値基準をあなたの立場に当てはめてみる。

個別主義	共同体主義
関与融合型	感情表出型
帰属主義	内的志向型
同時並行型	

マントバニー氏の組織文化は家族型か孵化型である。あなたは全体的にダニエルズ氏の提案内容に不満を抱いている。「10の教訓」にはイタリア人及びイタリア法人の文化的価値観に抵触する要素が多すぎる。この人事評価制度システム(ASAS)は,アメリカ中心に作られているように思える。実際,ダニエルズ氏の説明(メモ)には気分を害した。この制度はイタリアでは絶対に受け入れられないと確信している。この考えは以下の要素をベースとしている。

イタリアの事務所における戯言
- 広々とした事務所のパーティションには顔の風刺画があるが,その特徴を隠すようにビジネスの結果がその上に貼られている。
- 他にも「トップの実績を残した人」と書かれた野球帽をかぶった女性のイラストもある。彼女の友達が「しかし,その結果はどのように達成されたのか」と聞いており,背後には,死者と負傷者の体が積まれている,という絵である。
- 3番目のイラストでは,マッサージ師がいくつかの下降気味の統計データ

を処理しながら「私がこれらの数字をマッサージしたら，気分がよくなるよ」といっている．

業績給
- この評価制度が状況によってはモチベーションを向上させると信じるものの，個人を対象にしている点が気に入らない．個人の業績給に焦点を当てた人事評価制度は，グループのモラル低下につながると考えている（共同体主義）．
- 設定された目標に到達した時のみ，報酬が上がる条件下で，B氏の継続的援助と情報提供のおかげでA氏は目標を達成し，昇給した．そしてB氏はA氏をサポートしたために，自分の目標を到達できなかったと想定する．このような場合にA氏だけを昇給し，B氏を処遇しないのは，極めて不公平なだけでなく，愚かだと考えられる．なぜならば，次回からB氏はA氏をサポートすることを躊躇してしまうことになる．イタリアのケースでは，個人の業績給はチームワークに不利に働く（共同体主義）．

代替案としてあなたは，部門業績をベースに従業員の報酬を評価するべきであると提案したいと考えている．部門業績が達成された場合には，その部門の全スタッフに高業績に対するボーナスが一律に支払われるべき，という考え方だ．

あなたは，創造性はそれ自体が評価されるべきで，業績が創造性に先立って扱われると，創造性そのものにマイナス影響を与えかねないと考えている．さらに，支援する立場と業績を向上させる立場という微妙なバランスに，報酬に関する意思決定が絡むことで，評価者と評価される人との対話を弱めてしまうことを心配している．この制度はあまりにも個人主義的であり，感情を表に出さず，ビジネスライクである．創造性において重要なのは，人そのものである．

1•4　ドイツのクラウス氏への文化的役割説明

クラウス氏の文化的な価値基準をあなたの立場に当てはめてみる。

普遍主義	個人主義
関与融合型	感情中立型
実績主義	内的志向
時系列型	

あなたの国の組織文化はエッフェル塔型である。
- クラウス氏の役割のあなたは，全体としてJ.A.ダニエルズ氏の書いた通知にはメリットがあると感じている。この人事評価制度（ASAS）を活用して，専門性を明確に示したいと考えている。またQuenchy インターナショナル社のキャリア形成とスタッフ育成の尺度として活用できる普遍的な評価軸をついに手に入れることができると社員が喜んでいる。この新しいスタッフ評価制度で，普遍的で標準化された制度を何とかに手に入れることになる（普遍主義）。
- あなたは高レベルの専門性を開発する方向性を持つ提案をサポートするつもりである。
- あなたは，被考課者が社会のルール，制度，企業規則に則った形で評価されるべきである，という点を特に重視している。
- あなたは個人に焦点を当てた給与制度を支持しているが，それに加えて新しい知識を身に付けるなどの専門性の向上も考慮すべきだと考えている（普遍主義・実績主義）。
- あなたは標準化された人事評価制度を世界的レベルで導入するというアイデアをサポートしている。しかしASASをQuenchy インターナショナル社の世界中の事務所で導入すれば，間違いなく混乱をきたすことになると考えている。

最大の問題は，この人事評価制度の断片的な性質と組織全体に細かく取り込まれている知識，特に暗黙知を切り捨てている点にある。組織全体の向上にとって，個人業績の重視が最も望ましいことではない——英語の辞書の力を借りてこれを表すうまい言葉を見つけ出した——つまり個人業績は「suboptimal：次善の策」である。周囲はまだ十分に理解していないが，「アングロアメリカの論

理実証主義は縮小化傾向にある」ことが窺われ，「企業組織全体をもっと見るべき，というのが私の見解である」と付け加えてみても，この点はまだ理解されないかもしれない。「成功を記録するのは良いことである。しかし，同時に疑問を投げかけなければならない。この制度はスタートとしては良いが，洞察力に欠ける」とクラウスは非常に孤独感を感じるのである。

1・5 日本の横本氏への文化的役割説明

横本氏の文化的な価値基準をあなたの立場に当てはめてみる。

個別主義	共同体主義
関与融合型	帰属主義
外的志向	感情中立型

人間同士の調和は仕事を向上させる方法である。

日本の組織文化は誘導ファミリー型である。

- 横本氏の役割のあなたは，課された仕事の負荷が大きすぎる，と考えている。そして人間的な側面が正当に評価されていないように感じている。あなたは人を評価する際に，その業績だけでなく，どのようにその業績を達成したか（創造性をもって，チーム一丸となって等）の両側面をベースにしたいと考えている。品質と誠実さは成果と同じくらい重要である。
- コンピテンシーに関していえば，リーダーシップ・スキルや他人のコーチングや能力開発能力がもっと評価されるべきであると信じている。ビジネスの結果を出すことに優れていたとしても，チームワーク，コーチング，リーダーシップ・スキルに問題があるとすると，その従業員は仕事の一部を達成したにすぎないのだ。スタッフの人事評価を，普段の仕事とかけ離れた，年に1度だけ記載するルーティン化されたもの，と捉えるのではなく，マネジメントの一部と捉えることが重要だと考えている。そのために，この新しい人事評価制度（ASAS）は課業マネジメントと人材マネジメントの両方に重きを置くべきであろう。自分がスタッフと1人の人間として接するように，スタッフを人間関係ベースで評価すべきである（公私融合型）。

　さらに業績向上の責任はマネージャーとその上司の双方にあると考えている。業績評価だけでは十分ではない。考課者は裁判官のように振る舞う

のではなく，コーチのようであるべきだ。つまり，考課者の責任はメンターシップ，研修プラン，書類の作成等を通して被考課者をサポートし，より良い業績が上げられるよう指導することである。そのために，新しい人事評価制度（ASAS）がメンターをしっかりと評価し，業績の責任をスタッフ1人に負わせないことを明確にすべきだと考えている（集団主義）。

- あなたはASASを世界中で標準化すべきではないと思っている。各々の文化は異なり，問題解決法もまた異なっている。例えば，「効果的なスタッフの人事評価制度の10の教訓」を，あなたの国（日本）に適用したら，まったく逆効果となり，生産的でなくなってしまう。人と職務を切り離すことなどできるのか。今年の実績だけをベースに評価をすることなど可能なのか。努力や成長を考慮すべきではないのか。いわゆる背景から切り離された事実ということになりはしないか（関与特定型）。このように対立することになれば，改善しようとしている人事制度そのものがだめになってしまうだろう。

この1時間の演習の後で，議論の内容をすべてオープンにすべきである。参加者が何に気付いたか。様々な役割を演じた人に，それぞれ個人の考え方のベースを話してもらおう。彼らは別の人々が，話に耳を傾けていると感じただろうか。もしダニエルズ氏がASASシステムを導入したら，どうなると思うか。

もし見学していた人がいれば，その方々にも6つの立場をジレンマやディメンションとして「図式化」してもらうとよい。付録のジレンマのテンプレート（p.325）のコピーを各チームに3〜4枚配布し，ロールプレーの中の各人事のディレクターがどこに位置すると思ったかを記入してもらう。その際，ディレクターに質問をしても構わない。

それで各チームにこれらのジレンマを調和せさ，真のクロスカルチャー評価システムをデザインしてもらう。必要に応じて8章を参照して頂いても構わない。

2 ● シミュレーションの練習: 技術者がダーディア村を訪問

2•1　状況

　あなた方はダーディア村の住民である。この度，国際的な専門家チームがダーディア村を訪れ，ある一定期間（30分間）村に滞在することになった。国際的な専門家チームは，独自のスキルを活用する紙の塔の作り方を教えに来るのである。あなた方にとって紙の塔を作ることが何よりの関心事であるため，このスキルを身に付けることにも大きな関心を寄せている。

　塔の形をした建造物はダーディア村におけるステータス・シンボルであり，この国際的な専門家の持つ知識を身に付けることで，威信を高めることができる上，村の収入レベルを高めることもできる。加えて首都で調印された合意書によると，塔作りの仕事の対価として，あなたは専門家チームからお金や食事を提供されるという。合意書の内容は当然の帰結であって，あなたにとってあまり重要なことではない。あなたは専門家らと協力して塔を作ることにより，彼らから学ぶことを期待しており，塔の制作に向けとてもモチベーションが上がっている。

2•2　ダーディア人の社会的行動のルール

　接触：ダーディア人はいつも互いに触れ合う習慣がある。仕事中や，すれ違いざまですら，互いに触れ合う。体に触れ合わないことは「あちらに行ってほしい」という意味になる。

　挨拶：挨拶方法は，互いに肩にキスし合うことである。もしあなたが相手の右肩にキスをしたら，相手はあなたの左肩にキスをする。また，あなたが左肩にキスをしたら，あなたは右肩にキスされるのである。したがって，同時にキスし合うことはできない。また，それ以外の挨拶方法は，侮辱と受け取られる。そして，そのような侮辱を受けたダーディア人は，自分は侮辱を受ける理由はない，と罵ったりする。誰かへ手を差し出す行為は「私を1人にして下さい。どうかあちらに行ってほしい」という意味となる。

イエスかノー：ダーディア人たちは決して「いいえ」という言葉を使わない。「いいえ」を表現するには「はい」といいながら大きくうなずく。

タブー：ダーディアの男女は誰でも紙，鉛筆，はさみ，定規の使い方を知っている。これらの道具に精通しているが，その使用にあたり，性に関連するタブーが存在する。女性は男性の前では決して紙とはさみを使用せず，男性は女性の面前で鉛筆と定規を使わない。

初対面の人：ダーディアの人たちは初対面の人に親切である。当然のこととして，彼らは初対面の外国人にも自分たちのルールに則った振る舞いを求める。ダーディアの男性は，女性に紹介された場合にしか初対面の男性と接触することはない。紹介者の女性がダーディア人であるか否かは問題ではない。ダーディア人は，決して自身の習慣（行動パターン）について説明しないが，外国人や初対面の人に対してもその習慣にしたがって接する。ダーディア人は仲間内に強い社会的結束力を持っている。

2•3　演習作業手順

専門家たちが30分後には自宅に帰らなければならないので，塔の作成法の指導を受ける時間は30分間となる。その時間内に塔を作らなければならない。ダーディア人の行動を練習し，専門家と協力する方法を検討する時間が30分ある。準備開始15分後に，1～2名の専門家が情報交換のためにやって来るが，その時間は5分以内。

演習後の議論のポイント
- 専門家の知識移転に関する能力についてのあなたの意見
- 専門家の特に良かったところ
- 専門家に改善が求められるところ
- チームの一員としての自分自身について感じたこと
- そのプロジェクトの成功の度合いに関する意見
- 次回にもっとよくするために変えるべきところ
- この演習／シミュレーションがあなたの実際の仕事や職務と関係があるか

3 ● 測定シミュレーションとしてのダーディア人のケース

　ある人間が国際的な仕事をするマネージャーとしての才能があるかどうかを評価する選考プロセスをサポートするために，あなたが求めるコンピテンシーが何であるかを知っておく必要がある。『21世紀の21人のリーダー』の第3章で筆者が述べているように，成功する国際的なリーダーは違いを認識，かつ尊重し，文化的な違いを調和させなければならない。ダーディア人のシミュレーションの間に，専門家とダーディア人のコンピテンシーを測定することができる。

3●1　文化的な違いを認識

　異なった文化間の違いを認識する能力を測定できる最初のシーンは，技術の専門家がダーディアを事前にわずかの間訪問する準備期間中に発生する。専門家の中には技術的なことに焦点を当てすぎ，文化の違いの可能性についてほとんど述べられないケースがある。これは，演習が異文化間のシミュレーションだと認識していても生じる。それに対し，ダーディア人たちは，彼らの任務の中に述べられている適切な行動の確認にかなりの時間と集中力を割くことになる。ダーディア人が技術者との文化的な違いの可能性に触れるのは極めて稀なことである。

　コンピテンシーを評価する2番目のポイントは，技術専門家のダーディアへの最初の訪問時である。このケースでは，技術的準備をした専門家が非常に職務中心に偏った意識のもとにダーディアを訪問するケースが多い。この技術中心の考えがダーディア文化への理解を妨げることは目に見えている。そして，その逆も同様である。ここで最初の評価がなされるのである。評価者は，互いの違いに対する認識を示した専門家とダーディア人にポイントを与える。85％以上の人が文化の違いの問題を取り上げることすらせず，ただ驚くばかりである。特に技術者たちは，相手のダーディア人の奇怪な行動に衝撃を受ける。

3●2　文化的な違いに対する尊重

　専門家やダーディア人が文化の違いに対して十分な準備をしてある場合ですら，文化的相違点に関する理解はほとんどできていないのである。低いスコア

を記録した人々のフィードバックは次のようなものである。「ダーディア人たちは地元の養護施設の知恵おくれの人々である」「彼らは常に互いの肩を叩き合っている」「彼らは幼児のようにいつも『はい』と答える上に，互いに肩にキスをし合う」「彼らは我々の作る塔にまったく興味を示さない。我々が説明しようとすると立ち去ってしまい，定規やはさみを持ち上げると，彼らはキスをし合う。ダーディア人は英語を理解していないようだ。未開発地域である。諦めて帰ろう」

　ダーディア人からは，技術者がダーディアの文化に興味を持っておらず，自分たちの紹介や挨拶の形式を大切にしていない，という意見を事前の訪問後に耳にする。全体的に見ると，初対面や第一印象でいきなり判断することなく，相手の文化を尊重し積極的に理解しようとする人はほんの僅かしか存在しない。技術者側には，ダーディア人に対する尊敬の念がないことが，ダーディア人の知識レベルをきちんと理解していない点などから見られる。事前の訪問でも，実際の演習でも，技術者は上から目線で対応しているのがわかる。技術者たちは，ダーディア人が定規を知っているのか，疑問に感じていたり，「これは何に使うものかわかりますか」といいながら，はさみをチョキチョキさせて歩く姿も決して珍しい光景ではない。ダーディア人が「はい，チョキチョキするためです」と答えたという記録がある。異文化の人を子どものように扱うと，相手は侮辱されたと受け取ったり，わざと子どものような態度を取ったりすることがある。

　ダーディア人の尊敬不足は，技術者の技術に対してほとんど興味を示さない，という形で表れている。技術移転の責任は技術者の手に委ねられることが多い。しかし筆者の経験では，成功のカギはダーディア人が握っていることが多い。その理由は彼らが大多数を占めるばかりではなく，文化の違いについての知識も持っているからである。この文化の知識は，塔を作る知識よりはるかに有力である。塔の作り方は6歳の子どもでも理解できるが，文化の知識は理解されにくいのである。

4● 文化の違いを調和させる

　国際経験のある参加者が，明らかな文化の違いに気づいて尊敬を示し始める

ところから，主たる挑戦が始まる。参加者は文化の違いから発生する主要なジレンマを調和させることが求められる。多くの場合，ダーディア人と技術者は，異なる点から調和法を見つけ出す。それでは主要なジレンマから見ていくことにしよう。

4•1 技術移転の技術面と社会面

　技術移転のあらゆるプロセスには社会的側面と技術的側面の2面性がある。この2つの側面の作用の仕方によってこの演習は，成功にも，決裂にもなってしまう。ダーディア・ケースの興味深い点は両者の目的が同一あるいは相互に補完関係にあることである。すなわち塔の作成と技術移転のことであるが。このジレンマは次のように表される。技術者たちが技術的な説明に終始するならば，ダーディア人たちに黙って聞くことだけを求める危険性がある。同様に，ダーディア人たちが自らのロールプレーを大袈裟にして，ダーディア人を新しい人に紹介し，肩へのキスを繰り返すだけになる危険性もある。これは非常に現実的である。なぜならダーディア人も技術者も，プレッシャーが高まるととくに，自らの役割を決めつけてかかることがあるためだ。

　成功する技術者たちは，この比較的単純な技術的側面を当たり前の知識と捉え，ダーディア人の文化に敬意を示すことに焦点を当てるようになる。オープンに質問をし，ダーディア文化の独自性が塔を作る際にどう活用できるかを考えていく。

　ダーディア人の側は，才能のある人々がダーディアの文化を技術者に暗黙知として示す方法を見つけ出し始める。成功するダーディア人と技術者は自らの役割をあきらめることなしに，文化間の溝を埋めようとする。

4•2 他の文化に対して準備する，あるいは自ら対処する

　2番目のジレンマは個々の参加者のレベルに関連している。すなわち，他人のために自らの価値観をどのくらい犠牲にする準備ができているかに関連している。ジレンマを適切に表現すると，「一方では自らの強みをどのように構築するかであり，他方では他人の価値観にどの程度合わせようとするか」ということができる。利害対立のある両者が自らの価値観に固執しすぎると，どのようなことが起こるか，それはすでに理解している。どちらの為にもならない。

技術の専門家が技術面に焦点を当てるほど，ダーディア人たちは自らの社会通念により焦点を当てるようになる．

両者が互いに適応する過程で興味深い展開が観察される場合がある．技術者を演じる人事担当者は，最初の訪問の際に予期しない経験に驚くあまり，社会的配慮の行き過ぎた行動を取るようになってしまった．技術者が繊細になりすぎたために，ダーディア人たちが「我々は塔がほしい，すぐにでも塔がほしい」と叫びだす次第に至った．

評価シートで高い結果を出す参加者は，互いに妥協できない価値観が何であるかを正確に把握している人であり，結果的に他人の価値観や行動に合わせることが容易にできる．これはダーディア人と技術者にも共通することである．ダーディア人側の効果的な行動例は，仲間内での紹介方法や挨拶の仕方を訪問者である技術者たちに示すことである．効果的に示された技術者側の行動例は，技術者たちがダーディア人ときちんと自己紹介をした後で，塔を組み立て始めることである．

どちらも相手側に対して十分な柔軟性が示され歩み寄りが見られるが，自分たちが大きく譲歩しているわけでもない．

このジレンマの調和に関して補足しておくと，この演習は技術専門家たちに文化的な面を十分に準備することを必ずしも求めているわけではない．文化的側面を十分に受け入れる準備がどの程度あるかは，異文化間で成功する最も重要な要素の１つであると考えられている．現実に『やって良いこと，タブーなこと』といった書籍に要約されているようなテクニカルな準備も有益ではあるが，必ずしも十分ではない．複数の情報源を活用して準備することが最も効果的である．映画，現地の小説，異文化に関する書籍，歴史書などと接することで，文化の知見を集めるのは，しばしば引用される『やって良いこと，タブーなこと』よりはるかに効果的である．技術者から何かを得ようとする側のダーディア人には，このような準備はそれほど必要ではないのである．事前に十分な準備を怠らなければ，カルチャーショックは軽減できるのである．

4・3　ダーディア人の知識レベルを過大評価するか過小評価するか

第３番目のジレンマはダーディア人たちの塔建築に関する知識レベルである．

一方では，ダーディア人たちの知識を過小評価する（可能性がある）場合には，彼らを侮辱することになりかねない（「これは何のために使うものかわかりますか」という発言のように）。あるいは，愚かな振る舞いを誘発してしまうかもしれない。筆者グループが今までに出会ったわかり易い事例は，初めて海外任務でモスクワに行ったアメリカ人技術者のケースであった。最初にロシア人の仲間に会った時，アメリカ人技術者は手にした電線をロシア人たちに見せながら，「電気」という言葉をはっきりと伝えた。ロシア人は「それはソ連がミール（多目的宇宙ステーション，1986年2月に打ち上げた）で使っている電気と同じ電気か」と聞き返してきたという。

　他方では，あまりに多くの知識を与える場合，ダーディア人に考え方を理解したかを尋ねると，結果としてダーディア人全員がうなずくということが生じるかもしれない。異文化間のやり取りでは，なぜ全員がうなずいたのかを尋ねることが大切なのである。

　仕事のできる国際マネージャーたちは相手の知的レベルに対して常に敬意を表している。その際，実際の知識レベルよりやや低めに焦点を当てると効果的である。しかしどのようにすればあまり高すぎず低すぎず，適切なレベルを想定できるのだろうか。その答えは様々なことをオープンに聞いて，決して相手を批判することなく質問することである。また質問がされる場所も大切である。シミュレーションでは，最も効果を上げた技術者がダーディア人を隅に連れて行き，彼らが知っていることを尋ねるという光景を目にした。そのようなやり方だとグループとしてのプレッシャーや面子をつぶさずに済むのである。

4●4　グループの共有と個人の存続

　技術者がダーディア人の奇妙な行動に直面した時の当惑状態には驚くべきものがある。さらにその紹介や挨拶の手順は，非常に個人的である。そのために技術者たちはどのように対応するのか，自分の判断に委ねなければならないのである。このような状態では，他の技術の専門家たちと経験を共有するのは難しい。つまりこの奇異な状況からの突破口は，個々人で見つけ出す以外ないことを意味しているのである。しかし，ある同僚がまだ対応に苦しんでいる時に，すでに挨拶の方法を見つけ出している技術者がいる現象は頻繁に生じている。

　これは本当のジレンマである。なぜならば専門家がグループとして行動する

付録 ジレンマのテンプレート

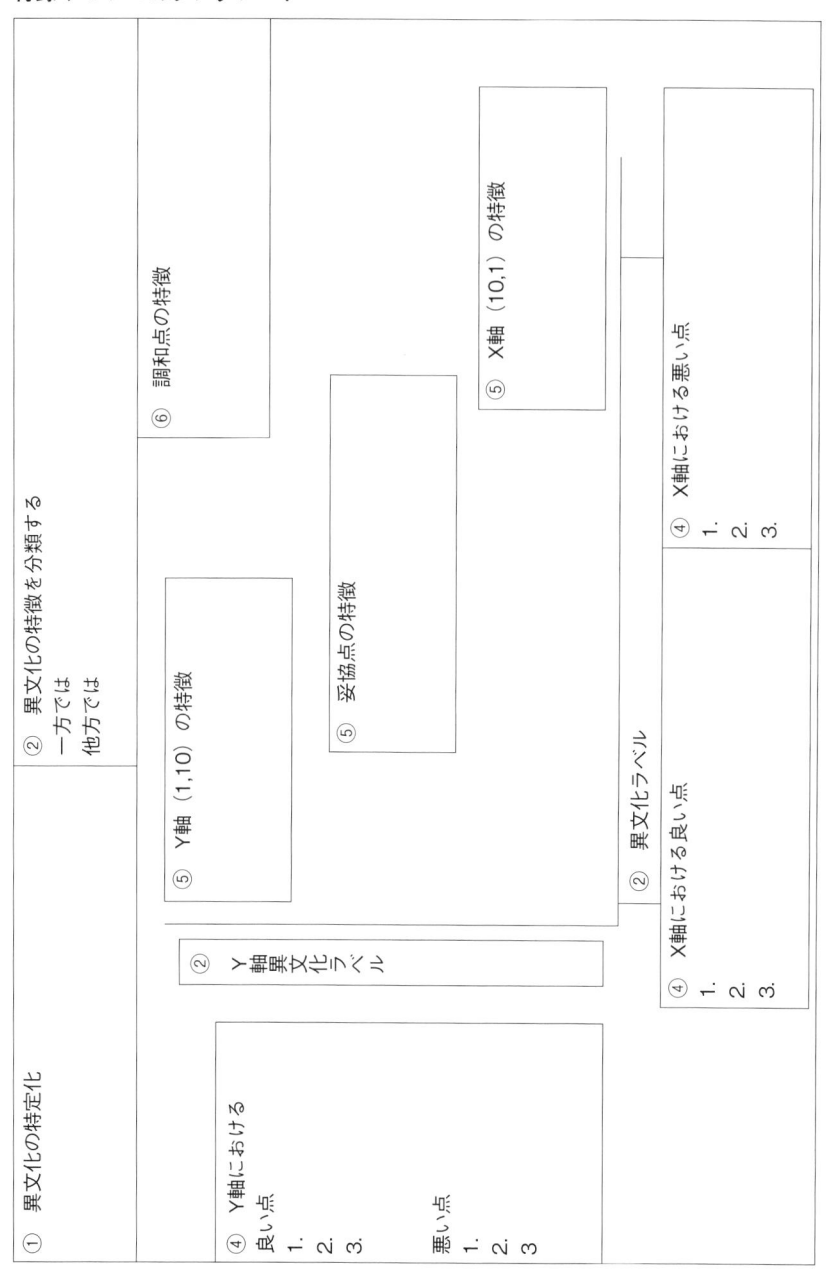

① 異文化の特定化

② 異文化の特徴を分類する
一方では
他方では

⑥ 調和点の特徴

⑤ Y軸 (1,10) の特徴

⑤ 妥協点の特徴

⑤ X軸 (10,1) の特徴

② Y軸異文化ラベル

② 異文化ラベル

④ Y軸における
良い点
1.
2.
3.

悪い点
1.
2.
3

④ X軸における良い点
1.
2.
3.

④ X軸における悪い点
1.
2.
3.

と学習量が非常に少なくなり，個人として作業すると十分な共有が行われないのである。それぞれの技術者たちが抱える問題点を一緒にすると，そのチームは全体像を描くことが可能になり，ダーディア人たちの文化を，より早く解明することができる。一方，一緒にいてもよそよそしく，グループとして何も学習できない専門家のグループもある。

　ダーディア人の文化を理解する最善の方法は，まず個々に学習し，最善の作業や学習の方法を共有する時間を設けることである。混沌とした状況であるため，情報共有のための時間を計画的に取ると良い。興奮のあまり，無我夢中になって収拾がつかない人たちもいる。

　あなたが誰かのポジションを描く時は，必ず付録のテンプレートの中に描くと良い。自分自身のポジションを描くのを忘れないこと。自分の考えに対する他の人の反応から多くのことを発見できるので，自分と他人の考え方の違いはジレンマを理解する上で非常に大切なことである。

　次のよくある間違いには注意してほしい。相対する２つの文化の価値基準，即ち横軸と縦軸に関してプラスとなる描写を記載すること。どちらの面に記載する内容も，同様に魅力的なものでなければならない。Ｙ軸の左上とＸ軸の右下のボックスそれぞれの中の言葉は対照的になるはずで，それらを比較的簡単な言葉で表現する。ここでは縦軸と横軸共に，それぞれの文化の価値基準（ディメンション）の典型的な特徴を記載する。この２つの表現は，やや極端な内容が多い。これは，コンフリクト間に存在する境界線を明確に作ろうとしているからだ。内容が行き過ぎたものになると，互いに不合理的になることを関係者は理解している。

　これは想像力を試す目的ではなくて，実際に起きている現状を描けるように工夫されている。自分の文化についてできるだけ正直に，できる限り事実に目を向けることが大切である。

5 ● 日本企業のケース・スタディー

5●1　国際間の業務提携

a)　背景

　日本のXYZモーター社の鈴木太郎氏と彼の同僚たちは，彼らの会社とヨーロッパのABCモーター社との経営統合が発表された時，将来に不安を感じ始めた。

　経営統合されて最初の数か月間は，ヨーロッパのスタッフたちはXYZモーター社の最近の財務業績に関する裏付け書類を捜すことに多くの時間を費やしていた。しかしながら，その裏付け書類がなかなか見つからない。情報の多くは，XYZモーター社の社史とその背景に根ざした周知の内容であったために，詳細な記録が残されていなかったのだ。太郎たちは，「過去の意思決定に関する書類を見つけ出すことは不要である。その内容は社員たちには極めて常識的なことなので，不明な点があれば社員に聞けば解決できる」と述べている。

　最初の監査とその評価が実施された時に，その方法に関して文化上の大きな相違点が見られた。ヨーロッパとアメリカのスタッフたちは太郎たちからの情報をベースに，XYZモーター社の状況を改善するための戦略を練り始めた。集中的な意思決定のための会議が開催され，改善プロセスが開始された。

背景における問題点の提起とそのジレンマ分析
b)　会議の準備

　太郎はヨーロッパとアメリカのスタッフが状況の解明に取り組んでいる時，太郎たちに対してイライラしていることに気がついていた。

　太郎は会議の前にレポートを提示するように依頼されることがあり，彼はその都度時間をかけて他部門に確認を取り，背景を明らかにしなければならなかった。しかし，「もっと明確な内容にするように」と指摘されることが多かった。

　太郎はまた，ヨーロッパとアメリカのスタッフの仕事の進め方にもいくらかの違いがあることに気がついていた。ヨーロッパのスタッフは非常に機能的に物を考えて，職務の役割が明確であり，アメリカ人の同僚よりも職位を重視する傾向がある。一方アメリカ人の同僚は非常に目標管理型であり，結果重視型である。彼らは一般的に高い業績を残す人を尊敬する傾向がある。

太郎はヨーロッパとアメリカのスタッフ向けのプレゼンテーションで，状況説明の際に中断されて，どのような責任を持ってどのような目標に向かって業務に対処するか明確にポイントをついて話すように求められたことがあった。

会議の準備段階における問題点の提起とそのジレンマ分析
c) 会議の席上
　意思決定の会議の場で，太郎はヨーロッパとアメリカのスタッフが結論に至るスピードが，日本人のスピードよりずっと早いことに気がついた。日本人は，その決定事項が他の部門にどのようなインパクトを与えるかをチェックすることなしに，一連の行動を取ることに対して不安を感じていた。しかし彼らはいつも，「すでに綿密に計画は練られたので，とにかく先に進まなければならない。僅かな変更が必要ならば後で調整すれば良い」というのであった。
　結果的に調整はほとんど行われず，石橋を叩いて渡る慎重なやり方とはあまりにも異なっていた。ヨーロッパのスタッフは，各々の職務の意思決定に対して責任の所在に力点を置き，アメリカのスタッフは，目標を達成するための全体像を重視する傾向が強い。
　さらに会議に出席した多くの日本人は，議論すべき事柄に対して，会議に参加していない同僚たちの意見をチェックすることなしに物事が進んでいくことに不快感を表していた。太郎と日本人スタッフは，会議に参加していない人の感情や意見を確認せずに意見を述べることに難しさを感じていた。その結果，欧米の同僚が全体を通して話し続け，日本人からの情報量がほとんどないままに物事が決定されていった。一方，日本人には新たな会議で，以前の会議で同意した意見や見解と異なる内容を提示する傾向がある。

会議の時点における問題点の提起とそのジレンマ分析
d) 決定事項の変更
　決定された戦略が，後の状況変化等により適用できなくなった場合に，太郎をはじめとする日本人スタッフは欧米スタッフの以下のような質問に繰り返し答えなければならなかった。

　　「なぜ貴方は計画案Aに会議で同意したのか」

「なぜ貴方はすぐ，この計画を実行しないのか」

　日本人スタッフの「状況が変化した」，「その時はその時，今は今」といった回答は極めて弱い弁解に見えた。ヨーロッパやアメリカのスタッフは，方法論は多少異なっているものの，意思決定にもっと時間を費やすべきだったと感じていた。また，日本人の対応に対して，「なぜ日本人たちは意思決定の時に何も意見を言わないのか」とひどく不快に感じていた。

会議の決定事項変更の問題点の提起とそのジレンマ分析
e) その他のジレンマ①
　最近の数か月，XYZモーター社のセールスマーケティング担当の島田次郎氏は，新しい製品の販売が四半期ごとに，どの程度営業収入に結びつくかを予測するにあたって，多くの不満を抱えている。次郎は製品の中でも新しい製品ラインの品質には自信を持っているが，マーケット状態には非常に多くの要素が絡んでいるため，正確な数値を予測することは極めて難しい。彼が所属している会社では，全部門がとりあえずやってみて，様子を見る形式を取っている。彼がいくら将来の予測を立てたところで，競合他社が新製品を売り出した場合や，経済不況である場合，また戦争の勃発など，状況の変化は蓋を開けてみなければわからないと説明するのだが，このような説明は決してヨーロッパのパートナー，ABCモーター社のスタッフには理解されないのである。実際のところ，予期しなかった事態が生じたために，最初の1, 2か月の実績は，当初の予測に達しなかった。しかし，彼がその結果は予測したとおりのことで，「仕方がない」と表現すると，その度にヨーロッパの同僚のフラストレーションが，高まることにも気がついている。また，このような状態になっても，この事態の責任を取り，現状を論理的に説明し，その改善策を積極的に実施しようとする人が，マネージャーも含めて組織内にほとんどいないのが現状である。

f) その他のジレンマ②
　データ管理，意思決定，供給業者やディーラーに対する価格政策などに関して，XYZモーター社の中には明確に標準化されたポリシーや制度が存在しない。部門内の各スタッフは，特に顧客が介在するケースにおいて，それぞれの方法

でデータを活用し，優先順位を付けていた。まず，供給業者やディストリビューター，さらには顧客との合意事項の多くは口頭で行われていた。実際のところ，形式的な書面はなく，詳細において違いが生じた場合には，常にディストリビューターや顧客に対して有利な条件を与えていた。契約書が存在していても，「甲，乙の誠意による合意をもとに協議をして決定する」などと記載されていることが多かった。

　一方，ヨーロッパ側のパートナー，ABCモーター社は購買，ディーラー，ロジスティック，ディストリビューターに対する価格政策などに対して，完全に標準化した普遍的な政策を取っていた。利害関係者との契約内容は，法務部が詳細にわたってチェックし，一度合意が得られると，全従業員が合意した内容に則った業務を実施することが一方的に求められる。部門の長である斉藤氏とその部下たちは，ABCモーター社から，購買，価格，その他利害関係者との政策に関して，標準化された政策を採択することを強く求められている。

　　a），b），c），d），e），f）のそれぞれの問題点を調和理論で分析してみよう。

5●2　業務交渉上のアプローチの違い

　阿部伸介氏は，日本企業A社の海外企画部門のスタッフで，このたびA社はドイツの大手ロジスティック会社のW社と業務提携をすることにより，東ヨーロッパ地域における物流路線を開発して，東欧とロシアに向かう貨物輸送のサービス網を充実させることになった。A社は，W社から今後の提携関係を強固にするために，今後5年間にかかわるA社の東欧戦略をレポートにまとめて説明するよう求められている。阿部伸介氏は事務方としてその内容をまとめて上司に具申し，A社としての第1ドラフトを作成する立場にある。A社は日本の典型的な大企業で，関連部門が細分化されているために，今後5年間の事業計画を作成するにあたっても関連部署との調整が不可欠であり，かなりの時間と労力をかける必要がある。一方，W社の責任者ルービン氏とスタッフのシュルツ氏は，実務家として極めて有能で，それぞれの役割分担を明確にし，その責任の範囲内で仕事を進めるタイプである。阿部伸介氏の上司，森課長は典型的な大企業の調整型の上司である。これまでも直属の上司である森課長とこの業務を扱ってきたが，社内調整と上司の性格上の問題から，W社に対する対応が

遅れがちになっている。Eメールを通して，コミュニケーションを図っているが，求められる内容に対して，後手に回っているのが現状である。最近ではメールでも，ヨーロッパの相手がイライラしているのが感じられる。毎回，「もっと明確な内容で，タイムリーに情報を提供してほしい」と指摘されることが多くなってきた。

　森課長と阿部氏は，メールでのやり取りだけでは，情報の伝達が不十分であると感じ，この度，ドイツのW社のルービン氏とシュルツ氏を直接訪ねて，A社の考えを会議で直接プレゼンテーションすることになった。そのため，阿部氏と森課長は関連部署への根回しを十分に行った。

　森課長と阿部氏がA社の今後の東欧地域における事業計画案について説明した後，ルービン氏から，「その計画はどのような根拠で作成され，その見込みに関して，A社は責任を明確に取れるのか」などと矢継ぎ早に質問された。さらにはW社としては，その計画のコミットメントをもらえるならば，今すぐにでも対応できる体制を作りたいのだが，どうだろう，と即答を求められてしまった。

　このような会議の場で，森課長と阿部氏は，ヨーロッパのパートナーの結論に至るスピードが，日本人よりずっと早いことに気が付いた。彼らは，その決定事項が他の部門にどのようなインパクトを与えるかをチェックすることなしに，一連の行動を取ることに対して不安を感じ始めた。日本の石橋を叩いて渡る慎重なやり方とはあまりにも異なるやり方で，ルービン氏とシュルツ氏は，各々の職務の意思決定における責任の所在に力点を置いて議論をしている。しかし，会議に出席した阿部氏と森課長は，議論すべき事柄に対して，会議に参加していないスタッフの意見をチェックすることなしに物事が進んでいくことに不快感を表していた。2人は，会議に参加していないスタッフの感情や意見をチェックすることなしに，意見を述べることに難しさを感じていた。その結果，ヨーロッパのパートナーが全体を通して話し続けて，日本人スタッフからのインプットなしに物事を決定していくことになった。

　調和理論で分析してみよう。

5●3　アジアのグローバルビジネスの職場におけるジレンマ

　日本のロジスティク会社の東南アジア事務所の海外現地法人の駐在員のB氏は，現地赴任してから，すでに2年ほど経過して現地の仕事にも慣れてきた。彼の職場における役割は，マネジャーで，業務としては日本本社とのリエゾン的な職務を中心に，営業顧客サービス，現地の総務部門のスタッフの管理などと多岐にわたっている。

　先日，ある日系の重要顧客の大口の航空貨物が，航空機のエンジントラブルで接続便が遅れたために，到着が2日以上遅れて到着することになった。到着時間は金曜日の午後7時ごろと想定されていた。金曜日の夜は，出発便の貨物の準備で忙しくて，スタッフはほとんどの輸出貨物のハンドリングに追われていた。この遅延の貨物は，通常の勤務時間以降に到着すると考えたB氏は，週末でもあることから，月曜日の朝一番で通関を済ませて，顧客に配達することを予定していた。

　ところが，この顧客の現地事務所の営業課長から電話が入り，この貨物は重要な工業部品であり，あるメーカーの工場にある機械が故障したために，至急日本より取り寄せたもので，到着後すぐに通関して，配達をしてほしいとの依頼が来た。ところが，金曜日の夜の現地スタッフは，ほとんど輸出貨物の手配にアサインされており，遅延した輸入貨物の仕事を処理できる現地スタッフを捻出するのがきわめて困難な状態となっていた。

　現地のスーパーバイザーにも相談したが，やはり月曜日まで待ってもらうしかないと言っており，どのように処理したらよいか苦慮している。顧客の現地事務所は，B氏の事務所から車で30分ぐらいのところにあり，毎週金曜日は事務所や倉庫は時間的にもすでに閉まっており，顧客が貨物も引き取ったところで，倉庫に保管するだけで，月曜日の朝まで何もできないことが想定された。また現地の税関職員も輸出貨物の対応に追われており，輸入の遅延貨物を処理できる人員が確保できない可能性があった。

　しばらくするとまた顧客からまた電話がかかり，貨物が到着次第車で貨物を取りに来るので，通関の手配と配送の手配を大至急するように，かなり厳しい調子で要求をしてきている。

　責任者のB氏はこのようなときにどのような最善の対応方法があるのかを調

和理論で分析してみよう。

5•4　世界のグローバル企業の日本進出

　アメリカのS社が他社に先駆けて日本にコンビニエンス・ストア展開を開始した際、日本側のマネジメントサイドは多くの難問に直面した。まずアメリカにあるS社本社内のポリシーは極めて標準化されており、商品開発からロジスティックに至るまで細部にわたりマニュアル管理されており、米国本社はその方法を世界中に実施しようとしていた。もちろん日本の市場に対しても同様のポリシーを貫き、アメリカ本社のポリシーを日本にそのまま持ち込もうとしていた。

　特に本社は取扱商品の内容に関して長い年月を掛けて開発してきたため、絶対の自信を持っていた。原則として海外店舗に関しても、同じ商品レンジで販売することを求めた。日本法人も最初はこの方針に従い、アメリカからかなりの商品を輸入して店舗に設置したが、残念ながら、芳しい結果を得ることはできなかった。

　その要因として、日本のコンビニエンスストアの認知度が低かったこともあるが、スペースの狭い日本の店舗にもかかわらず、アメリカ製の商品を店頭に置くことから求められた。しかし、日本の店舗にアメリカサイズの商品を置いても顧客の理解を得ることは難しくて、多くの顧客から敬遠される結果となってしまった。

　アメリカのS社の店舗コンセプトは、住宅接近型で緊急時の対応を中心に開発されていることから、生鮮食料品などはほとんど存在せず、日持ちの良いドライフードに限定されていた。一方、日本は昔の駄菓子屋のように、近所のお店感覚で若い人が集まって小さなコミュニティーを形成する特徴があることが判明した。日本のコンビニエンス・ストアは若い人のたむろする場所となり、おのずと展示される商品の種類にも大きな影響を与えた。特に日本では顧客のサーベイをしたところ、お弁当や総菜品、さらに各種の送金サービスなど日常の生活に密着した各種のサービスが期待されていることが判明した。

　しかし、ニーズの高い生鮮食料品などは、日持ちが割ることから店頭に置くことにかなりの抵抗があることが想定されていた。こうして、商品のサイズから内容に至るまで大幅な見直しを迫られることになった。しかしながら、日本

側の再三要請にもかかわらず，アメリカ本社は情緒的な側面をなかなか理解してくれず，平行線の状態が続いた。アメリカの商品の標準化のポリシーは極めて強く，日本側の経営層はどのように対処したらよいか苦慮することになった。

最終的には解決できてその後の成功につながるのだが，このジレンマは，どのような文化的背景があってこのような状態となったかを調和理論で分析してみよう。

5•5 自動車の窓ガラスワイパーの問題

貴方は，ヨーロッパにある大手自動車アクセサリー部品販社の購買チームのメンバーの一人である。この会社は特に乗用車のフロントガラスのワイパーを専門に販売している。会社の販売戦略会議で新しいワイパーが導入される事が決まっている。前回販売されたワイパーは期待したほどの品質の良いものではなかったために，販売量は期待したほどではなかった。貴方の上司は貴方にこの製品を日本市場などのアジア地域で販売するのを検討するように求めてきた。その理由は，日本のメーカーをはじめとして，アジアの自動車メーカーが，新しいフロントガラスワイパーを導入する事を発表したからである。

貴方は，競合会社の状況を調べている時点では，1社以外には，まだこれからの新しく開発されたワイパーを全く見る機会はなかった。その会社は高品質の乗用車向けのワイパーを取り扱ってきていた。しかしその製品の販売価格は，消費者価格で一式米ドル180ドルであり，従来のワイパーの3倍ほどの値段が付いていた。他の競合他社は一式米ドル70の値段を付けていた。

貴方は，たまたま日本のあるワイパー製造メーカーのサンプル製品を見たとき，まさに求めていたレベルのものである事に気がついた。このワイパーはまさに求めている品質レベルであり，値段も適切なものであった。貴方の上司もこのサンプルを非常に気に入っていた。貴方は早速日本メーカーのドイツ代理店に連絡を取り，その製品を日本の流通を請け負っている会社に依頼してドイツに輸入したい旨を伝えた。貴方が供給業者の提供する今までに見てきた窓ガラスワイパーの中では，そのような高品質で値段が手ごろな製品を見たことがなかった。貴方はこの製品を手に入れる事を非常に大切と考えていた。

この窓ガラスワイパーは，購入された場合は乗用車用のワイパーの中で大変

重要な品目になる事は間違いなかった。実際にどのくらいの数を手に入れる事が出来るかは推測する事は難しかったが，貴方がこれから先のイメージとしても，考えるためにも，この新しい窓ガラスワイパーがすべての自動車部品販売会社と整備会社でどのくらい必要であるかなどの情報を手に入れる事は極めて重要であった。この場合それぞれのモデルで，最低20,000組以上のワイパーが必要である事が判明した。まだガラスワイパーは異なったタイプの乗用車ごとに確認する必要があった。各店舗はこの品目を揃えなければならないが，実際にはどの程度の販売量になるのかは誰一人として分からない状況であった。ただし，この交渉は非常に重要なステップであり，出来る限り同意にこぎつけたいとの意向が強かった。

　貴方は代理店の代表者と値段と取扱量を議論するために，会議を開催する予定となっている。このサンプルの交換と電話による連絡以外には，今までにこの製品に関してはなんらかの関係はないが，どのような問題点が想定されて，その背景となる価値観と規範を分析してみよう。

5•6　中国におけるビジネス展開のジレンマ

　上海にある日系電機メーカーの現地法人のO社は，中国に進出してからすでに10年が経過し，ビジネスは順調に伸びている。しかしながら，2008年の労働法改正，中国人派遣社員に対する規制の強化などで，従来の季節による業務量の変動に応じて実施していた中国人スタッフの雇用調整などが実施できなくなってきている。O社は，他の日系企業と比較して，今までも積極的に有能な中国人社員を採用してきており，操業開始時に入社した社員の中には，すでにマネージャーに昇格している人も数名いるほどだ。しかしながら，社内の基幹部門のマネジメントのポストは，ほとんど日本人駐在員で占められており，意思決定のプロセス，予算の掌握権，異動任免などの人事権は，日本の本社と本社から派遣されてきた日本人駐在員に限定されている。中国のビジネスは，2000年に入ってからGDPベースで年率10％を超える成長を続けており，現地法人の業務内容も，日本製の製品の販売拠点から，部品組み立て拠点へ，さらに主要製品の基幹生産部門へと変化しており，O社の従業員数も3,000人を超す大規模オペレーションを実施するまでに成長している。

　工場のラインの職長クラスには，かなりの数の中国人スタッフが採用されて

いるが，マネージャーレベルとなるとまだ数人に限定されている状態である。また，工場の現場部門に関しては，季節により需要の変動が多いことから，派遣社員を積極的に活用してきた経緯がある。2005年以降は，積極的に中国の有名大学から優秀な人材を採用しており，このような中国人社員の中から，もっと積極的に中国人のマネージャーを増やすべきであるとの声も出始めている。現地の人事担当マネージャーである小林氏は，他の日系企業も同様の問題を抱えており，特に最近中国でも労使問題が急増していることから，基幹ポストの現地化は日本企業の急務の問題であると理解している。

　小林氏はすでに駐在期間が3年を超え，2008年の労働法改正以来の中国における労務問題に注視してきたが，従業員の高学歴化，職能の高度化などが進んだために，中国系と外資系の多国籍競合企業が，スピード感を持って，積極的に実績主義的な人事制度を採択し始めていることにも気付いている。これらの企業では，労働法改正以来，マネージャーポストに積極的に中国人社員を登用しており，人数的にも多くの中国人社員が基幹ポストに任命され始めている。ある欧米の外資系企業においては，能力があれば20代でもマネージャーに登用するケースも発生しており，中国人社員のモチベーションもかなり高まっている。

　一方日系企業においては，一般的に本社をベースにした日本型の人事制度にこだわりが強く，本社の人事制度的な考え方から現地法人の人事制度も見る傾向が強いために，社歴と職場経験を相当積まないとマネージャーには昇格できない仕組みになっている。しかし周辺企業の急速な変化に危機感を持った人事担当の小林マネージャーは，これからの中国では，雇用の現地化を推進するためにも，採用からポストの任免に至るまで一貫した成果主義的な人事制度を採択する必要性があると強く感じ，その現状を具申するために本社に出張することになった。

　小林マネージャーは日本本社で，人事担当執行役員及びそのスタッフと，この内容に関して徹底的に議論したが，本社としての見解は，これらの環境変化は理解できるものの，日本本社としての今までの歴史や企業文化の見地から，

①中国だけ特別扱いすることは難しい
②本社の人事制度の枠組みとの連動性と予算の関連からしてコスト増は避け

たい
③20代の若い人材が大卒で優秀であっても，実務経験が少ない状態でマネージャーポストに就けるのは難しい
④能力も大切であるが，これまで雇用された人たちの経験や社歴とのバランスが大切である
⑤まだ操業10年なので，マネージャーのポストにふさわしい人材が社内に十分に育っていない
⑥日本人駐在員の人事制度上の育成とローテーションがあるので，むやみに現地人マネージャーを増やすことはできない

などのコメントが多く出る結果となった。小林マネージャーは本社の人事部門が現地の事情を十分に理解してくれない状態に，かなり危機感を感じて，今後の対策を考えることになった。このような状況のなかで，小林マネージャーはどのような解決策を提案すべきなのか。

このケースの問題点を調和理論で分析をするとどうなるか。

あとがき

　人類はたえず詮索好きな病癖に悩んでいる。人類は物質と個々の人間で構成されている世界について懸命にその理解を深めてきたが，価値観と人間関係に関する理解度は未だ漠然としたものである。物質と人間で構成されている世界は，すぐに分析できて，極小化したり，客観化したりが可能な世界なのである。これが，現実社会では当たり前のことだ。多くの人が自らのパートナーを決めて結婚して，一緒の家に住んで，車を運転し，お金を使ったり貯蓄をしたりする。また，そこここで難しい現実の選択を迫られる。想定される多くの選択肢の岐路に立ち，あらゆる可能性の中から1つを選択し，残りを切り捨てていく。この論法やパラダイムを否定するようなことは考えないのである。

　しかし，まだ踏み込んだことがなく，理解されたことの少ない別の道が存在する。価値観や人間関係は手段や目的，技術的な理由付けのように明確な秘伝を授けてくれるものではない。それは，価値観が相違点以外の何物でもなく，今後もいくつもの例外をもたらすと想像されるからであろう。価値観とそれを保有する人々が関係するロジックは，到底コントロールできるものではない。さらに悪いことに，価値観は社会通念に見識ある人には矛盾だらけで不合理なものに感じられるのだ。本書では将来に欠かすことができない今まで閉ざされていた方法を理解してもらうために多くのことを述べてきた。これからの人的資源は，物質的資源とは異なり，今までと同じパラダイムでは把握できなくなっている。価値そのものを理解するためには，円環的なロジックが必要となる。ポール・ティリッチが彼の著書『あるべき勇気』の中で多くの異なった理由を包括すると表現しているロジックである。これこそが，著者たちが今までに語ってきたロジックである。本書を読まれた方は最後にこのことがおわかり頂けたであろう。

　本書がこの章のQuenchyインターナショナル社のケースで取り扱ったように，特に日本の企業社会においては，欧米で形成された資本主義形成の思考とロジックを明治時代以降に取り込んできた。しかし，欧米のロジックに修正を加えることもなくそのまま日本の企業社会に取り入れるには限界がある。特に組織人事戦略面でアメリカにて形成された目標管理制度（Management by Objectives：MBO）は，プロテスタントの目的論（teleology）を論拠に形成さ

れたものであり，帰納的思考法が強くて，演繹的な思考に慣れていない日本人で構成されている日本企業社会で機能するのはかなり難しいと考える。実際に，このMBOの考え方がアメリカで生まれると，多くの日本企業が先を争ってこの制度を導入したが，日本企業におけるこのMBO導入の試みは，必ずしも想像したような成果を上げることができなかったのは事実である。MBO導入の背景を十分に理解しないままで導入を試みたために，日本企業の管理職が運営面で適切に運用できなかったことが原因と考えられる。確かにこのような人事評価制度によって企業人が進むべき目的を明確にして，その努力によって目的と結果が一致すれば最大の喜びと祝福を受けるという考えには共鳴できる点も多い。人間の思考は長い時代をかけてそれぞれの国と風土に根ざした国民，価値観，規範などをベースにしたその国独自の歴史観，文化観などを強く反映した形で生まれたものである。欧州において普遍主義をベースに生まれた産業革命に代表される資本主義文化は，確かに人間生活に飛躍的な改善と進歩をもたらし，世界の文明観を根底から覆す結果をもたらしたことは間違いない。だが，トロンペナールスが指摘する通り，世界には多様な規範と価値観を持った人々が存在していて，それらの変数が多様な人々の思考や行動に大きな影響を与えているのである。欧米資本主義の環境下で生まれた人間の評価システムとしてのMBOは，欧米の人事制度としては，極めて有効な制度であり，その制度を活用するのが欧米の企業人ならば納得のいく形で，有効に活用できるものと想定される。しかしながら，グローバル化が進展して，資本主義文化が世界をくまなく席巻する時代になっても，このような制度をそのまま日本を含むアジア諸国に成功裏に導入するにはかなりの限界がある。さらに今後世界のGDPの上位にランクされることが予想されるBRICS諸国がグローバル・ビジネスの潮流となると予測されることから，欧米型の人事評価制度をそのまま世界の標準として受け入れるには今後も抵抗が予想される。Quenchyインターナショナル社のケースはこのことを如実に物語る内容であり，今後の国際人事制度のあり方に一考を促すものであることは間違いないのである。

Dr. Fons Trompenaars
Dr. Charles Hampden-Turner
古屋紀人（加筆）

Bibliography（参考文献）

Alder, N.J.(1994) *Competitive Frontier*s, Oxford: Blackwell Business.
Allinson, R.E.*et al.*(1989) *Understanding the Chinese Mind*, Hong Kong: Oxford University Press.
Argyris, C.(1980) *The Concept of Rigorous Research*, New York: Academic Press.
Argyris, C.(1986) "Skilled Incompetence," *Harvard Business Review*, September/October.
Argyris, C.(1985) *Strategy, Change, and Defensive Routines*, Boston: Pitman.
Argyris, C.with Putman, R.and Smith, D.M.(1985) *Action Science*, San Francisco: Jossey-Bass.
Argyris, C.and Schön, D.(1978) *Organizational Learning*, Reading, MA: Addison-Wesley.
Baden-Fuller, C.and Stopford, J.(1992) *Rejuvenating the Mature Business*, London: Routledge.
Barber, B.R.(1995) *Jihad vs.McWorld*, New York: Times Books.
Bartlett, C.A.& Ghoshal, S.(1991) *Managing Across Borders*, Boston, MA: Harvard Business School Press.
Bateson, G.(1978) *Steps to an Ecology of Mind*, New York: Jason Aronson.
Bateson, M.C.(1991) *Our Own Metaphor*, Washington, DC: Smithsonian Institution Press.
Belbin, R.M.(1996) *Management Teams: Why They Succeed or Fail*, London: Butterworth-Heinemann
Bell, D.(1976) *The Coming on Post-Industrial Society*, New York: Basic Books.
Bell, D.(1976) *The Cultural Contradictions of Capitalism*, New York: Basic Books.
Benedict, R.(1934) *Patterns of Culture*, Boston: Houghton-Mifflin.
Bennis, W.(1989) *On Becoming a Leader*, Reading, MA: Addison-Wesley.
Bennis, W.and Nanus, B.(1985) *Leaders: The Strategies for Taking Charge*, New York: Harper and Row.
Bennis, W.and Townsend, R.(1995) *Reinventing Leadership*, New York: William Morrow.
Berle, A.and Means, G.(1932) *The Modern Corporation and Private Property*, Portland. OR: Transaction Publishers
Berlin, I.(1953) *The Hedgehog and the Fox*, New York: Simon & Schuster.
Berlin, I.(1958) *Two Concepts of Liberty*, Oxford: Clarendon.
Bion, W.R.(1961) *Experiences in Groups*, London: Tavistock.
Blake, R.R.and Mouton, J.S.(1964) *The Managerial Grid*, Houston: Gulf Publishing.
Bohm, D.(1996) *On Dialogue*, New York: Routledge.
de Bono, E.(1982) *Lateral Thinking*, London: Penguin.
de Bono, E.(1994) *Water Logic*, London: Penguin.
Brandenburger, A.and Nalebuff, B.J.(1996) *Coopetition*, New York: Doubleday
Burns, J.M.(1978) *Leadership*, New York: Harper and Row.
Burns, T.and Stalker, G.M.(1961) *The Management of Innovation*, London: Tavistock.
Cameron, S.K.and Quinn, R.E.(1999) *Diagnosing and Changing Organizational Culture*, Read-

ing, MA.: Addison-Wasley.
Campbell, J.(1971) *The Portable Jung*, New York: Viking.
Capra, F.(1975) *The Tao of Physics*, San Francisco, CA: Shambhala.
Carlzon, J.(1986) *Moments of Truth*, New York: Harper and Row.
Carrol, R.(1988) *Cultural Misunderstandings*, Chicago: University of Chicago Press.
Chakravarthy, B.and Lorange, P.(1991) *Managing the Strategy Process*, Englewood Cliffs, NJ: Prentice Hall.
Chesbrough, H.W.(2003) "The Era of Open Innovation," *MIT Sloan Management Review*, Spring.
Christensen, R., Andrews, K., Bower, J.et al.(1987) *Business Policy:* Text and Cases, Homewood, IL: Irwin.
Collins, J.C.and Porras, J.I.(1994) *Built to Last*, London: Century.
Csikszentmihalyi, M.(1990) *Flow: The Psychology of Optimal Experience*, New York: Harper.
Davis, S.and Meyer, C.(1998) *Blur: The Speed of Change in the Connected Economy*, Reading, MA: Addison-Wesley
de Geus, A.P.(1997) *The Living Company*, London: Nicholas Brealey.
de Geus, A.P.(1998) "Planning as Learning," *Harvard Business Review*, March/April.
de Wit, B.and Meyer, R.(1999) *Strategy Synthesis: Resolving Strategy Paradoxes*, London: International Thomson.
Deming, W.E.(1982) *Quality, Productivity, and Competitive Position*, Cambridge, MA: MIT Press.
Deming, W.E.(1986) *Out of the Crises*, Technology Center for Advanced Engineering Study.
Douglas, S.and Wind, Y.(1987) "The Myth of Globalization," *Columbia Journal of World Business*, Winter.
Drucker, P.(1954) [reissued 1993] *The Practice of Management*, New York: Harper Business.
Drucker, P.(1999) "Knowledge Worker Productivity: The Biggest Challenge," *California Management Review*, vol.41, no.2, pp.79-94
Drucker, P.(1999) "Managing Oneself," *Harvard Business Review*, March.
Evans, P., Doz, Y.and Laurent, A.(eds)(1989) *Human Resource Management in International Firms*, New York: Macmillan Press, pp.113-143.
Evans, P., Pucik, V.and Barsoux, J.-L.(2002) *The Global Challenge: International Human Resource Management*, New York: McGraw Hill, pp.372-375.
Festinger, L.(1957) *A Theory of Cognitive Dissonance*, Evanston, IL: Row Peterson.
Florida R.(2002) *The Rise of the Creative Class and How It's Transforming Work, Life, Community, and Everyday Life*, New York: Perseus Books
Follette, M.P.(1987) *Freedom and Coordination: Lectures in Business Organization*, New York: Garland.
Frank, R.H.and Cook, P.J.(1995) *The Winter-Take-All Society*, NewYork: Free Press.
Freeman, E.and Reed, D.(1993) "Stockholders and Stakeholders: A New Perspective on Corporate Governance," *California Management Review*, vol.25, no.3, Spring.
Friedman, T.(1999) *The Lexus and the Olive Tree*, New York: Harper Collins.

Getzels, J.W.and Jackson P.W.(1962) *Creativity and the Intelligence Exploration with Gifted Students,* New York: Wiley.

Goulder, A.W.(1964)*Patterns of Industrial Bureaucracy,* New York: Free Press

Hall, E.T.(1959) *The Silent Language,* New York: Doubleday.

Hall, E.T.(1983) *Dance of Life: The Other Dimension of Time,* New York: Doubleday.

Hall, E.T.(1989) *The Cultures of France and Germany,* Yarmouth, MA: Intercultural Press.

Hall, E.T.and Hall, M.R.(1987) *Hidden Differences: Doing Business with the Japanese,* New York: Doubleday.

Hamel, G.(1996) "Strategy as Revolution," *Harvard Business Review,* July/August.

Hamel, G.and Prahalad, C.K.(1989) "Strategic Intent," *Harvard Business Review,* May/June.

Hamel, G., and Prahalad, C.K.(1994) *Something for the Future,* Boston, MA: Harvard Business School Press.

Hamel, G.Doz, Y.and Prahalad, C.K.(1989) "Collaborate with your Competitors and Win," *Harvard Business Review,* January/February.

Hammer, M.and Champy, J.(1993) *Reengineering the Corporation: A Manifesto for Business Revolution,* New York: Harper Business

Hampden-Turner, C.M.(1973) *Radical Man: Towards a theory of Psycho-social Development,* London: Duckworth.

Hampden-Turner, C.M.(1974) *Sane Asylum: Inside the Delancey Street Foundation,* New York: William Morrow.

Hampden-Turner, C.M.(1981) *Maps of the Mind,* New York: Macmillan.

Hampden-Turner, C.M.(1984) *Gentleman and Tradesmen,* London: Routledge and Kegan Paul.

Hampden-Turner, C.M.(1985) "Approaching Dilenmas," *Shell Guides to Planning,* No.3.

Hampden-Turner, C.M.(1992) *Creating Corporate Culture,* Reading、MA: Addison-Wesley.

Hampden-Turner, C.M.(1994) *Charting the Corporate Mind: From Dilemma to Strategy,* Oxford: Basil Blackwell.

Hampden-Turner, C.M.and Teng-Ki, T.(2002) "Six Dilemmas of Entrepreneurship: Can Singapore Transform itself to Become an Innovative Economy?," *Nanyang Business Review,* vol.1, no.2 July-December

Handy, C.(1978) *The Gods of Management,* London: Business Books.

Handy, C.(1989) *The Age of Unreason,* London: Business Books.

Handy, C.(1994) *The Age of Paradox,* Boston, MA: Harvard Business School Press.

Harrison, R.(1981) "Start-up: The Care and Feeding of Infant Systems," *Organizational Dynamics,* September.

Hedley, B.(1997) "Strategy and the Business Portfolio," *Long Range Planning,* vol.10, February, pp.9-15

Hofstede, G.(1980) *Culture's Consequences,* Beverly Hills: Sage.

Hofstede, G.(1991) *Culture's Organizations: Software of the Mind,* New York: Mc-

Graw-Hill.
Huizinga, J.(1970) *Homo Ludens: A Study of the Play Element in Culture*, New York Harper.
Hurst, D.K.(1984) "Of Boxes, bubbles and Effective Management," *Harvard Business Review*, May/June.
Hurst, D.K.(1995) *Crisis and Renewal*, Boston, MA: Harvard Business School Press.
Imai, M.(1986) *Kaizen: The Key to Japan's Competitive Success*, Chicago: McGraw-Hill.
Inzerilli, G.and Laurent, A.(1983) "Managerial Views of Organization Structure in France and the USA," *International Studies of Management and Organization*, XIII(1-2).
Jacobi, J.(1973) *The Psychology of C.G.Jung*, New Haven: Yale University Press
Jacques, E.(1976) *A General Theory of Bureaucracy*, London: Heinemann.
Jacques, E.(1982) *The Form of Time*, New York: Crane Rusak.
Jacques, E.(1982) *Free Enterprise, Fair Employment*, New York: Crane Rusak.
Johnson, B.(1992) *Polarity Management: Identifying and Managing Unsolvable Problems*, Amherst: HRD Press.
Joynt, P.and Warner, M.(2001) *Managing across Cultures*, Florence, KY: Thomson Learning
Jung, C.G.(1971) *Psychological Types*, London: Routledge & Kegan Paul.
Kaplan, R.S.and Norton, D.P.(1992) "The Balanced Scorecard: Measures That Drive Performance," *Harvard Business Review*, January.
Kelly, K.(1998) *New Rules for the New Economy*, New York: Viking.
Kelly, M.(1999) *The Divine Right of Capital*, San Francisco: Berrett-Kohler.
Kohn, A.(1992) *Published by Rewards*, Boston: Beacon Press.
Kwak, M, (2003) "The Paradoxical Effects of Diversity," *MIT Sloan Management Review*, Spring.
Laing, R.D.(1965) *The Divided Self*, New York: Penguin.
Laurent, A.(1983) "The Cultural Diversity of Western Conceptions of Management," *International Studies of Management and Organizations*, XIII(1-2)
Laurent, A.(1986) "The Cross Cultural Puzzle of International Human Resource Management," *Human Resource Management*, 25(1).
Laurent, A.(1991) "Cross Cultural Management for Pan European Companies," in Spyrous Makridiakis(ed.) *Europe 1992 and Beyond*, San Francisco, CA: Jossey-Bass.
Lawler, E.(1986) *High Involvement Management*, San Francisco, CA: Jossy-Bass.
Lawrence, P.R.and Lorsch, J.W.(1967) *Organization and Environment*, Boston, MA: Harvard Division of Research.
Lecky, P.(1945) *Self-consistency – A Theory of Personality*, New York: Island Press.
Levitt, T.(1983) "The Globalization of Markets," *Harvard Business Review*, May/June.
Lewin, K.(1951) *Field Theory in Social Science*, New York: Harper.
Lipman-Blumen, J.and Leavitt, H.J.(2001) *Hot Groups: Seeding Them, Feeding Them, and Using Them to Ignite Your Organization*, New York: Oxford University Press Inc
Lorange, P.and Vancil, R.F.(1997) *Strategic Planning Systems*, Englewood Cliffs, NJ: Prentice

Hall.

Lorenzoni, G.and Baden-Fuller, C.(1995)"Creating a Strategy Center to Manage a Web of Partners," *California Management Review*, vol.37, no.3.

McGregor, D.(1960) *The Human Side of Enterprise*, New York: McGraw-Hill

McKenzie, J.(1996) *Paradox: The Next Strategic Dimension*, New York: McGraw-Hill.

Maruyama, M.(1963)"The Second Cybernetics," *American Scientist*, 51.

Maruyama, M.(1982)"New Mindscapes for Future Business Policy and Management," *Technological Forecasting and Social Change*, 21.

Maruyama, M.(1989)"Epistemological Sources of New Business Problems in the International Environment," *Human Systems Management*.

Maslow, A.(1954) *Motivation and Personality*, New York: Harper and Row.

Miller, D.(1990) *The Icarus Paradox: How Excellent Companies Bring About their Own Downfall*, New York: Harper Business.

Mintzberg, H.(1976)"The Manager's Job: Folklore of Fact?" *Harvard Business Review*, July/August.

Mintzberg, H.(1988)"Opening Up the Definitions of Strategy," in J.B.Quinn, H.Mintzberg and R.M.James(eds), *The Strategy Process*, Englewood Cliffs, NJ: Prentice-Hall.

Mintzberg, H.(1989)"Crafting Strategy," *Harvard Business Review*, March/April, pp.66-75

Mintzberg, H.(1994) *The Rise and Fall of Strategic Planning*, New York: Free Press

Mintzberg, H., Simons, R.and Basu, K.(2002)"Beyond Selfishness," *MIT Sloan Management Review*, Fall, no.44(1), pp.67-74.

Mintzberg, H.and Waters, J.A.(1985)"Of Strategies: Deliberate and Emergent," *Strategic Management Journal*, July/Sept.

Monks, R.A.G.(1998) *The Emperor's Nightingale*, Oxford: Capstone.

Morgan, G.(1986) *Images of Organization*, Beverly Hills: Sage.

Morita, A.(1986) *Made in Japan*, New York: Dutton.

Natanson, M.(ed.)(1963) *Philosophy of the Social Science*, New York: Random House.

Nock, S.L.and Rossi, P.H.,"Achievement vs.Ascription in the Attribution of Family Social Status," *American Journal of Sociology*, 84(3).

Nonaka, I.and Takeuchi, H.(1995) *The Knowledge-Creating Company*, New York: Oxford University Press.

Ohmae, K.(1982) *The Mind of the Strategist: The Art of Japanese Business*, McGraw-Hill: New York.

Ozbekhan, H.(1971)"Planning and Human Action," in P.A.Weiss(ed.), *Systems in Theory and Practice*, New York: Hafner.

Parsons, T.and Shils, E.A.(1951) *Towards a General Theory of Action*," Cambridge, MA: Harvard University Press.

Pascale, R.T.(1984)"Perspectives in Strategy: The Real Story Behind Honda's Success," *California Management Review*, 26(3).

Pascale, R.T.and Athos, A.G.(1981) *The Art of Japanese Management*, New York: Simon & Schuster.
Pfeffer, J.(1994) *Competitive Advantage Through People*, Boston, MA: Harvard Business School Press.
Pine, B.J.(1993) *Mass Customization*, Boston, MA: Harvard Business School Press.
Porras, J.I.(1987) *Stream Analysis*, Boston, MA: Addison-Wesley.
Porter, M.E.(1980) *Competitive Strategy: Techniques for Analyzing Industries and Competitors*, New York: Free Press.
Porter, M.E.(1990) *The Competitive Advantage of Nations*, New York: Free Press.
Prahalad, C.K.and Hamel, G.(1990) "The Core Competence of the Corporation," *Harvard Business Review*, May/June.
Quinn, J.B.(1982) Intelligent Enterprise, New York: Free Press.
Quinn, J.B., Mintzberg, H.and James, R.M.(1988) *The Strategy Process*, Englewood Cliffs, NJ: Prentice-Hall.
Quinn, R.E.(1988) *Beyond Rational Management*, San Francisco: Jossey-Bass.
Rappaport, A.(1981) *Creating Shareholder Value: The New Standard for Business Performance*, New York: The Free Press.
Robbins, H.and Finley, M.(1998) *Transcompetition*, New York: McGraw-Hill.
Roethlisberger, F.and Dickson, W.(1939) *Management and the Worker*, Cambridge, MA: Harvard University Press.
Rogers, C.R.(1951) *Client-centered Counseling*, Boston, MA: Houghton-Mifflin.
Rohwer, J.(1996) *Asia Rising*, London: Nicholas Brealey.
Romig, D.(1996) *Breakthrough Teamwork*, Chicago: Irwin Professional.
Rotter, J.B.(1996) "Generalized Experience of Internal versus External Control of Reinforcement," *Psychological Monographs*, 609.
Savage, C.(1996) *Fifth Generation Management*, Boston: Butterworth-Heinemann.
Saxenian, A.L.(1999) *Silicon Valley's New Immigrant Entrepreneurs*, San Francisco: Public Policy Institute of California.
Schein, E.H.(1985) *Organization, Culture, and Leadership*, San Francisco: Jossey-Bass.
Schein, E.H.(1996) *Strategic Pragmatism*, Cambridge, MA: MIT Press.
Schön, D.A.(1971) *Beyond the Stable State*, New York: Random House.
Schön, D.A.(1979) "Creative Metaphor: A Perspective on Problem Setting on Social Policy," in A.Ortony (ed.), *Metaphor and Thought*, Cambridge, Cambridge University Press.
Schön, D.A.(1983) *The Reflective Practitioner*, New York: Basic Books.
Schutz, W.(1961) *The Interpersonal Underworld*, Palo Alto, CA: Science and Behavior Books.
Schumpeter, J.A.(1975[1942]) "Creative Destruction," *Capitalism, Socialism and Democracy*, New York: Harper, pp.82-85.
Sculley J.and Byrne, J.A.(1987) *Odyssey: Pepsi to Apple: A Journey of Adventure, Ideas, and the Future*, New York, HarperCollins

Senge, P.M.(1999) *The Fifth Discipline:* The Art and Practice of the Learning Organization, London: Century.

Slywosky A.J.and Morrison, D.J.(1999) *Profit Patterns,* New York: John Wiley.

Stacey, R.(2000) "Strategy as Order Emerging from Chaos," *Long Range Planning,* vol.26, no.1, pp.10-17.

Stalk, G., Evans, P.and Shulman, L.(1992) "Competing on Capabilities," *Harvard Business Review,* March/April

Tannen, D.(1990) *You Just Don't Understand,* New York: Ballantine Books.

Tannen, D.(1998) *The Argument Culture,* New York, Random House.

Tatsuno, S.M.(1990) *Created in Japan,* New York, Morrow.

Taylor, F.W.(1947) *The Principles of Scientific Management,* New York: Norton.

Trist, E.and Emery, F.(1960) "Socio-technical Systems," in *Management Sciences; Models and Techniques,* Oxford: Pergamon Press.

Trompenaars, F.(1981) "The Organization of Meaning and the Meaning of Organizations," unpublished dissertation, Wharton School, University of Pennsylvania.

Trompenaars, F.(2003) *Did the Pedestrian Die?* Chichester Wiley Capstone.

Trompenaars, F.and Hampden Turner, C.M.(1998) *Riding the Waves of Culture,* New York: McGraw-Hill.

Trompenaars, F.and Hampden Turner, C.M.(2000) *21 Leaders for the 21st Century,* Oxford: Capstone.

Tuckman, B.and Jensen, M.(1977) "Stage of Small Group Development Revised," *Group Organizational Studies,* vol.2, pp.419-427.

Tung, R.L.(1988) *The New Expatriates,* Cambridge, MA: Ballinger.

Tung, R.L.(1997) "Managing in Asia: Cross-cultural Dimensions," in Joynt, P.and Warner, P.(eds), *Managing across Cultures,* Singapore: International Thompson.

Waldrop, M.M.(1992) *Complexity: The Emerging Science at the Edge of Order and Chaos,* New York: Simon and Schuster.

Warner, M.(1996) *Comparative Management: A Reader,* London: Routledge.

Watson, W.E., Kumar, K.and Michaelson, L.K.(1993) "Cultural Diversity's Impact on Interaction Process," *Academy of Management Journal,* vol.36, no.3, pp.590-602.

Watzlawick, P.(1977) *How Real is Real?* New York: Vintage.

Watzlawick, P., Beavin, J.H.and Jackson, D.D.(1967) *Pragmatics of Human Communication,* New York: Norton.

Weber, M.(2001) *The Protestant Ethic and the Spirit of Capitalism,* London: Routledge Classics

「異文化の波」フォンス・トロンペナールス, チャールス・ハムデン・ターナー(著)須貝栄(訳), 2001年, 白桃書房

「異文化間のビジネス戦略」フォンス・トロンペナールス, ピーターウイリアムズ, 古屋紀人(著), 古屋紀人(監訳), 2005年　白桃書房

●監訳者・翻訳者 紹介

古屋　紀人（ふるや　のりひと）
山梨県出身。筑波大学大学院博士後期課程，ビジネス科学研究科企業科学専攻修了（経営学博士）。日本航空（株）において，アメリカ，イギリス，クウェート，バーレーンで，海外駐在員を経験してグローバル・ビジネスに携わる。JALアカデミー（株）取締役副社長に歴任後，4か国合弁のグローバル組織人事のシンクタンクIGBネットワーク（株）（グローバル組織人材開発研究所）を設立して，現在，代表取締役社長。また米国ミズーリ大学セントルイス校の客員教授，国際アドバイザリーボードメンバー，Kozai Group日本代表，THTのエグゼクティブ・コンサルティングも兼務している。専門分野は「グローバルダイバーシティマネジメント」「グローバルリーダー開発」「グローバルコンピテンシー開発」「グローバル経営戦略」などである。著書としては『異文化間のビジネス戦略』（白桃書房），『現代会計』第4章「日本企業の経営組織人事の課題」（創成社），『入門ビジネスリーダーシップ』－12章「グローバルコンピテンシー醸成のメカニズム」（日本評論社）などがある。その他研究論文多数。

木下（堤）瑞穂（きのした（つつみ）みずほ）
静岡県出身。筑波大学大学院　経営・政策科学研究科経営システム科学専攻　修士課程修了（経営学修士）。一橋大学社会学部を卒業後，日本電気（株）に入社，（財）日本国際協力センターを経て，現在は，（株）日本国際教育センターに勤務している。専門分野は「人的資源管理」,「リーダーシップ開発」,「異文化間コミュニケーション」。関連著書としては『異文化間のビジネス戦略』（白桃書房）がある。

〈翻訳協力〉
西山　淑子（にしやま　よしこ）
東京都出身，慶応大学法学部政治学科卒業，父親の仕事の関係で，小学校，高等学校時代の合計7年間をイギリスとオーストラリアに在住。第一勧業銀行（MIZUHOグループ）入行後，JALアカデミー（株）国際教育事業部に勤務して，現在はグローバル組織人材開発研究所にて，翻訳，通訳業務に携わっている。

■異文化間のグローバル人材戦略
－多様なグローバル人材の効果的マネジメント－

■発行日──2013年9月26日　初版発行　〈検印省略〉

■著・監訳者──古屋　紀人
■訳　　者──木下　瑞穂
■発行者──大矢栄一郎
■発行所──株式会社　白桃書房
　　　　〒101-0021　東京都千代田区外神田5-1-15
　　　　☎03-3836-4781　℻03-3836-9370　振替00100-4-20192
　　　　http://www.hakutou.co.jp/

■印刷・製本──藤原印刷

© Norihito Furuya, Mizuho Kinosita 2013 Printed in Japan　ISBN 978-4-561-24609-1
　C3334

本書のコピー，スキャン，デジタル化等の無断複製は著作権法上での例外を除き禁じられています。本書を代行業者等の第三者に依頼してスキャンやデジタル化することは，たとえ個人や家庭内の利用であっても著作権法上認められておりません。

落丁本・乱丁本はおとりかえいたします。

好評書

F. トロンペナールス/P. ウーリアムス【著】古屋紀人【著・監訳】
異文化間のビジネス戦略　　本体 3,600 円
―多様性のビジネスマネジメント

F. トロンペナールス/ C. ハムデン・ターナー【著】古屋紀人【著・監訳】
異文化間のグローバル人材戦略　　本体 3,600 円
―多様なグローバル人材の効果的マネジメント

F. トロンペナールス/C. ハムデン・ターナー【著】須貝　栄【訳】
異文化の波　　本体 2,500 円
―グローバル社会：多様性の理解

ブラック/グレガーゼン/メンデンホール/ストロー【編著】白木・永井・梅澤【監訳】
海外派遣とグローバルビジネス　　本体 2,500 円
―異文化マネジメント戦略

グローバルリーダーシップ・コンピテンシー研究会【編】
パフォーマンスを生み出すグローバルリーダーの条件　　本体 1,800 円

馬越恵美子・桑名義晴【編著】異文化経営学会【著】
異文化経営の世界　　本体 3,300 円
―その理論と実践

岩谷昌樹【著】
トピックスから捉える国際ビジネス　　本体 2,600 円

高橋浩夫【著】
グローバル企業のトップマネジメント　　本体 2,500 円
―本社の戦略的要件とグローバルリーダーの育成

大石芳裕【編】グローバル・マーケティング研究会【著】
日本企業のグローバル・マーケティング　　本体 2,800 円

―――― 東京　白桃書房　神田 ――――

本広告の価格は本体価格です。別途消費税が加算されます。